校园团体操

Xiaoyuan tuanticao

周涛 杨红 王韬 主编

- 内容丰富 详略得当
- 创编范例 图文并茂
- 突出实际 操作指南

中国商业出版社

图书在版编目(CIP)数据

校园团体操/周涛,杨红,王韬主编.—北京:中国商业出版社,2014.12(2020.8重印)

ISBN 978-7-5044-8751-3

Ⅰ.①校… Ⅱ.①周… ②杨… ③王… Ⅲ.①团体操 Ⅳ.①G837

中国版本图书馆CIP数据核字(2014)第221991号

责任编辑:刘毕林

中国商业出版社出版发行

(100053 北京广安门内报国寺1号)

010-63180647 www.c-cbook.com

新华书店经销

北京京丰印刷厂印刷

*

787毫米×1092毫米 16开 26印张 625千字

2014年12月第1版 2020年8月第2次印刷

定价:68.00元

* * * *

(如有印装质量问题可更换)

前　言

各级各类学校每年都要举办运动会的比赛或校庆庆典等活动,为了营造一种热烈气氛,往往安排不同形式的团体操。团体操表演的意义并不是简单的表演过程,而是围绕着学校体育教学多样性、实践性和趣味性等特点,从多种形式、多个视角、多元化地体现学校的体育精神、体育意识,体育文化素养。向全校师生展示体育教学成果、校园的精神风貌、当代学生的风采和校园的文化内涵。它是全体师生员工共同的价值观念、理想信念和行为规范的一次活动,像一种精神粘合剂,使师生员工产生归属感,荣誉感,增强凝聚力。团体操可以为各学校大型活动添彩,可以扩大对外影响空间;可以为建立特色高校奠定基础;对宣传和推动全民健身计划也起到积极的促进作用,对普及阳光体育运动有非常重要的影响。

《校园团体操》是学校体育工作者和非团体操专业人士而编著的一本通俗易懂、实操性较强的指导性书籍,在本书的编写过程中,借助大量的图片和队形示例,结合大中小学校园团体操的实际操作案例,深入浅出地阐述了团体操的历史与发展、团体操的元素与运用、创编与实施等基本知识,有的放矢地介绍了团体操的指挥流线、表演场次之间的时间节点等安排,以及在不打乱正常体育教学计划的情况下如何合理安排分段教学、分场训练和全场合练的时间等方法。本书内容全面、详略得当，突出实际操作方法，并着力突出了大型校园团体操从编排到文案直至表演的整个工作流程，适合于初涉团体操组织与编排的工作者阅读，也适合作为非团体操专业的大中小学体育教师参考与阅读。

本书由清华大学体育部周涛副教授、成都体育学院杨红教授和四川外语学院成都学院王韬讲师共同担任主编，全书由周涛统稿和终审。第三、五、六章由周涛编写，第一、二章由杨红编写、第四章由王韬编写，第七章由成都市青羊区金沙小学孔祥珍、重庆市巫山县福田镇政府章敏、郑州科技学院体育系王铮、北京工商大学体育部王立红教授、北京101中学赵海波等学者编写。

本书在编写过程中，得到了各界朋友、家人和中国商业出版社的大力支持和帮助，特此致谢。由于作者水平有限，书中如有不妥之处，敬请广大读者、同行和专家批评指正。

周　涛

2014年8月

目　录

第一章　团体操概述

第一节　团体操简述

一、团体操的历史

（一）世界各国团体操

世界上开展团体操活动较早的国家有捷克斯洛伐克、德国、前苏联、中国、日本、朝鲜以及墨西哥等。由于各国的地域文化、民族风情、生活理念不同，其团体操表演的特点和风格各有不同。前苏联大型团体操除有代表当地特色的各种民间舞蹈表演外，以高超的体操技术和难度较大的联合器械表演著称；日本的团体操分为普及和提高两类，表演以华丽的背景、高难度的叠罗汉技巧为主要特点；朝鲜的团体操是国家比赛项目，普及程度很高，突出的特点是场次多，注重背景的配合，从多方面反映同一个主题；中国的团体操以队形变化巧妙、图案造型壮丽、内容丰富、组织严谨和背景画面清晰见长。

随着时代的发展，人们的审美水平和艺术修养日益增强，艺术的趋同性日渐显现，追求“和谐”成为时代发展的潮流。各国在表演题材的选择上从着力反映现实题材扩展到历史和未来题材的表现，由主要展示本国、本民族、本地区特色，扩展到更多地表现全人类的情感、心愿和理想；在表演形式上，由简单的“集体体操”向多种文艺体育的综合形式发展；在表演手段上不断追求现代化，加强舞美效果，大量地运用高科技，令团体操更加绚丽和神奇。

奥运会开幕式一向是主办城市向全世界推介本国文化和历史的舞台，他们共同的特点是：在民族文化的核心元素中，挖掘具有世界性的部分，运用大量现代科技、音乐、舞蹈、化妆、服装、道具的手段折射出主办国的文化、历史、思想与科技，并与奥运精神相结合，再以现代化的手段展现给全世界。

以下是历届奥运会开幕式的主要表现形式和亮点。

1896 年第一届希腊雅典奥运会

1896 年，希腊国王乔治一世宣布了大会开幕。在开幕典礼中，演奏了一曲庄严的由希腊萨马拉斯作曲、帕拉马斯作词的古典弦乐。1958 年国际奥委会将其定为奥运会会歌。希腊人对这次大会表现了极大的热情，出席开幕式的观众达 8 万人，这一数字直到 1932 年洛杉矶奥运会才被突破。

1900 年第二届法国巴黎奥运会

这一届的开幕式是在世博会期间以“国际体育锻炼和运动竞赛”的形式进行的，为了承办这次盛会主办方共搭了超过 83000 个帐篷和架子。世博会也邀请了超过 5000 万人参加，在 5 个半月的时间里，奥运会与保龄球、垂钓、猎枪射鸽甚至消防比赛一起进行。

1904 年第三届美国圣路易斯奥运会

1904 年 7 月 1 日，圣路易斯万国世博会主席大卫-弗朗西斯，正式宣布奥运会开幕。当时的美国总统罗斯福和国际奥委会主席顾拜旦双双缺席。

1908 年第四届英国伦敦奥运会

这届奥运会首次规定开幕式上各代表团要统一服装，在本国国旗引导下列队入场。规定旗手通过英国国王爱德华七世观礼台前时，要将旗帜下垂，以示致敬。为以后各届奥运会开创了先例。

1912 年第五届瑞典斯德哥尔摩奥运会

7 月 6 日，奥运会于“科罗列夫”运动场正式开幕。大会首次举行了隆重的开幕仪式，并从此形成传统。

1916 年第六届德国柏林奥运会（因第一次世界大战停办）

1920 年第七届比利时安特卫普奥运会

由于刚刚经历了世界大战，本届奥运会的开幕式不同寻常。第一次升起了奥林匹克会旗；第一次放飞和平鸽；第一次点燃了象征胜利和光明的火焰；首次举行了运动员宣誓仪式。

1924 年第八届法国巴黎奥运会

1928 年第九届荷兰阿姆斯特丹奥运会

本届奥运会去奥林匹亚采集火种，首次采用聚光镜聚集阳光点燃火炬，然后通过接力传送。

1932 年第十届美国洛杉矶奥运会

国际奥委会正式决定，从第十一届开始在开幕式上举行火炬接力传递。

1936 年第十一届德国柏林奥运会

纳粹元首希特勒拥抱白衣小女孩、放飞和平鸽的举动本应是奥运史上令人感动的场面之一，之后却因希特勒悍然发动第二次世界大战，成为现代奥林匹克永远的耻辱。

1940 年第十二届赫尔辛基奥运会（因第二次世界大战未办）

1944 年第十三届伦敦奥运会（因第二次世界大战未办）

1948 年第十四届伦敦奥运会

这是第二次世界大战中断了 12 年后举行的运动会，是奥林匹克运动的新起点、首次有电视转播的一届。人们在长期的战争中饱尝了家园被毁、亲人死去的痛苦，但在这里又领略了和平和友谊的幸福。第二次世界大战后，不少国家摆脱了殖民统治。它们虽来不及派训练有素的选手参赛，但纷纷应邀参加了这次盛会。本届参赛国家和地区达 59 个，这是一个创纪录的数字。

1952 年第十五届芬兰赫尔辛基奥运会

1952 年 7 月 19 日正式开幕。当 55 岁已经阔别田坛多年的帕沃·努米高擎火炬进入会场时，全场掌声雷动，高呼“努米！努米!”。之后另一名已 62 岁的长跑明星汉·科勒赫迈宁从努米手中接过火炬点燃圣火时，大会进入了高潮。掌声、欢呼声和熊熊燃烧的奥林匹克火焰使人们沉浸在狂热的气氛中。我国取得了参加本届奥运会的资格。但新中国代表团一行 40 人到达赫尔辛基时，大会已进行了 10 天，只赶上男子游泳的一项比赛和最后的闭幕式。

1956 年第十六届澳大利亚墨尔本奥运会

在 1956 年墨尔本奥运会前，国际奥委会制定了奥运会转播权销售计划。但方案刚一出台就遭到了美国三大广播网的强烈抗议，美国人认为奥运比赛是新闻而不是娱乐，电视台没有义务掏钱报道奥运会。好在美国几家小公司给了组委会一点面子，他们掏出了一笔象征性的“转播费”。本次奥运会转播权销售虽然受挫，但却是体育比赛由“新闻”转向“娱乐”的分水岭。本届奥运会民主德国、联邦德国被奥组委逼迫联合组团参赛。

1960 年第十七届意大利罗马奥运会

为了表示对本届奥运会的重视，教皇出来发表讲话以示隆重。

1964 年第十八届日本东京奥运会

美国发射了“辛科姆”卫星向世界各地转播，这在奥运会史上还是第一次。

1968 年第十九届墨西哥城奥运会

墨西哥 20 岁的女田径选手诺玛·恩里克塔·巴西利奥·德索克罗成为了奥运会史上第一个点燃奥林匹克圣火的女性。本届开幕式上首次列入裁判宣誓。

1972 年第二十届德国慕尼黑奥运会

国际奥委会主席布伦戴奇用德语发表了他在奥运会上的最后一次讲话，并在开幕前辞职。

1976 年第二十一届加拿大蒙特利尔奥运会

点燃奥林匹克火焰的是一对少年男女。这是奥运会史上的第一次、也是惟一的一次由两人共同执行这一光荣的使命。

1980 年第二十二届苏联莫斯科奥运会

从点火、运动员宣誓到裁判和官员宣誓全是苏联人，这是一台由苏联人唱大戏的开幕式。

1984 年第二十三届美国洛杉矶奥运会

中国人关于奥运会的记忆从本届奥运会开始，中国人第一次可以在电视上看到奥运会开幕式，新中国第一次派出强大的代表团参加奥运会。

1988 年第二十四届韩国汉城奥运会

这次开幕式，团体操不再是单纯的体育内容的展示，开始引入了一些文艺的成分，如：舞蹈，歌曲等。它的表现形式更加多样化，表现内容更加丰富多彩并有一定的寓意。《手拉手》以其感人的歌词、亲切的旋律迅速风靡全世界，最好地诠释了奥林匹克“团结”的含义并成为至今最成功的奥运会主题曲。气势磅礴的大型团体操，精彩分呈的歌舞表演，变化多端的背景组图，把能容纳 15 万人的平壤“五一体育场”装点得璀璨多姿。

1992 年第二十五届西班牙巴塞罗那奥运会

开幕式的表演着重向我们讲述了巴塞罗那的由来，以及一些富有特色的历史文化。西班牙人庆贺丰收的阿拉贡鼓，穿透力极强的鼓声在体育场内回荡，节奏分明、激荡人心。著名舞蹈家表演的弗拉门戈舞则是由世界十大男高音之一的多明戈伴唱。他们酣畅淋漓的表演，让人们感受到了西班牙人民火一般的激情。赛场上长 105 米、宽 75 米，重 800 公斤的国际奥委会五环会旗，由场上的近万名各国运动员共同举起，覆盖了会场中的所有代表团，以此象征奥林匹克大家庭的团结、和谐与完美。开幕式中患有小儿麻痹症的射箭选手雷波洛以火种引燃箭头，搭弓拉箭，点燃巨型火炬的场面令人印象深刻。

1996 年第二十六届美国亚特兰大奥运会

开幕式恰逢奥运会百年庆典。此次奥运会突出了这个非同寻常的时刻，500 名身着各国服装的男女青年在场地中央组成了五环图案，400 名儿童则在五环下方组成了“100”字样。这次开幕式还侧重形式多样的体操技巧的表演：有单人技巧，多人抛接等高难度的动作展示；还有富有民族风情的踢踏舞等。除此以外它加入了一些文化的展示，例如雷鸟与暴风雨的斗争等。点燃圣火的至高荣誉给予受人尊重的拳坛传奇人物穆罕默德·阿里，这是对他追求平等、努力上进精神的最高褒奖。

2000 年第二十七届澳大利亚悉尼奥运会

本次奥运会是一次绿色奥运会、科技奥运会，充分展示了澳大利亚的经济实力、文化教育水平和艺术创造力，也体现了它的文化历史传统和环境保护意识。悉尼向人们展示了它的一些传统体育项目，例如赛马。120 名骑手在童声合唱《Good Day》的音乐伴奏下策马飞驰进入竞技场，马队交织排列，组成了一个巨大的五环。开幕式的主题是“自然”，它向全世界展示世界上最古老的民族之一：澳大利亚土著人的风采。

2004 年第二十八届希腊雅典奥运会

开幕式侧重于展示希腊的历史文化，导演特意增加了一些高科技的元素，用镭射在夜空中表现出人类“DNA”的认识阶段，通过 21 世纪的技术将古希腊的优美神话故事生动地展现到观众面前。希腊人不仅将爱琴海“搬”进了运动场，还通过古老的橄榄树、象征 28 届奥运会的纸带、古希腊神话中的诸神塑像，向全世界诠释古希腊文明的底蕴，传递和平相处与互相尊重的意愿，深刻表达了以人为本的奥林匹克精神。一支燃烧的火箭从天空射向水面，点燃水中由奥林匹克五环所组成的五个火圈……，雅典为世界奉献了一个“梦幻般”的奥运会开幕式，他们把自己骄傲的历史与文明展现在了世界面前。

2008 年第二十九届北京奥运会

浪漫的中国·梦想的世界，这是一个前卫的探索，古为今用、洋为中用的节目。开幕式上中国五千年历史的长卷在厚重的古琴声中神奇出现。太古遗音、四大发明、汉字和戏曲、丝绸之路是中国灿烂的神奇文化。由焰火组成的 29 个巨大的脚印，沿永定门、前门、天安门……一路向北，朝奥运会主会场“鸟巢”走来。最后一个巨大的脚印在“鸟巢”上空化作漫天繁星飘落，聚拢成体育场内闪闪发光的梦幻五环。

2012 年第三十届英国伦敦奥运会

开幕式想象力惊人。它由“田园时代”、“工业革命时代”和“现代英国”三大篇章组成：茵绿草上的人流、钢铁锻造的五环、主人公从天而降，铜花瓣聚成的主火炬光耀夜空……一气呵成。本届奥运会圣火在长达 70 天的传递之后抵达伦敦奥林匹克体育场“伦敦碗”，象征 204 个参赛国家和地区和平与团结的铜花瓣被全部引燃，附在主火炬上的长长枝干缓缓竖起，汇聚成巨大的主火炬。

田园时代

工业革命时代

钢铁锻造的五环

（二）我国团体操

1. 古代团体操

团体操在我国有悠久的历史，可以追溯到1300年前的唐宋时代。唐代颂扬文德的大型团体操“圣寿乐”，即是“字舞”的典型。字舞如“舞人亚身于地成字也”即：舞者走成队形之后卧于地下，便布成了字。这种舞蹈不是只在唐代的皇帝有，历代的皇帝都有，排出的字样和方法各有变化。据宋人周密著的《齐东野语》载，当时州郡遇到盛大节日，也往往进行“字舞”表演，可见“字舞”在宋代已发展成为民间庆祝节日的一种形式了。到了清代，“字舞”又有进一步的发展，舞者口唱《太平歌》，手执灯笼，盘旋三千人排成一‘太’字，再转成‘平’字，依次作‘万’、‘岁’字，又依次合成，‘太平万岁’字。可见，中国古代乐舞从健身娱乐的目的出发，发展演变成为大型团体舞蹈，由手持兵器操演变为以队形排列成字的团体操，体现其颂扬本意，在形式上也是不断地发展变化，不断地丰富，反映出中国古代体育文化是随着社会文明的进步而进步，它从某个角度表现了中华文明的发展进程。古代体育运动往往以舞蹈形式表现团体操，赋予舞蹈新的寓意，一些与军事、格斗有关的体育运动也渐渐被软化，由竞技性向集体表演形式发展，使古代团体操在体育运动中发挥着奇妙的作用，极大拓展了体育运动内容及自身美感，对促进现代体育运动发展做出了不可磨灭的贡献。

2. 现代团体操

我国现代的团体操起源于20世纪初期，当时的团体操规模较小，内容也很简单，局限于基本体操、叠罗汉和队形构图等。最早一次较大规模的团体操表演是1907年的南京学界第一次联合运动会，由80多个学校分别进行队列行进、普通体操、舞蹈等表演，从规模、内容和参与表演的人员结构上奠定了校园团体操的最初基础。“五四”运动后至新中国成立前，这个时期反动统治腐败，不重视体育，团体操发展缓慢。

大型的团体操表演则是在新中国成立后逐步兴起的。随着社会的发展，团体操逐步形成一种面向群众、面向社会的团体表现形式。团体操作为一项综合表演项目在我国各种大小集会庆典、赛事上已经十分普及且，规模越来越大，水平逐渐升高，内容丰富多变，题材运用广泛，文化气息更加浓厚，尤其是近年来大量采用了灯光、道具、背景、礼炮甚至高科技手法将团体操的表演水平提升到了新的高度。

二、新中国团体操的发展

新中国成立后，第一届全运会与建国10周年的庆典相融合，开幕式上的大型团体操表演，应时代发展的需要，承担了向全世界展示自己崭新面貌的任务，受到国内外普遍关注。第一届至第三届全国运动会的开幕式非常简单，没有表演项目。第四届全国运动会开幕式上由杭州组织近5000名小学生进行各种表演。第五届运动会开幕式上由南京市41所小学生2300余人进行了“太极拳”表演。第六届运动会，上海市组织

36 所学校的小学生共 3000 人表演了太极操。第七届全国运动会，开幕式由上海小学生共 6000 人参加大会操表演。这些开幕式的表演者几乎全部来自学校的学生，这为以后校园团体操的发展奠定了良好的基础。

1949 年“北京市人民体育大会”上的团体操是作为新中国诞生的一项庆祝活动而举行的表演。从 1949 年至 2002 年，在全国性的“全国体育运动会”、“全国农民运动会”、“全国少数民族体育传统运动会”、“全国城市运动会”、“全国大学生运动会”、“全国中学生运动会”；世界性的“亚运会”、“大学生运动会”的开幕式上；在“国庆”、“校庆”或“企业”庆典的活动中都进行了各种不同规模不同形式的团体操表演，团体操已经与政治、国力和文化传播的内容相结合成为一种趋势。

民族体育形式也被多次用于大型团体操表演之中。民族体育形式在历届全运会开幕式团体操表演中的应用为：舞龙（第 4 届）、舞百叶龙（第 5 届）、舞火龙、南拳（第 6 届）、鼓（第 8 届）、舞狮（第 9 届）；太阳鼓、象脚鼓、铜鼓、陀螺、抢花炮、高跷、抛花球、弩、彝族舞蹈（第 5 届民运会）；太极拳、安塞腰鼓、太平鼓、威风锣鼓、武术长拳（第 11 届亚运会）；高跷、武术（第 21 届世界大运会）；打花棍、太平鼓、跳绳、中幡、芦笙舞、锅庄、腰鼓、高跷、朝鲜长鼓舞、舞狮、舞龙、二贵摔跤、响鞭（第 7 届民运会）。近年来以歌舞、戏剧、杂技、模特表演等文艺形式组成运动会开幕式表演已屡见不鲜，运动会上的团体操表演可以令观众欣赏到经过艺术加工的体育表演，得到与常见的各种文艺形式不同的享受。团体操作为一种宣传、教育的有效形式，展示本国优秀的民族文化和精神、体现民族风情是现代大型体育运动会开幕式表演的本质所在。

纵观团体操在我国的发展，规模由几十人发展到上万人；表演由单一场次发展到多场次；动作由简单的徒手体操发展到持轻器械和叠罗汉；内容从单纯的体育表演发展到和民族传统的舞蹈、杂技、或其它行业相结合的综合性表演形式。在队形方面，由最基本的纵队、横队发展到综合队形、组字、组图等方方面面；服装道具的选配也更加五彩缤纷。无论从设计构思、内容选择、创编、表演技巧、合理运用各种艺术装饰以及组织工作和训练方法上都有很大提高。

三、科技与创意的发展时期

随着现代高科技的发展，各种灯光如电脑灯、激光灯、荧光灯的运用使表演更加色彩斑斓；活动舞台、空中表演装置、音乐喷泉等设施更丰富了广场的舞台层面；多变体育联合器械、多变舞蹈道具和服装的成功设计，使团体操表演更加多样、绝妙。

科学技术的发展，使技术与艺术的界限逐渐消解。雅典奥运会和多哈亚运会中出神入化的光、电、声、科技与演员的浑然结合，昭示着团体操的世界潮流已经发生了重大转向；2008 年北京奥运会开幕式是一幅展现华夏文明的中国画卷，也是一场恢弘精美的视觉盛宴。为了营造这博大精深、欢快热情的氛围，现代科技功不可没。2011

年广州亚运会开幕式中的《白云之帆》，构思精妙、创意独特，180 名演员在"威亚"的悬吊下，以垂直于地面的 8 个大型的 LED 彩屏为参照，或跨越、或奔跑、或倒立、或攀登、或俯冲的惊险动作使观众如同处于梦幻世界、多元的人体动作配合着 LED 彩屏上影像的变化，创造出一幅幅寓意深刻的"动画"，虚实结合、别具一格，在内涵上也与奥林匹克运动所倡导的勇于拼搏的生活哲学及弘扬"更高、更快、更强"的体育精神相契合，从形式到内容可谓是运动会开幕式表演创意精妙的经典杰作。

第二节　概念、分类与特点

一、概念

团体操从最初简单的"集体体操"表演发展到以体操为主体，配有艺术装饰的综合性表演，再发展到今天体育运动、文艺形式参半的综合性的、有主题思想的集体表演项目。它是由几十、几百、甚至成千上万的表演者在体育场（馆）或某个特定的开阔场地上，借助服装、道具、背景和灯光等各种艺术装饰手段、伴随着音乐做各种有寓意性的动作，或进行队列变化、军乐表演，或组成各种有意义的图案，表达一定的思想内容或主题的整体表演。

校园团体操属于团体操的范畴，是指在校园内这个特定环境中，以教师和学生为表演主体，以校园体育文化为主要内容，突出校园精神特征、展示校园风貌、融体育与艺术于一体的集体表演项目。它的表演多数为借助身体语言、队列队形变换营造不同主题的徒手动作；有的节目为了烘托气氛、表现强大恢弘的气势就利用各种大型道具完成表演。所使用的道具多种多样，小型的有：球、扇子、旗子、服装、圈、带、手鼓等；大型的有锣鼓、帆船、钢架、车、飞机等。表演题材有反映体育竞赛精神的健美操、艺术体操、武术、太极表演等；有借助舞蹈表演反映当地民族文化风情的民族舞、爵士舞、现代舞、国标舞等；还有充满生活气息的场景剧等。校园团体操的规模也可大可小，一般在校庆、纪念日、歌颂某一成就或校运会、系运会的开幕式上进行表演。它已逐渐演绎为学校体育精神的象征，更是一个学校、一个集体展现自己的特色文化的有力媒介。它的表演地点根据演出和比赛性质或条件的不同而不同。在小型庆典、馆内比赛或运动会的开闭幕式上，团体操表演会在室内或一般空场地上进行。这样的表演特点是人数较少，设施简单，但编排精致，注重动作细节。

室内和一般场地的团体操表演

大型的庆典（如几十年、100 年校庆或省市级乃至全国学生运动会等）的团体操表演则会选择在综合性和设备先进的大型体育场进行。这不仅需要大笔资金投人，还需要灯光、音响、道具、服装、音乐、舞美等各部门与编导团队、大批演员和后勤保障、安保等的合作。随着体育运动的蓬勃发展，团体操作为了一项群众喜爱的体育表演项目得到了迅猛的发展，已经广泛进入到大、中、小学的学校运动会和庆典节日的重要活动中。目前，团体操已逐渐成为我国高等体育院校“体育教学专业”的选修课或必修课，因此从地位上奠定了校园团体操的发展趋势。团体操是高校体育教育中一项气势恢弘的集体体育表演活动，它已逐渐成为校园内的各项重大赛事、庆典活动中不可或缺的开闭幕式表演的一种特殊的表现形式。

室外大型团体操表演

二、分类

参加校园团体操演出的人员绝大多数是本校学生和教职员工，以及部分特邀表演团体人员。团体操根据学生受教育的阶段分为幼儿团体操、小学团体操、中学团体操和大学团体操。

（一）幼儿团体操

受年龄特点的限制，幼儿团体操的规模一般只有几十人，通常是以“班”为表演单位，进行某一特定内容的小型集体表演。如，集体在场地上表演一套基本体操、模仿操或集体舞蹈等。此种类型的团体操一般会在六一儿童节进行表演。

（二）小学团体操

小学团体操的规模一般几十人或上百人，通常是以“年级”为表演单位，进行某一特定内容的集体表演。如，在场地上表演一套基本体操、广播体操或集体舞蹈等。此种类型的团体操通常是在六一儿童节或运动会开幕式上进行。

（三）中学团体操

此阶段的学生对“美”有了一定的理解，团体操的表现形式相对来说更加丰富，除常用的广播操和课间操的动作外，一般会有舞蹈、啦啦操、艺术体操等内容的表演，甚至会在某些场景中加入有“技巧、托举和叠罗汉”等动作，也会采用一些简单“组字或图案”，服装以运动服或校服为主，表演道具多使用花球或花环之类的小器械。此类团体操通常在运动会或校庆日进行。

（四）大学团体操

大学的生源、师资、场地以及物质条件与幼儿园和中小学相比较要优越的多。其团体操的规模较大，参与表演的人数多达上千人、涉及范围更广（包括：学生、教工和其它表演团体等）。一般是在校庆、纪念日、歌颂某一成就之主题的大型活动的开幕式上进行。表演内容一般会将校园内的社团（协会）以及所开展的相关课程内容整合起来，形成集体育、舞蹈、军乐、声乐为一体的多场次的综合型的表演。如，弘扬学校体育精神、展示青春活力的啦啦操、健美操的体育表演；有表现女生柔美优雅的舞蹈表演；也有体现男生阳刚有力的旗操、武术展示等。其服装道具等艺术装饰明显好于中小学团体操。

南京河海大学团体操《追梦》

北京工商大学团体操《我的北京我的家》

尽管团体操表演朝着融色、声、光、形于一炉，集操、舞、音、美于一体的多层次、多角度、多方位的综合艺术化、科技化方向发展。但校园团体操仍扎根于基层的生存土壤，它的规模、人数、耗资是依据庆典和运动会开幕式的性质、要求进行动态调控的，总体而言保持着“简约与节俭”的理念，从现实需要出发，不盲目投人大量资金以过分凸显高科技创新因素，而是将创新的理念融汇在团体操的其它方面，如：服装，道具的创新、动作语汇的拓展、地域文化的挖掘等。以此来提高团体操的艺术内涵，这是一种更经济、更低碳的发展模式，也符合学校运动会开幕式表演及庆典活动现实的需要。

三、特点

校园团体操除与传统意义上的团体操在表演性、视觉性和听觉性上有共同特点外，还因其校园这个特定的条件、表演者受教育的程度、年龄结构、文化素质、心理等个体差异而有其独特的个性特点。

（一）共性特点

1. 浓郁的地域文化与民俗特点

文化在一定的地域中与环境相融合后表现出的一种独特的文化就是地域文化。通常团体操创作者会把本地文化、民俗风情、生活理念、体现当地特色的民族舞蹈融人到团体操表演中，借以弘扬当地的民族文化，增进交流。例如：2008 年北京奥运会开幕式团体操表演从气势恢弘、意境悠远的中国写意长卷开始，把中国古代 5000 年灿烂文化与西方文明巧妙连接，将四大发明贯穿其中；中国特色的水墨画带领人们进入了清雅宁静的远古时代；活字印刷则呈现了东方色彩的文化理念；孔子三千门徒吟诵《论语》再现了享誉世界的儒家文化；大篆、小篆、楷书三种字体的“和”字展现了中国人“和为贵”的思想，表达了全世界人民对和谐世界的共同追求。

2. 表演性

在团体操的表演中，把各个场次的各种细节、人物动作特征以及主题思想完整演绎出来的形式为表演特性。雄伟壮观的场面是现代大型运动会开幕式团体操表演的独特风格，几乎都是在大型体育场举行，表演人数约几千上万人人；表演服装造型新颖、类型多样；图案队形也进行大的动态变化；音乐也以浩瀚宏壮为主，这些要素与背景、灯光、场景等舞美因素相互配合，共同构成雄伟壮观、气势恢弘的表演场面。它是一个有限制性、纪实性、区域性和综合性的现场表演过程。

3. 视听性

团体操是一种感官的将视觉和听觉合为一体的综合性艺术，是借用一定的表演物质材料，塑造可为人观看的直观艺术形象。观众们通过“看”去了解其中或动态、或静态的动作含义，富有寓意的图案造型，丰富多彩的服装道具或背景变化，在视觉上得到一种美的享受；去“听”团体操音乐的旋律（或欢快、或流畅、或激昂、或柔美）以及某些特殊场景的解说。观众们通过听觉和视觉上的综合信息吸收去理解、认识和感受表演主题以及传递出的艺术形象和意境并产生一种情感共鸣。

（二）个性特点

1. 不可复制性

每一所学校在其发展进程中或多或少都经历了丰富的历史人文传统的积淀，有着不同的办学理念和历史文化背景，也有属于自己的传统体育文化。校园团体操采用多样化的体育艺术表现形式展示校园文化建设的核心，并沿着校园自身的规律不断发展和完善，它将校园内各个社团进行整合、优选再融入到一起，使现有的学校文化活动更加充满朝气与活力，并将单一的各种体育活动内容，向着展示校园精神文化的全方位拓展，每一个校园团体操都有其自身的校园元素和鲜明的主题，具有强烈的校园特色和不可复制的特点。

2. 教育性与宣传性

校园团体操是一种直观艺术形象教育，能唤起人们的审美意识，促进人类精神文明建设；作为一项由众多人口参与的集体表演项目，服装道具华丽多姿，动作造型精益求精，队列图形丰富多样，艺术效果锦上添花，还会借助高科技手段创造艺术奇迹。表演需要编排者（导演、教练）、演员、灯光师、焰火部、后勤保障、音响师等团结一致、通力合作才能完成。这就需要参与者具备为集体荣誉而奋斗的团队精神。表演内容的多种形式、多个视角和多元化的体育精神、体育意识，体育文化素养的体现，将增进学生身心健康，拓宽知识，服务学生。团体操表演具有窗口作用，它是展示学校风采、提高学校地位和影响力的舞台，是学校管理水平和体育、文化、艺术水平的集中体现，是展示当代学生强健的体魄和蓬勃向上、富有朝气、自尊自信自强的精神风貌和良好校风的重要平台。全校师生人人讲体育，个个参与体育。通过团体操的训练和表演，能逐渐强化体育在学校中的地位，使体育在学校“德、智、体、美”全面教育中回到了应有的地位，对于一些片面追求升学率而淡化了体育教育的现象是一种有力的纠正。

3. 灵活多样性

体现在表演规模、时间、动作和内容上，可根据活动的需求和校园的特定条件做针对性的选择；根据表演者的基础采用单一场次、单一内容或多场次、多种内容的表演形式；也可以根据主题采用不同风格的表现手法；表演场地可在运动场、体育馆或礼堂的舞台上进行。

第三节 校园团体操的文化内涵

各级各类学校每年都要举办运动会的比赛或校庆庆典等活动，为了营造一种热烈气氛，往往安排不同形式的团体操。团体操表演的意义并不是简单的几十分钟的表演过程，而是围绕着学校体育教学多样性、实践性和趣味性等特点，向全校师生展示体育教学成果，展现当代大学生良好的精神风貌和巨大活力的舞台。学生既是校园体育文化的受益者，又是校园文化的创造者，受校园体育文化潜移默化影响，表现出高度的运动参与和运动竞赛的责任感与荣誉感。在良好校园体育文化环境中，学生努力使其运动行为与校园体育文化相匹配，积极投身于各种有益的体育活动，他们既能享受运动的乐趣，又能调整自己的认知行为，使之与校园体育文化环境相协调。

一、双重的本质

作为一种校园体育文化现象，它主要包括两大部分：(1) 作为一种体育锻炼的手段实现强身健体的目的；(2) 运用这种方式来实现体育的社会目的。这种双重结构决定着校园团体操具有双重的质：一个运动的质即自然本质；另一个是教育的质即社会本质。校园团体操的根本性质，正是由其自然质和社会质相互结合、相互作用来决定的。校园团体操本质具有层次性：强身、游戏、娱乐，是它初级本质；对人的品格培养、教育，是其二级本质；促进人的自我超越、自觉创造、全面发展和展示校园风貌、文化现象是它的高级本质。人们对校园团体操本质的揭示和认识，是一个随着社会经济、科学技术的发展，在实践基础上不断深化、永无止境的过程。

二、校园体育文化的一种表现形式

体育作为一种文化存在，它既可以满足人的生理健康需求，又可以满足人的精神需求，同时也是一种社会文化需要；既是一种健身娱乐的方式、方法，又是一种社会文化的继承、发展和影响。世界范围内高水平竞技体育所产生的广泛社会影响就说明了这一点。体育文化存在的一个重要特征是它的民族性和人们需求的多样选择性，即体育文化并不具有统一的模式，它是根据不同民族、不同年龄、不同性别、不同职业、不同阶层，以及不同社会发展阶段人们的不同需要而存在的。从社会学角度审视，体育文化的存在体现了人的一种社会需求。体育已从单纯的肌肉活动与文化隔离的状态下解脱出来，成了既是体育又是文化，既是锻炼又是娱乐，既是运动又是教育，既能观赏又能参与的一种特殊的社会文化现象。在现代教育与现代体育这两大人类文化体系的交汇处，生存着一种独特的社会文化现象即校园体育文化。它是整个校园文化体系中的重要部分之一。

校园体育文化是指：在学校这一特定的范围内，师生员工在体育教学、健身运动、运动竞赛、体育设施建设等活动中形成和拥有的所有的物质和精神财富，是以体育观念、体育意识和校园精神为主要特征的一种群体文化。它为校园团体操提供精神和素材的支持。校园体育文化作为一种社会文化，是学校在长期的教学实践过程中逐步形成的，更是在广大师生直接参与和精心培养下发展起来的。它对改善学生的智能结构，加强学校与社会的交往，传承、借鉴人类社会的文明，提高学生的积极性、主动性和创造性，促进教育改革的深入发展具有特殊的地位和作用。这种特定的氛围是和学校的培养目标、校风校纪、生活方式等内容相联系的。它和校园德育、智育、美育文化等一起构成了校园文化群，它又与竞技运动文化、群众体育文化一起组成了广义的体育文化群。

三、独特的育人、导向、凝聚和调适功能

校园团体操在校园庆典活动、校园体育节（运动会）、学校建设和发展过程中发挥重要作用，这是由于它自身所具有的功能所决定的。

1. 育人功能

人类进入了科技时代，传统的人文教育逐渐被专业技术教育所取代。“人”的培养逐渐被“才”的训练所取代。加强学生创新意识、创新能力、创业精神和实践能力的培养离不开提高学生的思想道德素质、文化素质、专业素质、身体及心理素质，因此培养出高素质的科技人才是社会对高等教育的必然要求。素质教育是以塑造人的精神境界、人格品位乃至民族精神为主要内容的教育。素质教育的目的，主要是引导学生如何做人，包括：如何处理人与自然、人与社会、人与人的关系以及自身的理性、情感、意念等方面的问题。

从教育学的观点来看，校园团体操具有较强的教育功能，它对于每一位表演者在爱校、爱国、爱集体等方面受到教育。通过师生的共同参与，促进其相互理解的过程，实现让学生了解社会、接触社会，培养团结协作、顽强拼搏、勇于进取、尊重事实、崇尚理性的精神风貌，在纪律、团队合作、听从指挥、克服困难、顾全大局等方面得到锻炼，是对学生完美人格的培养。

从心理学的观点来看，校园团体操具有培养形象思维的功能，它的创编、训练、表演是一种全方位的心理培养过程，也是一种形象思维和抽象思维的培养过程。

校园团体操是实现素质教育引导的重要形式之一。这源于它是一项体育与艺术相结合的综合性集体表演项目。它需要所有的参与者在集体的配合中完成表演，随着音乐、动作和队形图案的变化去抒发情感，传递信息，鼓舞斗志。校园团体操的学习、

排练、表演无疑不在影响着学生的思维品质、行为价值以及认知能力的形成与发展。它是维系学校团体的一种精神力量，在培育校园精神，促进精神文明建设，营造学校人文气息中起着重要的作用。

2. 导向功能

校园团体操的导向功能是把全校的师生员工引导到学校庆典活动或学校建设与发展所确定的目标上来。具体来说，就是指在具体的历史环境和社会发展条件下，围绕学校提出的活动主题、遵循学校的办学理念和育人宗旨，体现学校特色，通过团体操的表演形式，力求将所有师生员工的事业心和成果转化为一种精神动力，共同为学校的建设与发展、为社会主义现代化事业而努力奋斗。学校提倡什么、鼓励什么是校园团体操表演主题的重要依据。

3. 凝聚功能

校园团体操是全体师生员工共同的价值观念、理想信念和行为规范的一次活动，像一种精神粘合剂，使师生员工产生归属感、荣誉感、增强凝聚力。这种凝聚功能来源于校园精神，这种精神是学校师生共创和认同的价值观念，是校园文化的灵魂，它对全校师生具有无形的不可低估的凝聚力和感召力。它能使全体成员团结一致、关心集体、关心学校，形成一种心理需求，这种凝聚力和荣誉感是高层次的精神需求，是学校建设中的主体动力，它会产生一种激励作用，使学校形成一种精神振奋、朝气蓬勃、开拓进取的良好风气，形成一种你追我赶的激励环境和激励机制。它有利于在全校成员中培育和树立共同的理想，增强事业心和责任感，极大地激发出积极性、创造性，从而对学校建设做出积极的贡献。

4. 调适功能

校园团体操一方面通过创造一致的精神气候和融洽的文化氛围，形成一种有效的力量，以消除人们心理和情绪上的自我干扰和相互摩擦，协调人际关系，使个体的潜能得到进一步的开掘和发挥。另一方面它通过各种各样的运动表现形式（包括表演者身体运动形式、图案、队形、造型及所使用的场地、器材、服装、道具等物质形态）；通过分场、合场训练的组织管理（包括建立教学、训练和学校各个方面的协调等组织管理机制）；通过校园团体操在学校庆典活动中的精彩表演，使学生逐步形成良好的体育观念（包括身体观、运动观、价值观、方法观）等。学生在整个过程中既得到了娱乐，又受到教育。

校园团体操可以为各学校大型活动添彩，可以扩大对外影响空间；可以为建立特色高校，奠定基础；对宣传和推动全民健身计划也起到积极的促进作用，对普及阳光体育运动有非常重要的影响。从多种形式、多个视角、多元化地体现学校的体育精神、体育意识，体育文化素养。增进学生身心健康，拓宽知识，服务学生，以实现校园团体操的真正目的，展示校园的精神风貌、当代学生的风采和校园的文化内涵。

第二章　校园团体操的基本元素

团体操因其日益增加的各种艺术装饰，而成为一种具有审美价值的表演艺术，这既是创编者迎合时代发展的主体诉求，也是团体操自身发展规律的表现。校园团体操的表演形式多样，内容丰富、风格各异，凸显着“新、奇、美”，但它属于团体操的范畴，基本元素仍离不开团体操这个“根”。即：动作与变换、队形与图案、音乐与播音、艺术装饰等。

第一节　动作与变换

团体操的主要元素之一是动作和队形变化，两者相互依赖、相辅相成，在创编时很多主要场面的动作、队形要同时考虑。动作是通过表演者完成各种类型的肢体展示或造型，达到表现主题思想和内容的目的。动作与变换主要是在单个动作（如：徒手动作、持道具动作、舞蹈动作、武术动作等）的基础上，相互配合而形成的特殊的集体配合（如“波浪”、“叠罗汉”等）；在选用时要求针对性强、简单易学、利于集体的配合。

一、基本步伐

1. 走步和跑步：齐步走、正步走、小碎步走、快步跑、交叉腿跑、碎步跑等是团体操基本步伐之一。特点是易于掌握和整齐，通常运用在表演时的进场、退场和队形变换中。直线的、带角的队形宜采用齐步走、正步走、快跑和有节奏跑等动作。

2. 健美操基本步：后踢腿跳、开合跳、弓步跳、弹踢腿跳、吸腿跳等。这些步伐欢快有弹性，能体现出表演者和动作的活力，适宜与健美操手臂动作组合形成操化表演动作。

3. 舞蹈基本步：主要有华尔兹、柔软步、足尖步、波尔卡、弹簧步、变换步等。这些步伐既有柔美高雅的感觉又有热情奔放的特点，用于配合相应的舞蹈风格的手臂动作。弧形线入场宜采用舞蹈步、足尖步等。不同形式的舞蹈步伐结合集体配合的波浪动作、依次动作和造型动作，能创造出“拱浪、潮水浪、蛇形浪、摆龙、平转、扇面”等具有大效果大气魄的造型。可以使表演动作产生新颖、巧妙、变化无穷的连接，使表演出现动静、快慢、高低等动态美与静态美有机结合的视觉效果。

二、常用动作

常用动作一般有体育类、舞蹈类、造型类动作。体育类和舞蹈类动作又分为徒手动作和持轻器械动作。徒手主要指通过身体各部位的不同运动或相互配合所构成的动作形式，它是团体操表演的主要素材，也是持各种道具的基础。轻器械动作是徒手体操与舞蹈姿势相结合的手持小道具如：彩球、花条、火炬、扇子、小旗等进行表演的动作形式。在选择动作时要根据团体操的主题思想，结合队形和表演者的年龄、性别、做操能力等特点来进行。很多动作可以全体一致做，对称性地做或依次做。在密集的大方块队形中做一致性的动作，给观众整齐划一、恢弘气派的感受；若是在纵队、菱形、圆形上做各种波浪动作，会形成波澜壮阔的动人场面，取得最佳的表演效果。

1. 体育类动作

体操类动作：具有风格各异、节奏多变的特点，可以在各种队形上进行表演，是校园团体操中最常选用的表演动作。对称、横平竖直的动作适合学龄前幼儿表演；活泼欢快、节奏感强的健美操或广播体操动作适合少年儿童表演。

充满活力、时尚动感的健美操艺术体操和啦啦操已经基本上融入了各类学校的体育课堂教学中，将其作为团体操的表演内容是最容易组织和排练的。这类动作简单易学，易于推广和普及，是健身美体、陶冶情操的大众健身方式和充满表现力的表演项目。某些单项体育项目如：轮滑、篮球、击剑等也可以在团体操的表演中做局部性的点缀。

基本体操

艺术体操

轮滑

中学生徒手体操

花式篮球

健美操

花球啦啦操

技巧啦啦操

武术类动作：武术是中华民族文化的瑰宝，是我国历史悠久的民族体育项目之一。它所具有的地域性、传承性，使其民族文化特征在一代又一代的自我复制中得以保持。武术的基本动作、各种简单的拳术、器械组合和套路动作，以及刚柔相济蕴含“承接转合”动作理念的太极拳，都可以作为素材在团体操中进行集体表演。武术表演要根据团体操的要求和表现主题进行选择和再加工，使之更适合“集体”表演的特点。

刀术与拳术

太极扇

2. 舞蹈类动作

舞蹈动作有民族民间舞、现代舞、芭蕾舞、国际标准舞、集体舞等。这些动作可使团体操的表演内容更加丰富多彩、更富于艺术魅力。民间文体形式作为传统文化的重要载体，有着浓郁的体育特色和独特的艺术魅力，在团体操中恰当地运用民间文体形式，既是继承与发展我国团体操的需要，又是传承我国珍贵的民间艺术财富的需要。第 11 届亚运会开幕式“相聚在北京”就广泛采用了“荷花舞”这一民间舞蹈形式，经过编导者精心的改编设计后达到了很好的表演效果，使整个表演带有浓郁的中华民族传统文化气息。

妩媚、优美、粗狂或风格迥异、特点鲜明的民族民间舞蹈运用于校园团体操中会更加突出表演内容的特色及表现出某一特指的文化艺术形象。简单大气、易于掌握、容易排练整齐的基本动作及其组合动作适合群体表演；复杂的、难度教大的舞蹈动作或现代舞、芭蕾舞等动作适用于少数人表演，起到画龙点睛的作用。

民族民间舞蹈

鲜族舞蹈

街舞

军旅舞蹈

现代舞

中国自古以来便相信龙是风雨的主宰，是祥瑞的灵物，逢有大节日 ，大庆典及集会巡游等，必有舞龙助庆。随着华人移民到世界各地，舞龙文化已经遍及中国大陆、台湾、香港、东南亚，以至欧美、澳大利亚、新西兰各个华人集中的地区，成为中华文化的一个标志。因此将其编入团体操，也能起将中华民族精神向世界展示的作用。

在设计校园团体操舞蹈动作时，不能拘泥于人物思想感情的舞台表演而要特别注意视觉表演的大效果、远景效果和整体感觉。将具有民族文化符号的舞龙、舞狮、踩高跷、秧歌舞、腰鼓舞；苗族的“芦笙舞”、土家族的“摆手舞”、藏族的弦子、锅庄舞等这些非物质文化遗产进行艺术再现，进行团体操肢体语言的挖掘，对与之携手相随的舞具、服饰加以改造、移植、借鉴，对它们所蕴涵的“野性思维”进行提炼、整合，滤取，灵动地应用于团体操表演中，使团体操的艺术形象更加鲜活、更具人文深度。

舞龙

3. 模仿类动作

模仿动作是为了反映某种行为特征、特定思想内容或能直接表达这种行为的动作。它们有模仿人物行为的动作：钢铁工人的炼钢动作、纺织女工的纺纱织布动作；模仿军事的动作：队列操练、射击打靶、格斗、刺杀、通过障碍等的动作；科研人员做实验时的动作、大学生刻苦学习努力拼搏的动作和少儿植树动作等。还有模仿自然界的景象和某些实物形象的动作如：小树的生长、花朵的开合以及雷雨闪电及植物生长的动作。机器齿轮、轮船、麦垛、海浪、飘动的旗帜和动物的动作如小兔跑、青蛙跳等。它们均能形象地表达出团体操所反映的思想内容，表演效果很好。

学生学习

青蛙舞蹈

三、造型动作

团体操的动作造型以其种类繁多、变化无穷的特点在表演中起着重要作用，也是很受欢迎的表演内容之一。团体操动作造型可快如疾风，慢如潺潺流水。将它们合理、巧妙、有机地编排能形成一副充满深情的画卷。造型动作的选择应坚持简单、整体对比性强、效果好的原则，兼顾层次的变化，既要有“大齐奏”又要有“多声部协奏”。

造型动作：是指单人、双人或者多人共同协作或借助于服装器械完成的各种静止或平衡动作。这类动作结构巧妙，造型美观，视觉效果好，能使整个表演场面趋于完整壮观。造型动作姿态万千，感染力强，大人小孩都可采用，而且最大的特点是能把简单的动作组织成优美的立体画面。单人动作有各种坐、卧、撑、跪、劈腿、平衡、倒立、下桥等；双人动作有各种对称或者非对称的站在腿上、肩上、背上的动作以及各种形式的托举动作；多人的造型动作，内容丰富，但强调密切配合、团结协作。

脚上托举动作

多人肩上托举动作

造型动作多为徒手表演，但也可利用道具，或在道具上表演。如朝鲜大型团体操《阿里郎》表演就采用了叠罗汉、艺术体操等造型动作、某届中学生运动会的开幕式上表演者采用了技巧中的托举等动作也是突出主题、吸引观众眼球的最佳表现形式。

四、集体配合动作

集体配合动作是团体操所特有的，能产生各种特殊效果、有气势的表演。它的特点是运用依次、交替、反复等手段的配合形成各种动作和位置的改变。这些配合动作可以在不同队形上做组成，如圆的开合、平转、立圆转动和波浪等。

1. 依次动作：是团体操表演中最常见表演形式。它可以一个人接一个人地依次进行动作的表演，也可以行、排或组为单位，集体地依次进行动作的表演。常见的依次动作有更迭式动作、交替式动作等。

依次动作

2. 开合式动作：是以人体的移动，在同向或反方向移动换位中完成。开合动作有单向开合即表演者一起向中心靠拢，然后再反向离心移动；双向开合动作即表演者在若干个相套的图素中做反方向移动，使靠近中心的表演者向外移动，远离中心的向内移动，产生交替的开合效果。如下图“圆”的开合就形成了“花朵”的绽放效果。

开合式动作

3. 波浪动作：不同形式的波浪动作可形象表达不同的内容，效果明显，深受观众欢迎。波浪动作的做法：原地利用身体上下起伏、两臂在不同平面上（正面或水平面）做绕环动作，形成各种波浪；或身体姿势不变，采用向前、后或左、右跑动，形成各种波浪等。

上下起伏动作

原地动作的选择要考虑能充分展示图案效果，动作简单、幅度大等特点。行进间的动作则要考虑整体的流畅性和视觉上的动感，多选用小碎步跑和波尔卡等舞步，上肢动作尽量做大幅度的挥摆等。团体操表演的任何动作均可以原地、行进间做。原地表演动作在选用上可从单人原地表演、多人原地组合表演、图案上原地表演等几个方面考虑。单人原地表演动作在选择上应考虑动作幅度大、效果好、简单易学等几个方面。多人原地组合表演动作选用应考虑静态动态之间变化明显、对比度强、表演效果好的动作。

第二节 队形与图案

团体操表演由于它距观众较远和参与人数多的特点，往往通过多种多样的队形图案来表达其主题。队形是根据操的需要，将表演者按照预先的设计方案巧妙而有规律地安排在表演场地中组成的各种图形。图案是运用各种队形的组成，表现特定的内容。不同的排列组合方法可以使校园团体操的队形图案千变万化，结合各种不同的艺术装饰及动作，形成不同的风格特点。校园团体操的表演由候场（等待）、入场和退场、场内表演队形以及特色图案几部分组成。队形与图案一般有如下几种表现形式：

一、候场（等待）队形

团体操的每一场表演，表演者均由“候场”，即：在场地外等待（做准备）开始。

候场位置的选择一般根据团体操各场次的表演内容而定，要求场与场之间的转换和连接快速、流畅而不显杂乱。尽量避免前一场退场的表演者与后一场入场的表演者在同一地点聚集。以下是几种常见的实例图示：

1. 表演前的集结（候场）

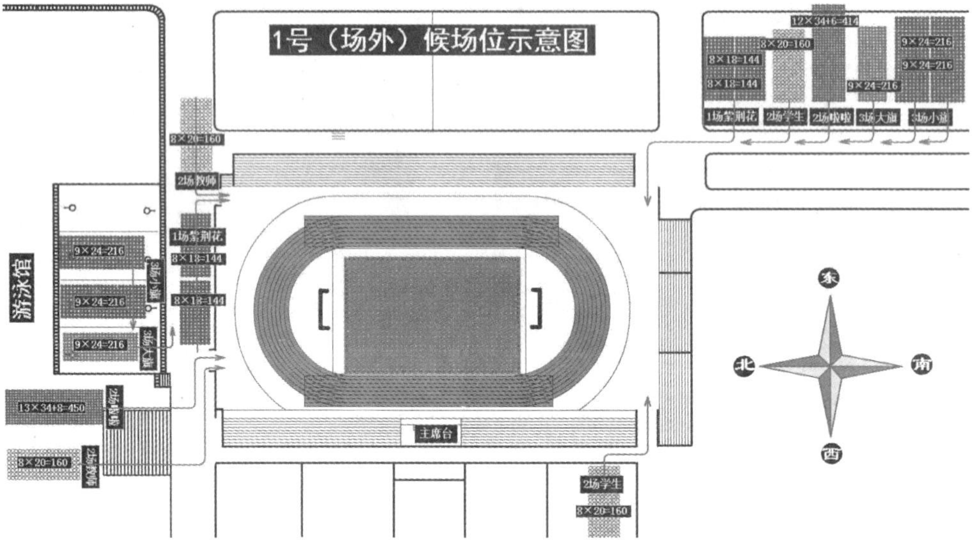

集结示意图

此种候场是将不同场次或表演区域的演员按照就近原则来安排，此方法比较适用于场地四周有出入口条件的情况。既能保正演员快速进场又能保证场地上干净而不杂乱。

2. “场地底端”候场

底端候场效果图

此种候场队形是团体操表演中最常采用的队形，一般用于团体操表演的第一场，便于表演者集中注意力。

3. “前、后两端”位置候场

前后两端候场效果图

此种候场是在场地的“前、后两端”候场，一般用于前一场表演“结束前”和后一场即将“表演时”的情景。此队形有利于场次与场次间的流畅连接。

4. “左右两侧”位置候场

左右两侧候场效果图

该队形同样运用在前后两场表演中，目的是使团体操表演的场次换场和过渡显得秩序井然。

5. “多区域”位置候场

此种队形是为了使表演的形式更加多样化，它根据表演内容和主题进行针对性设计。

多区域候场效果图

二、入场与退场

1. 入场队形

每一场团体操的表演都是以入场开始，它是反映主题的一部分，一般要求简明、紧凑、快速、有气势。充分体现出活泼、优美和刚强，以便给观众留下深刻的印象。青年男女多用整齐、雄壮优美的步伐或舞姿，少年儿童一般用小跑步或跑跳步入场。进场队形可以由单行、多行密集纵队、放射形或图案等通过同时、依次、交替等手法由场地的不同方向进入，以流动为主形成不同的表演效果。无论采用哪种队形、步伐，都要精确计算其节拍，距离和时间。

“依次”跑步入场

“弧线单路纵队”跑步入场

“密集”跑步入场

2. 退场与入场的过渡队形

退场一般是在场内表演的最后一个队形或图案的基础上，迅速密集成方块、纵队或横队整齐快速退出场外，是单场表演或整场团体操表演的结束。除最后一场表演结束退场以外，各分场的表演必须注意前一场的退场要为后一场的入场创造良好的条件，使各场之间衔接紧凑。退场要根据表演场地所提供的条件，分别向前、后、左、右或四角退出，表演者从场地内向场地外撤离时，要严谨整齐，精神饱满，迅速而有规律，以便给观众留下深刻的印象。

退场与入场过渡队形

上图是前一场演员从场地前端的两侧退场，四周是前一场演员退至此位置做下一场表演的准备（候场)，两侧是将要进行表演的演员入场口。

退场演员的跑动图示

该图近端是退场演员从前向两侧的跑动路线，场中是演员们从后跑向场地中心的效果图片。

三、表演队形

表演队形是在场地内根据表演内容的需要，将基本队形的行数与排数，按照一定的顺序科学而巧妙地组合形成各种美妙的队形与图案。一般有散点队形、直线队形、带角队形、曲线队形和综合队形等。

1. 散点队形

散点队形（又称满天星）指间隔距离相等的体操队形，表演者布满全场，场面壮观，气势恢弘，效果好。它既是其它各种队形变化的基础，也是团体操表演的典型队形。散点队形的间距一般在 2~2.5 米之间，在此基础上可以直接变成各种长短直线、弧线、大小圆形和方块队形。它适合做整齐一致、高低起伏、左右对称或错位站立的动作，一般有：全场散点、错位散点、隔行散点以及起伏散点等表现形式。

全场散点

错位散点

2. 直线队形

直线队形包括纵队、横排、多行多排和斜排等。直线队形有长短之分，长线条的直线队形有向远处延伸的视觉效果，用得较多的是依次、波浪和罗汉造型等动作。依次动作可根据需要由前向后、由后向前或由中间部位开始；在大纵队上常表演摆浪、卷浪、锯形和蛇形浪等，为使直线队形更清晰，远效果好，成纵队时每行的前后距离稍短，每行（纵队）的间隔要大。横排给人舒展开阔，平稳之感，成横排时每排人的左右间隔要小，而每横排之间的距离则要大，横排队形上常做上下起伏的波浪、滚浪、蛇形和旗浪等动作；斜排既有舒展的气势，又比横排富有动感。短直线变化较灵活，适合于做整齐性、对比性、交替性动作或造型。

多排纵行

多排多行

3. 带角队形

带角队形常见的有矩形、方形、菱形、三角形、五角形、锯齿形、箭头形等。带角队形见棱见角，整齐规格，以表现某种特定图案或特定含义。如果是依次做或交替性做动作会更有特色，给人印象深刻。这些队形可以是实心的（密集站位），也可以是空心的（由人组成外边）。实心的带角队形由密集队形或纵队拼组最好，也可由散点队形直接组合。空心的带角队形最好由直线队形变成，方法简单。三角形或箭头队形象征前进，常运用在小的高潮上，起着衬托作用；锯齿形表示道路曲折；方形队形用于庄严、气势庞大的场面，展示力量、国威以及民族精神面貌；菱形常运用于较大场面的构图，渲染主题。这种队形一般相对比较密集，演员的站位越低效果越明显，下蹲或躺着做动作比站着表演动作更能体现队形。

一般小型的校园团体操由于表演人数少，采用空心方块或菱形组成图案的情况居多。但实心图案的效果一般比空心图案好，密集的人群和道具构成厚重醒目的色彩效果。

多边形

三角形

正方形

五角形

菱形

4. 曲线队形

曲线队形通常有弧线和圆。曲线队形给人柔美、流畅的印象，常常用来表达抒情、欢快的内容和情绪，它们给人以祥和、温柔、安定、团结的心理感觉。轻快活泼、优美的团体操多用圆形、扇面、弧形、曲线等队形；女青年表演的团体操可多用圆弧队形和流畅的线条来组成队形图案。

弧线队形：弧线的正反组合可形成波浪，弧形虽可单独组成队形表演，但常与直线、圆结合成图案。如弧线与短线组成扇形、弧形与圆及带角队形组成综合图案等。在综合图案中弧形多为连线，起纽带作用。

弧线

圆形队形：包括单层、双层和多层圆的队形。圆形队形适合做各种开、合、转动、顺时针或逆时针圆的轨迹跑跳以及向圆形聚拢与向外打散等动作。单层小圆由于间距不大，适合需要快速移动时的表演，在圆上可以做各种转动，开合及异侧、同向摆动动作，单层圆的顺时针转动，双手前平举比双手侧平举表演效果好，更能体现圆的整体。在多层圆上做“立转”或“滚动”会收到比较好的表演效果。

圆与弧线

单圆

椭圆

四、综合队形与图案

(一) 综合队形

综合队形是不同的队形如散点、直线、带角、曲线等队形组成一个较大的队伍形状。在设计上可前后左右等距或交错综合使用，设计得好往往会有很强的审美价值，与主题思想紧密相连，并能表达特定的含义。综合队形的运用一般为一个段落的结束或某一段的典型场面。各种新颖独特的综合队形能给观众带来视觉上的冲击，这种队形一般不连续安排，适合与前面的队形穿插使用，使表演的变化大、新奇巧妙并达到一定的表演高潮。

三角形与正方形

实心圆与弧线

菱形与圆弧

直角与长方形

（二）图案

团体操的图案具有排列整齐，装饰性强，统一之中又有变化的特点，使表演场地显得丰满大气，是人们表达思想和现实生活密不可分的艺术性和实用性相结合的艺术形式。图案一般用于某一典型场面或一场操的结束，从而形成全操的高潮，以点明主题。设计者根据表演和美化目的，按照表演需要，通过艺术构思，把演员安排在一定的坐标位置上，利用表演道具进行造型、色彩、装饰等的设计并制成表演的图案。表现形式有具象和抽象之分，具象图案其内容可以分为花卉图案、风景图案、人物图案、科技成果图案等等。它的造型方法与绘画等造型艺术不同，具有更多的表现力，除了生活中的具体形象以外，一切抽象的形象也都是团体操图案造型的基本手段，常采用写实、变化、组合等手法，使图案形象多样化。通过写实型图案或精细、或粗放、或简化地刻画表演内容；通过图案的变换去夸张、概括、抽象表演内容；通过组合型图案共生、重叠、集合、分离表演内容；通过动和静图案型的效果和表演者姿势的变化，展示表演内容的动态与力度。

例如我们常用校旗表现学校之魂、校徽表现办学之本、校训表现学校之精神；五星图案来表示党团领导；齿轮与科技图案象征工业发展和科学进步；三角形连续图案表示奋进向上；圆形图案表示团结友谊；多变队形表示活泼愉快，锐角队形表示刚健、锋利等。综合队形是不同的队形。如散点、直线、带角、曲线等队形组成一个较大的队伍形状。图案造型有：一般性图案、象征性图案和组字图案，有平面与立体之分。

1. 一般性图案：花朵、五星、太阳、火炬等

太阳

五角星

向日葵

太极图

2. 象征性图案：旗帜、地图、科技、标志性徽记、人物等

五环

紫荆花

日晷

篮球与射击

跑步与赛艇

3. 文字图案（字形、字母、年号等等）

数字图

字母图

“巴川中学”组图

第三节 音乐与播音

一、音乐

音乐是团体操最有力的工具之一。它能使表演者和观众情绪飞扬、全情投入，能够建立一种感受或传达庄重和尊严，它能起到指挥全场表演，点明主题，烘托气氛，增强表演效果的重要作用。音乐不仅有助于突出操的风格和特点，渲染表演气氛，给人以深刻的印象，还可以启发表演者使其动作轻松自如，整齐划一，并富于感情，让观众受到优美旋律的陶冶和美的享受。团体操表演参与的人多，表演者的素质与水平参差不齐，为了使表演达到整齐划一的水准，需要依赖指挥信号："音乐"。因此团体操音乐的节奏必须鲜明、有强有弱、有张有弛、有刚有柔、有激有抒、清晰而优美的旋律和表演者的动作融为一体。只有这样，它才有利于广大的表演者记忆、理解与表现；也只有这样，它才能有效地发挥其重要的指挥作用。

团体操音乐是根据确定的表演主题思想、表演动作风格、特点和场景进行创作和选编的。音乐是团体操表演最为重要的一个环节，从某种意义上来说是团体操的灵魂。对于团体操的表演，现场观众看到的可能是绚丽的服装色彩，也可能是不断变化的队形和图案，或者是整齐划一的某种动作。观众在视觉上是有选择的，但音乐对于所有人来说是不可选择，必须接受的，因为团体操的音乐是预先设计和安排好的，所以从这个层面来说音乐更具有渗透性和侵略性，它对提升现场气氛最直接、最有效。这就要求我们在音乐的选择和制作上需要非常谨慎。

校内团体操的音乐因条件限制，大多采用现有的音乐或根据需要把几种音乐剪切在一起，时间一般控制在 8 分钟左右。音乐不是消极地配合表演，而是发挥其本身的独特作用，力求表达主题思想。团体操根据规模的大小有多场表演和单场表演。但任何一种形式的表演其音乐的安排都离不开"前奏（序曲）——主题曲（表演及过渡等段落）——尾声（退场）"这三段。就单场表演而言，团体操可选择带有学校元素特点的校歌、校园庆典活动主题歌和表现当代大学生风采的时尚而充满活力、富有朝气、节奏明快的乐曲；在表现青年人积极向上锐意进取时，音乐要轻松、优雅、明快、动听。颂扬祖国悠久历史和灿烂文化的表演内容，则应选择与之相适应的民族音乐。女大学生的舞蹈表演可选用轻柔、优雅、旋律优美动听的音乐；表现学校未来发展主题的一般选用气势磅礴、恢弘的乐曲等；而传统的武术，民族体育动作则以民乐为主调。中小学生的团体操音乐一般选用耳熟能详的歌曲或欢快活泼的舞曲等；儿童团体操，音乐的风格与特点要活泼，乐曲多采用明朗、跳跃的曲调，如果采用含蓄深沉的乐曲，他们很难理解和体现音乐内在的感情。道具的不同其选择音乐的风格也不同，扇子、花朵、纱巾等“软”道具适合抒情、优美的乐曲；刀、棒、棍和旗子等“硬”道具，则适合有气魄的强有力的乐曲。幼儿园团体操表演适合选用儿歌或歌谣等。如果是由几个单场而组合起来的大型团体操，则需要考虑场与场之间音乐的连接，尽量做到过渡自然流畅。

案例 1　清华大学 100 周年校庆团体操《清华颂》音乐

第一场：紫荆花开

《热情》、《你和你》——热情、欢快、奔放

第二场：时代风采

《自编曲目》、《向前冲》—— 青春、健美、时尚、活力、动感

《琥珀》——优美、舒展、

第三场：展望未来

《走向复兴》、《歌唱祖国》——气势磅礴，豪情恢弘

案例 2　四川农业大学 100 周年校庆团体操《祝福百年》音乐

第一场：相约金秋

《桂花飘香》——契合主题

第二场：风雨百年

《自编曲目》——气势恢弘、厚重

第三场：希望的田野

《希望的田野》——校园特色、喜迎硕果

尾声：《高歌明天》、《桂花飘香》、《歌唱祖国》——展望未来

音乐对于团体操动作而言具有血肉相连的关系，它不仅仅是场上的惟一指挥，更在于烘托表演的气氛，感染观众的情绪，从情感上去征服观众。在选择制作团体操音乐时要注意以下几点：

1. 音乐紧扣主题：表现一般题材的团体操，从内容到形式可轻松、活泼、别具一格。如是重大题材的团体操，音乐则要有强烈的时代感，基调要气势磅礴、恢弘大气。

2. 音乐具有广泛性：选择表演者易于掌握、记忆和富有特色的音乐，同时要考虑选择观众耳熟能详可接受的曲目。

3. 音乐节奏清晰：团体操动作整齐划一的关键，在于音乐起到的指挥作用。因此音乐的节奏必须有强有弱，有张有弛，使之刚柔并济。

二、播音

播音在团体操表演中绝不是独立的部分，它使用语言艺术的魅力来感染现场观众，发挥有声语言的独特优势，对团体操表演中风光的演绎，历史的阐释，背景的交代，情节的叙述，主题的升华，意境的烘托和气氛的渲染都起着至关重要的作用。现场播报与团体操表演紧紧联系在一起，既起着补充和扩大画面内涵的作用，又与画面、音响等元素一道共同起着向观众传情达意的作用。校园团体操是多种艺术元素和表现技巧的集合体，播报与画面、音响等元素紧密地联系在一起，共同形成一种复合语言。在这种复合语言中，团体操表演呈现的画面是最基本的元素，播报虽然作用于听众的听觉器官，但一定要立足于观众的视觉感受，它是对画面因素的延伸、概括与升华。观众可以通过播报把画面感觉和听觉感觉相衔接，对不断发生变化的画面进行必要的整合和重组，充分领略画面之间的逻辑关系，并通过这种引导，使观众顺利进入特定的画面情境和氛围之中，体会团体操表演的主题内涵。

1. 播报前的准备工作

现场播报的艺术处理多种多样，播音员要根据场合不同来调整艺术创作的表现形式。在创作之前，要对大学生的思维方式和价值取向进行深层次挖掘，从而能在表演过程之中通过声音的塑造来体现校园文化中彰显的生命价值，树立他们在社会生活中独特的文化现象。

其次就要明确播报创作的目的，明确目的对团体操播报起着统帅的作用，可以使创作态度积极，准确把握播报重点，使内容深刻，主题鲜明突出。同时练习气息的控制，缩短与听众的距离。

接下来就是要确定播报的基调。总的原则是播报基调统一，又要有所变化。基调统一是要求播音有整体感，播音基调为团体操解说服务，不走板，不跑调。播一篇稿件总的感情色彩要突出。在基调贴切统一的前提下，基调应随内容发展而相应变化。一方面能表达出团体操视觉效果整体思路、发展脉络和感情变化的层次，另一方面使播音有曲折有波澜，避免乏味，增强感染现场观众的力量。

最后就是演练过程中的情境再现。在符合稿件需要的前提下，以稿件提供的材料为原型，使稿件中的人物、事件、情节、景物、情绪等等在播音员脑海中不断浮现，形成连续的活动画面，并不断引发相应的态度和感情，这个过程就是情景再现。

2. 播音过程中的注意事项

团体操表演过程中的情绪带动除了画面感之外，更重要的一环在于播音员对于播报稿中内在语的解析和把握。所谓内在语，就是播报稿的文字语言不便表露，不能表露或没有完全显露出来的语句关系和语句本质。要想揭示语句本质，首先要根据具体的场景判断出具体的态度分寸，其次就要搞清楚团体操表演不同部分之间，小层次之间，段落之间的内在联系。区分并列、递进、因果和转折等情况的逻辑感受。以内在语形式把理解感受到的逻辑关系显示和引发出来。播音员在团体操播音过程中必须在“目中无人”的条件下，努力做到“心中有人”的状态，要对听众进行设想，从感觉上把握住听众的存在，时时与聆听对象有思想感情的交流。

一次成功的校园团体操表演，应该是播报和现场表演完美结合的统一体。有时播报内容甚至是整个团体操表演的灵魂，即使闭上眼睛静静欣赏播报，它也应该是一篇精美绝伦、令人荡气回肠的篇章。听起来让人振奋，引发思考，唤起遐想，回味无穷。如果把团体操的表演内容比作红花，丰富精彩的团体操队形图案设计比作绿叶，那么一个好的播报就是适合红花和绿叶的肥沃土壤。多么吸引人的故事，多么精彩的画面就如同漂亮的植物一样，没有适合的生长环境就会失色不少。

团体操表演一般是固定内容的播音，即：按照事先准备好的播报脚本的内容进行的播报。播报脚本是对团体操表演内容诠释的重要文字资料，也是展示团体操主题思想的基础元素。具体播报内容要根据团体操的表演进程和段落做相应的安排，并分别填充至模板相应的位置中。播音员所播出的每一条信息，均代表各表演内容的寓意。在编写播报稿过程中，首先要对团体操的价值取向进行深层次挖掘，在表演过程中通过声音的塑造来体现校园文化彰显的生命价值，树立其独特的文化现象。

播报范例　浠水一中百年校庆大型团体操解说词

女士们、先生们、老师们、同学们：欢迎您来到浠水一中百年校庆大型团体操表演现场！

五月的风，温暖亲切；五月的云，水晶般皎洁；
五月的歌，高亢嘹亮；五月的花，开遍原野。
热情奔放，异彩纷呈，我们装点 2004 的缤纷；
与时俱进，携手同行，我们驰骋 2004 辉煌的时分。
像群芳竞艳，绽放五彩的生命；
似百鸟和鸣，吟咏愉悦的心声。
长天万里，任我们尽情翱翔；
大地无边，让我们任意驰骋！
一中的校园，彩旗猎猎，迎风飘扬；
一中的校园，花开朵朵，鲜艳芬芳。
我们骄傲，科教兴国，经济腾飞；
我们自豪，万物生辉，国富民强！

今天，我们共同迎来了浠水一中百年华诞，让彩旗为你飘扬，让鲜花为你怒放，让山川为你祝福，让清泉为你歌唱！让我们共同举杯，祝愿浠水一中：青春永驻，幸福吉祥！

浠水一中百年校庆大型团体操，由《百年莲池》、《虎跃龙腾》和《青春驿动》三个乐章组成。她形象地表现了一中人建设教育强校的光辉历程；她生动地表达了一中师生开创美好未来的壮志豪情！

第一乐章　百年莲池

清风微拂，乐声悠扬。576 名同学挥动白色纱巾，似莲池波涌，流向操场中央，形成一中百年校庆标志图。标志图由莲花、100、V 字形手指和翅膀组成，象征百年一中诞生于美丽的莲花池畔，满园馨香；展翅欲飞的翅膀寓意一中在社会各界的大力支持下，正飞速发展，振翅翱翔；V 字形手指表示此次校庆定能获得圆满成功，一中将乘时代东风，再创新的辉煌。

盈盈碧水沐朝霞，片片绿荷叠浪花。这里，山水奇秀，风景如画；这里，宁静安详，天宝物华。由 576 片碧绿荷叶组成的荷叶方阵翩翩而来，似天池凝碧，如仙境云霞。这正是：三阳时节花如锦，漫舞金梭织彩霞；荷叶参差相连，流水低声细语；暖风送香气，春雨润红花。这舒展飘逸的荷叶不正是象征着我们美丽的校园、我们青春的年华？

伴着悠扬的旋律，踏着时代的鼓点，把欢乐写在脸上，把沧桑刻在心间。48 朵绽放的荷花，朵朵花瓣光彩夺目，片片花蕊争奇斗妍。斯时斯刻，怎不令人浮想联翩：百年的筚路蓝缕，百年的困苦艰难，百年的辉煌业绩，百年的壮丽诗篇！这是献给百年华诞的盛大贺礼，这是浠水人民的共同心愿：愿一中，更加美丽娇艳；愿一中，永远蓬勃发展！

大地耀金光，鲜花开满园。欢歌赞盛世，吟诗赋变迁。莲花池、玉台山、豹龙庙、阎家河、金谷山，过去，现在，未来，花瓣层层开放，它寓意着一中人曾经历尽的艰难曲折，它昭示着一中人的前途必定繁花似锦，辉煌灿烂。

看，碧荷浮动，莲花怒放。一辆大型荷花彩车缓缓而来。花车相拥，璀璨夺目：花，暗香浮动，迎风招展；叶，摇曳多姿，翠盖如云。48 只仙鹤在花叶间游弋、徜徉。是谁，令你倍添精神？是谁，使你绽放光芒？是科教兴校，发展自强；是一中人坚忍不拔的努力，才赢得这丰收的希望！

第二乐章　虎跃龙腾

走进新时代，正是催人奋进的时光。走进春潮涌动的五月，看葳蕤繁茂的香樟。每一片树叶都盛满了欢笑，一阵阵微风送来醉人的芬芳。这是春天的召唤，让我们彰显青春的力量。

我们挥洒汗水，我们神采飞扬，我们播种理想，我们收获希望。让我们托起鲜艳的校旗，衷心祝愿：一中的明天会更加灿烂辉煌！

“让校园充满活力，让教育充满理想。”一中人开拓创新，发奋图强，教有特色，学有所长。这里是沐浴着智慧之光的学子，这里造就出有胆有识的儿郎！

现在大家欣赏的是第二乐章《虎跃龙腾》。800 名同学在豪迈激越的音乐旋律中，欢呼着，呐喊着，涌向体育场中央。欢腾的人群意气风发，斗志昂扬。这是文韬武略的大比拼，这是切磋技艺的演兵场。运动中他们展示潇洒，竞争中他们显露刚强。仰看雄鹰展翅，俯听曲水流觞。看他们豪情奔放，看他们神采飞扬！

我们曾历经危艰，坎坷重重；我们曾顽强抗争，风雨兼程。但山高不怕险，路遥不怕长。百年薪火在传承，百年壮志在成长。几度风雨，百年沧桑。不变的是一中人勃勃的雄心，忠诚党的教育事业，追求更快、更高、更强！

天地在我心中，拼搏诞生希望。自尊自爱，自立自强。我们用勤奋和知识为学校添彩，我们用忠诚和智慧为民族争光。现在场上组成了黄色的阿拉伯数字“100”，极具动感的红色飘带穿插其间，象征着一中百年来弦歌不辍，翰墨飘香；表达了一中学子水一般的激情，火一般的热烈，表达了他们朝气蓬勃，奋发向上。看，一代新人胜旧人，长江后浪推前浪！我们坚信：有一中全体师生对教育事业的无限热爱和忠诚，一中定会更加繁荣、兴旺。

第三乐章　青春驿动

岁月如歌声声急，事业如棋局局新。一中人吹响了与时俱进的号角，乘风破浪，扬帆远航。看，时代的浪花拍击着历史的礁石；看，粼粼的波光在随风荡漾。那冉冉升起的太阳是一中人用巨掌托起的希望啊，祝福我们的祖国更加繁荣富强！

开拓，奋斗；努力，追求。今天他们是埋头苦读的儿郎，明天他们是顶天立地的栋梁。跨越风雨，走过沧桑。他们与时代同行，他们追赶着太阳。接下来请欣赏第三乐章《青春驿动》。

跳荡的音符，轻快的旋律，青春的年轮，缤纷的花季。绚丽多姿的鲜花方阵向体育场汇聚。激情舞动韵律，青春放射光芒；让浪漫尽展风采，让欢歌尽情高唱；让舞步显示活力，让梦想像鲜花一样绽放！鲜花舞动，交错有致，动静相宜，姿态万方。这是花的世界，这是花的海洋。花，让人目不暇接；花，叫人心花怒放。清风拂绿柳，雨润万花香。鲜花朵朵争风采，桃浓李郁竞芬芳。花，象征着一中人精心培育人才，妙手写就华章，为祖国培养了千千万万的人才，输送了千千万万的栋梁。花潮涌动，花浪翻滚，轮番变幻，汇成彩虹。赤橙黄绿青蓝紫，龙腾彩练当空舞。一中人以人为本，以德治校，励精图治，挖掘潜能。百年的改革探索，曲折之后是成功；百年的耕耘播种，创造之后有繁荣！场上组成了“2004”、“一中”的字样，表示欢庆一中百年华诞。“一中”两旁簇拥的百花形似一对宽大的翅膀。翅膀里，荷花、仙鹤点缀其间。看，彩球飘升，信鸽飞腾；听，欢声雷动，礼炮齐鸣。这气势象征着浠水一中将以2004年作为新的起点，展翅高飞，幸福吉祥！让我们放飞理想，让我们翘首希望；让我们共同祝愿浠水一中：永远年轻，永远灿烂辉煌！

第四节　艺术装饰

团体操的艺术装饰是体育与艺术的完美结合，它是以艺术的特点和方法，来充实和丰富团体操的表现力，提高表演艺术效果，从而构成完整的团体操艺术表演体系，这是现代团体操不可缺少的要素之一。团体操的艺术装饰包括服装、道具、背景和灯光。它们以各自的形式和风格，为团体操主题服务，烘托表演气氛，为表演增添光彩，增强感染力，给人以美好享受的同时体现音、形、色、光的综合之美。一场出色的团体操会把各种装饰紧密结合，相互补充融为一体，达到多样而又统一的艺术效果，使场内表演具体化、形象化和更加完美。

一、服装

服装是团体操表演中活动着的色块，是团体操的艺术装饰之一，它既可作为象征某物的道具，又可作为一种色彩使用。它一方面对人物形象塑造起直观作用，另一方面在辅助表演、体现团体操主题思想和艺术内涵上有着不可忽视的作用。服装的选择应根据表演的需要来确定。通过各种样式、颜色的调配，配合相应的动作，服装在突出主题并表现操的独特风格、增加色彩和热烈的气氛等方面，承载着内容的重要性。如2008年北京奥运会开幕式文艺表演共有服装47款15153套，穿上它们，万余名演员或歌或舞，艺术地呈现了一个跨越5000年历史的中国。

中山装与青年装的结合

团体操《击缶》中立领短袖银灰色长袍服装是中山装和青年装的结合，这样既显得很绅士，又能代表中国年轻一代朝气蓬勃、气度非凡的特点。

“铃衣”服装最大的特色是银铃密布，演员身上各有近3000个银铃，仅一个头饰上便装有800多个银铃。如此庞大的队伍组成了铃的海洋，表演起来自然声势浩大。

铃衣

长袍

《论语》表演者身上的服装底摆周长30米，缝纫师全手工堆积了300多个褶子，而每个褶子都是向外立着的。这款水墨色的衣服，裙子颜色从上到下是由深入浅，两袖从下到上则是由浅入深，裙摆大量褶子的运用，主要是增加服装的仪式感和立体感、堆积感，给人以大气、庄重的视觉效果。

（一）团体操服装特点的演变

第一阶段：20世纪50~70年代，团体操表演以集体做操的形式为主，主要突出政治性、思想性。服装类型单一款式简单，以表现不同人物角色的形象特征，展现各行各业劳动人民高度热情建设新中国的工作和生活景象为主。表演者身穿不同色彩表演服装在各种动作、队形、图案和造型的变化中将不同色彩进行排列、穿插、形成不同色块及变化组合，使表演现场呈现出一幅幅流动的色块画面。

第二阶段：20世纪80~90年代初，以体操形式为主的团体操表演逐渐向文体结合的方向发展。在创作上，表演服装类型和款式也呈现出民族化、多样化和造型新颖的特点。

第三阶段：20世纪90年代至今，团体操表演在创作上逐渐运用大写意的手法，内容题材上更多地采用了文体结合的方式，进一步挖掘我国民族传统、民间艺术形式与体育形式的有机结合；运用文艺、科技等手段衬托表演；背景、灯光、场景等舞美方面的构思更加巧妙，使团体操表演成为体现体育、科技、艺术综合特征的大型广场文体表演。表演服装在创作上趋向“综合化、艺术化”的方向发展。

京剧服装

士兵服装

（二）我国大型团体操表演服装的发展趋势

1. 注重服装功能的开发与利用

双色披风

服装的创作设计在朝着一物多变、一物多用的方面发展。例如：一种服装可以在色彩或款式上进行不同的变化，使它既是表演者的服装又可以充当表演者的道具来使用。

2. 服装类型的不断充实与完善

团体操在表演内容和表演形式上将我国民族、民间项目以及体育运动综合运用，因此在服装风格上进行了大胆创新，依据不同的表演内容及形式，体现出民族体育特征。服装的选择可以表现在不同种类的裙装、塑型式服装、仿模式服装、运动装、民族民间服装以及一些具有特殊装饰效果的表演服装上进行充实与完善。

裙装

模仿装

运动装

3. 服装材料的宽泛性

服装材料的选择已经不仅仅局限于通常意义上的棉、毛、丝、麻等材料，在考虑到绿色环保、无毒无害以及可回收再利用的前提下，设法寻求更多的“高科技塑料制品、金属制品、化纤制品”等。通过特殊的工艺处理手段，最终完成丰富多样的表演服装。

4. 服装的整体效果不断优化

服装款式、风格、工艺和色彩的选择与运用体现出色彩自身的性格特征，色彩的运用、选择与搭配更加形象化。表演服装主要以营造演出气氛，装饰表演效果为目的，其样式在写实性设计的基础上更注重寓意性设计，使服装款式的综合形态体现出抽象变形给予观众无限的联想。

服装兼道具

（三）校园团体操表演服装的选择设计

俗话说：“三分人材七分打扮”。设计得体的团体操表演服装不仅更能突出操的特点和主题，而且更能体现表演者的精神风貌。和谐统一的表演服装使场面更加整洁和积极向上。服装是获得表演艺术效果的关键之一，是根据操的主题和风格专门设计制作的。动作要显示服装颜色的特点，服装也要体现时代感和民族特点。校园团体操表演一般在白天（自然光下）进行，不需考虑灯光的因素，服装色彩一般在明度和色相上应与道具及场地色彩形成较为强烈的对比以形成整体效果。多数时候选用成本较为价廉的运动服、T 恤、长短裙、披风等。

校园团体操的服装设计，不仅要符合学校庆典活动的主题思想，风格以及表演特点，还应包含校园的色彩元素；同时要考虑到各学校的具体情况，如：场地、道具、背景颜色以及经费等。因此服装设计与制作应注意以下事项：

（1）团体操表演人数多，表演场地大。要注意远效果、大效果，以色块为主，并力求色彩鲜艳，样式要美观大方，服装的设计要根据操的风格特点以及表演者的性别、年龄特征并符合主题的要求，使其具有鲜明的代表性及时代感。

演绎金秋十月的黄色服装

（2）服装色彩要与场地、道具的颜色互相衬托，最好是先制作样品在现场审查效果，然后确定标准式样和颜色。同时还应考虑表演的季节、场地与周围环境、服装道具本身以及有无背景色彩的配合等。

欢快喜庆的红色腰鼓服装

白色运动服

（3）注意勤俭节约，根据不同的条件、不同的要求去考虑服装、道具的设计与制作。无论是大型或小型团体操表演，往往需要成百上千套服装，服装的设计要看什么范围的表演，以少花钱多办事的原则开展活动。

二、道具

道具是团体操的表演用具。为了更好地表现团体操的主题思想，提高表演水平，达到更好的效果，通常运用各种道具来烘托主体，装饰和点缀队形，使徒手动作和队形变换构成艺术的妙境。道具是和团体操的表演动作融为一体的，并非为拿道具而拿道具，道具本身就是一种语言。道具及其变化有助于丰富表演内容，增加效果，给人以生动形象之感。

（一）道具的种类

根据道具的大小和使用道具所用的人数，一般把道具分为小型、中型和大型三种。凡是一个人能持用的道具为小型道具；两人以上能持用的道具为中型道具；多人也不便持有而只能在道具上做动作的器械称为大型道具。

1. 小道具

小道具具有形式多样，变化奇异、灵活的特点。它们是校园团体操最常用的表演工具。小道具在整个校园团体操表演中，可以组成点、线、面的队形和图案。单个的小道具可以视为一个“点”；纵队、横队及图案队形中可以用小道具组成一条“线”；大方块的集体密集造型，利用小道具可以组合成一个“面”。在整个团体操图案变换和构成中，小道具因其灵活多变的特点，为校园团体操的主题表达和取得好效果起到重要的作用。团体操表演中常用的小道具有：彩球、花束、帽子、扇子、纱巾、花条、花环，以及小旗、火炬、泡沫块等等。

花球

纱巾

手鼓

帽子

彩带

风车

旗子

2. 中道具

中型道具有大泡沫块类（大布块、大校旗、条幅等）、梯子或架子，及各种实物模型道具等。由于制作道具需要一定的经费，训练需要花费一定的时间，完成其表演动作需要具备一定的体力，故使用这类道具的校园团体操一般适用于大学的团体操。

大泡沫块类：是指二人以上手持大泡沫块或大布条、彩绸进行表演所用的道具类型。这类道具可做各种转换、翻动、抖动及旋转、抛接等动作。如《清华颂》第一场“紫荆花开”就利用大布条的抖动、抛接等动作进行了“庆祝清华大学百年校庆”的文字字幅表演。

大条幅

梯子类：利用梯子可做梯子操、在梯子上做由下至上的重叠造型，也可组成立体图案等动作。

中型梯子

实物模型类：指用由五人以上托举表演，可做起落、翻动、左右摇摆及拼图动作的标志性物体，它可制造出动物、景物等景象，多出现在团体操表演的结尾以点明主题。

龙

键盘架子

盘龙

大幅国旗

3. 大道具

大型道具一般为点明主题，烘托全场气氛，使表演达到高潮而专门制作的重型器材，如翻花台、科研成果模型车、造型台等。

模型车：多由场外进入场内表演，在车上可设置各种模型道具。有反映学校科学文化建设的，也有展示教育、科技成就的。表演者根据要表达的中心思想采用不同模型做动作或造型，以形成统一表演的整体。

翻花台一般在团体操的最后一场或尾声中运用，通常放置于一个美丽而又气势磅礴的图案中央。在台上可做侧倒、依次、同时开合及旋转等动作。如第七届全运会团体操、2008 北京奥运会都利用了翻花台进行表演。

大型翻花台

地球

华表

（二）道具的色彩

校园团体操的道具色彩一般应选择象征热情、喜庆、幸福、愉快、光明、纯洁等色彩。色彩效果的优劣，不在于用色多少，而在于色彩的选择与组合是否恰当。一般一种道具一种颜色，过多使用色彩使场面容易“花”且乱。常用道具色彩的象征性如下：

红色：具有强烈的感染力，是最引人注目并产生兴奋的色彩。它象征温暖、喜庆、热烈、欢快，在校园团体操中常起着主色和重要的调和对比作用，是使用得最多的颜色。

具有强烈感染力的红色

黄色：是阳光的色彩。象征光明、希望、高贵、愉快。黄色在色彩中的明度最高，与红色配合产生辉煌华丽、热烈喜庆的效果，与蓝、绿色配合产生淡雅宁静，柔和清爽的效果。它包括中黄、淡黄及柠檬黄等。

华丽的红黄搭配

蓝色：是天空和大海的色彩。象征和平与安静、纯洁、理智。蓝色与红、黄等色运用得当，能使校园团体操构成和谐的对比调和关系。

安静纯洁的蓝白搭配

绿色：是生长的植物色彩，象征和平与安全，意味着青春与大自然的生长。它与蓝色配合会产生调和宁静；和黄色配合明快，清新。由于绿色的视认性不高，应和黄色或红色等明度较高的色彩对比使用，团体操一般会在有草坪的足球场上进行表演，为避免“撞色”通常不选用绿色道具进行表演。

尽量避免的绿色

紫色：象征优美、高贵、尊严。淡紫色有高雅和魔力的感觉，深紫色有沉重、庄严的效果，它与红色配合华丽和谐，与蓝色配合华贵低沉，与绿色配合热情成熟，与黄色是强对比色，运用得当能产生新颖别致的效果。

优雅高贵的紫色

（三）道具的制作和使用应该遵循的基本原则

1. 服务主题。道具作为大型运动会开幕式表演中一种重要的艺术装饰，它的出现和不断创新都是为整个表演服务的，因此在选择道具时一定要具有代表性，能够表现主题。

2. 融于表演。道具要符合广场艺术表演的特点，要求大色块对比和大区域的调度，简洁明快。适当扩大造型规模，把它们融合在艺术表演中，而不是独立出来成为助兴的花絮。道具颜色要与表演场地、队员的服装色彩协调，互相衬托不可雷同，最后还要适合表演者的年龄和性别特征。

3. 道具的运用要"线面"充分。整齐划一容易表现出力度的美，错落有致会出现意想不到的形象色彩，平面方正的运动场面容易呆滞，强调流动中的变化容易形成曲线之美。

4. 重复利用。大型道具的制作成本高，要考虑到再利用的问题，尽量避免出现一次使用的状况。创作小道具时要考虑到与队形的配合和利于演员的动作，一种道具多种用途和颜色的选择等方面的问题。道具的结构要简单、轻便、牢固、经济和变化巧妙。

民族体育是大型团体操取之不尽、用之不竭的素材库。《中华民族传统体育志》有我国现在可收集到的民族体育项目 977 项，在进行团体操创作中可以从中汲取一些典型的可运用的道具，这些道具的开发要遵循团体操道具使用的特点，不仅能表现民族特色，又要适合在广场上表演。在团体操表演中出现过的民族体育形式的道具主要有舞龙、舞狮、安塞腰鼓、威风锣鼓、太平鼓、跷跷板、高跷、打花棍、跳绳、挑幡、芦笙、锅庄、朝鲜长鼓等。

三、背景、灯光与焰火

（一）背景

背景表演是指在主席台对面的看台上、观众席上、场地中间以及场地周边，由表演者用花束、彩球、纸板、绸布、衣帽、背景本等道具或利用灯光设施、数字科技等手段按预先设计好的画面、标语及其他表现形式，在统一指挥下所进行的表演。它不仅具有美化场面、点明主题、烘托气氛、增加表演效果的作用。还能扩大表演的范围和气氛，起到掩护场内表演中出现的"乱场"和"冷场"，暂时引开观众的视线效果。背景是团体操表演中的重要组成部分，背景与场内表演的动作、队形图案互相补充，融为一体，可使整个团体操表演更臻完美。

1. 我国团体操背景表演内容与制作的演变

第一阶段：背景表演在内容上带有浓郁的政治色彩和思想性，其背景道具的制作是完全依靠手工完成的。内容上以"热情地歌颂毛泽东思想的伟大胜利，歌颂我国社会主义革命和社会主义建设的辉煌成就，反映新中国成立后我国各阶层人民生活和工作的画面，体现我国人民自强进取和青少年日益强盛的新面貌"为主。

第二阶段：随着改革开放政策的推行，我国在经济、科技、文化等方面开始与世界接轨，以反映民族特色、民族文化的素材开始被广泛地吸收进团体操背景表演中。如：第六届全运会开幕式上的团体操背景不仅将敦煌莫高窟的艺术展现给国人及全世界观众，更是寓意酒泉卫星发射中心发射的神舟系列运载火箭，充分展现了我国的科技研究能力及水平，象征着我国综合国力的强盛。在这个阶段计算机软件设计已运用在创编过程中。

第三阶段：21 世纪数字科技时代到来，模拟仿真技术在团体操背景的创编过程中被完美的运用，是背景创作质的飞跃时期。我国团体操在内容的选择上将展现民族、地方文化，体现国家强盛、地方繁荣的元素放入首要位置。如：2008 年北京奥运会“画卷”展现了中国历史文化的起源和发展。画卷上图案的变化，成为“文字”、“丝路”、“礼乐”等多场表演的背景。

2. 背景区域安排及表现手法上的演变

第一阶段：背景表演区域比较固定。团体操背景都以主席台对面的看台为表演舞台，根据看台的高低、层次以及表演场地大小决定背景台的高度与宽度。背景画面、标语的展现采用在指挥人员的指挥下，表演者同时打开背景本的某一页来实现。如：朝鲜团体操“阿里郎”演出中就是由 2 万人组成的巨幅翻板背景表演。翻板演员在指挥员的旗语信号引导下，以整齐划一的动作不断变换画板，展现出上百幅精彩纷呈、栩栩如生的背景图案，把整场的情节紧紧串在一起，使得演出主题更加鲜明。

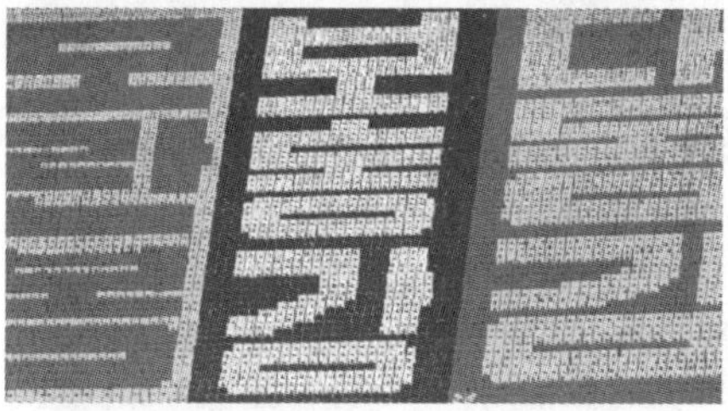

第二阶段：虽然改革开放带动了我国经济及科技的迅速发展，但20世纪80年代至20世纪末，团体操在背景区域安排及背景的表现方式上没有出现显著的创新，基本继承了原有的模式，即背景舞台安排在主席台对面的观众看台上。

第三阶段：该阶段的背景在区域安排及表现方式上进行了全面创新。首先背景的表演区域转移至中央表演区，其次背景的表现方式运用了实物道具、非凡的光影投影技术以及焰火的配合共同成为背景表现的潮流方式。此阶段将背景与表演完美地融为一体，相呼相映，三维的立体效果使看台四周的观众都能将背景尽收眼中，减少了观众的视觉盲区。

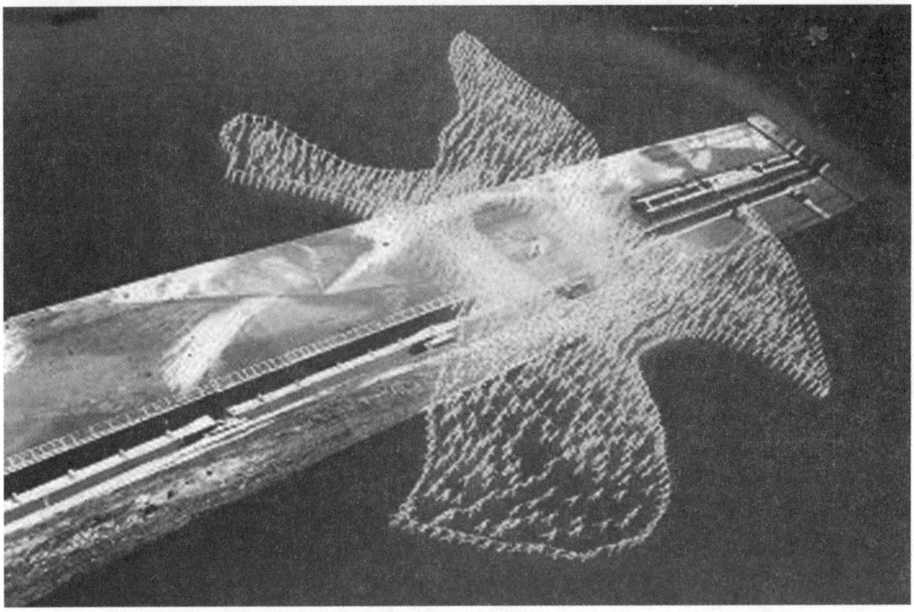

从最初看台上固定的背景表演区域，到现在与团体操表演区域相融合的中央背景区和悬浮于主表演区上空的背景，团体操的背景区进行着从平面到立体，从固定到多元的探索。

从团体操背景的演变历程可看出，背景经历了从纯人工制作、表演，到融入一定的科技水平，再到现在团体操背景所运用的科技产品，科学技术成为创编的关键元素。在现代团体操体现国家经济实力、综合国力的前提下，未来我国的团体操背景在设计、制作、表现中科技成分必然起着重要作用，这不仅是团体操及背景的发展需求，也是社会经济、科技发展的必然结果。

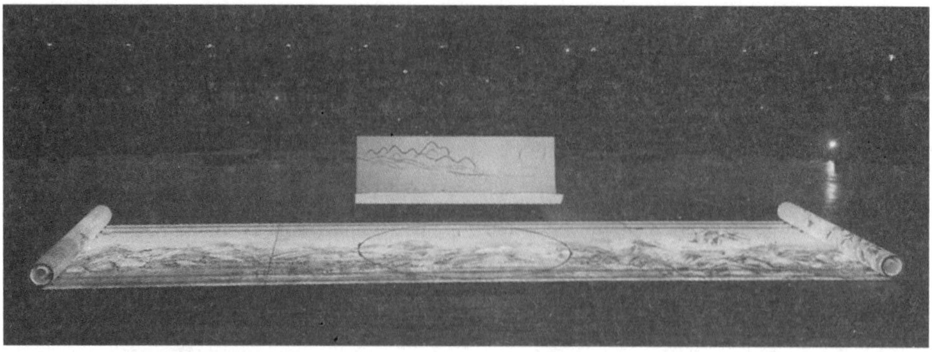

3. 校园团体操的背景表演

受人员、时间和经费的限制，一般小型的校园团体操不使用看台背景表演，通常将参与庆典活动或运动会比赛的单位安排在指定的区域就坐，穿相同或不同颜色的服装，配合一些周边的景观装饰如：标语、条幅、彩旗等，以达到“背景”衬托的效果。

通常大型的校园团体操，一般采用各种画面、标语（如：校训、字号等）或背景翻板，配合场内表演或静止不动、或局部或大部分活动；也可以整个背景同时表演和单幅依次出现，采用手法多种多样的表演形式。

(二) 灯光与焰火

随着现代手段的运用和文艺表演的增加，团体操表演在外部形态上更倾向于舞台艺术表演。高科技给现代团体操表演内容的充分展示和舞美设计提供了更加广阔的舞台。各种灯光和焰火的运用使团体操更加色彩斑斓；活动舞台、空中表演装置、音乐喷泉等设施的运用更丰富了团体操的舞台层面。尤其是大型的综合性团体操，从入场、表演、退场几个方面来看，都是在类似于舞台灯光的配合下逐步完成的。灯光可以使服装的色彩产生丰富的变化，追光还可以弥补转场时场上较为混乱的不足，也可以突出某一个表演的主体，起到艺术渲染的作用。但一般校园团体操表演受场地、经费等客观因素的限制，通常都是在白天进行，故很少采用灯光的配合。

四、周围装饰

团体操表演无论是在体育场还是体育馆内进行，为了使场面更加热烈，通常会在表演场地的周围进行一些艺术装饰，为的是烘托气氛、衬托主题、增强场内表演效果。周围装饰主要是在主席台上、对面及两侧悬挂一些标语、标牌、气球、彩旗等标志性装饰等。周围装饰相对场内表演不能喧宾夺主；装饰物不能影响观众的视线等。标语一定要醒目、简练，提出的口号应切合活动或运动会的主题。

标牌：一般是竖立在主席台的对面，是运动会的会徽图案，或者是具有代表意义的图案，或者是吉祥物等。

气球：一般都是大气球，浮在空中，带有标语布。气球设置在表演场地的四个角，这样既能装饰场面又不影响观众对场内的欣赏。

彩旗：一般是插在表演场地的周围，彩旗的高度以不影响观众观看表演为宜。

第三章 校园团体操创编

校园团体操的创编工作是在结合学生年龄、性别和训练水平的前提下进行的，因此，在创编上要立足于从不同层次、不同角度、不同方位来反映当代学生努力学习、报效祖国的鲜明主题，反映丰富多彩，充满青春活力，让人难以忘怀的校园生活。校园团体操的最高境界，是对主题思想表达的完美以及创编性格意义上的出色刻画。这需要创作人员具有良好的专业素质和全面的思维能力。校园团体操的创编是一项较为复杂的综合性创作工作。表演的目的不同，其主题思想、表演内容和表现手法也就不同。

第一节 团体操创编原则

一、主题鲜明、风格独特

（一）主题思想

主题思想是校园团体操的总纲，它使表演内容分清层次，突出本质，形成一体。任何一部团体操表演都有自己的主体内容。主体内容不仅要与操的主题思想一致，还应具有典型意义，这样才能使表演具有一定的代表性，使操的主题以最直观形象的方式表现出来，通过典型内容增强操的感染力并引起观众的共鸣。校园团体操的动作与图形是反映主题思想最直观和最形象的人体语言。在创编校园团体操动作和图形时应紧扣主题思想，力求动作与操的主题一致。在创编过程中应合理运用对比、对称、主从、均衡、参差、比例、整齐划一等形式，采用虚构、夸张等不同的表演手法，运用虚构激发人们丰富的想象，动作写实以直观形象的方式生动地体现表演的意图。形成一个内容与形式和谐统一、并富有完美艺术和创意的作品，才能使表演五彩缤纷、生动形象，令人耳目一新。队形上不仅要遵循传统的变化规律，而且要大胆创新，巧妙运用大面积的聚散与合理的队形穿插，以最小的移动获得最大的整体变化效果。在注重整体效果的同时还应使局部表演具有相对独立的意义。

（二）风格独特

风格独特是校园团体操的另一特色。只有内容题材典型、表演风格独特的校园团体操才真正具有强大的生命力和感染力，才能给观众留下深刻的印象，从而达到表演的目的。如果一场校园团体操没有独特的风格，它便成了过眼云烟。既不可能吸引观众，更不会给人们留下深刻的印象。纵观各种校园团体操都有其自身的独特风格。或是气势恢宏令人荡气回肠、或是表演优雅清秀令人陶醉、或是动作刚劲有力震撼人心、或是活泼欢快喜气洋洋；有的是充满现代气息、有的是浓郁的古朴典雅，还有的是民风民俗地方特色显著。

总之，校园团体操的主题思想都应是积极向上，充分体现当代学生风采、展示学校面貌的。如以歌颂时代歌颂祖国为主题，如以反映体育教学、训练水平和体现全民健身为主题。

二、突出艺术性和校园特色

校园团体操的创编源于校园文化中的各种实践活动，但不是这些实践活动中具体事物的生硬体现，不是对所希望表现的某些事物全过程的原样再现。表演中所展示的内容既源于客观事物又高于客观事物，是经过艺术抽象后的结果。校园团体操的创编过程是对校园客观事物进行提炼后再创造的艺术抽象过程。它不仅要有思想教育价值、健身价值，表演欣赏价值和审美教育价值，还应具有丰富的艺术魅力和感染力，以唤起人们的审美意识，促进人类精神文明的建设。

在校园团体操创编中，单一地应用体操或体育表现手法，往往不能全面地生动形象地反映主题思想。为了获得良好的表演效果，应广泛地与音乐、舞蹈、美术等艺术形式密切配合，来烘托气氛深化主题，使校园团体操表演更富有观赏性和美感。团体操表演既是对美的一种展现，又是美的教育和熏陶。“美”应贯穿于整个表演之中，力求做到形式美、艺术美、精神美、运动美、内容美。观众通过鲜明生动形象的艺术欣赏，自然地在愉悦中接受美的教育。表演者在接受塑造健康形体美的训练中，也受到了锤炼意志品质的审美教育，还能体会到团体操的艺术水准、艺术品位和艺术风格。

校园团体操的表演体系应具有校园特色，反映校园生活、学习的内容。采用形式多样的徒手体操、集体啦啦操或健美操展示；采用操舞结合型、文体结合型、说唱表演型、队列队形变化等表演形式。团体操表演还可将教工和附属中小学的群体活动纳入其中，能起到全员参与团体操表演的作用，扩大表演规模。但表现主题和表现手法要符合各年龄阶段学生的特点，少年儿童一般侧重于游戏和娱乐，中学生和大学生一般侧重于艺术和健身，否则会使观众产生一种不切实际的感觉。校园团体操创编可从不同层次、不同角度，用不同方法来生动形象地反映丰富多彩的校园生活，突出含苞欲放，茁壮成长，勤奋学习，积极向上，团结奋进，文明育人等鲜明主题。

三、因地制宜、量力而行

校园团体操的创编必须对表演人数、场地、经费、训练时间等因素进行了解落实。它在不同程度上受到以下因素的制约：

1. 人员与表演内容

在创编校园团体操时必须对能参加表演的学生现实条件和人数情况进行了解，以便确定表演规模、选择针对性的易操作的表演内容。由于学生受教育的阶段不同，参与表演的学生人数和性别有一定的限制。因此在团体操创编和教学上会有不同的选择。为了不影响学生的正常学业的学习，团体操的教学尽量在体育课上进行。健美操、啦啦操这类项目比较适合男女生共同表演，舞蹈比较适合女生表演，而武术中的一些器械项目比较适合男生表演。

2. 场地

每个学校都有大小不等的运动场，但校园团体操终归是一个少至几百人多至几千人的集体表演，在完成分班教学和训练以后，正式表演前需要有固定场地进行彩排和演练，在创编过程中不得不考虑场地使用的分配，因此应将场地的落实放在创编工作开始之前。

3. 时间

学生在校学习期间主要是以文化学习为主，课余体育锻炼或体育学习时间有限。尤其是大学生，一般的大学体育课只在一、二年级开设，三、四年级的学生已经进入专业学习阶段，基本上没有了体育课程的学习。因此参加团体操表演的一般是大学一、二年级学生，他们在时间、精力上有保障。在创编时必须对现有参加表演人员的可利用时间进行足够的了解，才能合理安排课内外的教学与排练时间，保证训练和表演的顺利进行。

4. 经费

经费是保证校园团体操创编的重要因素，是保证创编者在确定规模、风格特色、表演场次、造型图案、道具利用、服装等多方面定位的标准。校园团体操的创编必须在符合该校实际情况基础上，落实并利用好有限的经费，创编出最佳效果的表演。

第二节　团体操创编方法

校园团体操创编方法是指认知创编如何从动因——动机——发展——架构——形成的基本方法。即有认知——产生构思；有构思——产生动因；有动因——产生选择；有选择——产生主题；有主题——产生结构；有架构——产生音乐；有音乐——产生风格；有风格——产生队形或图案；有队形或图案——产生动作；有动作——产生组合；有组合——产生段落；有段落——产生结构的起承变化；有起承变化——产生表演高潮；有表演高潮——产生主题效果，由此形成一个创编的链条。

团体操讲究的是整体艺术效果，动作并非越多越好。对一般表演者说，存在着一个相互协作的问题。如果动作的有机重复处理得好，能使其有整体统一的美感，给观众留下深刻印象。校园团体操的创编既要突出共性，又要反映当代学生强身健体，提高运动技能，努力学习，紧跟时代节拍的特性。校园团体操的创编艺术构思是整个表演的关键。整体的构思、动作、队形、音乐、表演图形的选择和运用是否突出主题、有特色；变化是否合理，富有规律，这一切都直接影响到表演的效果。

一、校园元素创编法

校园元素创编法就是依据学校的办学方针、理念、政策和指导思想，结合一系列校园的特色文化或体育传统，将校园中的典型标志如：建筑、植物、色彩以及学校的校训、校徽、校歌等因素来构架团体操主体结构的编排方法。它是最基本的创编方法和主要手段之一。因为代表着学校特色的校园元素往往会产生最具有形象性和特殊性的表演效果。值得说明的是，采用这种方法进行的创编需要将原始校园元素转化为具有同样寓意的可操作的表演元素，这些元素可能是表演动作如：健美操、啦啦操、武术、舞蹈等形体方面的展示、可能是造型如：图案、标识或代表性的数字等，也可能是在动态中的综合变化如：周围的装饰、主题曲或校歌、播音员的解说以及背景等。这些元素是创编最本质、最主体、最有特色表演效果的根本。运用好校园元素，形成有风格，有内涵，有动态，有静止，有起伏变化的方方面面，可以产生出创造性的效果，利用新颖的队形与图案，新颖的动作变化和学校个性化特色之主题内容，创编出来的校园团体操才有核心主体，无论表演千变万化都不会游离太远。

二、动作元素创编法

团体操动作元素创编法是将每个单一的动作或每一组动作组合根据主题的要求、音乐的风格、场次的变化等，将其串联起来的方法。在编排过程中需要考虑元素间的内在联系如：① 从单一到复合；② 多方位多方向多角度变化；③ 动作幅度与力度的变化；④ 动作强弱与长短的变化；⑤ 改变身体动作部分的变化；⑥ 连续动作与断续动作变化。每一个动作元素由过渡的步伐将它们连接、美化，达到表演的丰富多样、和谐统一；再将动作组合按照图形和队形设计要求，进行巧妙的变化，通过重复、发展、延伸等方式突出团体操的风格特色，结合音乐元素、舞美元素形成动作的节奏变化、动律变化、空间变化和方向变化，配合播音员对应的解说传达给观众表演的主题，使其团体操的表演更加生动和形象。具体的创编手法如下：

1. 动作的齐与乱

动作整齐划一是校园团体操的一大特点和基本要求。编排动作时应尽量避免那些不易做整齐的动作，但又不能绝对。在某些特定的表演情节中，根据不同对象以及不同内容的描写，安排个别不易整齐的动作反而能收到较好的表演效果。如儿童模仿游泳时，两腿上下快速交替做打水动作，在统一的节拍内不限打腿次数，尽量快做，充分地表现出孩子们活泼、可爱和积极锻炼身体的动人场面。

2. 动作的难与易、重点与一般

校园团体操的表演者大多数是学生，身体训练水平和技术基础又不尽相同。在人数多、训练时间短的情况下，选编的动作应容易些，便于收到整齐美观的效果。在人数较少、表演者又具有一定的水平时，动作则可相对编得难一点，使表演更精彩。为了增强表演效果，有时可安排绝大部分表演者在适当的队形上，以低姿势做简单的陪衬动作，选择少数体育专项技术基础较好的表演者做难度稍大的动作，以突出重点。

3. 动作的快与慢

根据表演内容的需要，动作的安排应注意快慢结合、刚柔相济。快与慢是指表演动作的速度，刚与柔是指做动作时的用力程度。两者有着密切的联系，与表演动作的节奏和表演情绪直接相关。表现激情内容时，多选用快速、刚健有力的动作；表现抒情内容时，则多用缓慢、柔和、优美而舒展的动作。

4. 动作的大与小，高与低

校园团体操表演的特点是人多场面大，观众离表演场地较远、较高，因此要特别注意选择具有大效果和远效果的动作，如大幅度的挥摆、绕环动作，身体由全蹲至直立或由直立至蹲、撑、卧以及能连成线、成面的动作等。但是也不要忽略那些小巧灵活又耐看的小功作，因为在大幅度动作的表演中适当配合些小幅度的动作可以形成鲜明的对比。即使是同一动作也可有姿势高低的变化，如直立两臂侧上举和全蹲动作，可安排单数行先做下蹲，双数行则直立两臂侧上举，按照规定的拍节交替进行，虽然动作不难，但具有明显的起伏变化和较好的画面效果。

5. 动作的动与静

根据思想内容及其表演效果的需要，所编动作应动静结合，以便表演富有诗情画意。如《革命赞歌颂》中的工人操，在出现炼钢和钢水奔流场面之后，全场迅速组成大小齿轮图案静止不动，随后形成大小齿轮的飞速转动，形成了动与静的鲜明对比，展示了工业战线的辉煌成就，收到了很好的表演效果。

6. 动作的虚与实

生活是创作的源泉。创编人员应将现实生活中那些丰富的感性材料予以提炼、加工，以便创编更多富有代表性、典型性的动作来充实校园团体操的表演内容，形象生动地反映生活。团体操主要靠队形、动作并配以其他艺术形式等来表现主题。表演中那些形象的队形和具有特定意义的图案以及各种象征性的模仿动作，能使观众一目了然，可称之为“实”。倒立、劈叉、下桥、臂侧举或上举等并无特定含义的这些动作，可称之为“虚”(气氛性动作)。“虚”不可没有，在某种意义上“虚”可表示体育的技术水平，只有虚实结合才能使得校园团体操的表演精彩纷呈。

7. 动作的一致与综合

校园团体操表演普遍为一致性动作，创编与训练比较容易。但复杂的大场面图形、不同难度动作的组合，形成表演高潮的综合动作等，在创编上难度则大得多。不仅要编排寓意深刻的队形图案，把全体表演者合理而精确地安排在每一个不同的位置上，还要让主要位置、次要位置上的表演者在规定的同一节拍内完成不同的动作，有主有次、有动有静，以形成层次分明的表演高潮。

8. 在编排时主要采用“分组分区”编排的方法，即根据表演内容、表演人数、基本队形的行数与列数等因素，合理地划分成若干相等或者是不等、大的或者是小的区域，然后在一个区域内找出所需队形变化的基本路线和方法，形成全场一致的变化效果。每一个区域的表演人员为一组，在整个表演过程中尽量保持各组的完整。

三、结构元素创编法

结构一词源于建筑用语，意为建筑物承重部分的结构。在团体操创编过程中启用结构一词来概括创编中的布局、骨架、连接、分段、构成等重要环节，可见其在团体操创编中的决定性作用。表演题材的选择、题材的确立、队形与图形的变化、移动路线的定位等都与结构直接相关。因此，结构元素创编法在团体操编排中的运用必须分析动作内在关联性和发展规律性，并实施“布局”，给团体操各部分进行搭配即安排，形成整体“骨架”。

校园团体操的表演结构是创编的重要载体，它与团体操的全部因素相互关联，如：与音乐的风格结构、与主题表达的整个高潮起伏、与起承转合之间的段落关系、与背景、服装、道具以及灯光、舞美和表演场景设计之间在造型、色彩、空间、移动上的节奏搭配等等，都将是结构中重要的创编因素。结构为后续的各个创编阶段设定框架和蓝图，有了结构就意味着团体操创编已完成了百分之五十，为编排奠定了重要基础。这一基础是由结构发展过程中的特定性、基础性、表现性及定位性所组成的。

(1) 团体操结构创编的特定性

校园团体操的结构创编受主题立意的影响，在结构形成过程中通过表演形式和内容来表达。受场地条件因素的影响，为团体操表演的段落做出定位；受段落因素影响，为表演的规模做出定位；受表演内容的影响，对众多的校园文化元素做出裁剪与筛选；受创编灵感的影响，把抽象性、虚幻化转换成直观性和形象化，由此可见，校园团体操创编中结构的特定性是创编者对客观事物表达的必然结果。

(2) 团体操结构创编的内在联系

校园团体操主题立意形成创编结构基础，形成结构的布局和意境；布局和意境根据音乐的风格或特色来形成图形、队形和动作的变化和段落；在段落中呈现出时间、空间的结构性安排，由以上这些步骤递增形成校园团体操的整体创编。

（3）团体操结构创编的表现顺序

在完成或认识团体操结构创编的内在联系的前提下，要突出团体操结构创编中的表现，需要对团体操结构内涵、表演者的肢体语言的表达方式、图形与队形造型、画面的安排和走向以及动态表演程序等进行全面定位。通常采用团体操主题设计的逻辑要求，即：迎宾表演——特色表演——高潮表演——尾声表演——结局定位表演的顺序进行结构创编，也可从故事情节入手，如：发生——发展——高潮——结局的顺序进行结构创编。

校园团体操的学习人群除大学生以外还包括幼儿园、中小学年龄的孩子，这一阶段的人群年龄较小，思维形象直观，身体和骨骼都处在发育之中，平衡能力和控制能力较差，肺活量相对较小，关节牢固性差。创编动作时既要直观形象，还要避免使用大的跳跃、控制时间长的复杂动作，不要超越幼儿生理条件限度，影响幼儿的身心健康。如基本步伐可采用同学们喜欢和熟悉的跑跳步和小碎步；用容易理解的形象动作结构如：组成花朵（幼儿手持鲜花由四路纵队组成四个圆）——鲜花盛开（花儿随音乐节拍徐徐开放）——花儿捉迷藏（四个圆交替蹲、站）——风吹花舞（花儿随音乐节拍左右摇摆）—— 花蕊翩翩起舞（四名幼儿分别在四个圆中领舞）。形象的动作使孩子们的情感自然流露，情绪高昂，全心投入，较好地表现团体操的主题思想。

第三节　团体操创编步骤

校园团体操的创编是一种校园体育文化实践活动。它是校园体育和艺术工作者在学校庆典活动组委会的统一要求和创作欲望的推动下，围绕创作意图，进行艺术思维，从而在头脑中形成比较完整的表演意象，运用体育与艺术的语言和各种表现手段，把它物化为具体、可观的表演形象，形成一个可供鉴赏的完整作品的全部创编活动。

校园团体操有其独有的创编过程。不同的创编者、不同的校园体育文化、不同的创编主题会形成千差万别的创编步骤。但是一般来讲，校园团体操的创编过程分为前期准备、设计表演总体方案 、设计分场表演内容和修改完善几个重要阶段。

一、前期准备

（一）精神准备和资料收集

前期准备是校园团体操创编的基础和前提。接受表演任务后，首先明确创编的前提条件，如：了解活动的性质、大会的宗旨、任务与具体要求，落实表演时间、地点、经费情况；了解参加表演人数、对象的具体条件（性别、年龄、身高、体育水平等）、训练时间、表演场地以及教练员的水平等。另外一个重要因素就是了解表演单位的历史与文化等情况。创编工作者要深入校园，对校园文化、办学理念、办学精神、学校发展建设以及设想等等进行体验，由校园生活的体验和对团体操创编素材的逐步了解和认识，引发的创作动机和欲望是创编精神的准备。它是创编者进入实际创编过程的动力，也是一种实践活动的动力。

创编素材的储备关系到准确把握校园特色和活动主题。团体操创编的任何一个环节，任何一个有实际意义的艺术创作想象，都是以丰富的校园学习、生活、科研以及人文等各方面的信息，来做思维和想象的材料。前期的素材收集一般包括：校园的标识、庆典活动的主题、可利用的音视频资料、学校的发展历史、杰出人物或成就等。创编素材的准备途径分两大类：一是直接体验即创编者深入校园的体育和艺术工作，收集可利用的素材。二是间接体验，即：通过网络或在校园中的各相关部门收集素材。有了这两方面的体验做基础，更容易深刻而又独到地理解和把握校园庆典活动主题。

清华大学百年标识

清华大学典型标志：日晷与大礼堂

清华大学校徽与校训

（二）确定主题和选择题材

1. 主题

主题是团体操创编的灵魂，没有主题的团体操犹如没有罗盘的航船；有了主题的引导和贯穿，团体操的表演魅力和艺术感染力会得到进一步的集中和加强。目前大部分的团体操主题都以弘扬体育精神、诠释社会进步、演绎人文历史、提倡民族团结、强调世界和平、突出人类友谊为主。无论主题如何变动，民族内涵都是团体操永恒不变的表现主题。以下是部分团体操创编主题案例：

案例 1　四川农业大学《祝福百年》的主题思想

遵循团结、奋进、文明、育人的宗旨，体现四川农大精神和特点，展示当代大学生风貌。在风格上力求热情、喜悦、新颖、简朴。

案例 2　清华大学《清华颂》的主题思想

遵循自强不息、厚德载物的育人宗旨，将“为祖国健康工作五十年”和清华的校园元素“紫荆花、日晷、百年标识”等融入表演场景中，体现清华特色，展示当代大学生风采。在风格上力求欢快、隆重、新颖、简朴。

案例 3　第九届中运会开幕式的大型团体操《青春腾跃》的主题思想

以“青春活力、传承创新、开拓奋进”为主题，分为生命之河、篝火寻梦、心儿飞翔和永远的太阳四个章节，采取舞台表演和台下观众互动的方式进行，同时把体育、武术、杂技、戏曲等群众喜闻乐见的表演形式融入其中，充分展示中原文化的博大精深和当代中学生的风采。

案例 4　浙江省第十四届运动会开幕式团体操

向全国充分展示嘉兴悠久历史、灿烂文化和时代风貌，进一步增强自豪感；大力弘扬体育精神，激励全省体育健儿，向“更快、更高、更强”的目标奋进；增进全省人民的相互了解和友谊，营造欢乐友好的省运会庆典氛围。在突出体育特点的基础上，广泛吸纳有益于表现嘉兴文化、体育、艺术水平的各种表演形式，呈现出一台融嘉兴地域文化和现代体育精神于一体的热烈喜庆、艺术水平高的开幕式。

案例 5　第九届全国运动会

着力表现中国共产党实践“三个代表”，带领全国人民继往开来、团结奋斗、共铸中华民族 21 世纪伟大复兴的宏伟图景，充分反映全国及广东现代化建设成就和亿万群众意气风发、昂扬迈进新世纪的精神风貌。

案例 6　第十届全国运动会

上篇　《铸造辉煌》

以象征手法，展示中国人民古往今来同心同德、前仆后继，铸造民族魂魄的火热意象。

中篇　《锦绣江苏》

突出“美”字，展示江河湖海赋予江苏人民的锦绣之美，水乡水韵的柔美，改革开放的壮美，充满诗情画意之美。

下篇　《力量神州》

着意造“势”，表现奔向奥运的体育大势，改革开放大潮奔涌之势。

案例 7　第二十一届世界大学生运动会

巧用道具，将大量的高科技运用于现代舞美，产生了大气、新奇的视觉震撼效果。用五百吨钢铁搭建的巨型舞台变幻出“黄河之水”、“古老天坛”、“世纪星空”、“绿色北京”、“托起希望”五大场景，形成一个巨大的立体表演。序幕中，百米宽的黄河波涛从空中飞流直下，激起奔腾的水雾：非常完美地演绎了“黄河之水天上来”。

案例 8　第四届东亚运动会

以《东亚之光：澳门交响诗》为主题，分《日出奏鸣曲》、《镜海梦幻曲》、《归航协奏曲》、《澳门交响曲》、《创世狂想曲》五曲，浪漫地表现出澳门的渔村风貌、美丽的海底、回归的喜悦、祥和的生活和中澳繁荣发展的景象。首先突出了一对渔家父女共同在茫茫的大海摇一叶扁舟，摇出了一个繁荣的中国澳门梦。一个蓝色地球缓缓腾出，旋转中忽亮忽暗，东亚各国和地区的旗帜、名字、风景、人物跃然而上。强烈的对比反差的使用形成了表演的创编视点。

案例 9　多哈亚运会

以和平为主题。一方面演绎卡塔尔这个国家的历史，另一方面把阿拉伯国家、亚洲国家的文化交融与和平发展的理念相结合。开幕式把一场通常的歌舞演出，变成了一个阿拉伯男子冒险的设计。

2. 题材

题材是创编的起点，也是表现主题的基础。团体操艺术水准取决于题材的形象设计，题材的表达应注意以下几个方面：一是选择的题材能烘托主题，避免与主题脱节，在表达中要紧扣主题的要求。如果选择的题材不能对应主题的需要，呼应不了主题思想，这样的题材便表达不出主题的内涵和韵味。二是题材的设计要形象鲜活、有感染力。如果设计的题材使欣赏者无法理解主题，题材表达上出现程式化的表达方式，会使团体操表演的艺术性大打折扣。

（1）团体操创编的题材分类

按照时间分类：古代题材和现代题材。

根据内容分类：历史、文化、爱情、和平以及战争题材等。

团体操的创编题材大多是古代题材、现代题材或历史题材、文化题材、和平题材等。例如：

2008 北京奥运会：以历史、文化题材为主，现代题材为辅；四大发明、中国画、戏曲、敦煌艺术、海上丝绸、孔家文化、中国文字的演变、唐宋元明清的礼乐、象征和平的和平鸽。

2009 年山东第十一届全运会开幕式：历史、文化题材，孔孟思想、古代诗人诗词、齐鲁地域文化。

2010 年广州亚运会：历史、文化题材为主，现代题材为辅；海上丝绸之路、岭南地域文化、木棉花、广州猎德鼓、五羊水晶、声光电展示。

2010 年广州亚残会：现代题材为主，文化题材为辅，爱、心声、梦想、飞翔、西关窗花。

（2）选择题材时应考虑的因素：

第一，观众。观众不同，欣赏的口味必然不同，选材时一定要因人而异，否则难以保证预期效果。比如团体操《阳光少年·篮球》选择“篮球运动”作为主题的主要原因就是因为观众 90% 都是学生，他们绝大部分都喜欢篮球，对篮球有特别的感情，该主题能够带动现场的气氛。

第二，表演场地的面积和质地。因为人数确定要依据场地的大小，多了显得拥挤，少了又显得空旷；场地的质地则关系到学生在该场地上适宜做哪些动作，如果场地是草坪，无法进行接触地面的运球或拍球的表演；如果是沙土场地，则不适合选择躺在地面上做的造型动作。

第三，内容。一般来说，很多人在创作团体操时，喜欢让舞蹈动作占有主要篇幅，这当然能吸引观众的眼球，但是要在众多相似节目中脱颖而出，却非易事，更要慎之又慎。

（二）艺术构思

构思是团体操表演的重要环节，是紧靠主题进行有效的、艺术性的想象，是表演内容的基础。是团体操要表达什么思想，用什么内容和手法来提炼所要表达思想境界，在艺术构思的这一环节中，抓住庆典活动主题的典型化表演设计是一个非常重要的环节。如：活动的宗旨、口号、要求等。只有在典型化构思的基础上，突出它的鲜明独特、丰满的个性特征，才能集中深刻而有高度地、概括地表现校园特征，形成具有校园特色的典型化表演形象。在艺术构思中不断地进行选择、提炼、集中、实践，最后创编出一个充满校园风采的表现形式。随着社会的发展和人们审美水平的提高，团体操表演的内容要更加艺术化和深入观众的内心，以求达到震撼的效果。

1. 紧靠主题

表演主题是创意活动的思想基础，创意要紧靠主题。创意过程就是围绕表演主题进行思考和创作，用什么素材来展示主题，怎样把表演素材有机串联在一起，采用什么手段和方法来进行表演，以求把主题表现得充分、突出。

2. 把握表演单位的精神精髓

表演单位的精神精髓是精神文明建设方面的高度提炼，在团体操表演中展示精神的手段可以从三个方面考虑。一是从表演音乐入手，音乐在表演中最能体现精神的含义；二是从口号和队形图案入手，直截了当的口号和队形图案能把难于理解的精神展现在观众的眼前；三是从动作入手，利用团体操表演人数多的特点，用整齐划一的动作场面来表现坚强、奋进、团结进取等方面的精神内容。

3. 加强表演内容的思想性、艺术性和新颖性

团体操表演一定要有思想性才有生命力，思想性就是政治性。没有政治因素的表演很难把表演推向更高的高度。这方面的考虑在政府部门举办的团体操表演中尤其突出。团体操作为一种表演就必须有艺术性，艺术的展示有多种方面，音乐与表演场面的高度配合、队形动作的出奇配合、服装道具的设计和视觉冲击、文化表演素材的应用等等，都能增强团体操表演的艺术性。在人们见多识广的时代，表演的手段要创新，尽量采用与众不同的手段来表现才能出彩出奇，达到更好的表演效果。

4. 结合表演单位的优秀人才

在团体操创意过程中要充分考虑表演单位的优秀人才资源。舞蹈人才可以用在提炼精神精髓中进行表演，在庞大的队形图案中进行独舞或双人舞表演不仅可以加强团体操表演的艺术成分，更能给观众一种全新的视角感受；在表演的中间或尾声起用歌手能激发观众的热情和表现主题。

5. 大胆采用高科技手段

高科技手段的应用可大大增强表演效果。夜间可以利用电脑控制各种灯光，利用LED灯和高空焰火；白天多采用冷焰火来加强表演效果，尾声部分也常常采用冷焰火和高空礼花把表演推向高潮。

艺术构思是校园团体操创编的中心环节。是创编者在艺术体验的基础上，在特定的创编动机的引导下，通过可利用资源，如：学校的规模、场地、经费等、师资情况和学生的特点，对校园团体操素材进行概括、提炼、加工和虚构，在头脑中形成团体操将要采用的动作、队形、图案、服装道具等表演框架。构想成独特而又理想的创编活动雏形。尽管校园团体操表演在规模、题材、形式以及表演条件、效果各方面不同，但它们有着共同的组成部分，即：入场、场内表演、退场。有突出主题，编排独创、新颖、扣人心弦，布局合理的基本要求。

在校园团体操的艺术构思中形成艺术意象是需要一个过程的。一般分为两个阶段，第一阶段是在掌握所需表演素材的激发下，创编者情不自禁地产生出、创编出一个以素材为主要内容的团体操雏形。第二阶段是随着团体操的不断完善，即越来越具体清晰，最后创编者越来越“胸有成竹”。这种创编过程大约采用三种基本步骤：

（1）搭建校园团体操雏形。

（2）在雏形的基础上边创编、边修改和完善。

（3）在实践过程中进行调整。

（三）艺术表现

校园团体操的艺术表现是一种实践活动，创编者运用各种各样的表现形式，按照活动组委会的要求，把自己已经设想好的构思和意象凭借音乐、服装和道具生动而又传神地表现出来是团体操创编过程关键之处。为了使团体操有更高的欣赏价值，要求创编者有较高的艺术修养，充分运用音乐、队形、图案、形态、服装、道具、色彩的巧变，使视觉艺术和听视艺术同时生辉。此外，有条件的学校可充分利用高科技手段，如室内表演运用场景舞台灯光（激光、电脑灯、紫外线灯、彩色侧灯、追光灯等）会大大增强团体操的艺术魅力。

（四）确定结构

团体操结构内容包括：场次单元的安排，每一单元的开始与结束（包括入场和退场），段落与过渡，主题队形图案与一般队形图案的变换，高潮的安排及各单元艺术风格的确定，背景画面的安排与使用等。

二、设计表演总体方案

表演总体方案即创编人员对团体操表演内容所做的设想与安排。从广义上讲包括命题、主题思想、表演的总时间、表演的总人数、场次及其顺序、各场操的表现形式与风格特点、主要场面的大体安排。表演总体方案是在做好创编前准备、确定好主题、选择好题材的基础上进行的。由于团体操是通过动作、队形、图案造型等形式反映主题，因此更适宜于选择表现气氛性、情绪性的内容，而不适合表现复杂的故事情节、人物感情变化和戏剧性的矛盾冲突。表现手法一般是形象的、象征性的、浪漫主义的粗线条和大效果。在研究确定团体操的表现形式时，必须紧紧地抓住这一特点，仔细、反复地进行研究，做到艺术想象上的具体化。团体操常用的结构模式为开始、发展、高潮、结束。编排时必须一开始就清楚地表达主题，并不断地发展下去，从一个动作过渡到另一个动作，从一种队形转向另一种队形，高潮何时出现、以何种形式出现，整套操如何结束，都要形成一个统一连贯、层次鲜明、起伏有序的整体。总之，设计表演总体方案时要在思维上对团体操的效果有预想，否则难以把握。对于预期效果可以从这几方面考虑：

一是听取领导、专家、同行和非同行的意见和建议，包括不同性别、不同年龄段的人群，他们都会有自己的观点，这些看法都是能够帮助调整、提高整体水平的真实、有效的依据。二是自己反复推敲，从不同的角度（编者和观众）和方位上考虑问题，例如不但要在同一平面上的几个方向观察，还要从较高的视野上考虑效果，并做相应的调整。

案例　**清华大学100周年校庆团体操《清华颂》总体方案**

1. 总题目

《清华颂》

2. 主题思想

遵循团结、奋进、文明、育人的宗旨；体现清华大学自强不息、厚德载物之精神；展示当代大学生风貌和学校体育传统之特点为指导思想。

3. 表演场次、名称和风格

第一场：《紫荆花开》10 分钟，优美欢快、热情奔放

第二场：《校园风采》11 分钟，青春、时尚、风采、活力

第三场：《展望未来》8 分钟，气势磅礴、豪情恢弘

4. 表演总时间：约 30 分钟

5. 表演总人数：约 3400 人

三、分场设计

总体方案确定后就要进行各场次表演的设计。包括表演风格、音乐、队形变化与图案造型、动作（入场、退场和主体表演）、服装道具和背景设计等。

（一）表演风格的确定

表演风格是根据主题思想、表演总时间、总人数确定之后进行的设计工作。反映校园特色的表演风格形式多样如：反映当代大学生充满青春活力，把青春献给祖国的设计；反映一代新人努力学习，报效祖国的风格设计；反映大学生敢于创新，刻苦钻研，勇攀高峰，科技兴国的风格设计；反映一代知识青年从国家经济建设需要，志在四方，奋发向上为表演风格的设计等。下图是反映清华人“自强不息、厚德载物”，“为祖国健康工作 50 年”的校园文化和体育精神所设计的团体操表演场面。

（二）音乐的选择

音乐属于艺术的范畴，极富表现力和感染力。它以独特的旋律、节奏、曲式通过人体的听觉器官，激发人的情感和表现力。不同的音乐旋律给人不同的感受。例如节奏明快曲调雄壮的进行曲使人精神振奋、情绪高昂、充满活力；节奏轻快、旋律流畅的圆舞曲给人以热情欢快、优美舒畅之感。

音乐是校园团体操表演的灵魂，它在表演中起着极为重要的作用。它不仅能有效地烘托操的气氛，抒发操的感情，突出操的主题，还是团体操表演自始至终的指挥信号，起着口令的作用。

1. 音乐的选择原则

（1）突出主题，富于特色

音乐选配首先应突出主题思想，符合操的特点和风格特色。曲调应选择健康明朗、热情欢快、旋律流畅、结构新颖、对比性强和具有时代感或民族特色的乐曲。

例如：清华大学百年校庆团体操《清华颂》第一场：紫荆花开就是根据其“百年清华·喜迎嘉宾”的主题和优美、欢快热情奔放的表演风格！

表演风格：优美、欢快、热情、奔放

选用了《热情》、《你和你》两首喜庆欢快的曲目。

（2）节奏鲜明，速度适中

选配音乐时节奏不能忽视。明朗的节奏给人清晰的律动感，对观众、表演者动作的整齐统一大有裨益。音乐的节奏速度太快易使整体效果显得散乱，速度太慢又显疲软。故选配音乐时应根据操的形式和需要来选择节奏速度的快慢。

例如：《清华颂》第二场“时代风采”中啦啦操的表演选用了徐怀钰“向前冲”歌曲，该曲目节奏鲜明，曲风自由欢快，旋律轻松活泼，充分表达了清华学子充满蓬勃朝气的精神面貌和积极向上的青春风采。

（3）音乐曲式的选择

校园团体操编排一般以一个 8 拍为小节来组合动作。在选配音乐时应选择以 8 拍、16 拍或 32 拍为一节或乐段的曲目，以利于表演与排练。

（4）音乐时间及其完整性

选择音乐要根据整场操的需要来设定时间。同时要注意乐段间和套曲间的结合要保证每场操音乐的完整性。

2. 音乐的选择与使用方法

大型团体操可根据表演主题的要求专门创作音乐或用乐队进行现场演奏。中小型团体操，可选择符合表演主题的现成乐曲进行剪接混编而成。在校园团体操创编工作中，由于受经费和一定条件的限制，音乐选配大都是由创编者选择现成的音乐，包括歌曲、乐曲、舞曲等，根据题材的需求对其进行剪辑、加工和合成；最后计算出音乐的总节拍数、段节拍数、特殊变化点，按照每段落音乐特色结合团体操主题思想，选择一些风格特点相匹配的动作或动作组合进行表演内容的编排。无论是现成的完整曲目还是剪辑复制的作品，都应出现高潮段，即乐曲最感动人心的时刻，以便适合题材所需要的动作、队形变化、造型或图案等，用以表现主题思想，突出艺术感染力。编排通常采用创编动作与创编音乐同步进行；先选音乐后编动作；先编操后配备乐三种方法。

3. 选择音乐时应注意的问题

（1）曲目风格与团体操的主题特征要吻合，不能牵强附会，否则会有貌合神离的感觉，导致学生在做动作时“力不从心”。

（2）音乐内容、风格应与表演者的年龄性别相匹配。由于学生不是专业演员，无论从素质还是从训练时间来说，他们都达不到快速进入状态的要求。尤其是对幼儿园和中小学的团体操而言，朗朗上口的儿歌、校歌或提示性强的音乐既能体现主题思想，还可以使幼儿和少年学生理解和掌握乐曲的变化，快速掌握动作及队形图案的变换。

（3）在选择或编录音乐时，必须考虑所用的乐曲要符合体操表演的节拍和速度。长短节拍要清晰、旋律、节奏和段落要明显。为了使表演整齐、准确，选择或编录音乐时应注意在动作及队形变化的关键时刻要有较强信号的提示音。对大多数没有舞蹈或体操基础的普通学生而言，学习难度相对减小，有利于团体操表演时动作的协调性和一致性。

（4）校园团体操表演一般采用播放录音方式进行，若有条件（如音乐学院、某些大学的音乐系或院校乐队及艺术专业学院等）也可现场演奏或创编符合团体操主题的特色音乐。

4. 制作音乐文件

音乐文件即校园团体操音乐文字说明。音乐文字说明是指：一首乐曲的分析，它包含音乐艺境的分析和音乐结构的分析，创编者通过对音乐的分析使领导者、执行者和表演者能够更好地了解音乐，在分析音乐的时候尽量要详尽、全面、清晰。

案例　清华大学100周年校庆《清华颂》第三场：展望未来

音乐选择依据：《走向复兴》是由李维福作词，著名作曲家印青作曲，节奏为4/4拍。歌曲曲调昂扬向上，歌词振奋人心，洋溢着爱国热情、乐观主义精神。借鉴《走向复兴》传递了清华儿女渴求民族复兴、科技复兴、文化复兴，期盼国家富强的热切愿望。用激情描绘美好的时代画卷，用歌声激励清华儿女走向复兴，再创辉煌，表达了清华儿女豪迈向前，创造美好未来的气魄与志气。以争创世界一流大学为目标造就拔尖创新人才，推动科学技术创新，发挥社会服务功能，为中华民族的伟大复兴做出更大的贡献。

音乐结构：该音乐由两部分组成

第一部分：伴随着音乐旋律响起，手举校旗和院旗的清华学子们从远处奔跑而来。随着音乐的进行清华学子们表演各种各样的“旗操”动作，呈现出小圆和卷龙的画面，表现清华团结一致，在崭新的道路上为时代谱写新章的意境。

第二部分：随着音乐节奏和歌词的变化，形成了令人震撼的密集队形，寓意清华力量的强大，具有争创世界名流学校的实力。

（三）队形和图案的设计

队形就是依据操的需要，将表演者巧妙而有规律地安排在表演场上，按照一定顺序组成各种队列形状和几何图形。图案则是各种队形的综合运用，表现特定的内容。团体操队形与图案的创编一般采用不同的排列组合方法，以形成千变万化、丰富多彩的画面，但需紧紧围绕其主题思想与风格特点来进行，队形与图案一般在开始部分、中间部分、高潮部分、结束部分这四个阶段进行设计与编排。在编排时应根据表演人数、基本队形的行数与排数，按照一定的顺序，采用科学巧妙的方法，不断地进行重新组合，以使前一个队形为后一个队形打下基础，并通过动作来实现队形的变化。一般情况下，先考虑队形，再挑选动作。因此创编动作时要根据队形及其变化的路线方法进行整体构思与设计，使动作能够符合队形的特点，要求新颖独特，布局合理，结构紧凑。

队形变化设计其实就是要在动作的表演过程中变出一些花样来，让观众有不同的感觉，提升视觉享受，如图形、数字及字母等。但这些变化并非随意拼凑，最好能让观众一目了然，产生共鸣，并能达到衬托主题的目的。队形设计一可结合时事（包括一些重要活动，这些活动是大家都知道的，如 2008 年奥运会）；二可结合宣传活动内容：如 HZJYYSJ（洪泽教育艺术节）、SYZX（实验中学）等等；三要便于学生跑动，即在固定时间能从容地跑到指定位置，并能预留几秒种时间进行调整及准备下面的动作。团体操的队形设计从本质上讲是组合的过程也是构成的过程。创编队形和图案的注意事项：

（1）根据主题及内容的需要，既要有一定的艺术性又要为主题和内容服务。

（2）队形变换要做到合理、巧妙。设计队形变化的方法一般有两种：一种是速变，即走捷径，以最快最短的途径跑到位；另一种是渐变，即通过自然过渡的方法，进行队形变化。无论采用哪一种方法，都应根据表演者的实际能力和动作的需要，有针对性的合理运用。

（3）团体操的图案是人与道具组成的活动的立体画面，组成图案时，应根据队形变化的可行性计算变换队形移位所需用的节拍数或时间，以保证队形变化迅速，过渡自然有规律，避免出现“乱”场的现象。

（4）队形和图案应考虑观众观看效果，看上去要清晰，具有透视感，人员间的前后间隔、左右距离要考虑周到。如：横排队形应拉大前后距离，缩小左右间隔，反之，纵队则应拉开纵队之间的间隔，缩短前后距离。

（5）设计队形应注意幼儿的年龄特征。由于幼儿对辨别空间方位能力较差，所以变队的移位不要太大，路线要短而清楚，尽可能做到小移动而获得大效果。

队形与动作设计是围绕主题思想与表演风格进行的，是确保主体表演成功的关键，在创编具体表演过程中，队形和动作相辅相成，一般根据音乐结构来考虑队形然后编排动作，即在基本队形形成的前提下，通过队形变化构成造型图案，根据造型图案再考虑表演动作。队形创编时，可按入场、场内表演、退场三部分来设计。

1. 入场设计：是为主题表演服务的，新颖而独特的进场设计既可反映校园团体操的主题思想和风格特点，又能扣人心弦地把人们带入操的意境中。入场队形可由正面、侧面、四角同时、依次、分散、集中的方法入场。进场的队形、路线、动作要根据场地条件、出入口的位置、数量和大小来设计。

2. 场内表演队形的设计：是创编工作的核心，也是使整个表演紧扣主题，展示主题，发展动作的具体表现。一般常用的队形有散点队形、线条队形、带角队形、弧形、圆形及综合队形等。各种队形都能通过聚散、起伏、转动、开合等动作，使队形变化多端，形态各异、图案鲜明，更具动感和立体效果。构思新颖、布局合理，安排巧妙，寓意深刻的队形排列是整个校园团体操表演的高潮。

3. 退场设计：退场是校园团体操表演的一部分，一个好的退场会给人们留下深刻的印象。退场的设计应考虑如何使表演者尽快地、有组织地退出，常用方法是把队伍迅速就近密集成几个方阵，然后再快速退场，同时应注意退出的方向与路线，避免与下一场的入场发生冲突。

总之，队形的设计和运用还应做到“实”和“巧”。“实”就是针对学生特点，队形变化总趋势应简单、实用、图案鲜明，便于学生掌握；“巧”就是通过巧妙的变化，合理运用自然过渡的方法；依据操的主题与风格特点，符合表演者和场地条件的实际情况，与音乐变化起伏和谐一致；还需考虑表演场地主席台位置的高低及场地中心位置，使表演场地的前后左右的间隔距离适宜，布局合理；做到队形间变化迅速、移动位置小，变化效果大。队形的设计变化在其效果上一般不采用单一的某种队形，而是常用综合队形，以图案的形式表达某一典型场面和某一段落形成高潮，点明主题。

（四）动作的创编

团体操的动作一般是在主题和风格以及设计好队形的前提下进行创编的。它的种类很多，风格各异，构成了各色各样的表演形式。动作是团体操表演的主体内容，它是音乐风格的体现，是构成队形和图案的唯一元素，因此在团体操动作的选择与运用上一定要与音乐和谐统一，反之利用音乐的效果更好地烘托出动作，使动作、音乐和整体主题统一，才能收到好表演效果。团体操表演与场地距离较远、较高，观众的视觉主要集中在整体的场面上，不会单独观看某个人的表演，动作选择应以简单易学、整齐、对比性强，大效果好为总体原则，从不同角度、不同方位、不同层次、不同侧重点选择或创编表演动作。

1. 动作选择与运用的要求

围绕主题选择表演动作；根据内容选择表演动作；根据表演过程选择动作；从创编新颖、连贯方面选择表演动作。其具体的要求如下所述：

（1）围绕主题选择表演动作

一场校园团体操在围绕主题进行表演时可分为：主题表演动作、衬托表演动作和背景表演动作等。主题表演动作的选择应建立在充分表达主题思想的基础上，起着主导作用，运用时可以在使用道具或造型动作中选择幅度起伏大、变化多、简单易学、效果好的表演动作；衬托表演动作的选择应建立在陪衬的基础上，起着辅助表达主题的作用，运用时不可喧宾夺主，选择变化小，移动路线短小易于表演的动作；背景表演动作在校园团体操创编中常常采用大彩旗、大横幅、彩带或者利用观众头上帽子的不同色彩进行表演。校园团体操背景表演由于经费或人员不足，故在选择表演动作时应求相对稳定，整齐不乱。总之，在围绕主题选择表演动作时要考虑：

● 动作符合表演风格、人物年龄、性别等特点。女学生的表演动作应考虑女性特点，从优美、柔软、多变、灵巧、协调等方面选择柔和舒展的舞蹈类动作；刚劲有力的动作常用于男学生表演，以表现出朝气蓬勃，青春焕发和男子阳刚之气的特点，多从体操或武术类项目中选择动作；混合表演的动作选择应考虑男、女特点，注意处理好表演者的主次搭配，默契配合，情感交流等，从而更好地表现主题。表演者不同，选用的表演动作在服装、道具、音乐等方面也应有所不同。

● 选择切合学生的实际水平，安全性强符合年龄特点的动作；做到连贯、动静结合、刚柔结合、难易结合，使每一个动作均达到最佳表演效果。反映出学校风貌，文明育人，丰富多彩，让人难忘的校园生活。幼儿园、中小学团体操的动作选择应针对其骨骼及各个器官的发育还没有完善、自控能力较弱，容易兴奋也容易疲劳特点，多采用一些对称性、慢速的动作，模仿性和天真纯朴的拟人化动作，既生动形象又简单易学。

● 动作选择应符合队形变化特点：如在弧形与圆形队形上适宜于做各种开、合、转动、聚拢、分散等动作；在综合队形上的动作则应注意主次分明，层次清楚。

（2）根据表演内容选择动作

健美操

校园团体操表演在内容上不受限制，一般分为体育动作表演、舞蹈动作表演、军事动作表演、象征性动作表演、专用器械动作表演等。体育类动作的选择是校园团体操普遍采用的表演形式，强调体育强身健体的特点。健美操、啦啦操、艺术体操、彩带等是常见的团体操表演内容：有一定技术难度的技巧（叠罗汉、金字塔等）、武术套路（拳术、刀术等）等代表性较强的动作，运用在“勇攀高峰”、“刻苦学习”、“天天锻炼”、“拼搏”、“青春献给祖国”等典型的表演场面中，起着鼓舞士气，振奋人心、声威撼人，努力进取，奋发向上的特殊效果。

啦啦操

武术

基本体操

舞蹈类动作的选择同样是校园团体操创编的重点。大众化和有浓郁民族特色的动作，以及传统舞蹈：运用在“欢庆”、“团结”、“迎宾”、“满园春色”、“民族盛会”、“美的旋律”、“锦绣前程”等各种典型场面，起着培养、提高学生爱国主义的民族精神，高尚的道德情操，团结友爱之互助精神的作用。

军事动作也可用在高校团体操创编中，用它反映学生高度的组织纪律性，紧张的学习生活，时代的精神面貌。使学生在严格的训练中，增强体质、形成良好的体姿体态、提高集体主义观念和组织纪律性。

象征性动作的选择是为了更好地表达校园团体操反映的主题思想，动作选择要紧扣表演的风格和特点如：运用“学习风貌”、“学海无涯”、“互帮互助”、“教书育人”等反映校园多读、多问、多练、多思的特色，点明书山有路勤为径、学海无涯苦作舟的学习道理。

背景表演动作在校园团体操创编工作中运用较少，只有在其它队形动作不可能充分表现主题与风格特点时，在有经费和人员保证的情况下才考虑采用背景表演动作。动作选择必须根据整场表演的特点、起到点明主题，烘托表演气氛的目的。

（3）根据表演过程选择动作

表演过程在校园团体操创编中常由“开始动作、队形变换动作、高潮动作、结合动作”几部分组成。选择和运用“开始动作”必须考虑符合它所表达的主题风格，在新、奇、美上下功夫，同时在方向、道具、音乐的合理协调配合方面也须考虑；选择“队形变换动作”应遵循就近、迅速、整齐不零乱的原则，达到使观众在变换中体会动态美、造型美的目的。运用时注意抓住变换动作特点与要达到的效果在方向、形态、路线、身体动作等方面形成和谐统一；“高潮表演动作”往往与所持道具或队形造型相辅相成，应考虑动作间的主次、表演中的虚实、对比关系和最佳表演效果。运用时注意突出特色，渲染气氛。选择“结束表演动作”应遵循严谨、整齐、快速的原则，动作简单但要有充满着激情，振奋人心的效果。就一场团体操表演结构而言，一般是由入场、场中、退场三部分组成。

① 入场表演动作多采用简单整齐的各种走步、跑步、舞步并配以上肢的屈伸及摆动、振动等动作。既可反映团体操表演的主题思想与风格特点，又能将人们带入团体操表演的意境之中，使观众产生联想和美的感受。

② 场内表演动作：是团体操的核心部分，在动作的编排中，要将高与低、快与慢、动与静、刚与柔、张与合、紧与松等巧妙地运用并多向结合，从而有层次、有高潮地去展示其主题，要根据现代学生的特点，选择简单易做、优美、幅度大而且又容易做整齐的动作，例如后踢腿跑、吸腿跳、交叉步等，不宜采用幅度小的细腻动作。再配以简洁、明快、优美的造型及图案。组成流动、变幻的画面，调动多种表现形式，使团体操的表演更具艺术性和感染力，反映学生的学习风貌及丰富多彩、让人难忘的校园生活。

③ 退场表演动作：退场是不可忽视的重要部分，一个好的退场会给观众留下深刻

的印象。该部分的动作应以快速、整齐、简便为宜，选用走步或跑步动作配合手臂和上肢的简单摆动，或选择与入场动作相似的动作来延续表演的余波，结束整场表演。退场要注意两点：一要为下一场创造条件；二要行动迅速，队形要严谨，步伐要整齐。

（4）从创新、流畅方面选择动作

创新、流畅的表演是校园团体操创编成功的关键。它包含队形、图案、动作等方面的创新，动作的选择应立足于表达清楚队形或图案需要反映的主题与表演风格。通常从动静快慢、刚柔兼顾、主与次等几个方面体现。从构图的巧妙优美、大气等方面和队形的排列变化等方面去选择动作。高位动作为主体表演，低位动作用在衬托表演或层次变化的特殊场面；快速跑动的动作常运用在依次变化形成的翻转、推动和各种队形变化过程中，慢速动作则运用在表现各种波浪以及各种造型图案上所需要的特殊效果。如：花朵开合、标志符号表演等场面；静态动作用于各种组字、造型表演中。动态动作是校园团体操表演中最普遍的一类，常与静态动作结合采用，达到相互衬托、相互补充的表演效果；优美大方的舞蹈、体操的集体配合的表演，形成美丽欢快的特征。虚与实动作是一对不可分离的对立性动作，“实”为表演主题，“虚”为主题的陪衬；“乱”在校园团体操表演中同样是相对而言，运用于典型图案变化的大效果中、与快速、突变紧密结合，形成一瞬间的“乱”，带来意想不到的表演效果。

（5）根据队形变化、服装道具的特点选择动作

不同的队形适合做不同的动作。同一动作在不同队形上的表演可以收到截然不同的效果如：侧举、上举、摆臂、绕环等动作在横队、纵队的表演中易于使动作连成一线而不零碎。而在弧形、圆形队形时，则适合做递次、起伏的立、跪、坐、卧等动作。在散点队形上动感、欢快、幅度大的动作是校园团体操表演选择的核心，小幅度动作如“抖”、“摆”、“摇”常用在图案或组字造型上，表演效果均能达到很好的标准。无论队形怎样变化，动作的选择与运作都应尽量做到动作与动作之间、服装与道具之间的和谐统一，以适应不同队形的特点，使动作与队形互相衬托，相互辉映。

大学以下年龄段团体操的表演动作相对单一，道具多种多样且可一物多用。特别是民间自制的、利用生活小废旧材料加以装饰的器械和道具，非常吸引他们，如：利用包装纺织带自编的空心球或空易拉罐，可在其中装上几片瓶盖。随着动作的举、振、挥摆、摇动、碰击等变化发出有节奏的声响，能激发小朋友的兴趣，利用此器械进行表演较为活泼、灵巧、跳动多变；如在透明的雨伞上装饰飘逸的彩带或色彩鲜艳的花朵，其动作则可静可动，利用雨伞开合自如的特点，选择旋转雨伞的手臂动作，就能达到繁花似锦的美丽效果。

2. 动作文件的制作

动作文件即校园团体操动作文字说明，它是一个具体的形象文件，是一个可操作性文件。一般包括创编动作的文字说明以及动作图示。文字说明部分是进行交流的工具，因此必须详细、准确和具体。

案例　《清华颂》第一场《紫荆花开》动作文字说明

第一节　前奏

候场　进场　等待　转身　下蹲

动作描述：

1. 候场 2×8：两手持裙放于体侧；
2. 进场 10×8：双臂斜上举持裙跑动到位；
3. 等待 4 拍：两臂持裙放于体侧；
4. 转身 4 拍：后撤右脚同时两臂依次从前向后大绕环，右后转 180°成蹲姿。

第二节　华尔兹组合 1　8（3/4）

1. 华尔兹组合 1　8（3/4）

（1）　（2）　（3）

（4）　（5）　（6）　（7）　（8）

动作描述：

1—2：前进华尔兹步（折线行进）先左后右，双臂依次上摆至 5 位手位；

3—4：左右华尔兹步，手臂依次头上侧摆动；

5—8：碎步后退，两臂经体前放下至体侧，下蹲后持裙直立。

（五）服装与道具的设计

服装道具是根据表演主题、风格和表演者年龄、性别进行确定或设计的。校园团体操创编一般采用先确定使用道具、服装，再设计其它表演。服装、道具是团体操表演的重要因素之一，在艺术构思中创新程度高、设计水平高、变化巧妙，能使团体操的表演达到较高的艺术效果。道具和高科技几乎已经成为如今大型团体操表演的重头戏，一般的学校由于经费的限制，不可能投入很多的费用来解决表演的服装和道具，可利用现成的校服、运动服以及春夏秋的白衬衣，相近颜色的长短裤、裙子等，采用与编排相适应的小表演道具，如：纱巾、小旗、扇子、拉花、金丝条、花环、球、圈、红绸、彩带等，或用废弃的易拉罐瓶，里面加进几个小石子，然后用若干细彩绸堵上开口，就可做成具有好几种功能的简易道具。同样可收到较好的表演效果。

1. 选择要求

（1）在服装、道具的设计过程中必须以颜色鲜艳、协调、对比性强，道具轻便、形象、牢固、易于巧妙变化和勤俭节约为原则，运用时注意粗线条、大效果并与周围环境协调配合，尽量避免色彩杂乱。如果两套服装同时在场上最好不用 4 种颜色，用 3 种色彩时也要共同统一于一个协调色中。

（选自新华网）

（2）结合表演季节气候特点去考虑服装、道具的设计与制作。校园团体操是远距离效果，因而装饰不必精细，注意大色块效果即可。注意光感作用，在阳光下，多用色彩鲜艳、明亮的白色、黄色、翠绿、橙红、藕荷色等，少用深蓝、深紫色。夜间表演要注意灯光对色彩所产生的变色作用。

（3）巧妙运用服装色彩的强烈对比，使全场出现多层次感和立体感的效果。如主题表现的是人与自然的和谐统一，可以以绿色为基调，再进行一些适当的点缀；如表现欢庆、热烈、气势恢弘场面，色彩搭配以反差强烈的艳丽色彩为佳。

（选自新华网）

（4）服装的搭配要与操的风格相一致。如果这场操，是以武术为主要风格，鲜艳的民族特色的武术服装是再恰当不过了；如果这场操的风格特点较突出，如健美操、球操、圈操，那么得体的健美服装、体操服会更体现出青春和健美，使整套操更加富有活力和表现力。根据需要设计出能发出声响、能发光的道具和服装来烘托气氛，可带给观众在听觉和视觉上特殊的效果。

2. 服装道具文件的制作

它包括服装道具设计图、服装道具数量以及规格型号和服装道具预算。承办方可以根据该文件寻找厂家购买、制作服装道具。设计图给人一目了然的感觉，通过设计图可以想象表演场面和整个色彩的对比，吸引眼球。

服装/道具经费预算

部 分		服 装					
		服装名称	主色彩	数量	单价	金额	合计
第一场 紫荆花		布鞋	黑	660	××	××	××
		条幅	红白黑黄	待做调研		××	
第二场	武术	刀穗	红	460	××	××	××
		太极扇	红	432	××	××	
	啦啦操	花球	紫银色	924 对	××	××	
	运动鞋	运动鞋	白	1800	××	××	
		条幅	白黑	待做调研			
第三场 展望未来	大旗	运动服	白	432	××	××	××
		大旗	彩色	432	××	××	
	小旗	运动服	紫	864	××	××	
		小旗	紫	864	××	××	
		运动鞋	白	1350	××	××	
		旗杆		1296	××	××	
费用总合计		××					

（六）背景

1. 背景表演

在大型运动会开幕式上的团体操一般都有背景表演。是团体操陪衬的主要部分。背景分为一般背景和背景本表演。

一般背景：是指在看台上利用简单的道具进行背景的表演。常用于一般性运动会或者是对背景表演要求不高的活动上，这类表演无论是组织、训练、制作还是经费上都比较容易。通常采用如下方法：

（1）翻花球：把翻花球做成几种颜色。表演者坐在规定的看台上，通过翻动手中的花球，利用一种或几种颜色来组成简单的图案或组字等。画面设计时，尽力利用花球能翻动的特点和各种颜色组成线和面来达到最佳的表演效果。花球表演可同时、依次、交替、轮换等形式。

（2）扇子或雨伞：扇子的面可以是一种颜色也可以是一面一种颜色，雨伞可以根据需要选择不同颜色。作为背景道具，它们能被利用的最好特点是开合灵活，便于旋转，尤其是瞬间开合，以此来增强表演效果。

（3）花束或帽子等小道具：表演者手持小道具，采用藏、露、摇、摆等动作进行表演。

（4）板子：板子一般是正反两面各一种颜色，表演者人手一块，根据预先设计好的画面及要求翻出正面或背面的色块或图像、文字等。

背景本表演：是表演者手持背景本坐在看台上，根据需要按编号翻动背景本而组成预先设定好的图案及标语等而进行的表演。通常运用在大型团体操的表演中。背景本是背景表演图案的载体，又是背景表演的主要工具。因此本子制作质量的好坏，关系到最终的表演效果。制作本子的纸适宜用较轻、坚韧、不太厚的草板纸，按照设定好的规格装订成书本的形式。它的规格一般是打开后宽 60~70 厘米，高度为背景台阶的高度加 5 厘米之和，然后在本子的上端贴上露头的页码数。背景表演图案的制作就

是把设计好的图案画到本上的过程，步骤如下：

A. 将设计好的图案定格。如：背景表演时如果每一层台阶上（横排）有 170 名表演者，共有 30 层台阶，那么就要在图案上设计 170×30＝5100 个小方格。每个小格就是一个背景本子打开后应占的位置。

B. 根据背景本是第几行第几层对照图案上的位置，按图案上的色标写到本子上。根据本子上的色标和颜色区域将相对应的颜色涂到本子上，然后在各个区域内写上标号。

2. 背景人数及背景台

背景台的高度是以主席台的视觉舒服为准，宽度稍宽于表演场地；表演人数是根据主席台的高低安排。

3. 设计背景图案的注意事项

（1）背景表演图案内容要符合操的主题，应考虑表演画面与背景画面的呼应。如《相聚在北京》第三场“中华武术”中有一个白发者带着两个小孩展练太极拳，于是背景上出现晨光普照的古松柏。又如第四届全运会团体操《新的长征》中，背景图案有“新的长征”几个大字，这不仅点明了主题，而且能更好地表达全国人民积极投入四化建设的决心。

（2）图案的色彩除基本色外，过渡色和线条不宜太多，根据操的特点和主题采用画面或标语，思想性强、气势宏伟，美观大方。

（3）设计好画面后，标上表演顺序，注明表演形式。

四、计算队形与制图

设计出队形的草案后，要验证一下是否能实现。验证的方法一般是用坐标纸来计算，解决人数与队形、队形与队形之间的关系。队形变化要合理科学，设计出的队形要包括所有表演者。人数最好是 2、3 和 5 的倍数，由这个数字组成的队形是合理的、科学的、能实现的队形方案。

绘制队形图，编写文字说明把确定的方案、创编的队形和动作，落实成文字材料，以便实施。绘制队形图要按比例画在坐标纸上便于直观理解，可按不同的性别或道具，用各种颜色标明。编写文字说明，通常是按场、按段把每一个队形的动作，根据节拍用图和文字配合写清楚。

五、修改和完善

团体操不到最后的表演时刻，创编就没有结束，因此修改和完善是创编团体操不可缺少的环节。创编者必须随时根据排练的情况，及时听取练习者反馈的信息，听取领导、同行教师的意见和建议，对团体操的每一个环节进行修改和完善。

六、定稿与准备训练

在创编的整个过程中，除及时向领导请示，汇报并征求学生和有关人员的意见外，同时还要进行小范围的试验，反复修改，使团体操设计方案尽量符合指导思想的要求，切合表演人员的实际水平和条件，避免临近表演阶段再做较大的修改和变动。

第四章　团体操队形图案文件制作

第一节　基本知识

队形图案是构成团体操表演的几大要素之一。如何最终将创编好的队形图案绘制成可排练，可表演的坐标点位置图，需要设计人员根据队形图案座标点排列的规律和方式方法进行再创作。绘制团体操图形文件是指将团体操创编好的，从“入场—表演—退场”的所有队形及其变化路线按一定的比例缩小，用图纸绘制出来，用于编导研究、领导审查，以及排练和表演所采用的图形。队形图案有三种，即“草图”、“示意图”和“坐标点位置图”。

一、绘制队形图案“草图”

创编人员根据本场团体操图案和队形的设计思路，简易地绘制成连续式“草图”，它体现的是创编人员的原创设计思想，主要用于编导人员之间相互交流，探讨和研究。其基本绘制方法是在任意的白纸上，用简单的点、线条、图形块面的轮廓来表现。可以不必按严格的比例大小，只绘制主体图形，也可不求图形细节的完整等等，如下列图示：

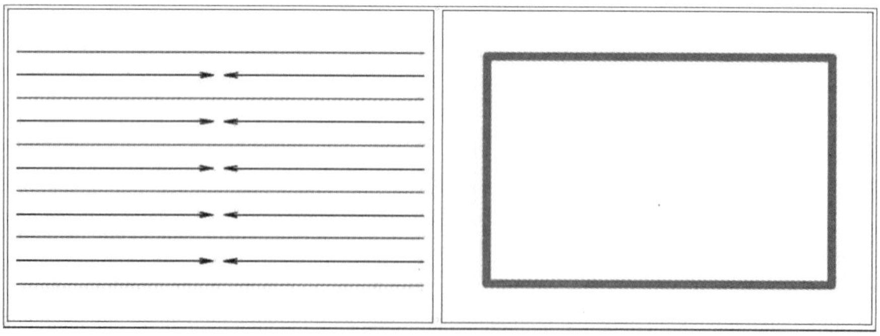

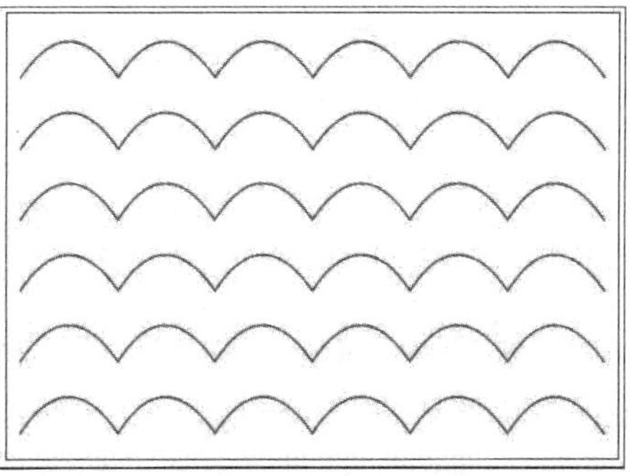

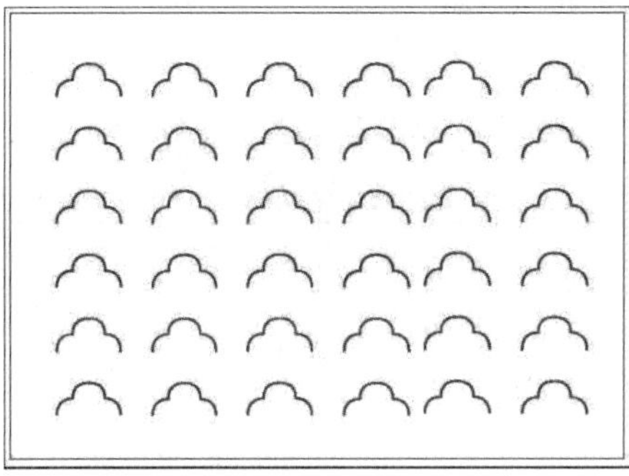

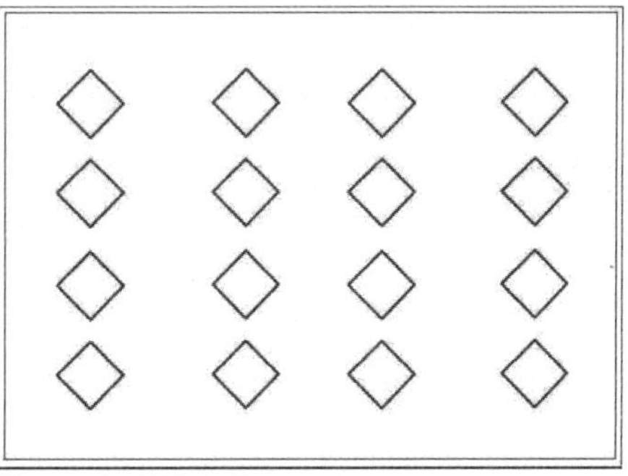

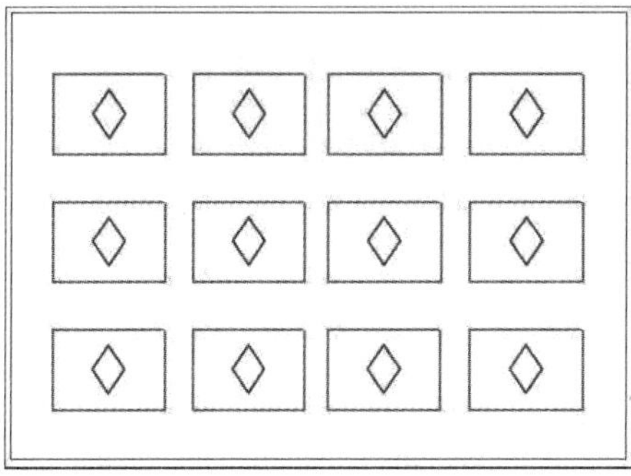
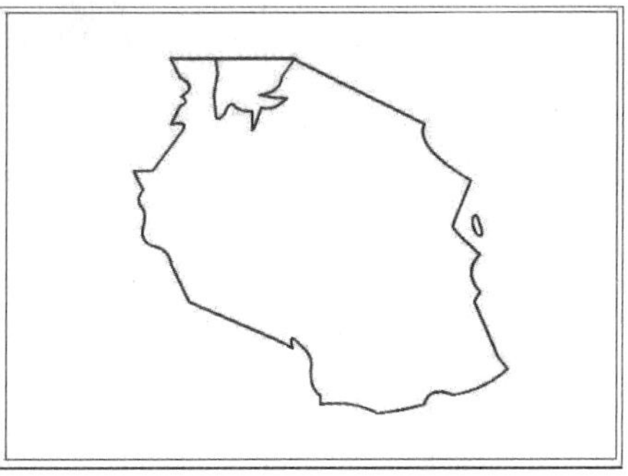

二、绘制队形图案“示意图”

“示意图”是对一场创编基本确定以后的团体操队形“草图”，根据表演场地的大小，按照一定的比例将每一个队形或图案单一地绘制成形的图示。它主要用于直观地向相关人员（如领导、主办单位等）展示其设计意图，以了解和征求来自多方面的建议和修改意见。其基本绘制方法是将本场团体操的每一幅队形图案依表演顺序，在与表演场地长、宽比例基本相同的的白纸上，用规范的点、线条、图形块面的轮廓来表现。可以只绘制主体图形，不需要力求图形细节的完整等等，如下列图示：

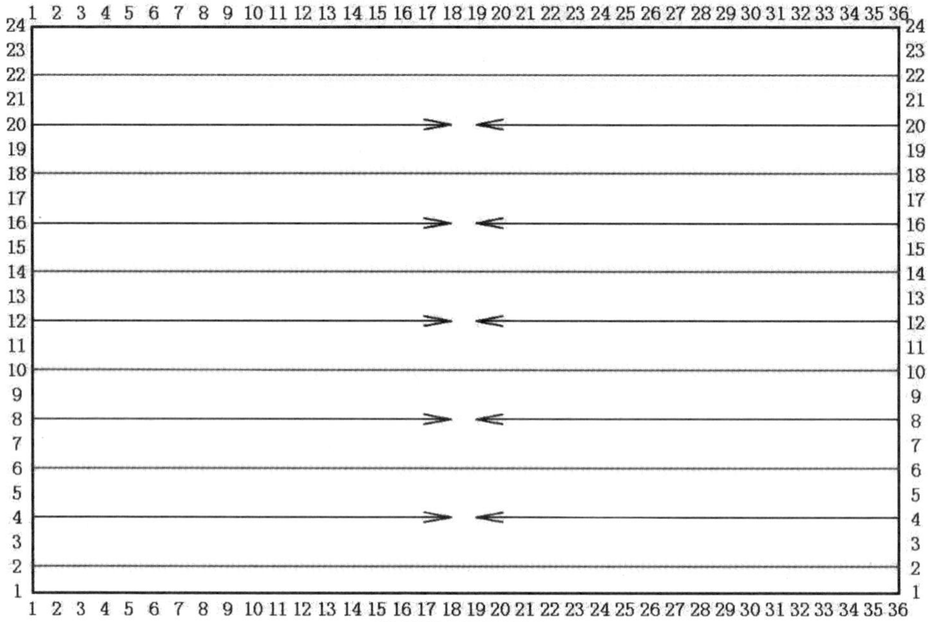

1、候入场队形

2、密集方块

3、横队队形

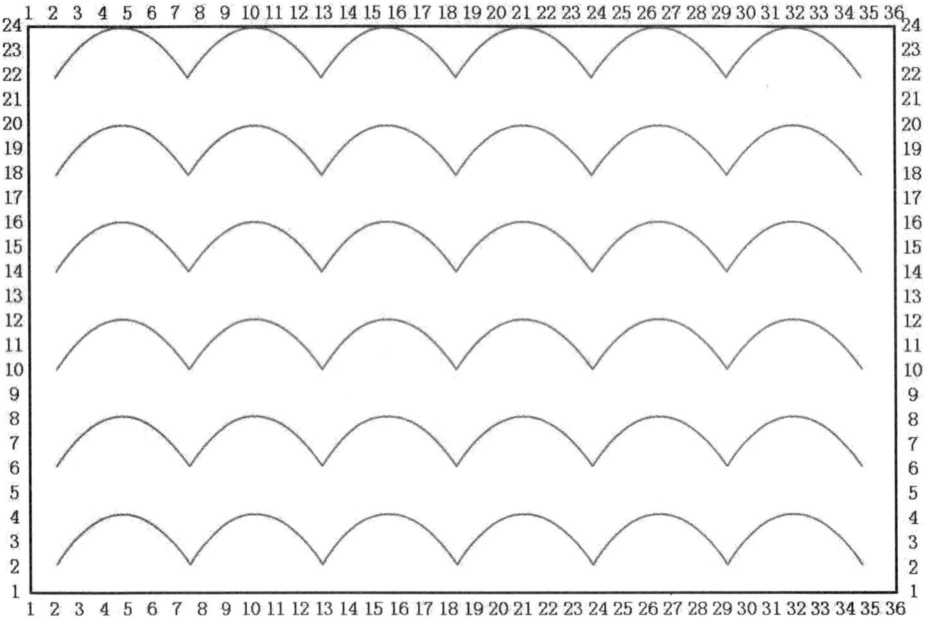

4、弧线队形

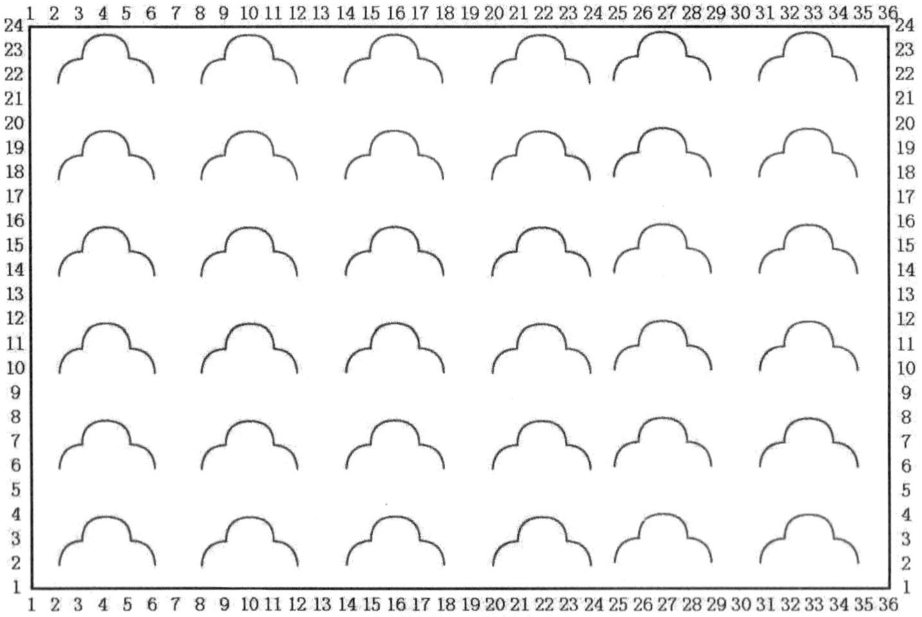

5、"棉花"队形

6、“小树”队形

7、“大树”队形

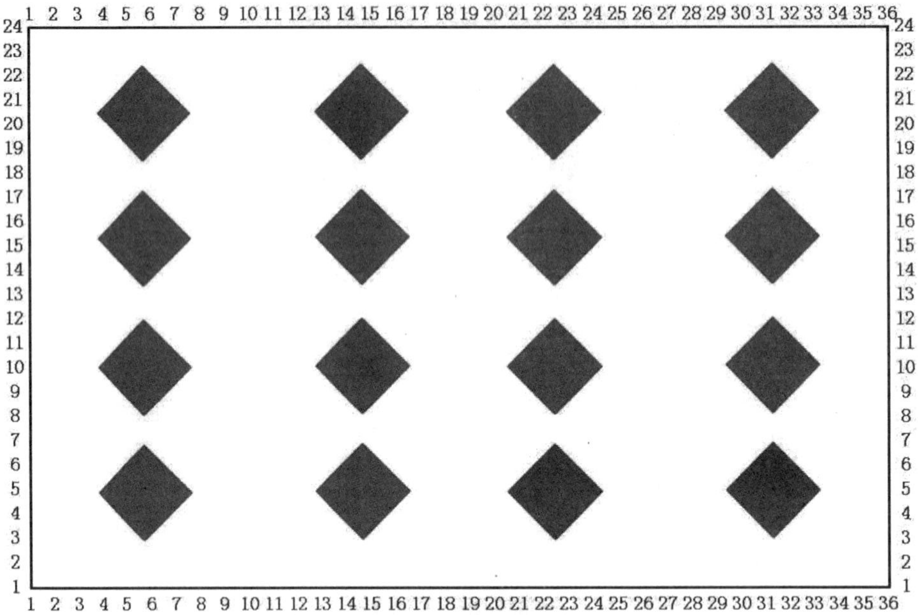

8、菱形队形

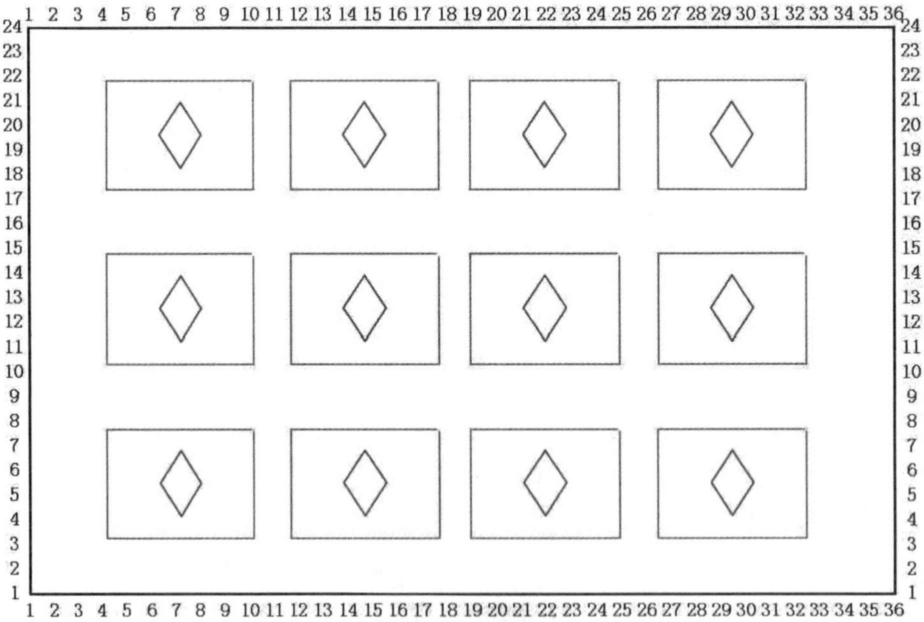

9、方菱队形

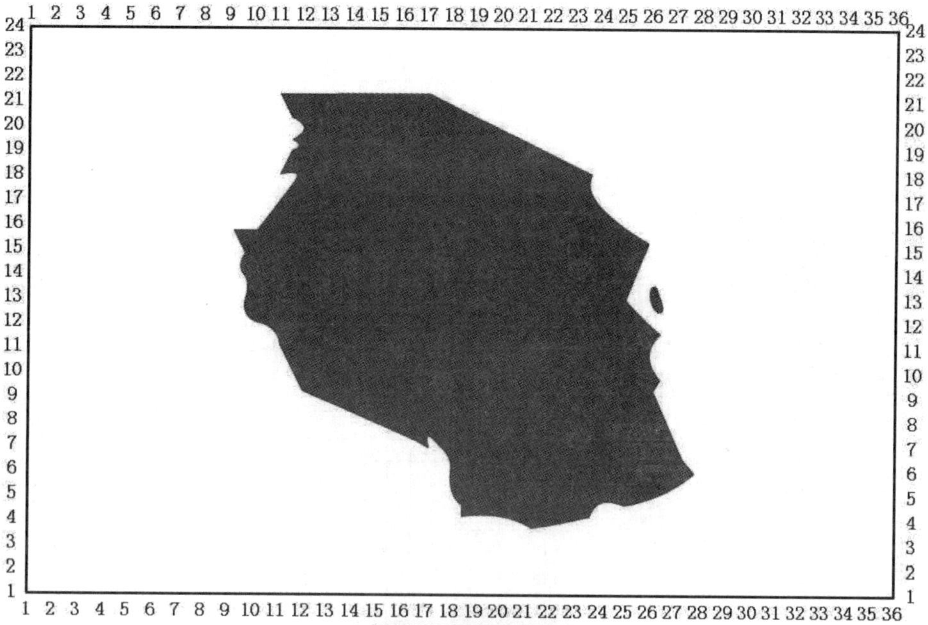

10、"地图"队形

三、绘制队形图案"坐标点位置图"

"坐标点位置图"是创编人员将每一幅定稿后的"示意图"全部用"点"的排列并绘制在有小方格的坐标图纸上的图形。它主要用于创编人员了解图形的布局、各图案和队形的人员分布，确定并计算队形变化的路线及所需的节拍时间等。它是教练员排练队形时的施工图、队形训练和表演的依据图。"坐标点位图"是表演队员站位的坐标图，其绘制的要求是，图形与表演场地的长、宽比例相同；图形大小按一定的比例缩放的；图纸上所有的队形必须完整；人员数量和分布必须十分准确；队形变化路线必须标明。如下列图示：

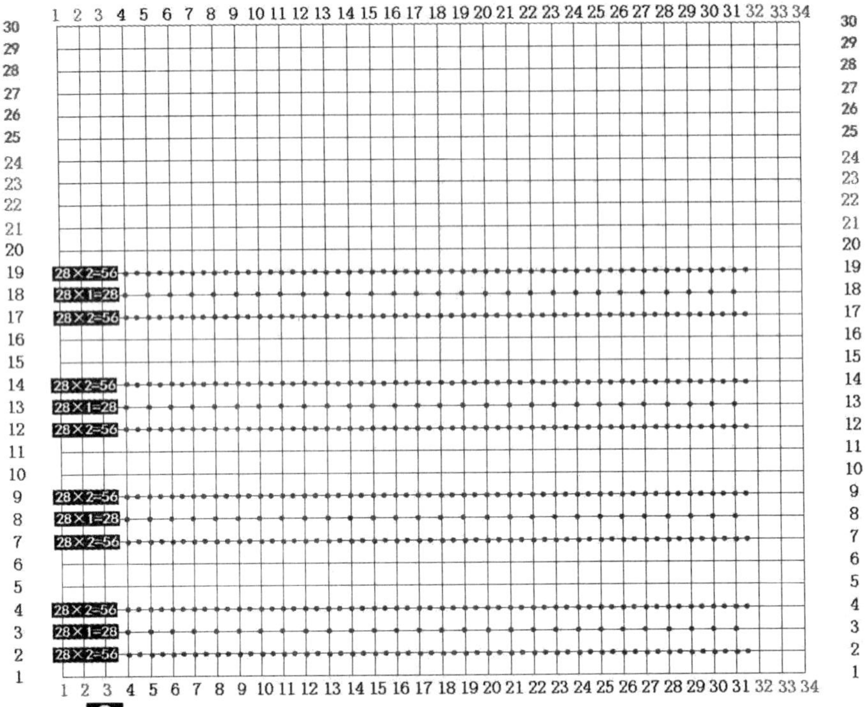

3

入场成农耕队形

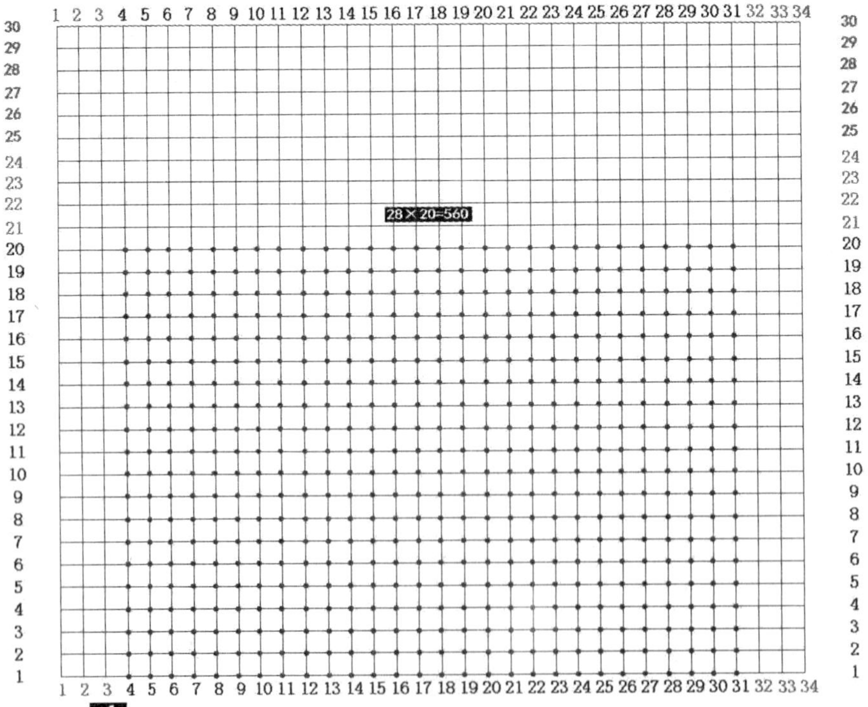

4

全场散点队形

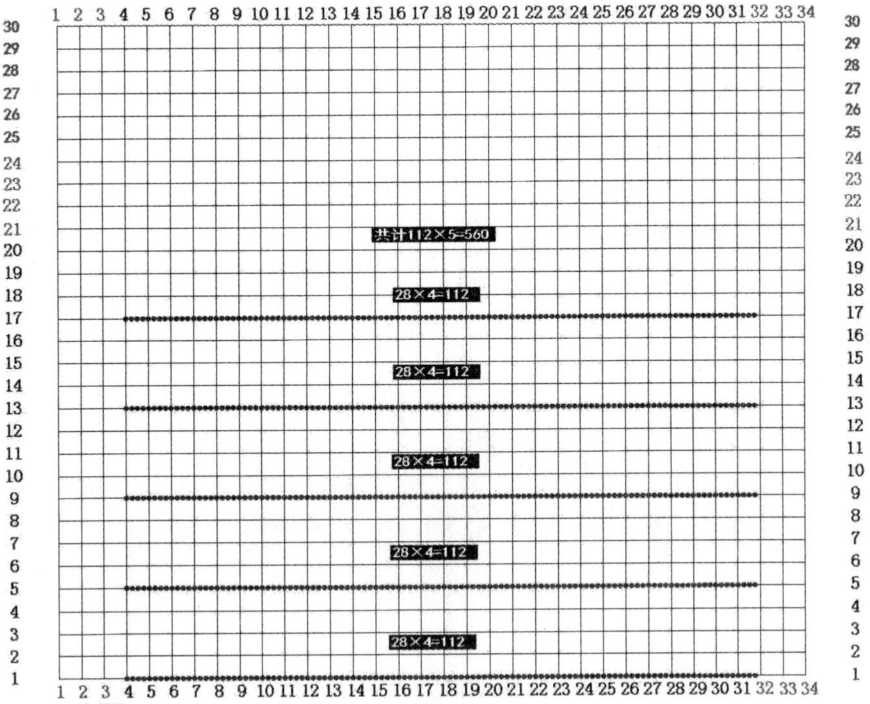

8 5列大横排队形

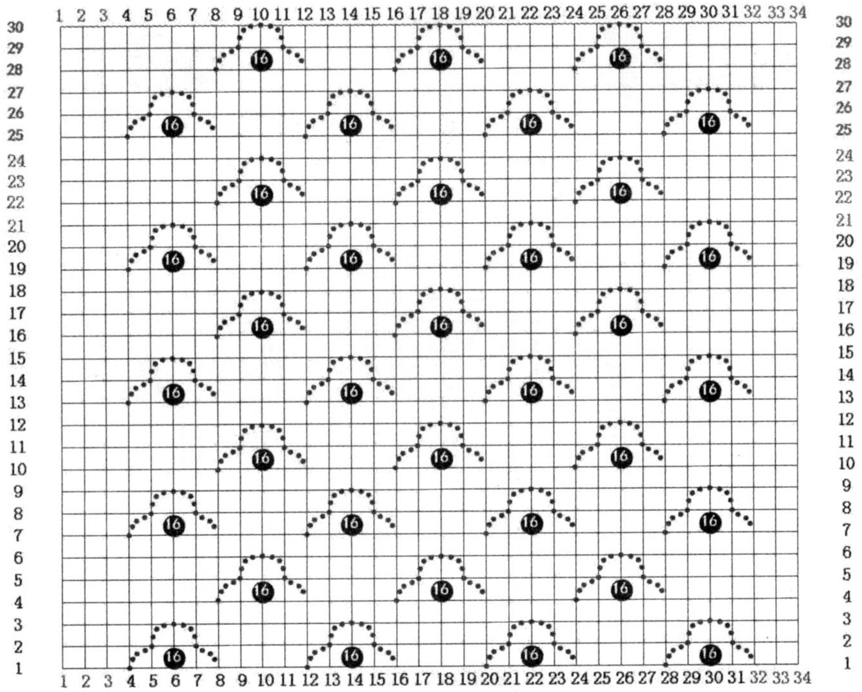

11 “棉花”队形坐标位

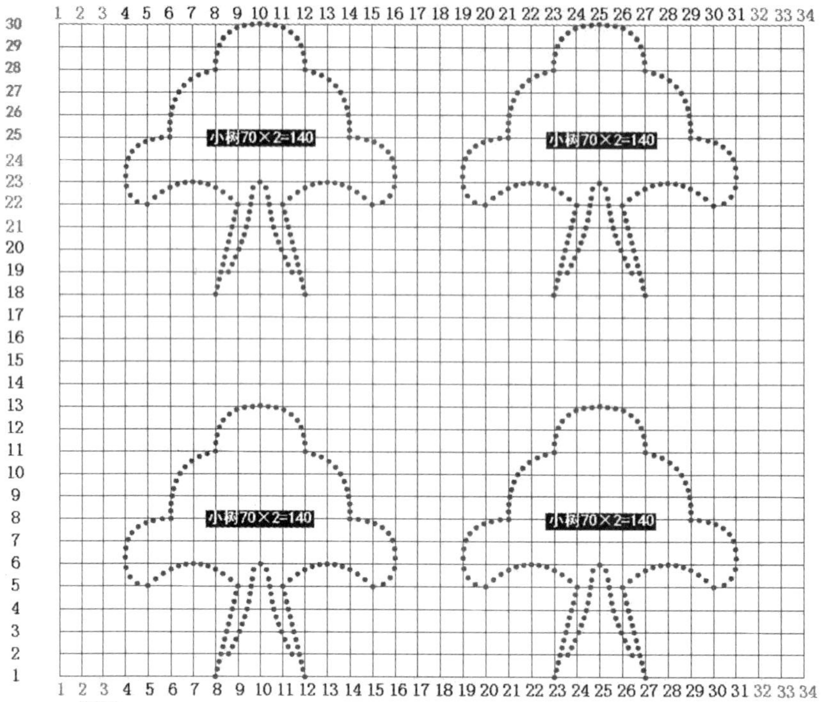

15

“小树”队形坐标位

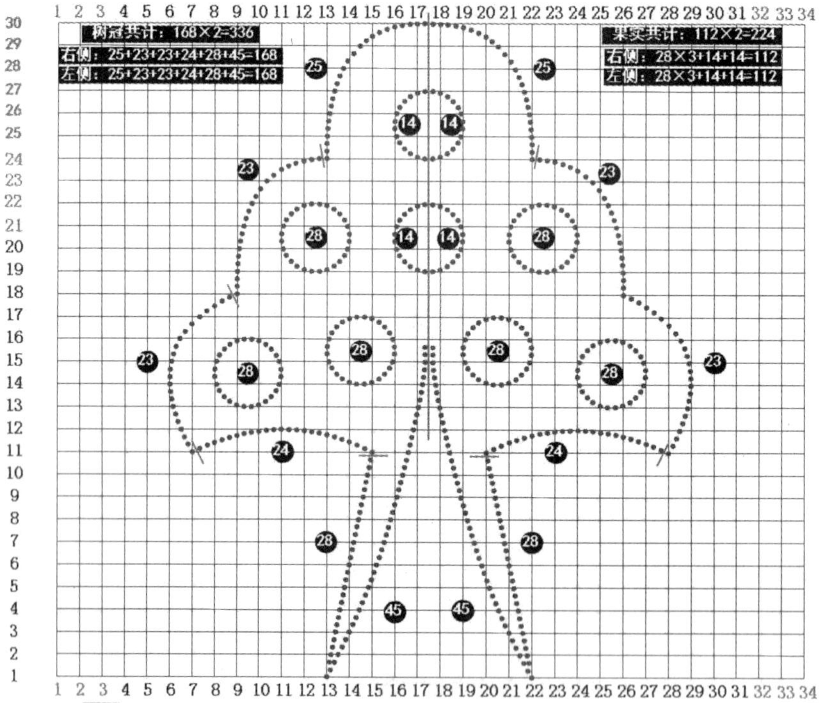

17

“大树”坐标位置

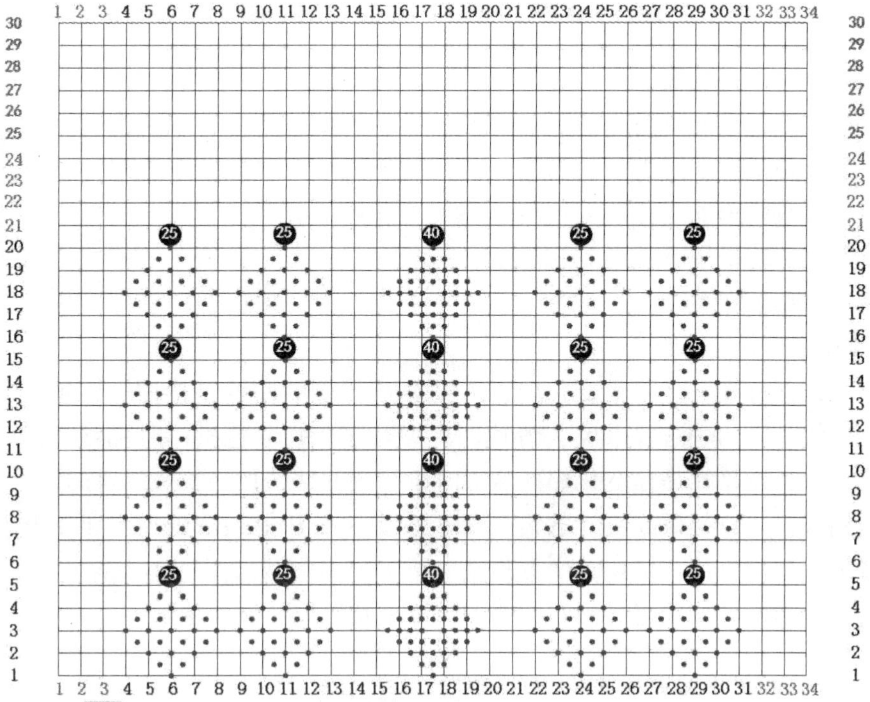

20 全场菱形队形

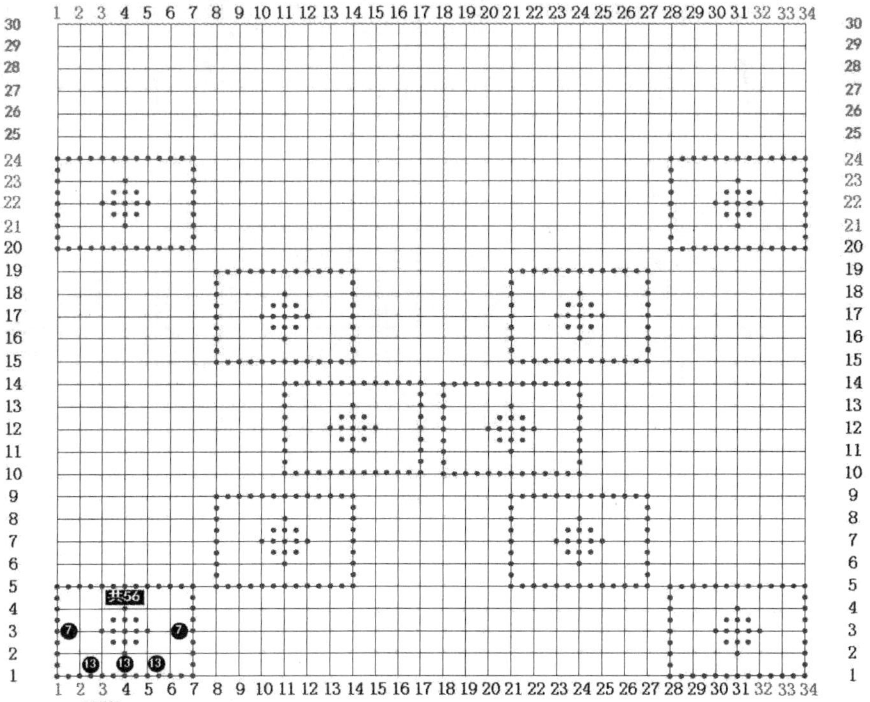

23 方菱形坐标位置

四、绘制队形变化路线

队形变化路线是指由前一队形变化到后一队形的过程中，每一名队员所行进的路线。设计变化路线应根据表演的需要、时间的长短以及前一队形和后一队形的关联等情况而定。一般队形的变化都采用有规律的变化路线，队形较复杂的象征意义图案和综合队形图案有时采用不规则的变化路线。

（一）变化路线种类

1. 有规律的变化路线

指全场或部分在进行队形变化时，表演队员行进的路线是按照一定的规律来设计和实施的路线。它的表演效果层次清楚、流畅有序。一般包括两种路线，即短捷路线和长径路线。长短路线是在变化相同队形时所行进的路线相对长短而言的。

短捷路线：一般是根据设计的需要每个表演队员从上一队形变化下一队形时所行进的路线最短和最直接。例：圆变五角星。图 1 中圆形队形上的各点（人），通过图 2 的路线和箭头指向的位置直接到达图 3 的位置上就形成了五角星队形。

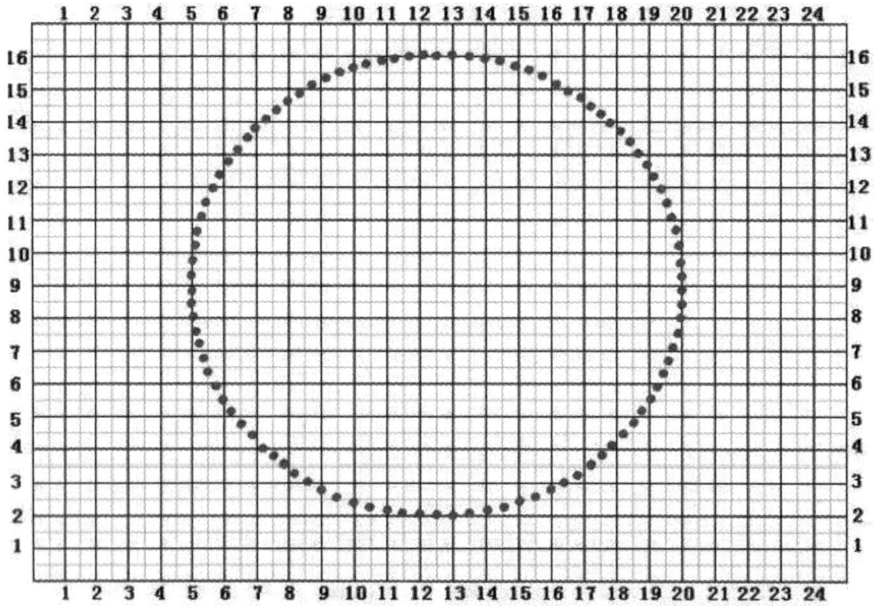

图 1 圆

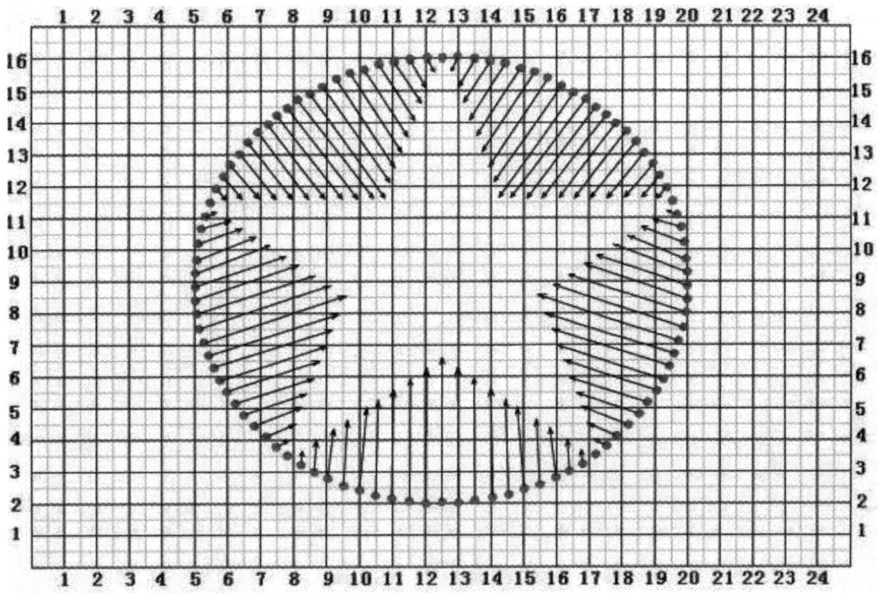

图 2　路线

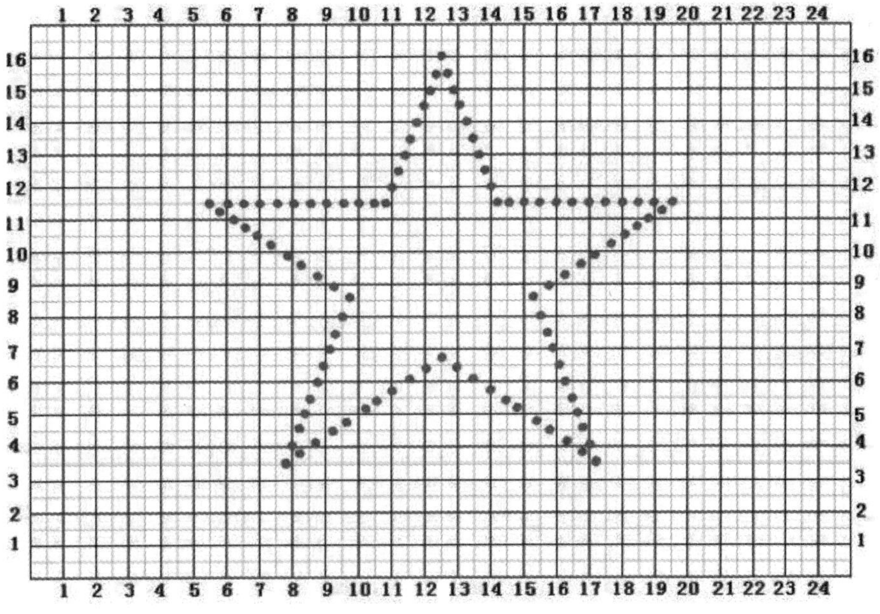

图 3　五角星图

长径路线：一般是根据设计的需要每个表演队员从上一队形变化下一队形时所行进的路线相对于较短捷路线更长。例：圆变五角星。图 1 圆形队形上的各点（人），通过图 2 的箭头指向途径绕行到达图 3 的位置上就形成了五角星的队形。

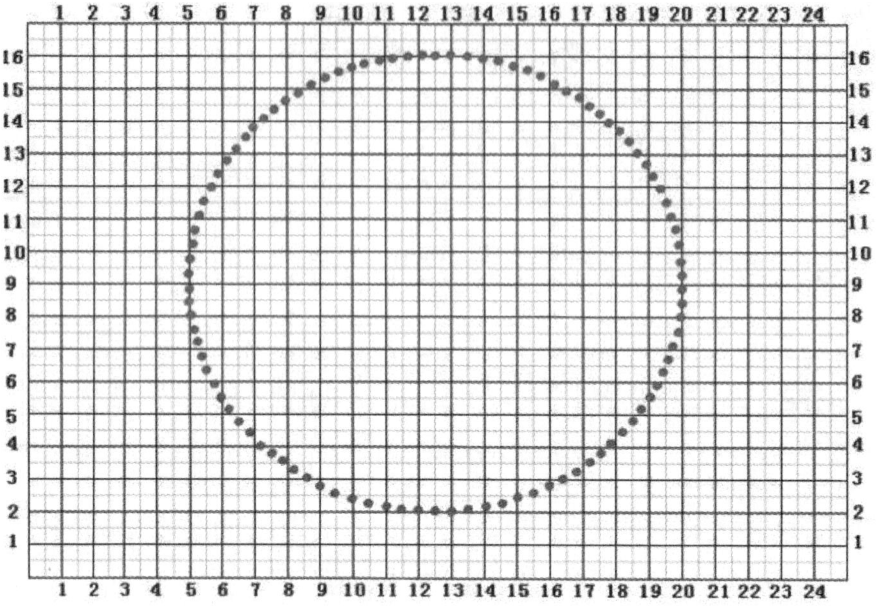

图 1　圆

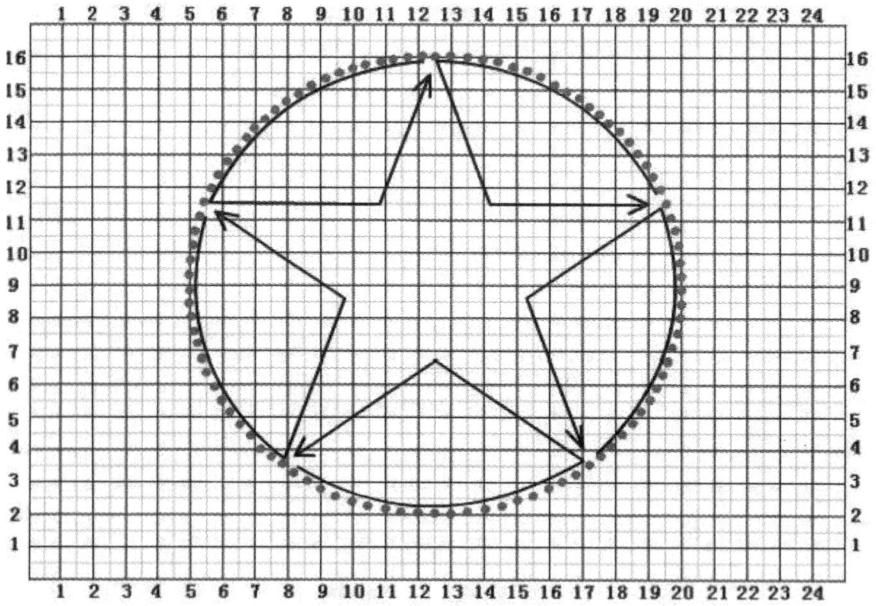

图 2　路线

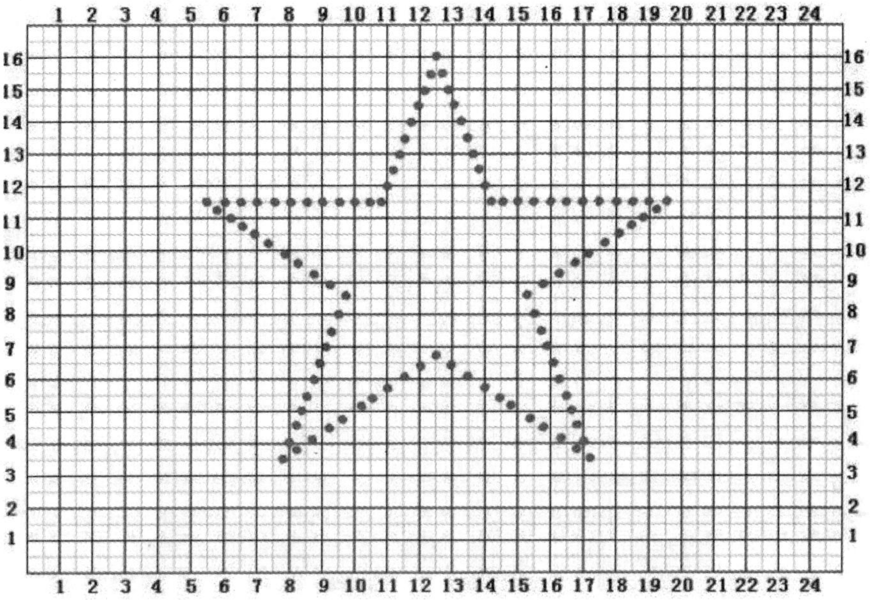

图 3　五角星图

2. 无规律的变化路线

无规律的变化路线，是指全场表演队员从上一队形变下一队形时每个队员都各自走自己最短的路线并且各自的长短、方向等都不同。这样的变化路线一般用于因受表演时间和其他条件的限制，而又必须快速形成下一个表演队形图案。它具有速度快、省时间的特点。但也易给观众形成一种全场“乱跑”的印象。如果能用背景的变化、空中表演或灯光转暗等手法加以掩护，则会使观众耳目一新。在进行全场无规律变化时也必须要明确每个人或每一区域人员跑动的路线和点位。

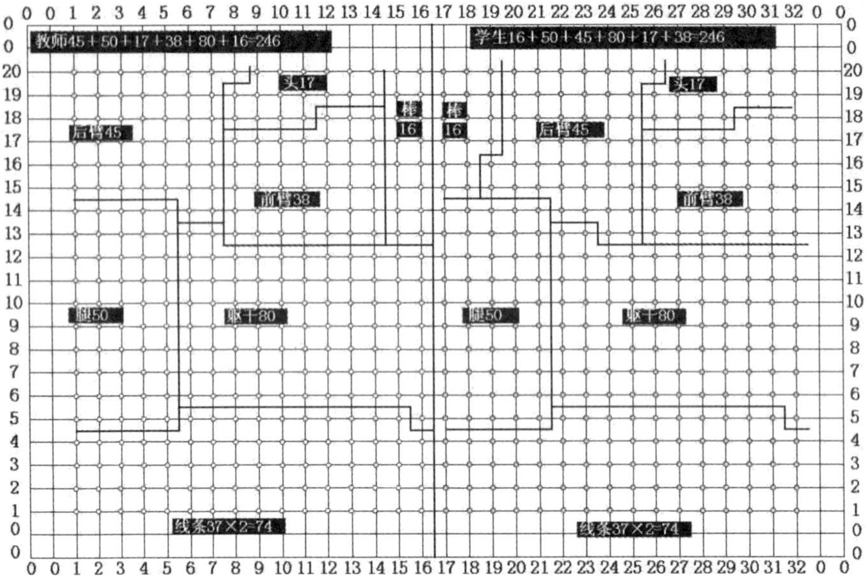

“散点”无规律路线变“接力图”人员分布

共计640人

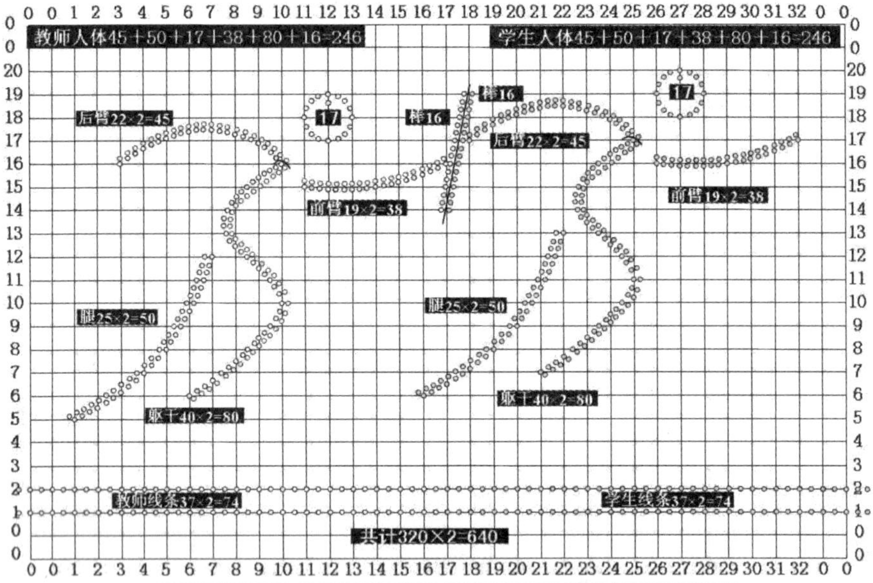

246+74=320 “散点”无规律路线变“接力图”人员站位 246+74=320

（二）绘制队形变化路线图步骤

队形变化路线图，是指将全场表演队员由前一幅队形图案的位置上变到后一幅队形图案的位置上，各个表演队员所行进的路线、方向、人员分布、人员数量等信息绘制在“图纸”上，以便在训练中照图施工。

第一步：将前一队形完整的绘制在图纸上。

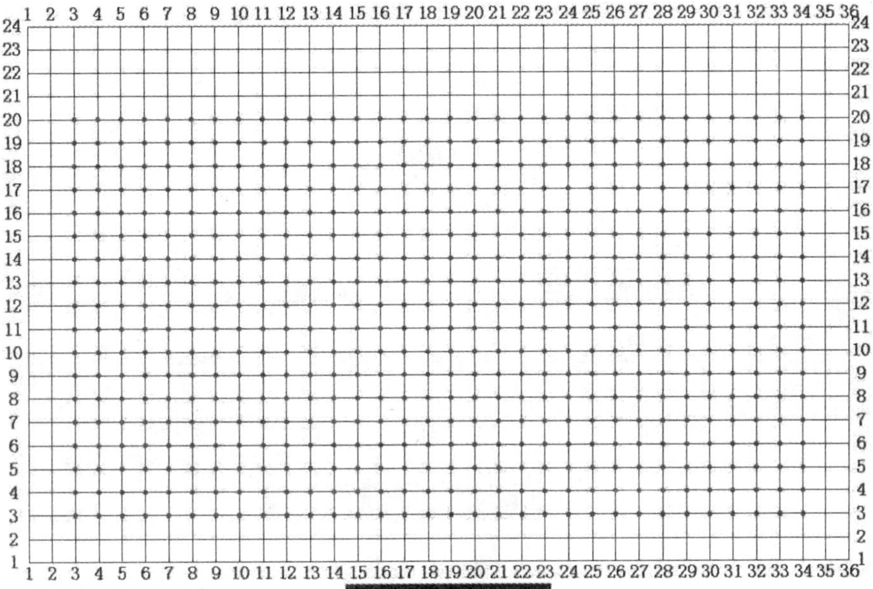

散点队形（前图）

第二步：在绘制有前一队形的路线图上将每一队员（有规律变化路线可只绘制某一组队员的）行进的路线绘制在坐标路线图上。

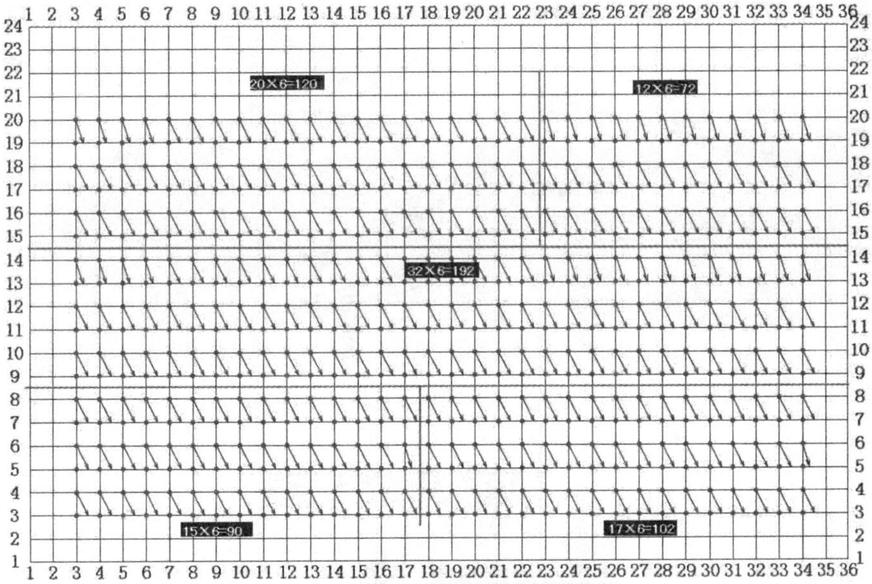

散点变紫荆花条路线图1　　共576人

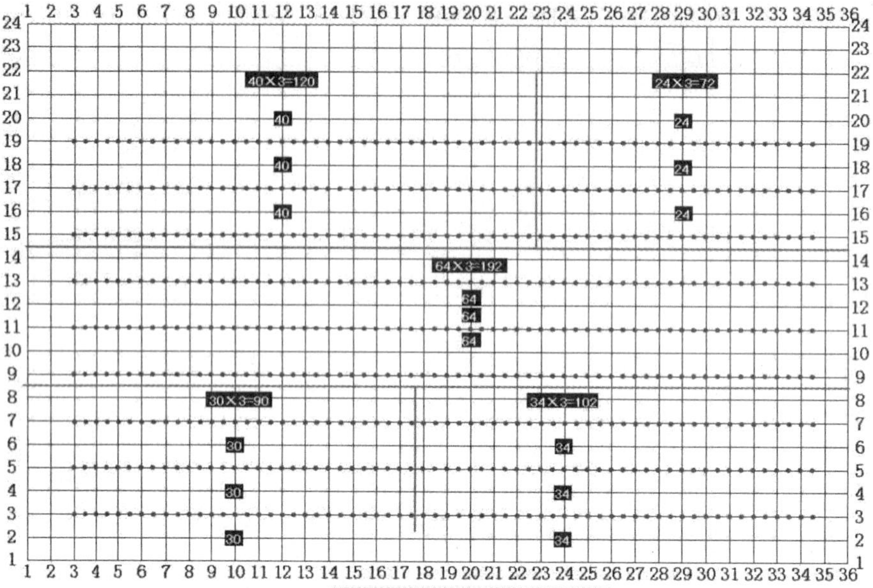

散点变紫荆花条路线图2

共576人

第三步：将有关数据（如人员分布、人员数量等信息）记写在路线图上。

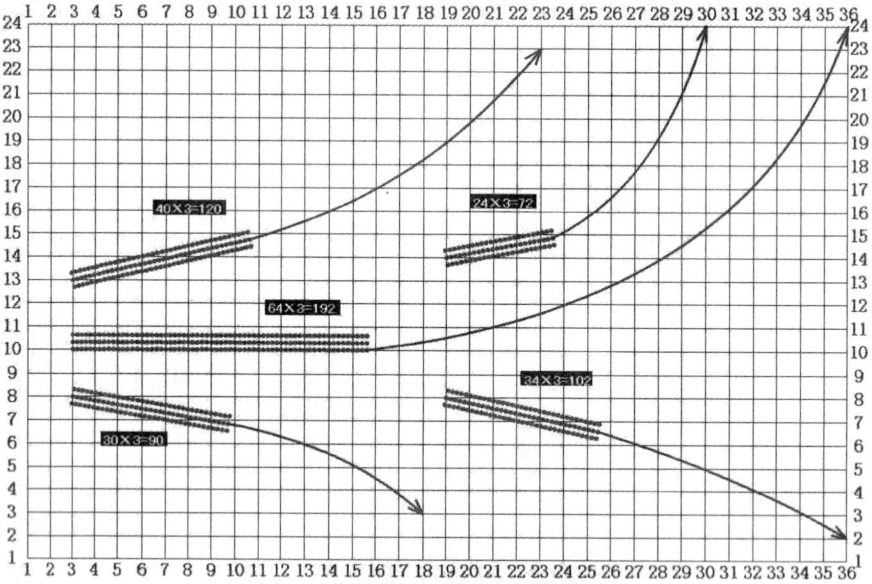

散点变紫荆花条路线图3

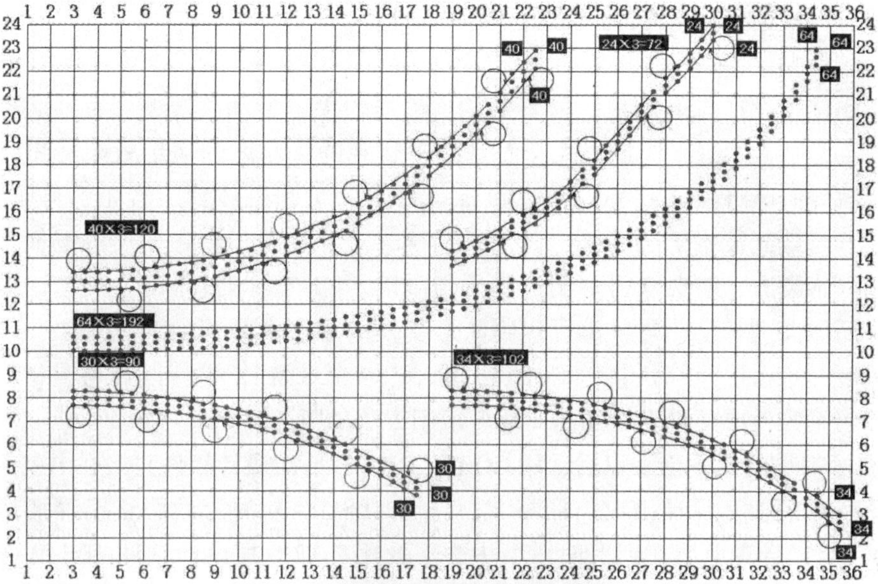

散点变紫荆花条路线图4

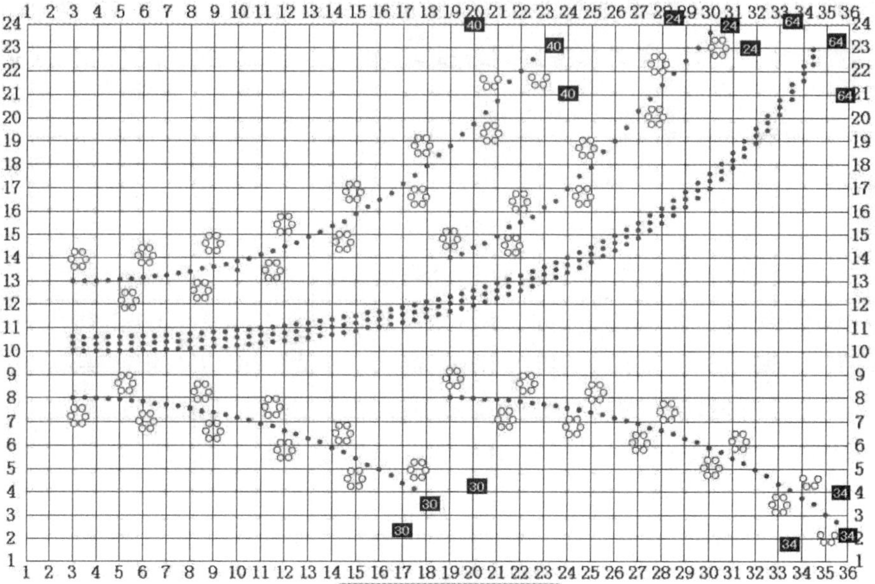

紫荆花状队形(后图)

五、通过技术软件制作队形图案

大型团体操设计与编排是一种复杂的、烦琐的手工劳动，造型图案、队形的变换都需要人工绘制，不仅工作量很大，而且缺乏直观的、动态的演示效果。团体操发展到现在，编导们已将独具匠心的构思设计、鲜明的主题融体育、音乐、舞蹈、美术、服饰、道具与灯光技术等为一体，其气势磅礴、五彩缤纷、新颖变换的场面，给人以强烈的艺术感染力，使观众得到美的享受与熏陶。随着科学技术的发展，运用计算机软件来对团体操进行设计与编排可达到队形变换的动态和直观的演示效果，现在有条件的创编者开始运用计算机软件 COREL DRAW 和 3DS MAX 进行设计与编排，使团体操的设计与编排，更具科学性和高效性。常用方法如下：

1. 有了初步的设计创意以后，用 COREL DRAW 平面设计软件直接在电脑上完成平面队形图。图案画完后导出成位图格式，作为 3DS MAX 的背景图。接着把每个演员（为一个元素）合理地填充到平面图型中去。使用三维动画设计软件 3DS MAX，该软件能模拟出团体操队形的变化情况，它既直观又可方便地描绘出每个人的运动轨迹。这大大减少了实际排练中的不合理跑动路线和队形图的变化，节省了练习时间和练习次数，避免受训者不必要的体力消耗。

2. 布阵，3DS MAX 的动态变化过程是通过关键帧来实现的，通过对关键帧中不同元素的合理控制，形成平面图元素位置，再实现由前一个图渐渐变成后一个图点式的图形。

例如：团体操的表演队形首先出现的是方阵，然后组成背景图显示的队形。这个过程就可应用 3DS MAX 的动画功能，首先把方阵布好，然后在俯视图中打开显示背景功能，并选出用 COREL DRAW 绘制并导出的位图文件，有了平面造型图，打开动画功能，选好适当的关键帧，把方阵的构成元素依次移到背景图的相应位置，这个过程被作为移动画记录下来。由于选定的关键帧没有改变，所以在移动的过程中，可以任意地进行移动，计算机只记录你最终移动的位置。这个过程可以不断地调整构成元素的位置，直到把所有的构成元素都填充到队形图案中，这样就形成了方阵到队形图的整个变形过程的记录。在处理这个过程中，要遵循移动最近原则，尽量让每个构成元素移动的距离最近。可以保存成动画文件观看运动变化的结果。

3. 大型团体操的表演主要是一种宏观的场面队形变换，所以在设计组成由一种队形变为另一种队形的这个场面时，其中的每个元素，如单个人的站位，可用简单的球体或圆柱体代替，尽量减少它的复杂程度，从而减少系统资源的利用。为了描述每个个体（元素）的移动轨迹，要把每个元素都编上号码，通过在变化后的队形的位置确定他们每个人的移动轨迹，每个点通过自动移动程序慢慢地编排成图形，变化过程可以一目了然，每个人只要盯住自己的号码在图中的运动轨迹，都能清楚地明确自己的跑动路线。

先把排好的构成元素队形经过处理作为动画的起始帧（0 帧），然后改变背景图，使背景显示为即将要变化成的队形图，然后再打开 3DS MAX 的动画功能，也要选择好适合的关键帧，操作方法同上面一样。要改变构成元素的位置和动画过程，记录从开始位置到你预期移动的最终位置，中间的调整过程不会记录下来；也可以任意改变构成元素的位置，使它们与要变成的队形图相吻合，在这个处理过程中，同样也要遵循最近移动原则。团体操中不同队形之间的变化可以重复这个过程。

4. 一般的团体操经过不同的队形图变化后，还要恢复为“方阵”，这个过程变化的方法如下：

先把最后的队形图处理成动画的起始帧，然后可以打开方阵的背景图（需事先用 COREL DRAW 画好），也可以不用背景图，直接用 3DS MAX 的辅助网格作为参照。接下来打开 3DS MAX 的动画功能，先选好关键帧。下面的工作就是移动构成元素到相应的辅助网格里。这个过程一般先移动队形图边缘的构成元素，把它们放在方阵的最边缘，依次向里移动，最后处理中心部分的元素，它们也应该在方阵的中心部分，这也是遵循移动距离最近原则。最后保存成动画文件观看效果，如果发现不合适的地方还可以继续进行修改，直到满意为止。

第二节　坐标图纸的制作

一、确定坐标图纸的比例

团体操坐标点位图纸一般借用标准的工程坐标图纸来绘制。标准的工程坐标图纸是由 1cm 的小方格（正方形）组成若干方格的图纸。每一小方格在实际表演场地上通常为 2.2m~2.5m。也可在计算机上绘制坐标图纸的式样来进行此项工作，比在纸质的坐标纸上绘图方便和快捷。但无论用什么图纸进行绘制，其图纸上坐标图形的长、宽比例都要求与实际表演场地的长、宽比例完全相同。团体操的表演一般是在足球场地上进行，标准足球场地的长宽分别是 105 米、69 米；长宽比为 1.52 :1 。团体操表演场地的长宽比参照足球场的长宽比来制作。根据表演场地的长宽比和每一场场景的总人数量，其长（横向）宽（纵向）人数的安排有以下几种规格（横队人数×纵队人数=总人数）。

（一）小型

1. 20 人×12 人 = 240 人。以每格 2.2m² 为例。表演场地实际为长 44 米×宽 26.4 米。

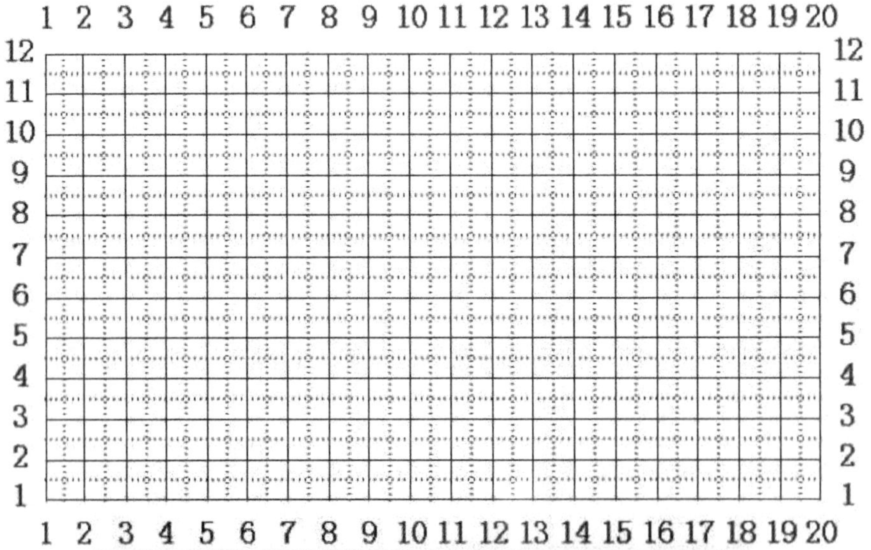

坐标图纸规格：20×12=240点（人）

2. 24×16=348 人，以每格 2. 2m² 为例表演场地实际为长 52. 8 米×宽 35. 2 米。

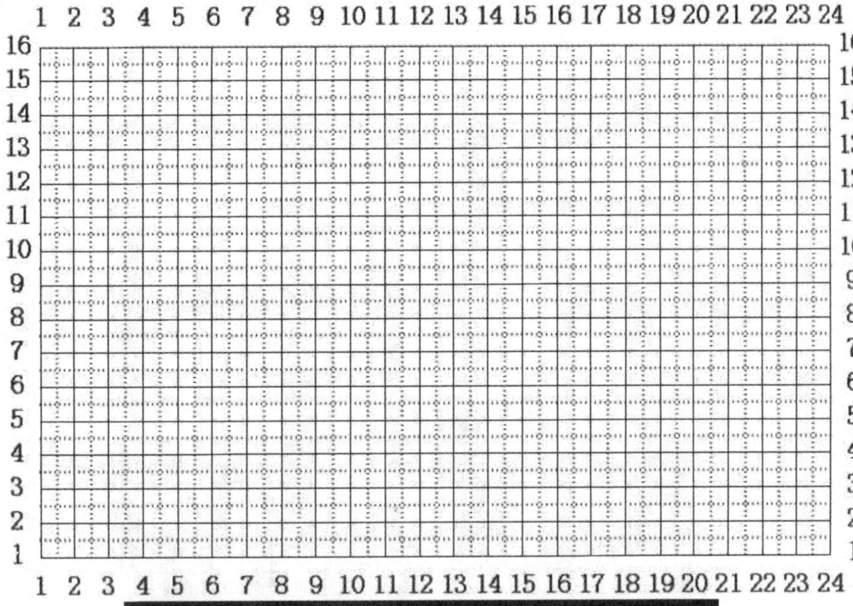

坐标图纸规格：24 × 16=348点（人）

（二）中型

1. 24×18=432 人，以每格 2. 2m² 为例表演场地实际为长 52. 8 米×宽 39. 6 米。

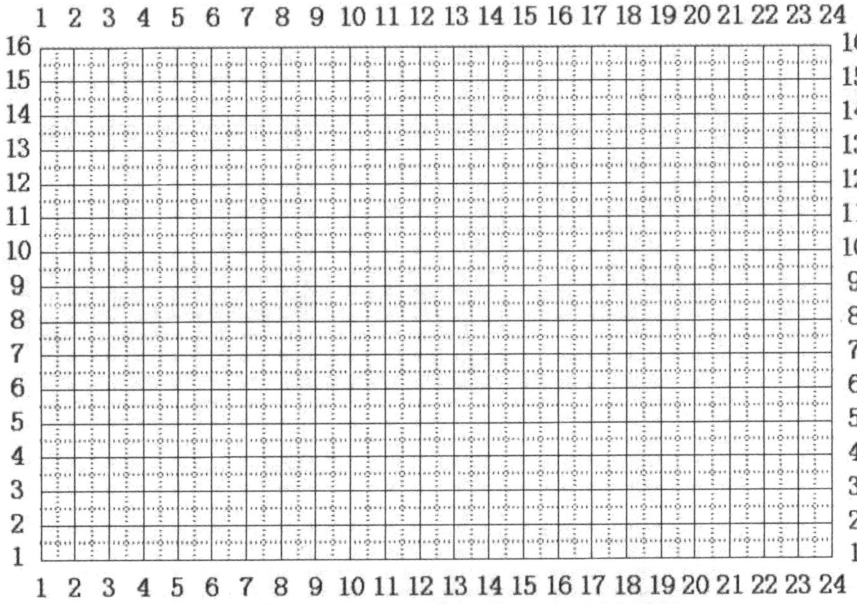

坐标图纸规格：24 × 18=432点（人）

2. 28×20＝560 人，以每格 2.2m² 为例表演场地实际为长 61.6 米×宽 44.0 米。

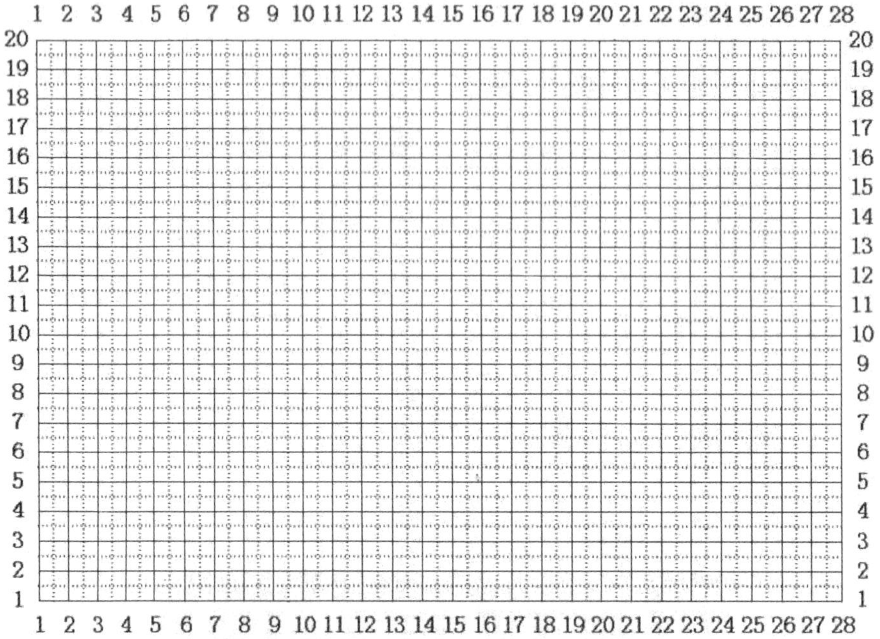

坐标图纸规格：24 × 20=560点（人）

（三）大型

1. 32×20＝640 人，以每格 2.2m² 为例表演场地实际为长 70.4 米×宽 35.2 米。

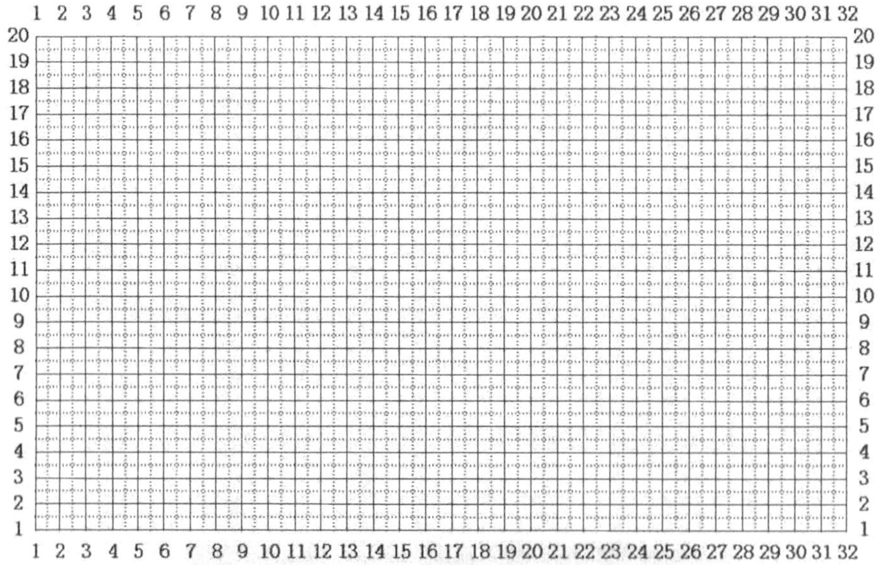

坐标图纸规格：32 × 20=640点（人）

2. 36×24＝864 人，以每格 2.2m^2 为例表演场地实际为长 79.2 米×宽 52.8 米。

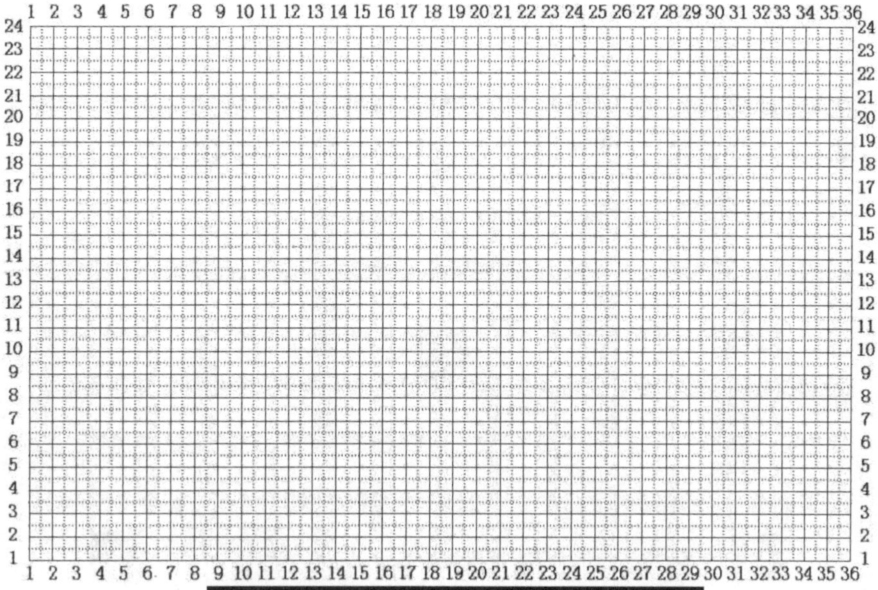

坐标图纸规格：36 × 24=864点（人）

3. 42×28＝1176 人，以每格 2.2m^2 为例表演场地实际为长 92.4 米×宽 61.4 米。

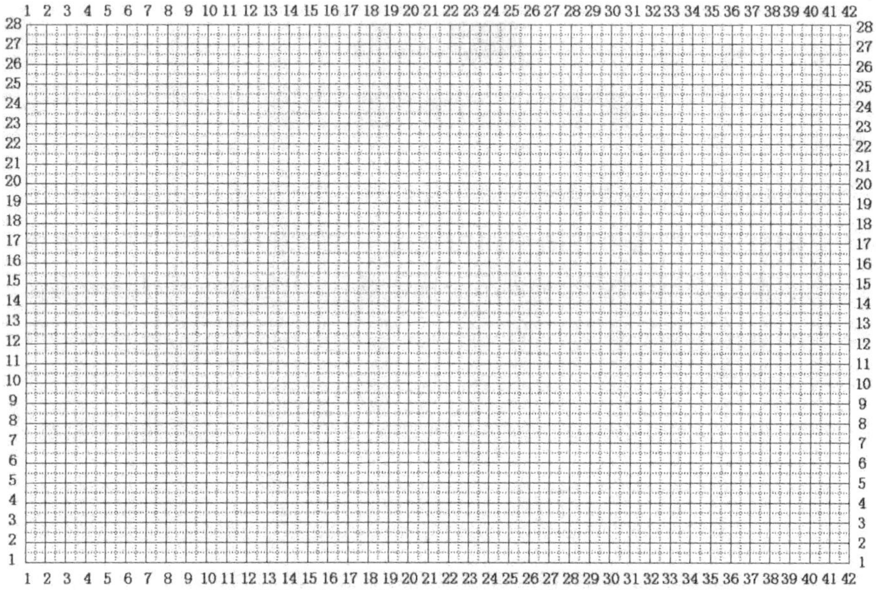

坐标图纸规格：42 × 28=1176点（人）

二、图纸方位及坐标号的排列顺序

图纸的方位依据队形中队伍排列的方位来确定。即以表演队员面对主席台为准：左边为左侧，右边为右侧；以靠近主席台一侧为前场，以远离主席台一侧为后场。如下列图示：

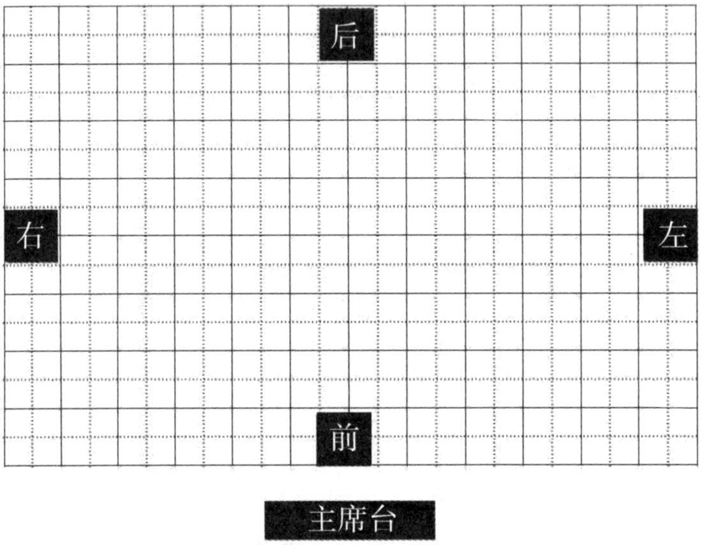

坐标图纸的方位

坐标图绘制好以后，需要在图纸的四周每一基本点座标线的外侧绘制上坐标号（便于设计和排列坐标图形时运用和训练时快速查看）。坐标编号排序的方位以图纸的方位为准，一定要注意的是每张图纸的形状、大小要完全相同，每张队形图的坐标号要完全一致，不可错乱。

纵坐标号：由前（靠近主席台一侧）向后（远离主席台一侧）排序编号为 1. 2. 3……

横坐标号：由右向左（以表演队员面对主席台为准）排序编号为 1. 2. 3……

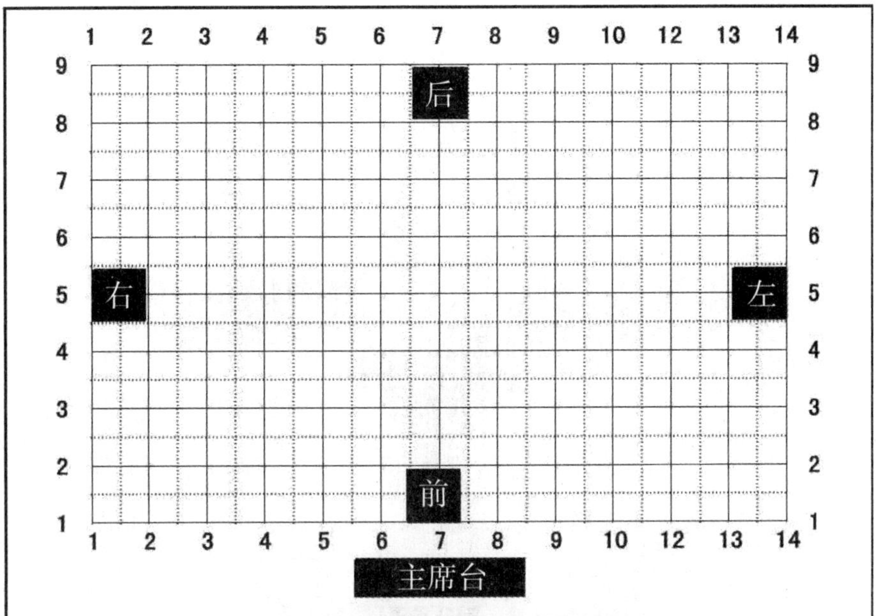

坐标号设置的顺序

三、坐标点排列的基本要求

图纸上排列坐标点（人）的位置，一般情况按照每一小方格（基本点之间）内排列固定的点数来确定某一队形或图形排列的规律。无论是简单的散点、直线、圆弧线、块面状图形还是复杂的象征意义队形等，在小方格内坐标点排列的具体位置，均应绘制在纵横坐标线的交叉点位上（特殊情况除外）。交叉点位应理解为“明位”和“暗位”两种。

“明位”：在坐标图纸上纵横坐标号处（1 个小方格的距离）的坐标线（粗实线）交叉点的位置（即图纸上的实线交叉位）。×点为“明位”。

“暗位”：根据需要，在图纸上的 1 个小方格内按 1/2（辅助点位）、1/3、1/4 制作的纵横坐标虚线交叉点的位置（实际表演场地上没有记号位）。如下图坐标点排列的位置。●为“暗位”。

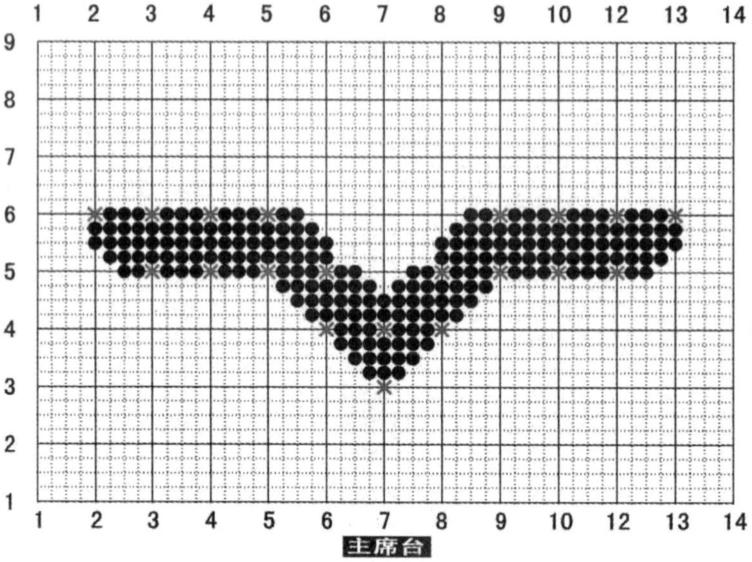

坐标点位置图

（一）坐标点排列的基本位置

团体操表演中为了使表演者能够准确地找到自己的表演位置、明确变化的方位、保持变队的整齐而在场地内所做的标记叫做“点”。它包括“基本点”（俗称散点）、辅助点（较少使用）与特殊点和特殊线。

1.“基本点”是在场地上绘制的纵横坐标标号相交的点（实际上在表演场地中不画出坐标线，只画出基本点，在图纸上通常要用实线绘制出坐标线）。它是表演人员确定自己所在位置并进行团体操队形变化的依据，坐标点标示的清楚与否，直接关系到表演人员能否按照编排的路线和位置准确地完成表演内容。一般校园团体操表演场地基本点的标号是在场地四周竖立带有纵行号、横排号的立标。

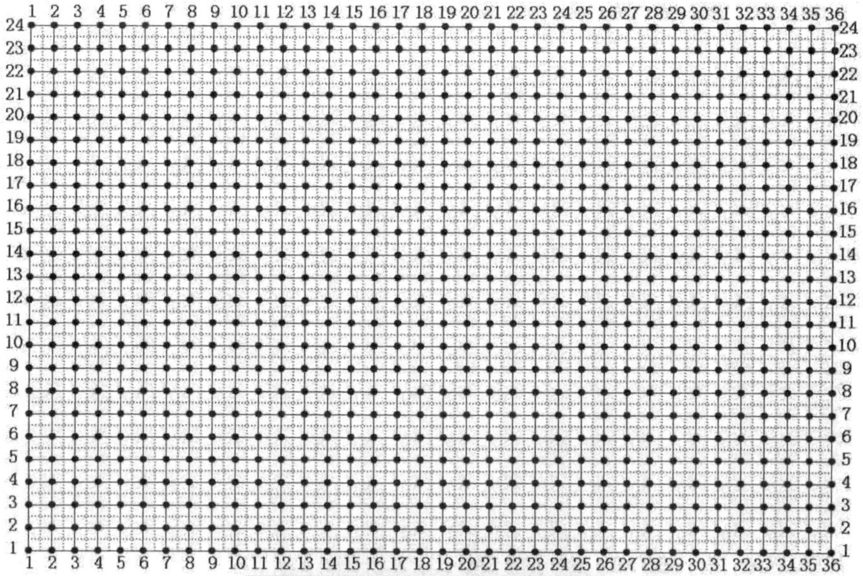

坐标图纸上绘制的基本点

2. “辅助点”是场地纵横坐标号的1/2处的坐标线相交的点（图纸通常用虚线绘制）。

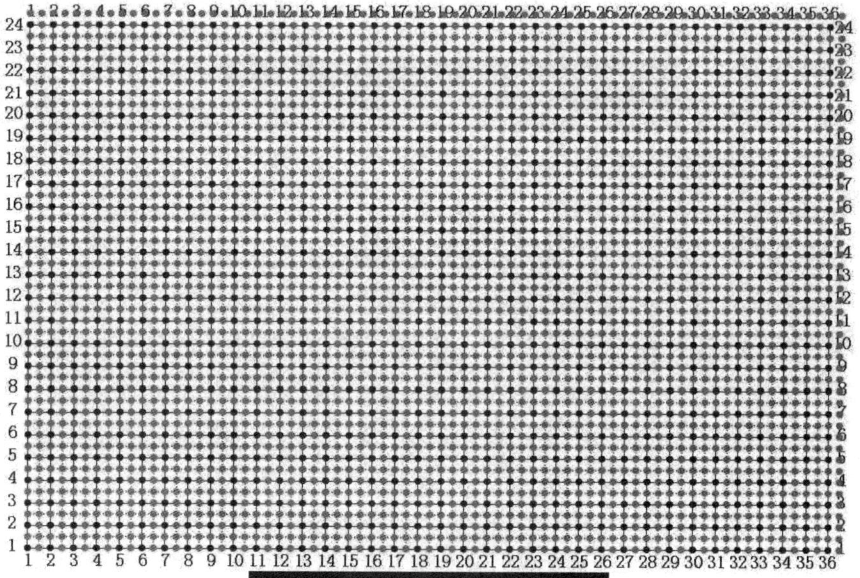

坐标图纸上绘制的辅助点

3. “特殊点”和“特殊线”是演员在表演中要寻找自己的具体位置常采用两种方法。

第一种是根据场地上的基本点（或辅助点）来寻找，这种位置可称为“绝对位置”，即坐标位。一般在比较规范的队形上运用此方法，如：散点队形、直线队形、几何队形等。

第二种是寻找“相对位置”，即场上部分特殊队员先找准了自己的位置后，其余队员以他们为准，按照设计的要求站准自己的位置。这些特殊队员的位置称为“特殊点”位。

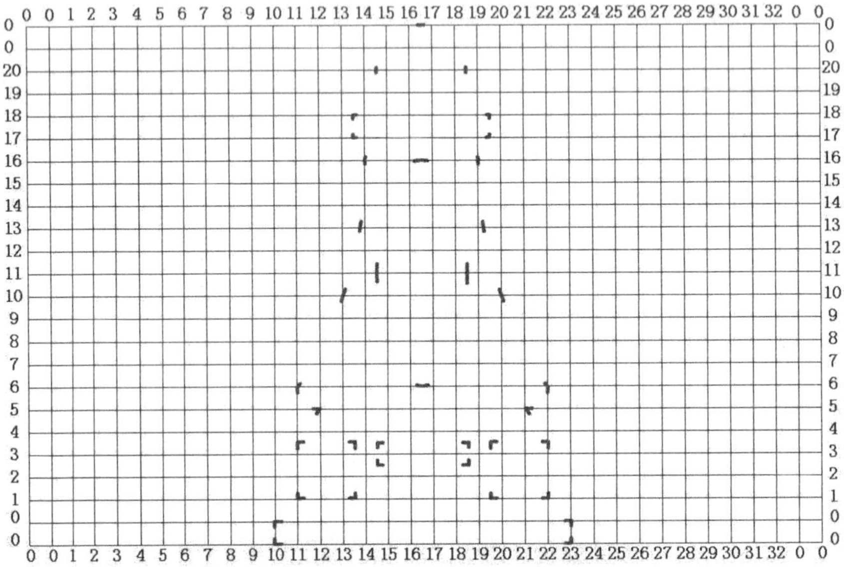

在表演场地上的“日晷”特殊线

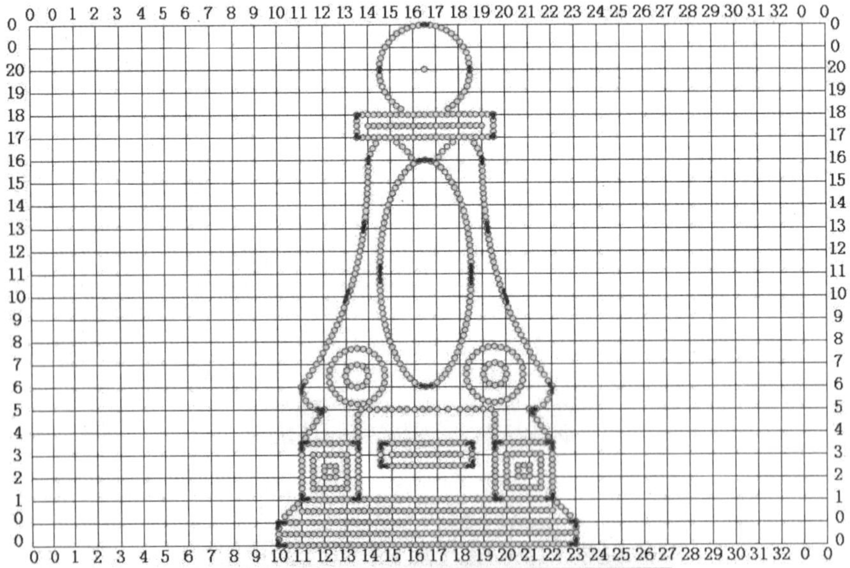

清华“日晷”图形特殊点线示意图

（二）坐标点面积的大小

在图纸上确定“坐标点”面积的大小要依据坐标图纸方格的大小来确定。在实际的表演场地上，一个方格内的长度和宽度通常是2~2.5米（散点距离内），散点距离内（包括基准点）一般最多能站立4个表演队员（特殊密集队形除外），因而在“坐标点位图”的一个方格内，以能排列下4个“点”（人）来确定其大小。如果“点”面积太大或太小，绘在图纸上的排列效果将形成一种错觉，造成图纸上图形的视觉效果和场地上图形的视觉效果差距太大，达不到理想的状态。下如图为坐标点面积大小示意。

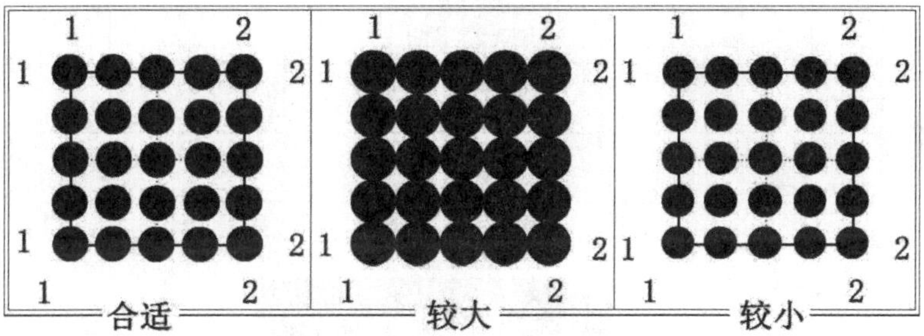

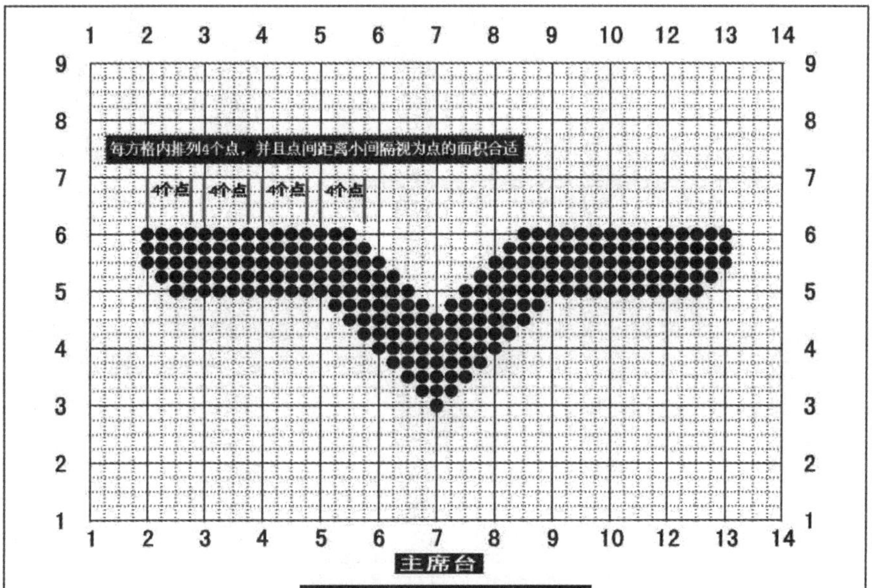

坐标点合适

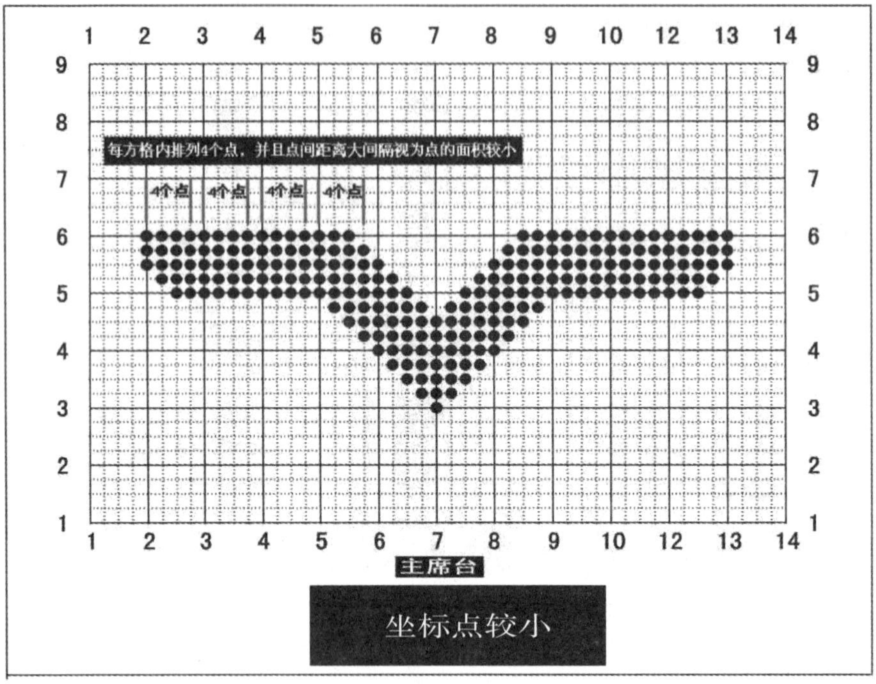
每方格内排列4个点，并且点间距离大间隔视为点的面积较小
4个点
4个点
4个点
4个点
主席台
坐标点较小

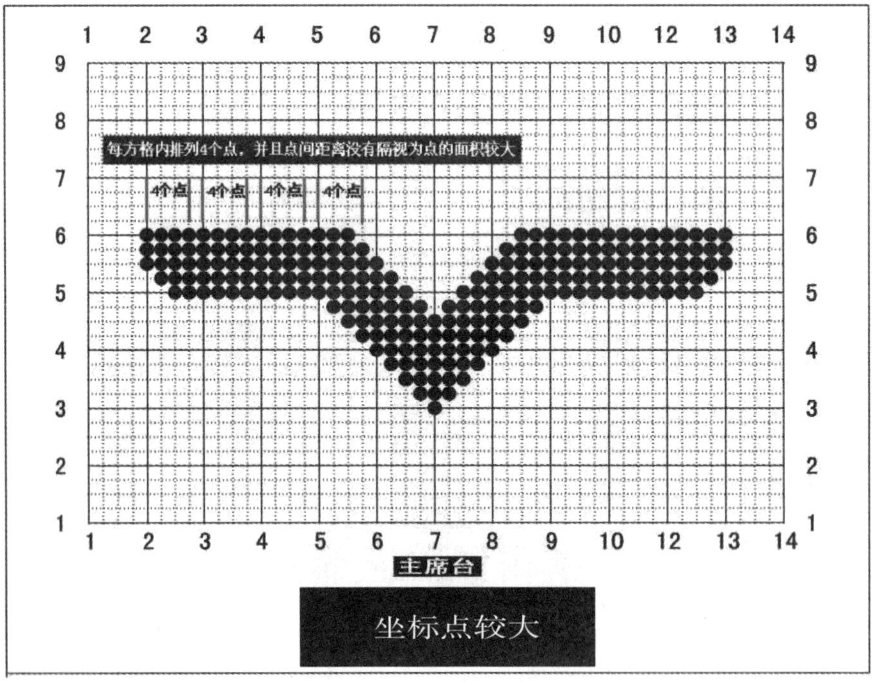
每方格内排列4个点，并且点间距离没有隔视为点的面积较大
4个点
4个点
4个点
4个点
主席台
坐标点较大

校园团体操

四、坐标点式样及色彩的运用

在实际的表演中，表演队员存在不同性别、服装色彩和道具款式大小不同、表演单位众多等多种元素，因而在“坐标点位图”上也要尽可能体现这些信息。通常是运用“坐标点”不同的式样（如●、×、▲、◎、★、◆、■……）及不同的色彩加以区别。如下图所示：

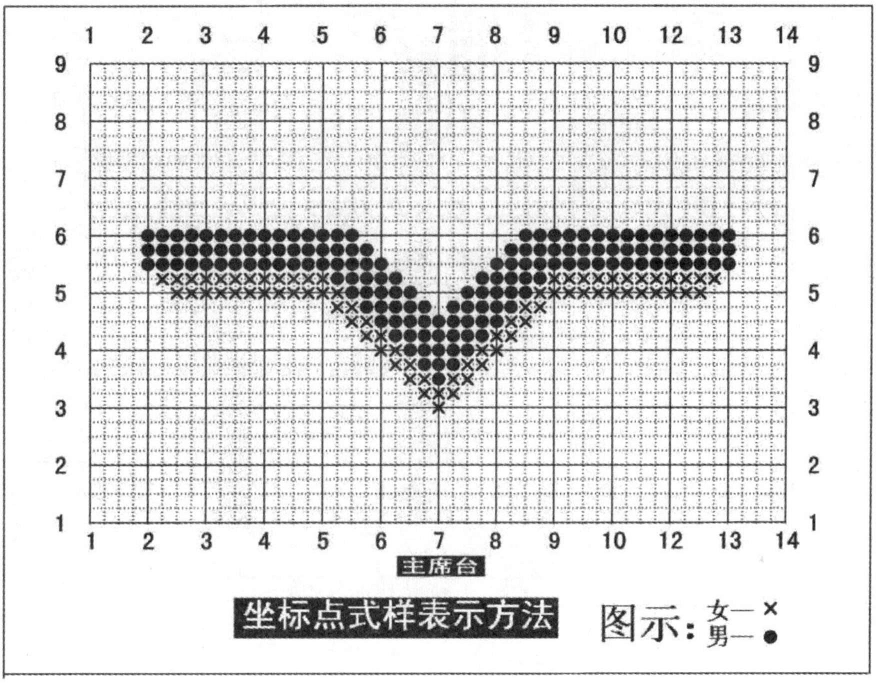

如条件不允许，也可用将同一单位的队员，用线条将该单位的“点”框上，并标注上单位的名称、数量等信息，再用色彩加以区别。如下图所示：

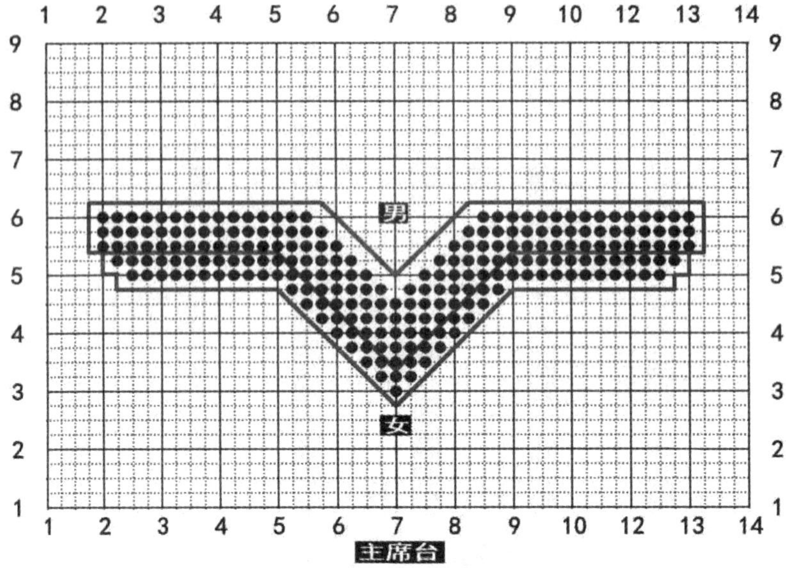

线框表示方法

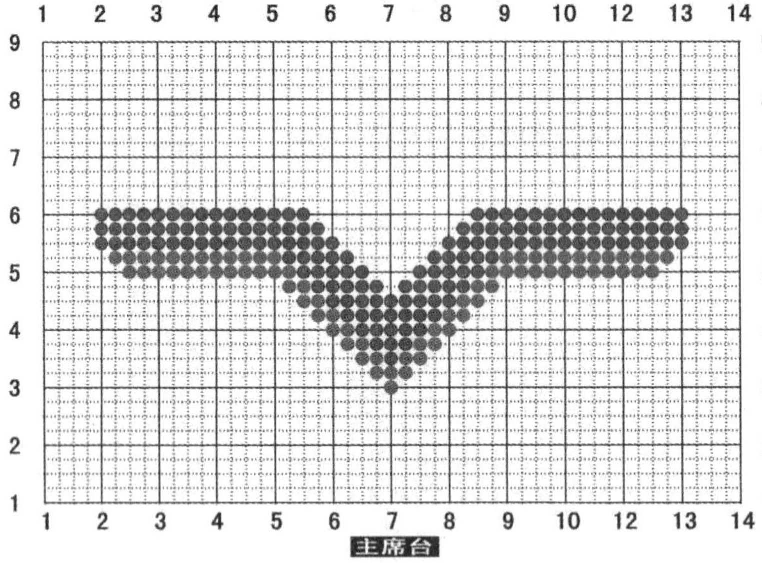

坐标点色彩表示方法　图示：女— 男—

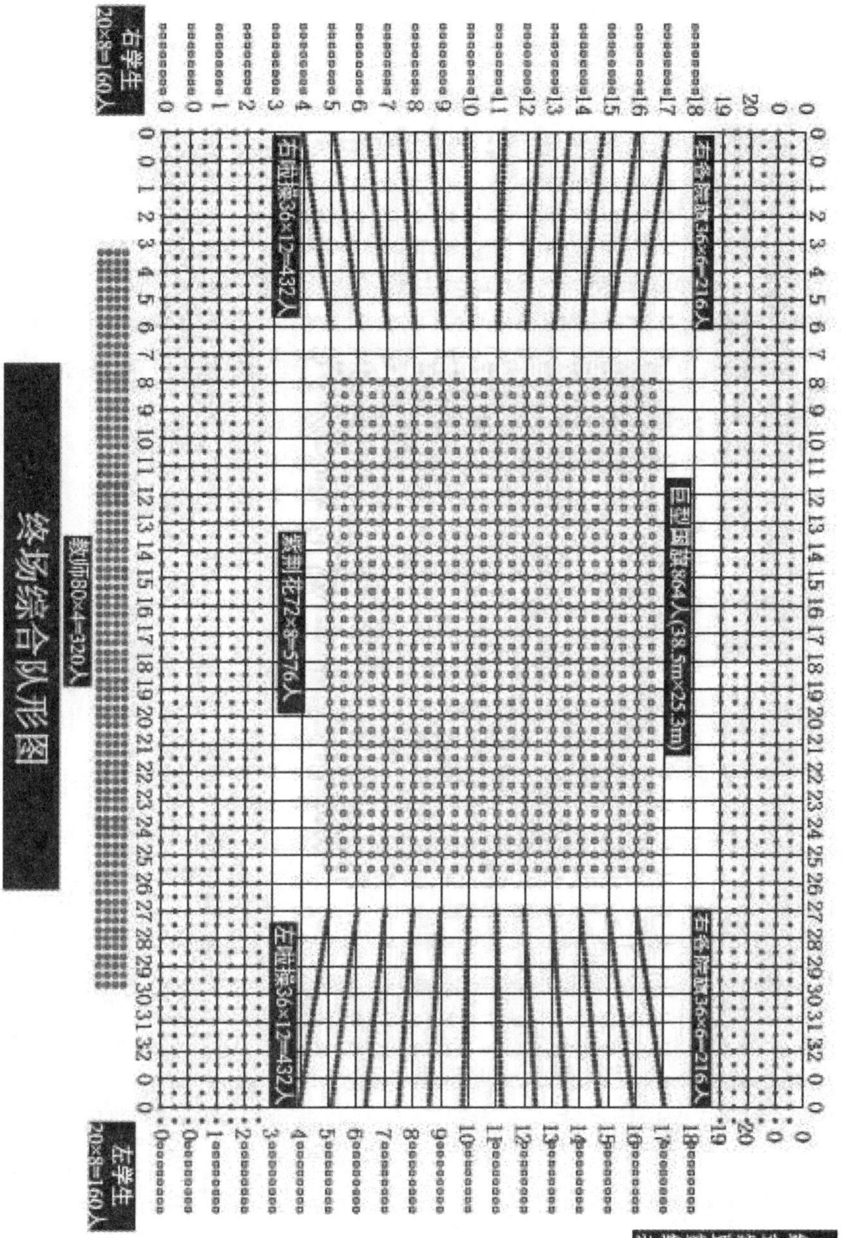
终场综合队形图
右学生 20×8=160人
左学生 20×8=160人
教师80×4=320人
右伞院旗36×6=216人
右旗操36×12=432人
巨型国旗864人(38.5m×25.3m)
紫荆花72×8=576人
左旗操36×12=432人
右伞院旗36×6=216人
图示
绿色:院旗432
金黄色:小旗864
紫色:紫荆花640
蓝色:啦啦队864
黄色:学生刀320
红色:教师扇320
共计:3440人

第三节　坐标点排列规律

一、基本点排列规律

（一）每一小方格内排列相等的数量

各种队形图的坐标点排列，一般情况下是以每一小方格内排列相等的数量（特殊情况除外），按照这种规律形成的图形，人员分布均匀、站位准确；训练时便于统一要求，表演的视觉效果更加清晰及富有吸引力，并能达到编排设计的要求。通常一小方格内排列的数量有1、2、3、4个点（人）等几种形式。

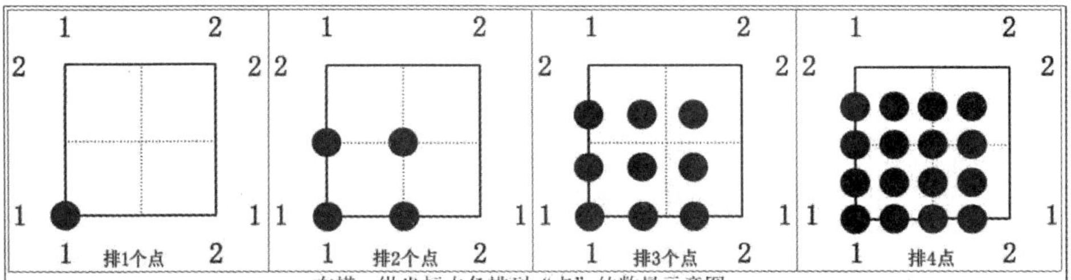

在横、纵坐标内各排列“点”的数量示意图

（二）数量越多空隙越小，效果越好

“坐标点位图”中每一个点代表的是表演场地上具体的每一个人，因而它只能通过“点”这种唯一的图素来表现“点、线、面”三种图形的效果。由于一个人在巨大的团体操表演场地上，给观众形成的视觉效果是一个很小的“点”。要让人的排列形成“大点”、“线条”或“块面”效果，在坐标图纸上排列时，其点与点之间的间隙越小，形成的大点、线条或块面效果就会感到更清晰，更符合创编的意图。因而在设计“坐标点位图”时一定要设想运用“点”的排列，从视觉观察是否达到了点、线、面设计的效果。

在不考虑其它因素的前提下，每一方格内坐标点排列的数量，原则上每一小方格内排列的坐标点（人员）数量越多，其图形上点与点的间隙就越小，队形或图形表演展示时的效果就越好越清晰。如下图中：一方格内排列4人和一方格内排列2人，两者对照，前者比后者图形的清晰效果要好。

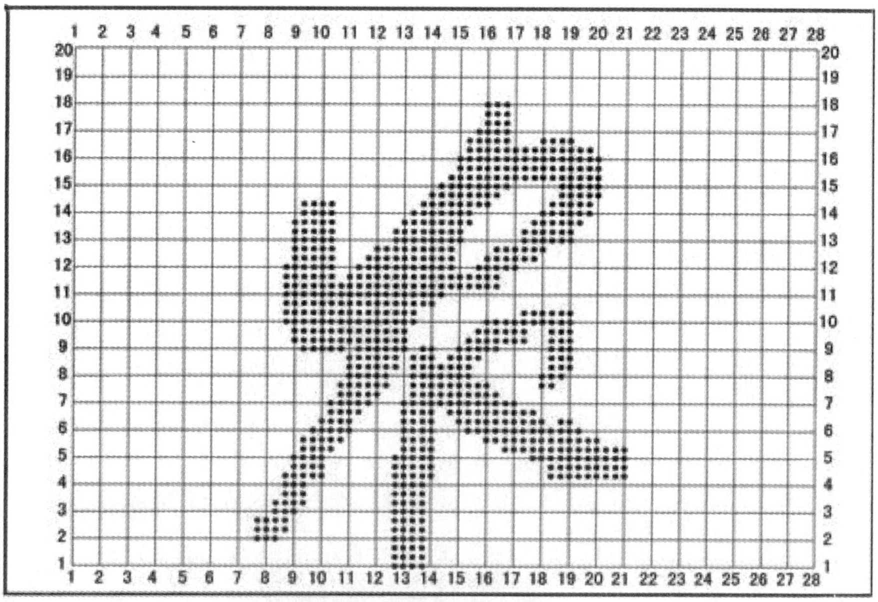

每一方格内排列三人效果

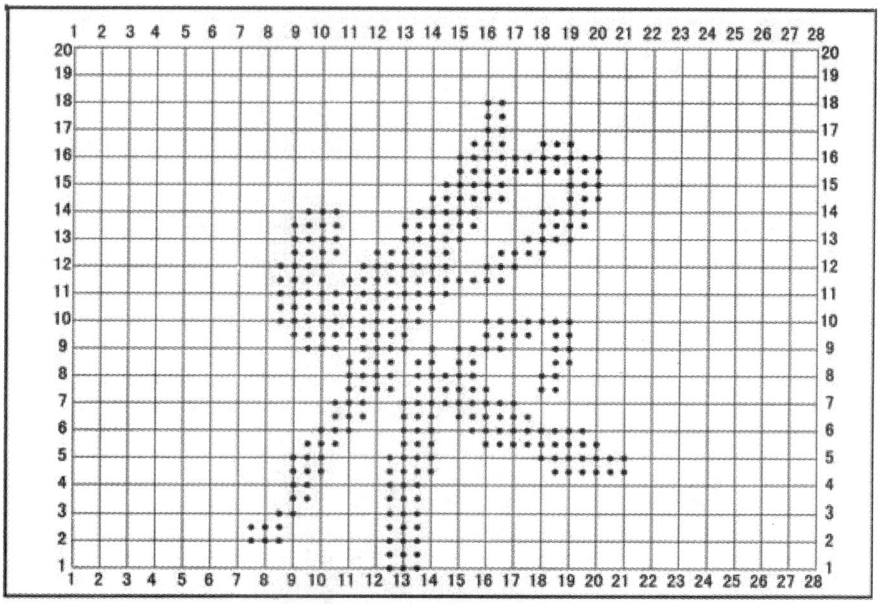

每一方格内排列二人效果

二、坐标点区域分布的规律

(一) 同单位、同性别要设计在同一区域或邻近区域

大型团体操演员人数众多，在同一场景有时需要上千人，他们可能来自不同班级、不同学校、不同单位以及不同性别、不同年龄等。在排练时可能会存在“训练时间不

一致、训练场地不统一、人员相互不熟悉、男女在一起排练不方便”等各种问题。因而在设计坐标点区域分布时，应遵循同单位、同性别的演员尽可能地分布在同一区域或邻近区域进行排列的规律。

（二）前队形变后队形“就近区域”分布

就某一场景中的队形图案变化而言，是由前一个队形变化到后一个队形的过程。前一队形的人员如何做到“队形变化要迅速、自然有规律，不打乱基本单位，尽量能回原处或保持原来人数的组合以及在移动位置小、变化效果大为最理想的情况下变换到另一队形的要求，应遵循“就近区域”分布规律，即变化后的队形人员分布，应在前一队形人员分布的附近，避免部分或个别队员行进路线太长或出现非设计的交叉现象。

（三）队形之间的间距（空白地带）要“远宽近窄”

团体操表演一般在运动场进行，观众距离表演场地远且有一定的俯视角度。因此在设计队形时要注意主席台位置的高度、观众席的布局以及表演场地的中心位置，充分考虑其透视关系，将表演之精华纳入主席台及观众的视野范围之中。设计人员在排列坐标点位图时，其自身的视觉位基本是“正俯视位”。而主席台上观众在观看团体操表演时的视觉位是“倾斜俯视位”。要使主席台上的观众视觉效果基本达到正俯视位效果，即看清楚图形。排列坐标点位图时要“远宽近窄”即靠近主席台一侧队形与队形间前后的空隙（特别是象征意义队形）可相对窄、小，短，而远离主席台一侧可宽、大，长。如果两个队形的服装色彩有明显差异时，可以不考虑“可视间距”。

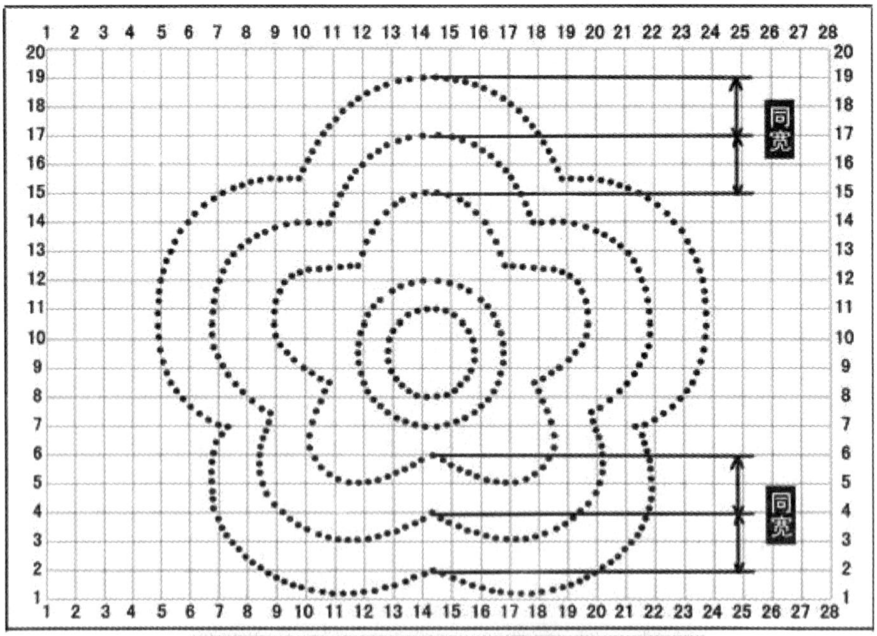

“俯视相同宽度”的坐标点排列实例

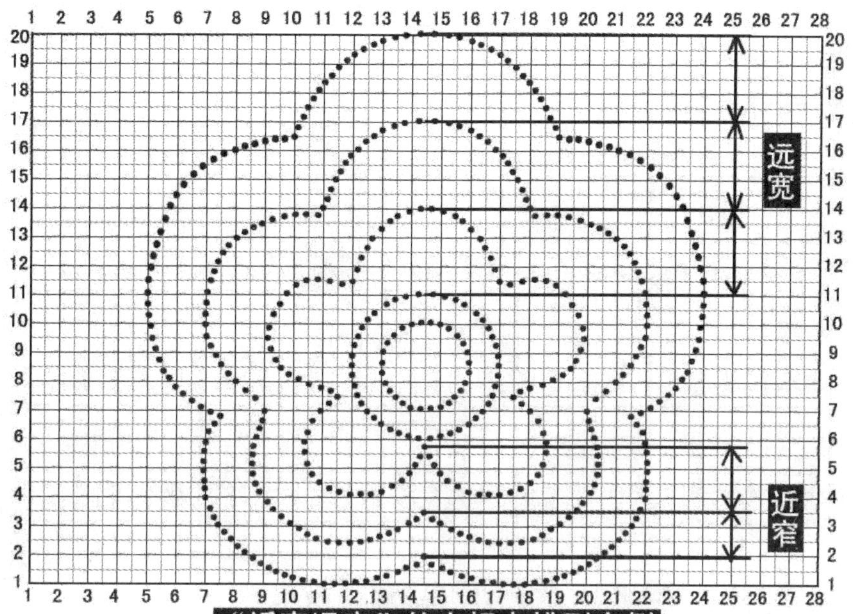

“近窄远宽”的坐标点排列实例

三、设计“特殊点（线）”位置的规律

（一）设置在图形的外周上，以固定图形的外周轮廓不变形。

（二）设置在图形的线条与线条的转折处，以固定图形大结构不变形。

（三）应尽可能的设置在纵横坐标号所对的坐标线交叉点（即基本点）或1/2交叉点上，这样便于特殊队员快速找位。

（四）如原始图形需要设置的特殊点位置与以上要求不吻合，可适当调整图形，以满足以上几点。经过调整后的图形，虽然与原始图形有一些改变，但图形大效果不会受影响，而该点的特殊队员却能迅速、准确地寻找到位置。

（五）如经过调整后的图形仍然有个别位置达不到以上要求，这时就需要在表演场地上用不同的布条或不同颜色的点来设置“特殊点（线）”，以便该点的特殊队员能迅速、准确地寻找到位置。如下图的“特殊点”位图。

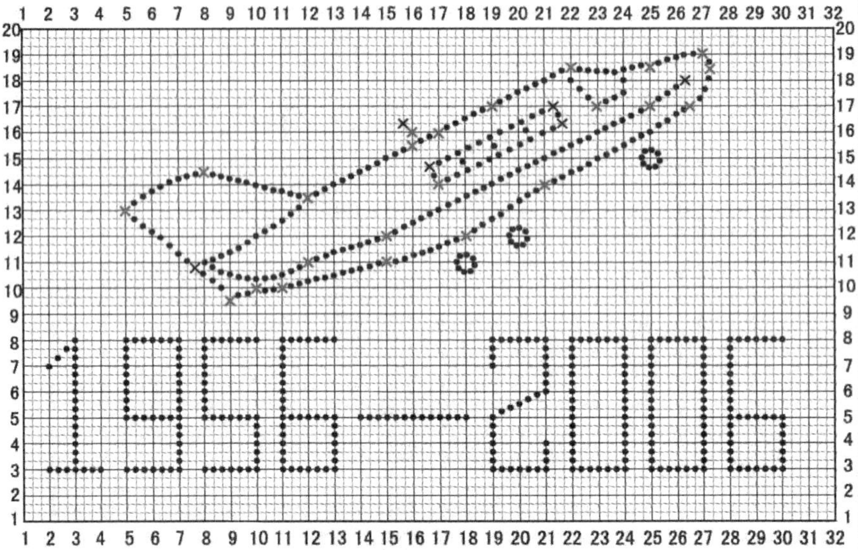

"特殊点"位图

四、制作坐标点位置图时要考虑的因素

(一) 队形图案视觉效果因素 (处理好点、线、面三者的关系)

队形图案的制作设计过程，是由草图过渡到示意图，最终绘制成坐标点位置图来实现的。三种图的共同特点都是通过平面图形的点、线、面来体现其视觉效果。草图、示意图是设计人员绘制真实的点、线、面形成队形和图案，而坐标点位置图是在图纸上只通过"点"的排列来体现点、线、面效果，在表演场地上是通过人的排列站位来展现队形和图案效果。因而根据草图、示意图来制作成坐标点位置图时一定要注意通过"点"的排列是否达到了点、线、面设计的效果。这是一个再创作的过程，需要在制作设计中不断地总结经验，掌握坐标点排列的规律，才能做到图纸上排列的点位与实际表演场地上人的站位其效果达到基本一致。

“小树”队形

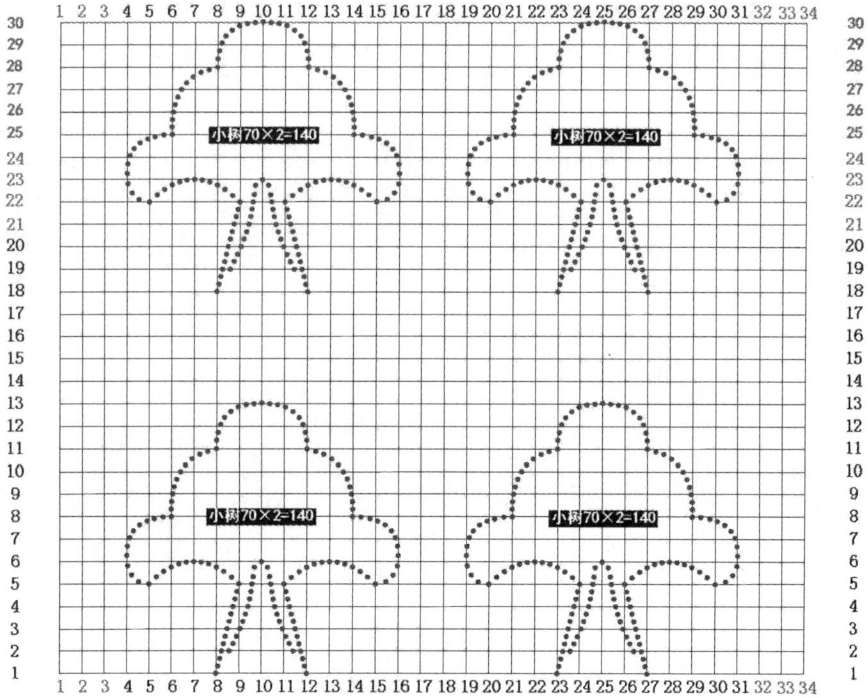

“小树”队形坐标位

(二) 人体动作效果因素

一般来讲，在团体操队形图案表演中，演员都要进行动态和静态的肢体动作表演。

动作会占据一定的空间位置，在设计某队形的坐标点数量时，要充分考虑到在该队形上动作幅度的大小。如动作幅度大，排列的点数可相对少些，点与点的间隔距离较宽，既能完成好动作，又能达理想的图形效果。反之动作幅度小或静止不动，则排列的点数需相对多一些，队形图案的效果才明显。

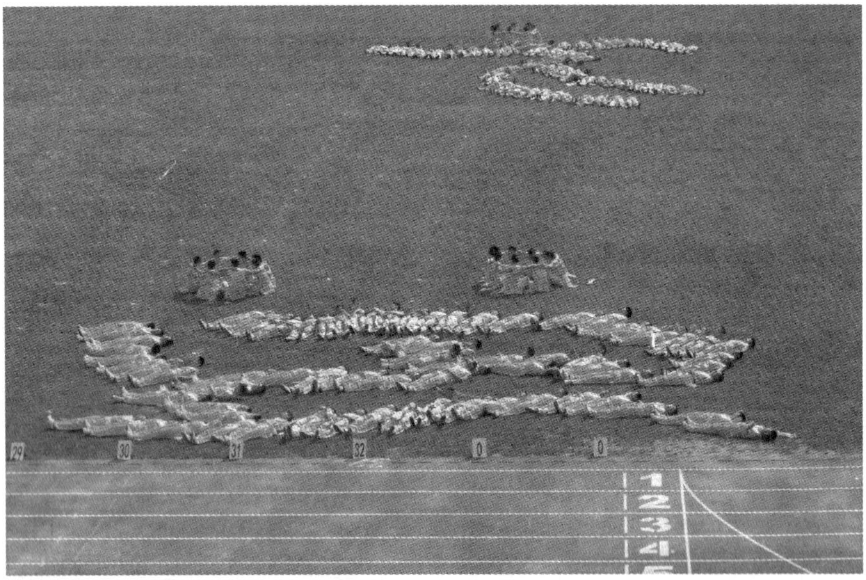

（三）表演总人数和图形大小

设计队形时要根据表演人数以及在场地上所站的行数与列数，科学而巧妙地予以安排。所有的队形及其变化都应将场上表演人员合理地包容进去。在进行坐标点排列时首先要考虑演员总人数的多少，以及某一场景中所有图形的大小，进行测算后来设定每一个方格内排列坐标点（人员）的数量。由于总人数是不变的因素，所以在排列时，首先应初略地设定图形的大小，然后再根据人员总数来设定每一方格内排列的人数，进行一次初排。结果会出现以下两种情况：

1. 排列的人数不够

如果人数相差较多，有两种方法进行调整：第一是将图形按比例适当缩小；第二是减少每一个方格内排列的坐标点（人）数量。

如果人数相差不多，可适当减少部分不重要部位的方格内人员排列的数量，或缩小部分图形、或删去部分不重要的队形（做到不影响图形大效果）。

2. 排列的人数有剩余

如果人数剩余较多，可以采用：将图形按比例适当放大；或是增加每一个方格内排列的坐标点（人）数量；再则做一些如花边、条状等陪衬图形等三种方法进行调整。

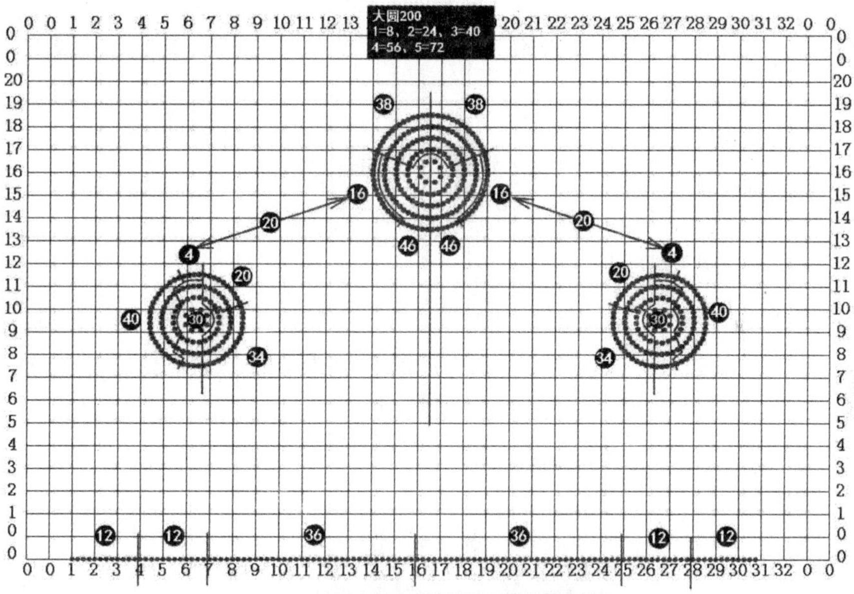

礼花变标志队形人员分配

如果剩余较少，可增加部分方格内排列的人员数量，或在该场景中增加不影响主体图大效果的其它线条或小图形。

（四）队形图案上表演队员的站位方式和方向

在各种队形上，动作的创编确定了表演队员的站位方式和方向。不同的站位方式和方向其展示的图形面积大小不同，人与人之间的间隙也不同，因而对图形产生的视觉效果也不同。一般单人站位的方式有站姿、蹲姿、跪姿和卧姿等；方向有面对主席台、背对主席台、侧对主席台等。从影响队形效果的角度来看，某队形上的表演是以站姿、侧对主席台为主，那么该队形排列坐标点的数量应多，而是以卧姿、蹲姿、跪姿、正或背对主席台为主，那么该队形排列坐标点的数量可少。

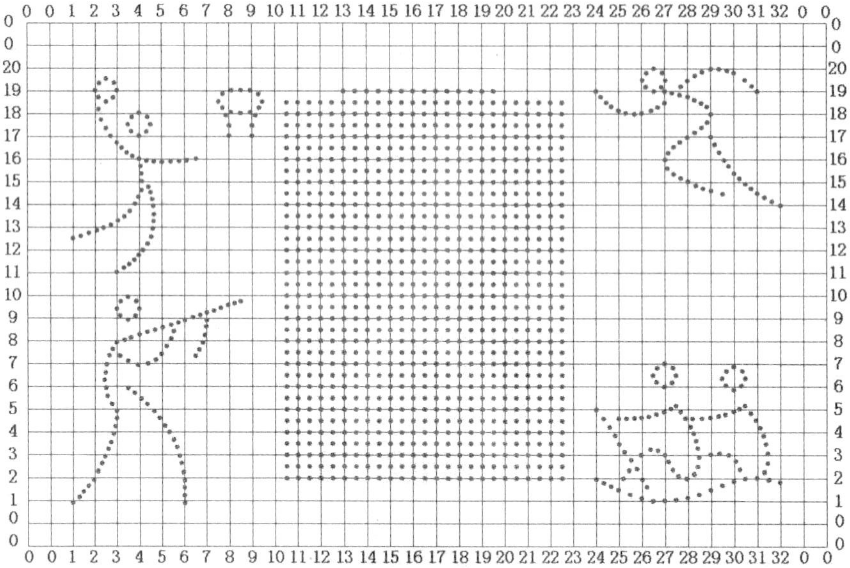

啦啦动漫队形

（五）服装与道具的效果

在排列坐标点的数量时，服装与道具是需要考虑的又一因素。服装道具都具有一定的色彩和面积。它们对队形图案的视觉效果会产生一定的影响。坐标图排列时要考虑到不同的色彩排列效果及道具、服装块面占据平面或空间的大小对形成队形图案效果造成的视觉影响。一般来讲，持道具时（这里主要指小道具）、服装体积、面积大或色彩面积宽时，该图形上排列的人员数量可少，反之则要多。

第四节 坐标点排列方式

在团体操表演中队列队形的概念并非《中国人民解放军队列条令》中严格规定的队列队形概念，而是一个相对的概念。特别是当人数众多整齐地排列在一起时，很难将队形区分是横队、纵队或方块队形。本文主要从观众的视觉和表演的艺术效果出发，参照体育运动中的队列队形来进行描述。

一、散点队形的坐标点排列方式

散点（即基本点）队形是指全体表演队员均匀地分布在整个表演场地上，站立时是人与人之间左右间隔、前后距离相等的一种队形（俗称体操队形）。大型团体操排列散点时的间隔距离一般在 2~2.5 米之间，团体操表演的分布多用 2.2 米。它是每场操都要采用的队形，也是变化各种队形的基础队形。在坐标图上排列散点的基本方法是将点（人）放置在纵横坐标号对应的坐标线交叉点处。如图 1 和图 2：

团体操需要几百人或上千人，需要 2 个或以上的单位来共同承担表演任务，在训练时可能会出现场地不同、训练时间不一致等问题。如将同单位集中为一个方阵排列，既可解决这些问题，也便于在训练和表演时进行管理。散点排列的方式可根据不同的情况和条件，分别采用以下方法进行调整：

1. 按性别排列：左右排列、前后排列、前后左右交替排列等以便于管理和训练。

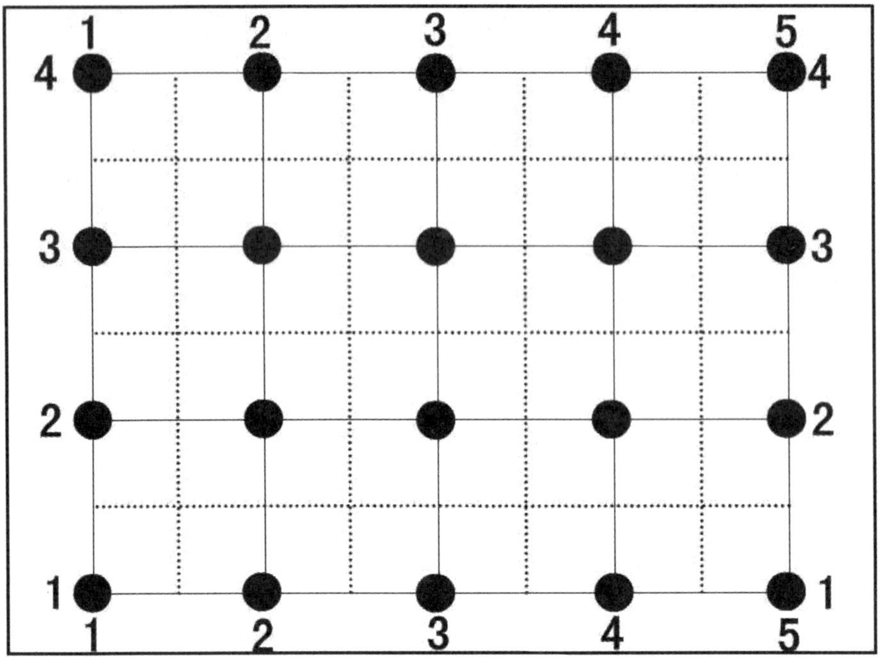

图 1　散点队形局部图

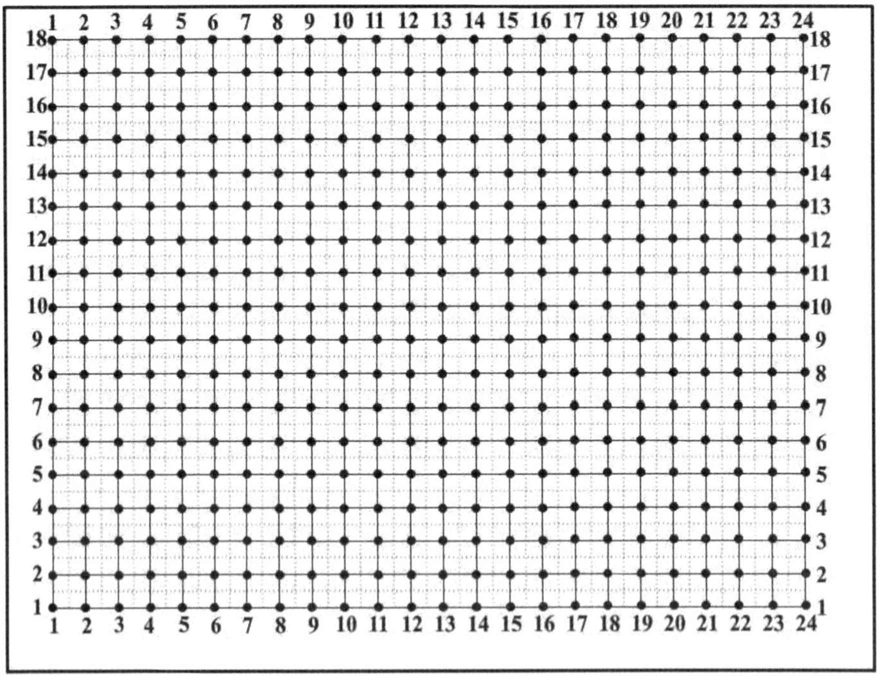

图 2　散点队形全场图

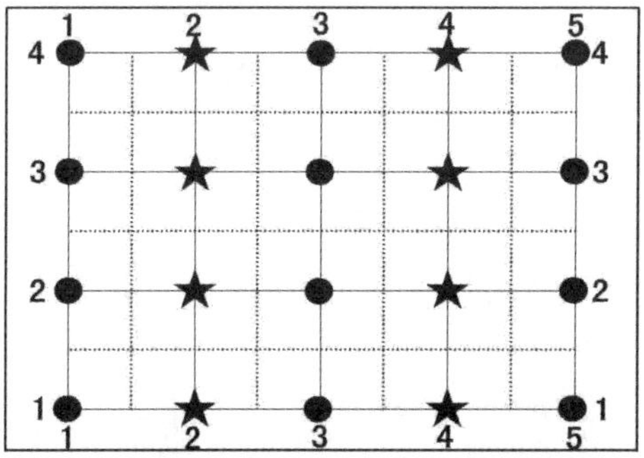

左右排列散点队形局部图

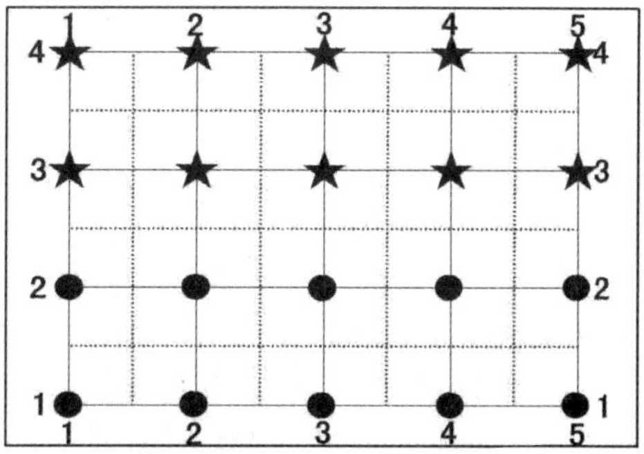

前后排列散点队形局部图

2. 按色彩排列：服装色彩、道具色彩、图案色彩排列以体现设计意图。

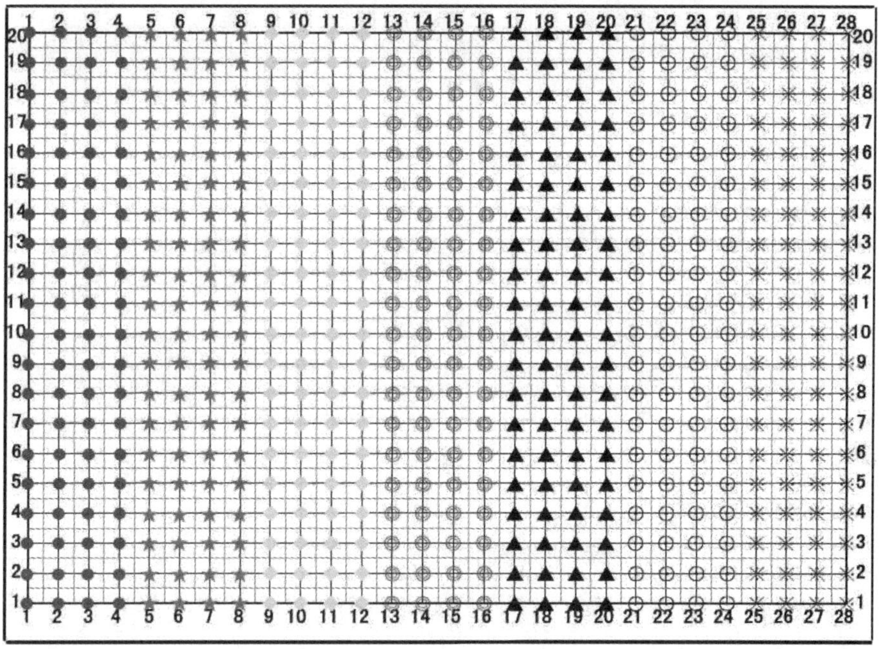

3. 按表演单位排列：同单位集中为一个方阵，便于分别训练。

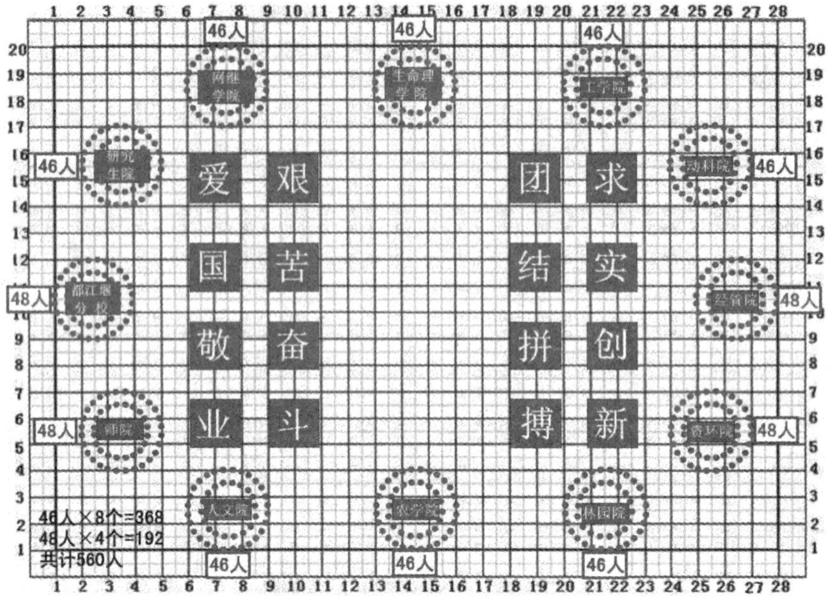

二、直线队形的坐标点排列方式

(一) 横队、纵队队形排列方式

多列横队或多路纵队同时在一张坐标图纸上排列时，两点间左右间隔小于前后距离的队形称为横队，反之两点间左右间隔大于前后距离的队形称为纵队（两点间左右间隔等于前后距离，同时一般设定为2.2米~2.5米的队形称为散点队形；两点间左右间隔等于前后距离同时小于2.2米~2.5米的队形称为方块队形）。排列坐标点时，首先要对演员的肩宽有一基本概念。一般成年男子着表演装其肩宽约50厘米，女子约40厘米。排列的数量一般是以一格（正方形）坐标为单位（标准工程坐标纸规格长度为1厘米，表示场地上2.2米）来计算。排列横、纵队时，坐标点的位置是将“点”放置在纵、横坐标线的交叉位上。在一格坐标内具体排列的数量与方法要根据“设计坐标点排列时要考虑的因素”来确定。通常有如下几种：

1. 排列两人的方式

① 两人横队的坐标点排列：在坐标图纸的一个方格内排列两个“点”（人）。按表演场地尺寸计算左右两点的间隔1.1米。横队与横队前后两点的距离应大于1.1米，这样，在视觉上才能形成横队感觉。下面以表演场地长24个点×宽18个点为例，全场432个点排列成均匀的横队，其局部和全场视觉效果如下图所示：

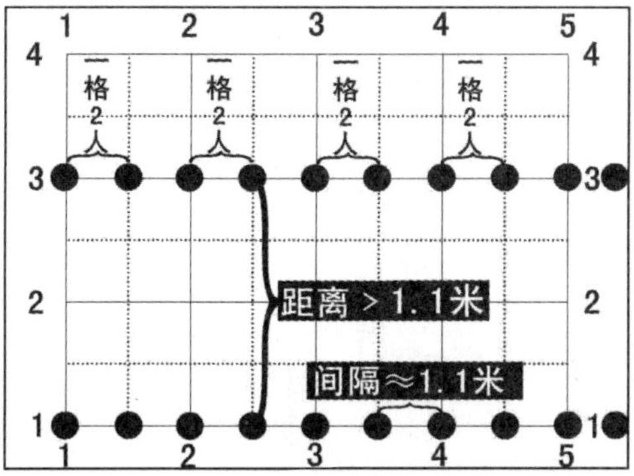

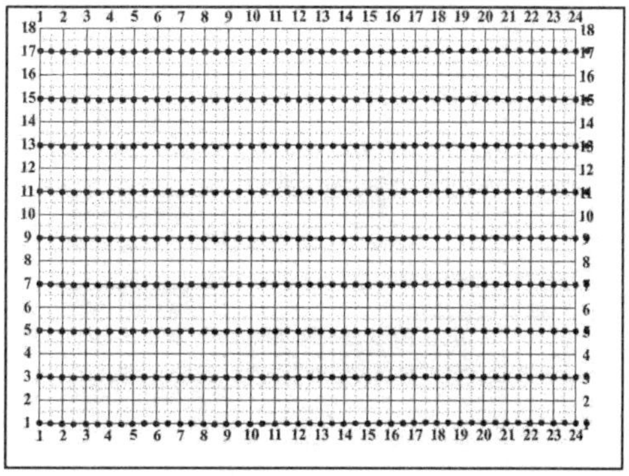

② 两人纵队排列的方式：前后两点的距离 1.1 米。纵队与纵队左右两点的间隔应大于 1.1 米。两人纵队局部和全场视觉效果如下图所示：

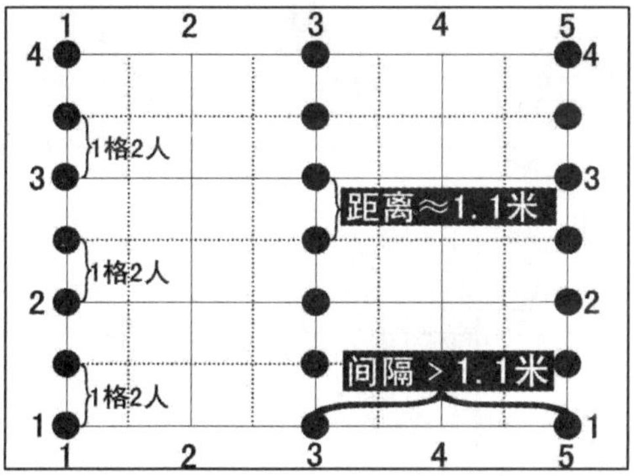

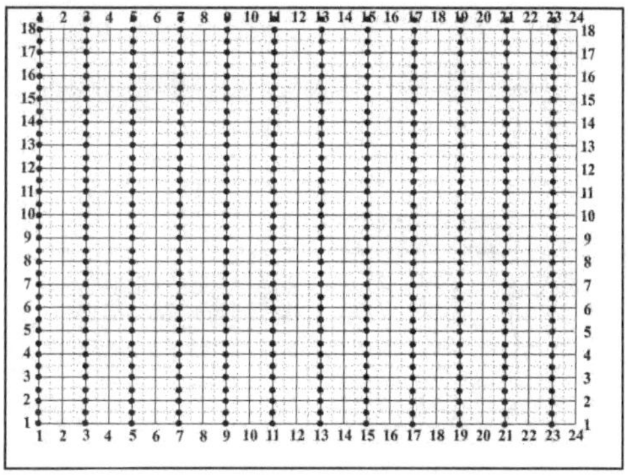

2. 排列三人的方式

① 三人横队的坐标点排列：左右两点的间隔 70 厘米。横队与横队前后两点的距离应大于 70 厘米。

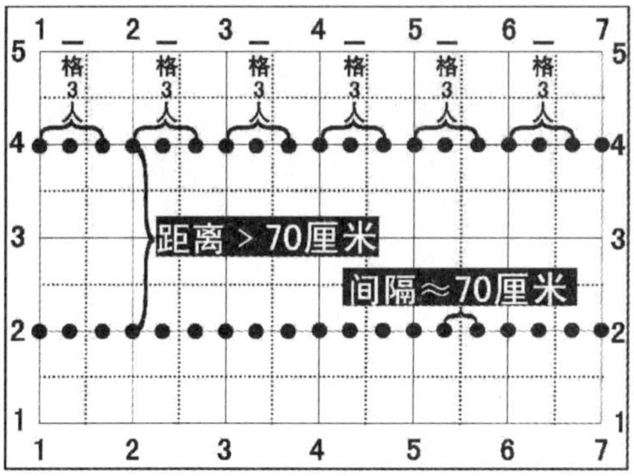

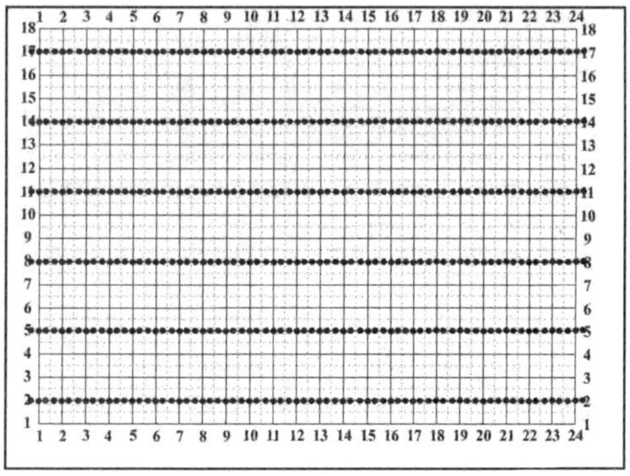

② 三人纵队的坐标点排列

前后两点的距离 70 厘米。纵队与纵队左右两点的间隔应大于 70 厘米。

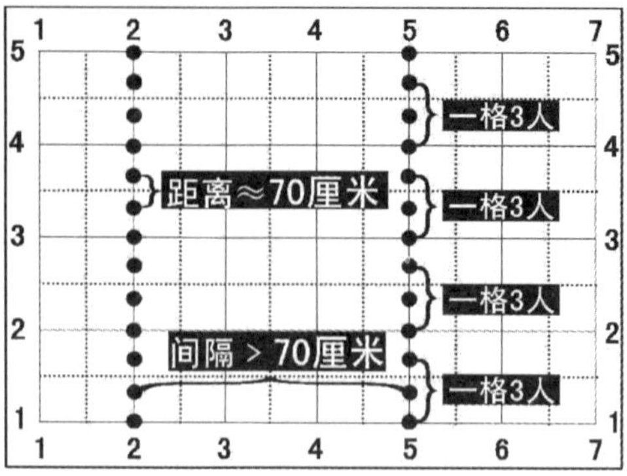

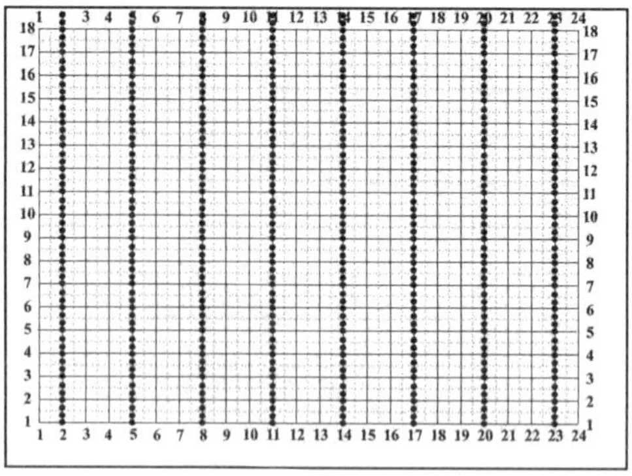

3. 排列四人的方式

① 四人横队的坐标点排列：左右的间隔 55 厘米。横队与横队前后两点的距离应大于 55 厘米。

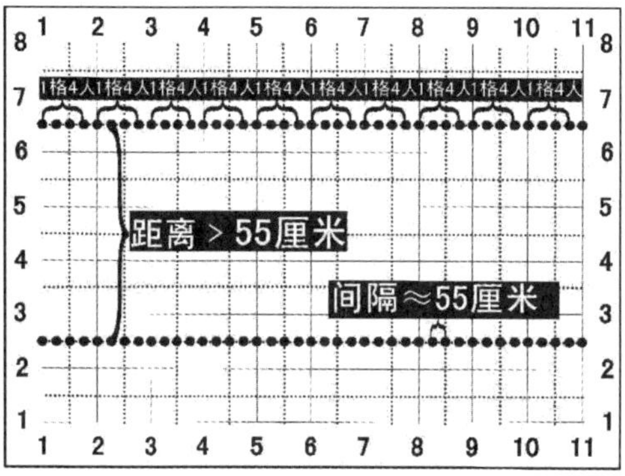

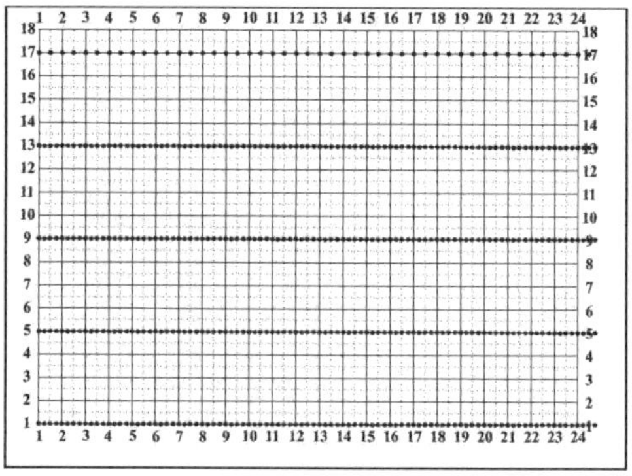

② 四人纵队的坐标点排列

前后两点的距离 55 厘米。纵队与纵队左右两点的间隔应大于 55 厘米。

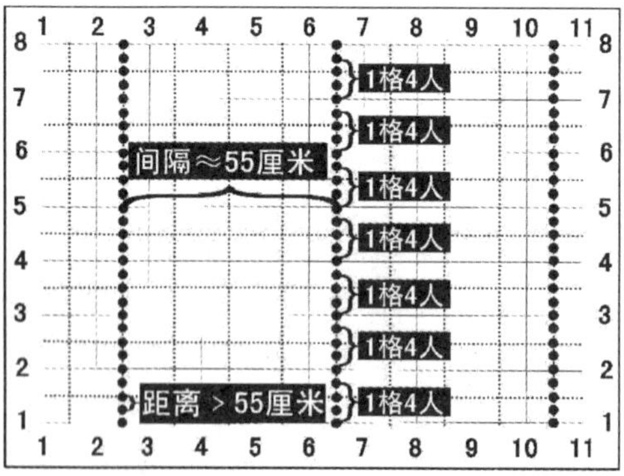

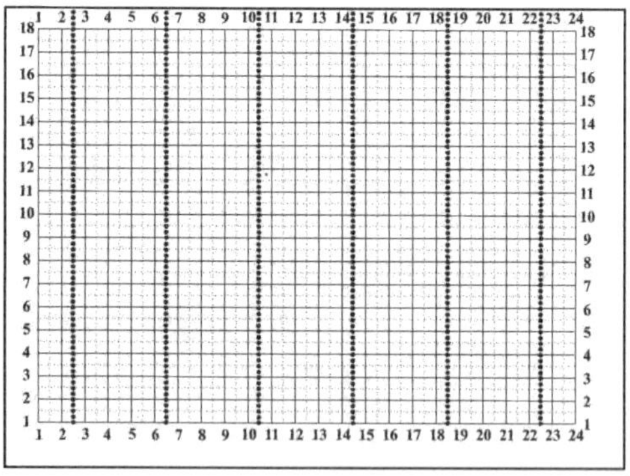

4. 以某点（如中点）为准排列密集横队的方式

密集横队坐标点的排列是左右两点紧靠，不要有空隙。其表演队员的实际站位是以某人（如中点）为准左右两人肩靠肩，形成无间隙的密集横队。

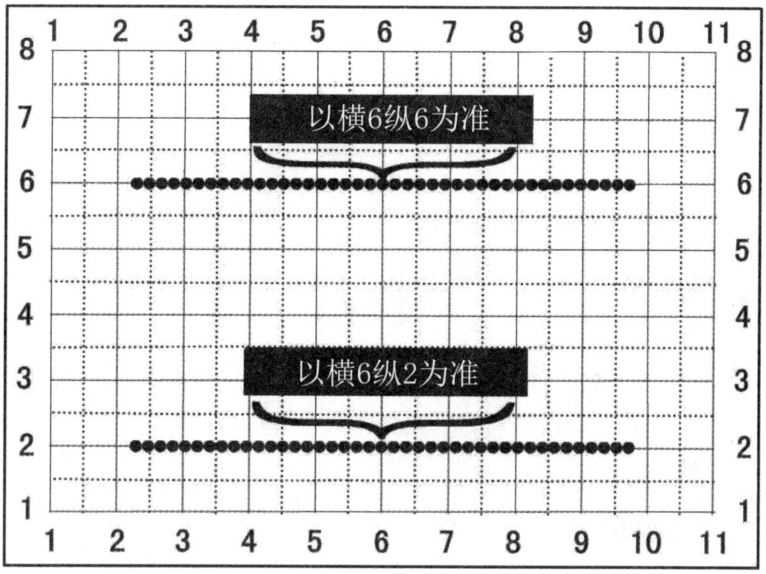

（二）斜线条队形排列方式

在排列斜线条队形坐标点时，排列的数量一般是以一格坐标的宽度为单位来计算。排列的位置是将坐标点放置在坐标线与斜线的交叉位上。斜线条队形具体排列的数量与方法如下：

1. 对角线排列（坐标线与斜线的夹角为45度）：是将坐标点放置在纵横坐标线与对角线三线的交叉位上。

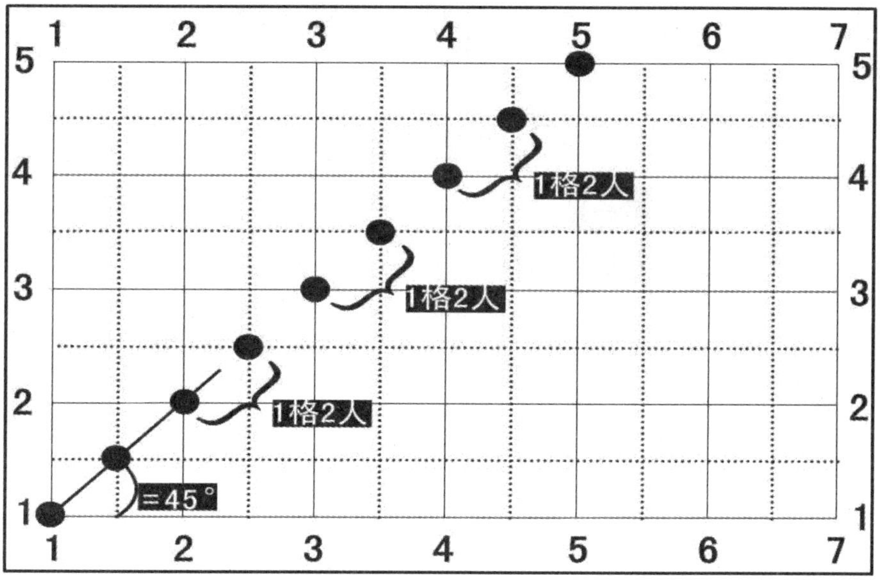

① 排列两人斜排的方式

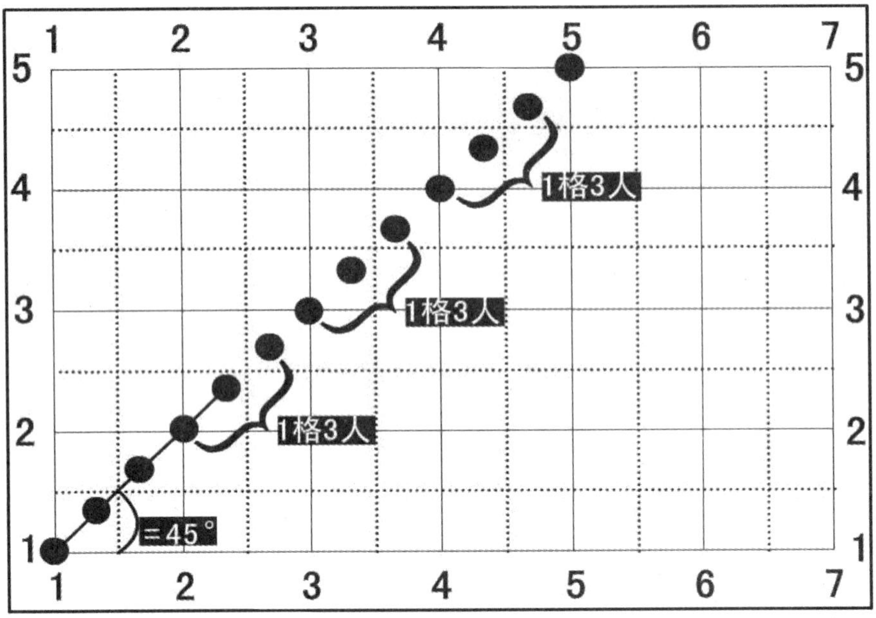

② 排列三人斜排的方式

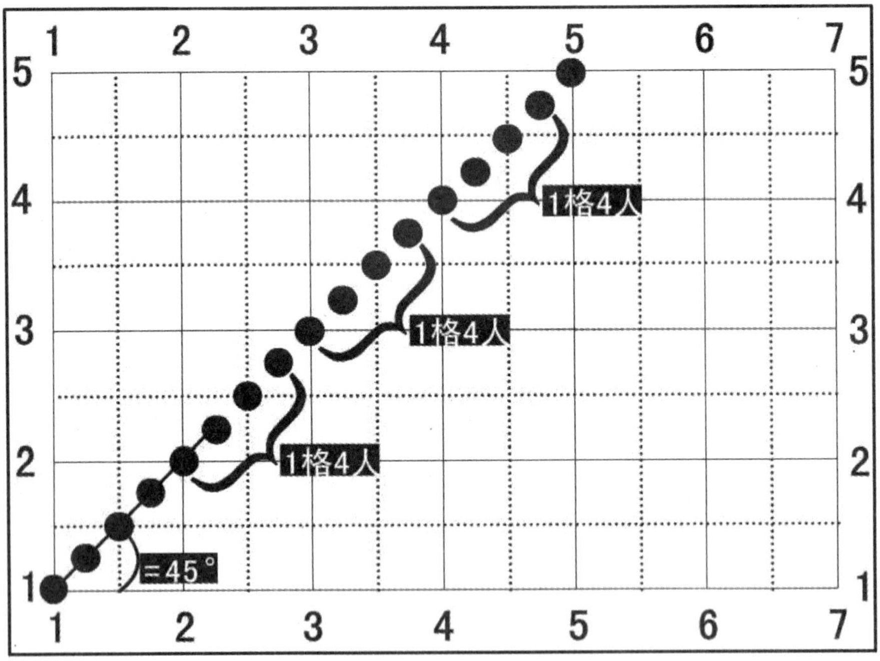

③ 排列四人斜排的方式

2. 非对角线排列的方式（以 1 格内排列 4 人为例）

① 横坐标线与斜线夹角<45 度排列的方式：横坐标线在纵坐标线与斜线两线的交

叉位上。

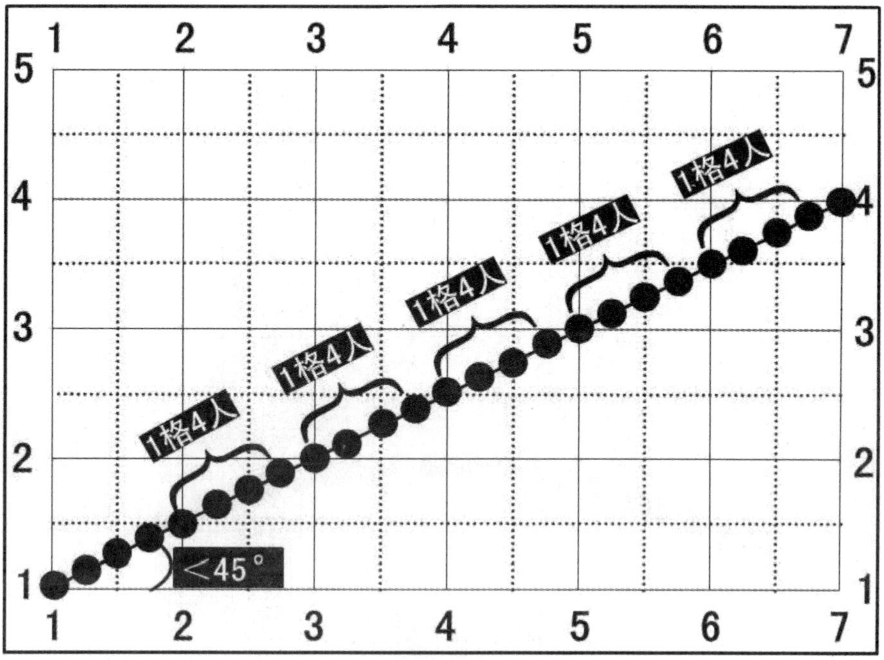

② 横坐标线与斜线夹角>45 度排列的方式：将坐标点放置在横坐标线与斜线两线的交叉位上。

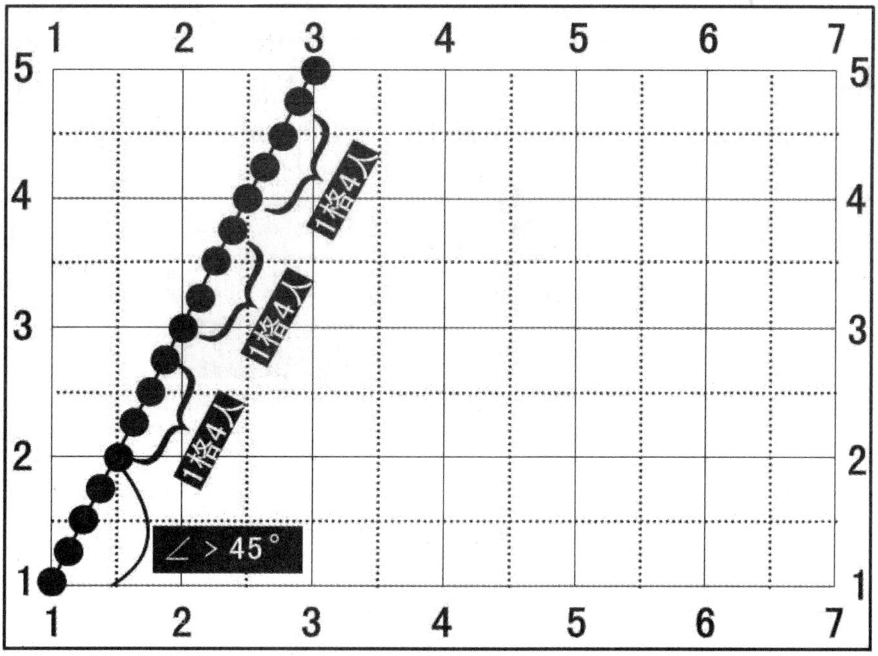

三、弧线队形的坐标点排列方式

（一）横弧线排列的方式：是将坐标点放置在纵坐标线与弧线两线的交叉位上。

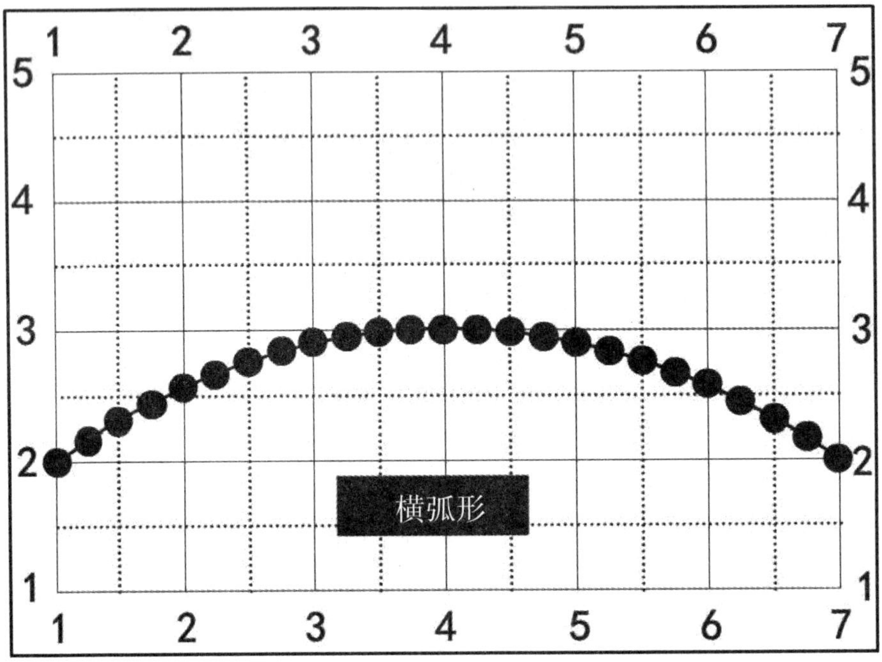

（二）纵弧线排列的方式：将坐标点放置在横座标线与弧线两线的交叉位上。

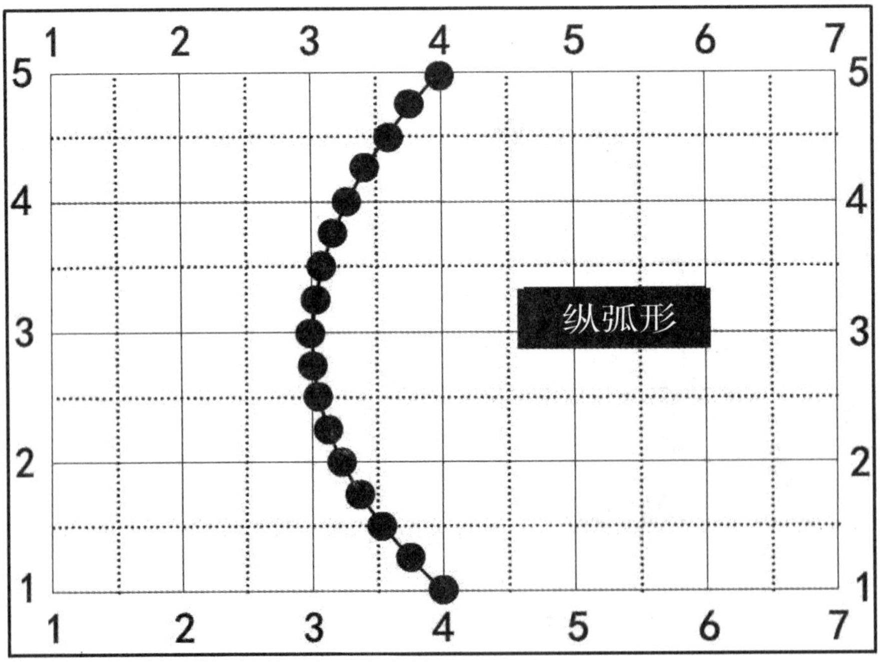

（三）圆形弧线排列的方式

1. 按相应的横弧线和纵弧线排列的方式。

2. 不适合横弧线的排列的线段，采用均等排列相应数量的点于弧线上。

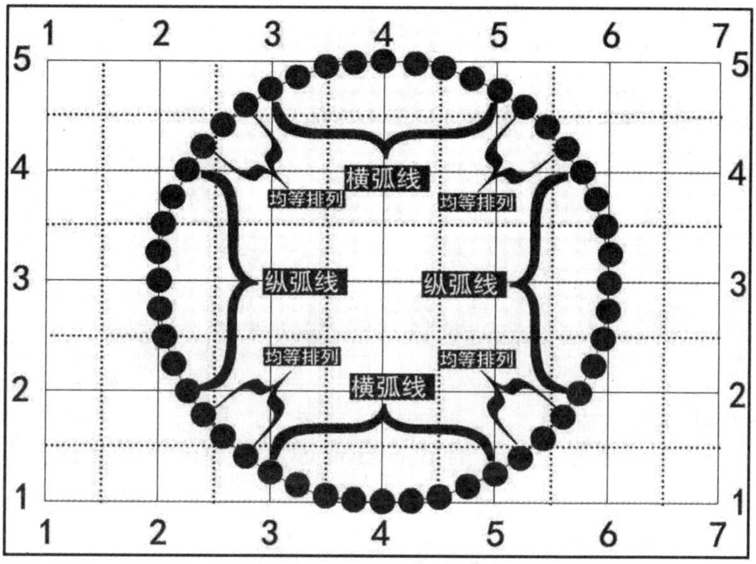

四、实心队形的坐标点排列方式

（一）对位排列的方式：指后排队员的站位与前排队员的位置关系是完全对正看齐，且前后左右的间隔距离均等的一类排列方式。常用的有如下队形：

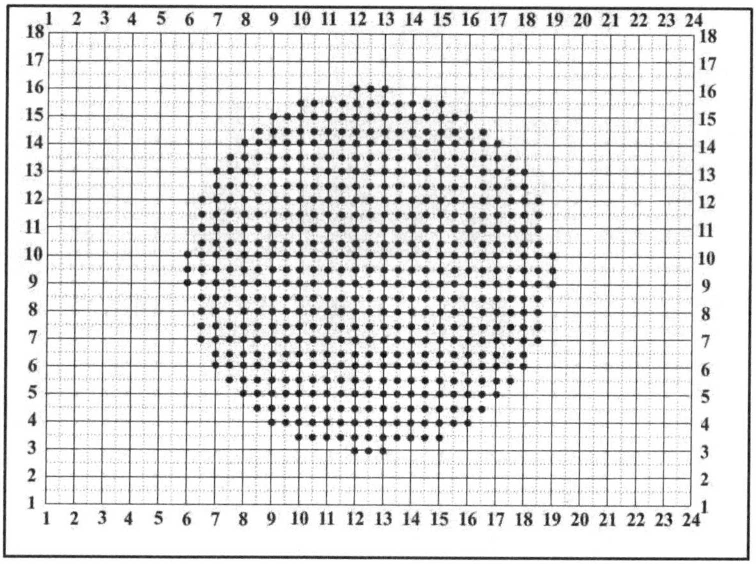

对位实心圆队形

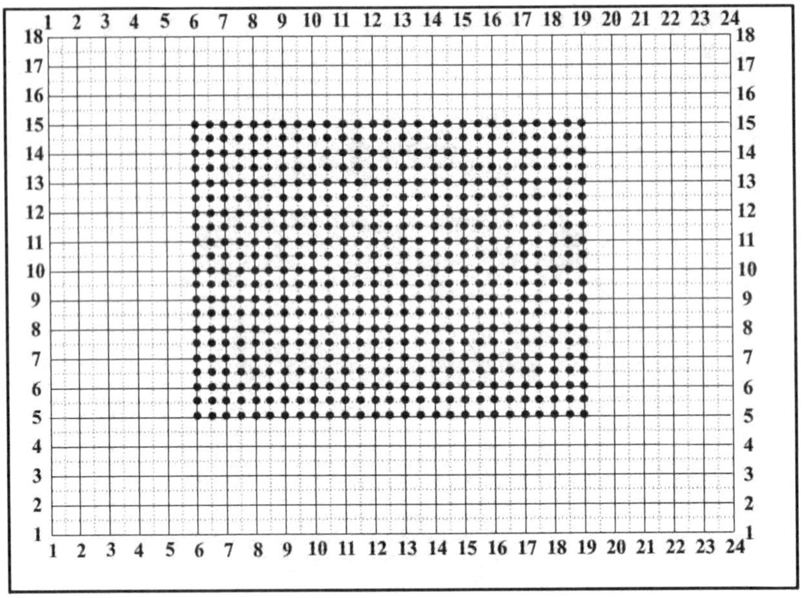

对位实心正方形队形

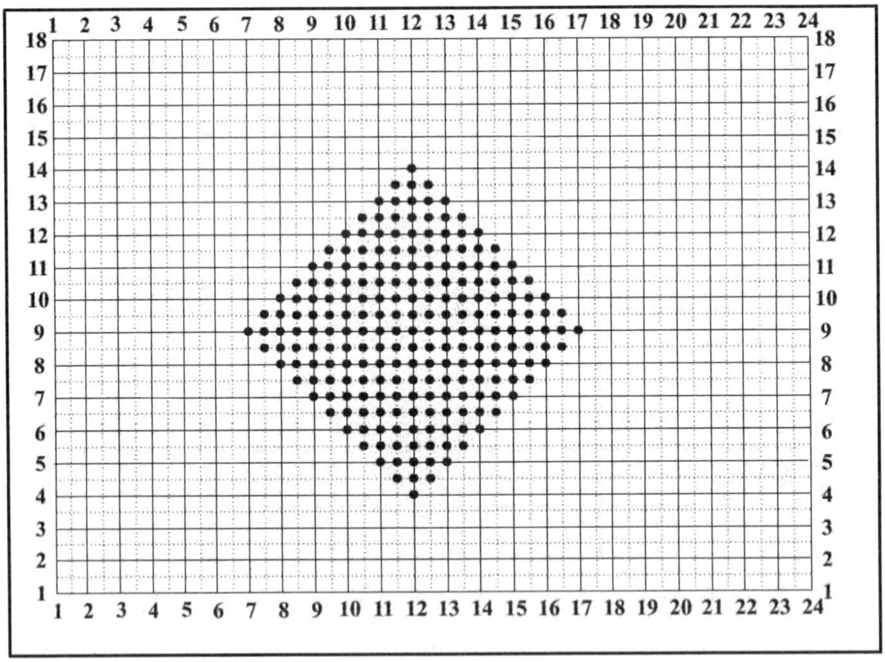

对位实心菱形队形

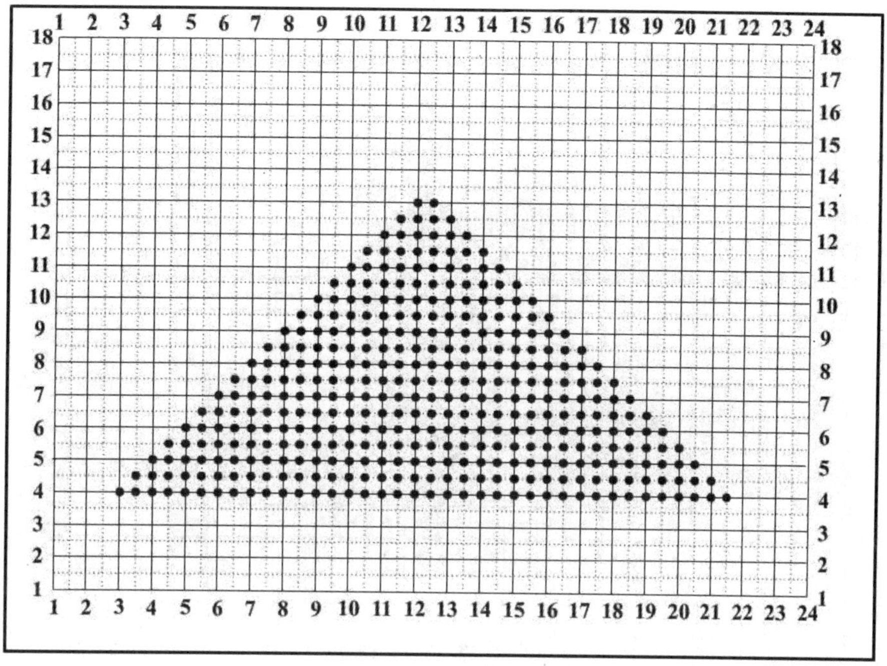

对位实心三角形队形

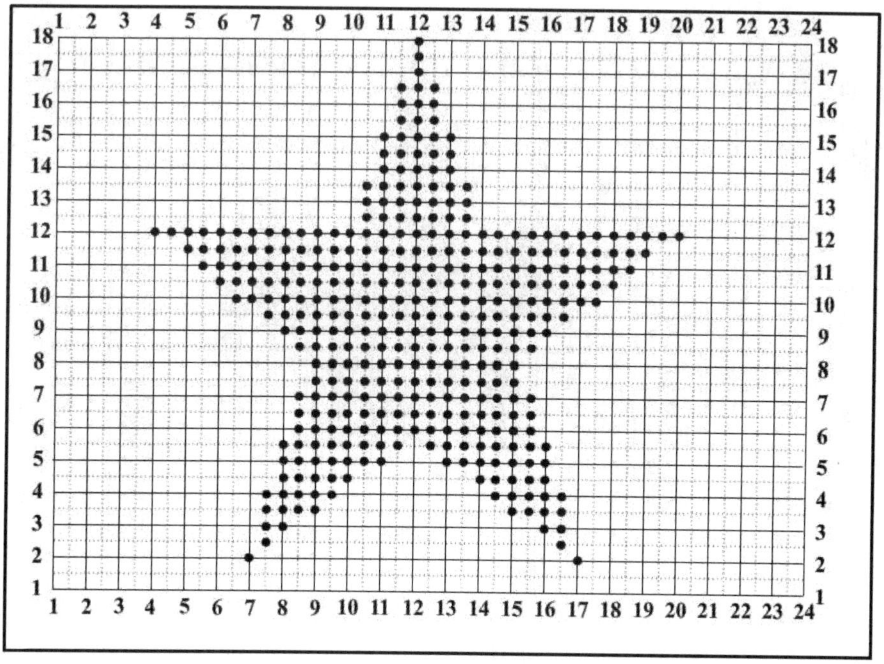

对位实心五角星队形

（二）错位排列的方式：指后排队员的站位与前排队员的位置关系是均等错开并不对正看齐的一类排列方式。常用的有如下队形：

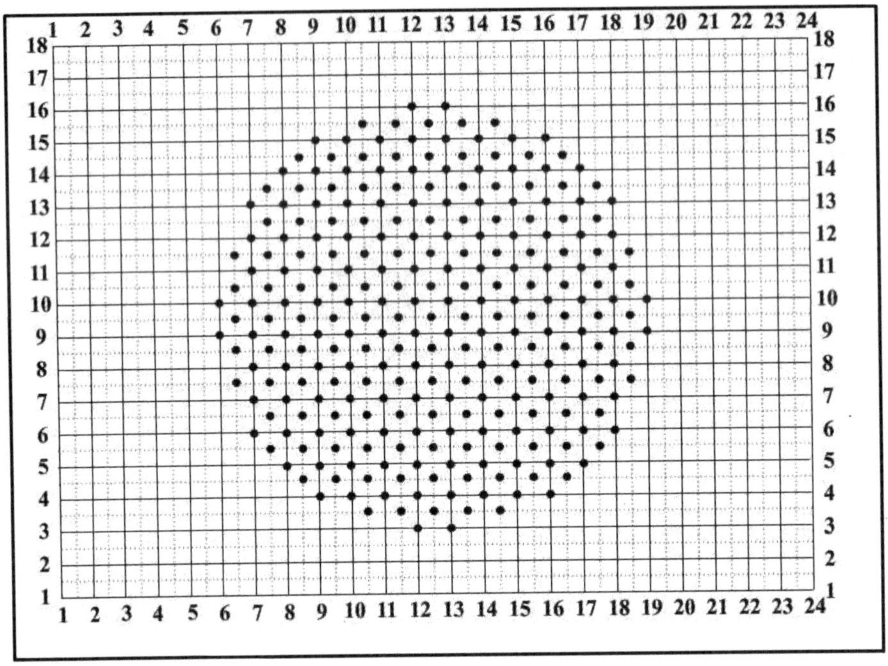

错位实心圆队形

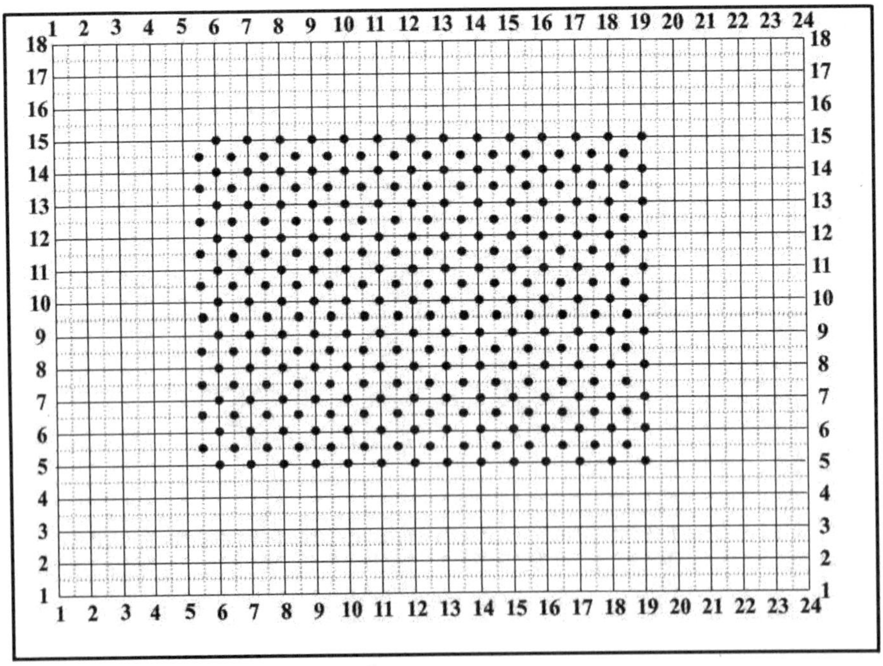

错位实心正方形队形

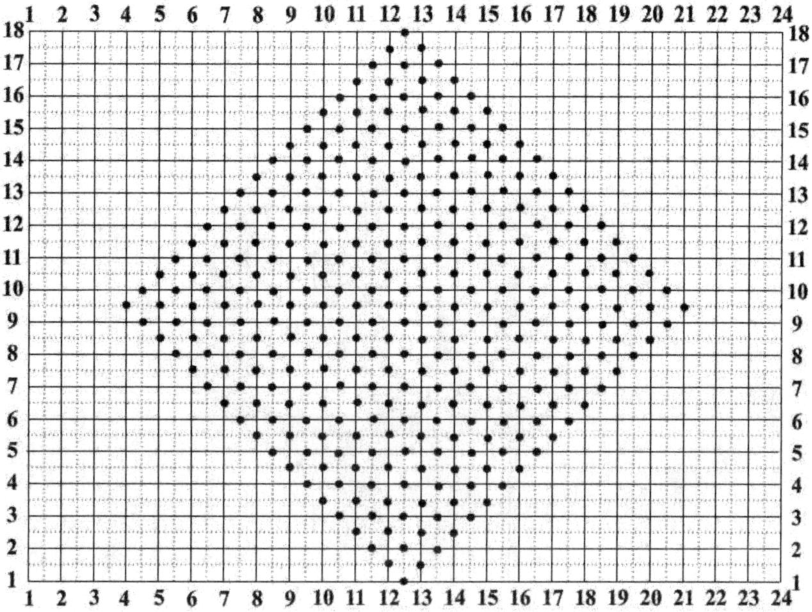

错位实心菱形队形

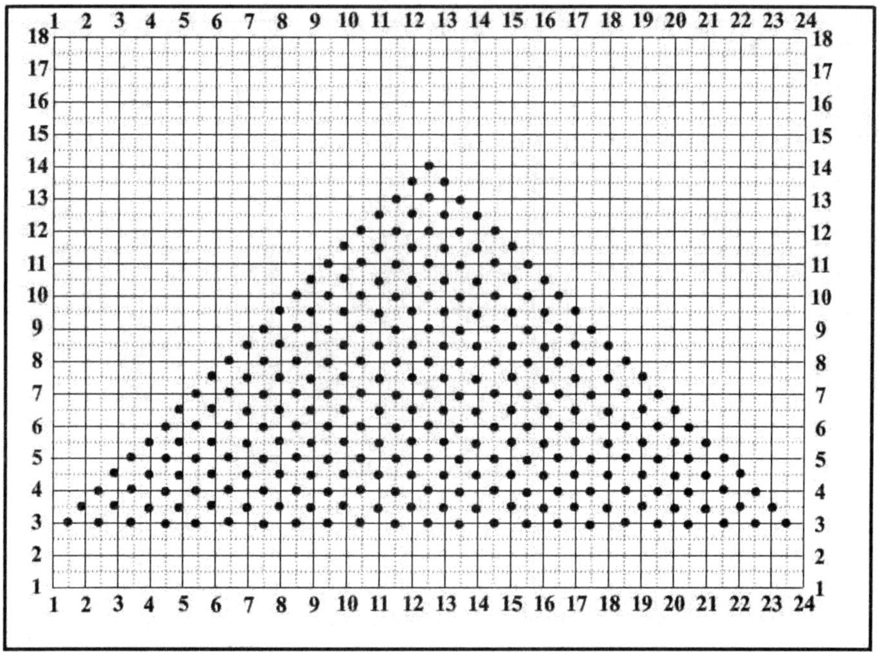

错位实心三角形队形

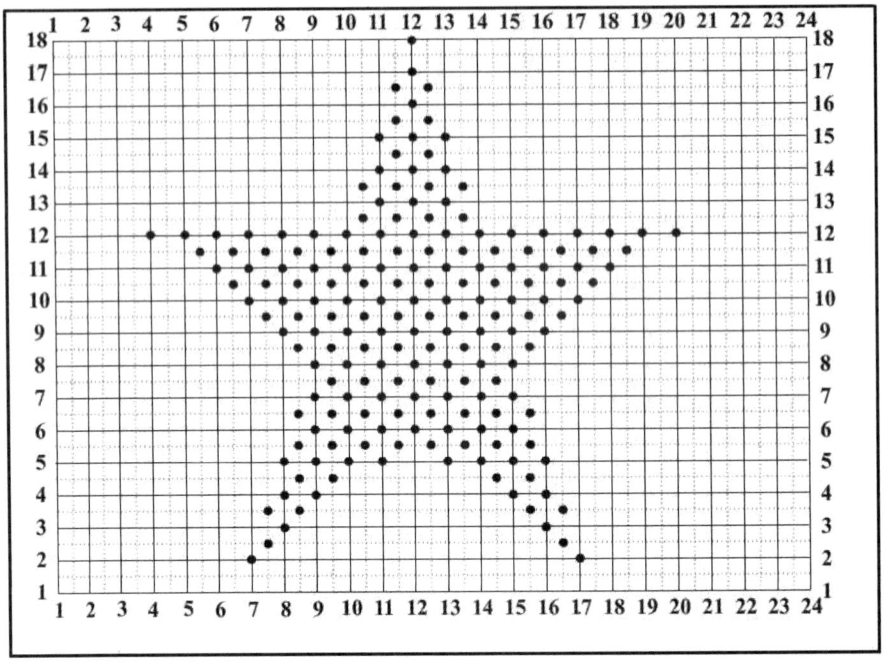

错位实心五角星队形

（三）线形排列方式：指前后排队员的站位关系是前后距离与左右间隔不均等的一类排列方式。

1. 横线排列：指前后排队员的站位关系是前后距离大于左右间隔的一类排列方式。

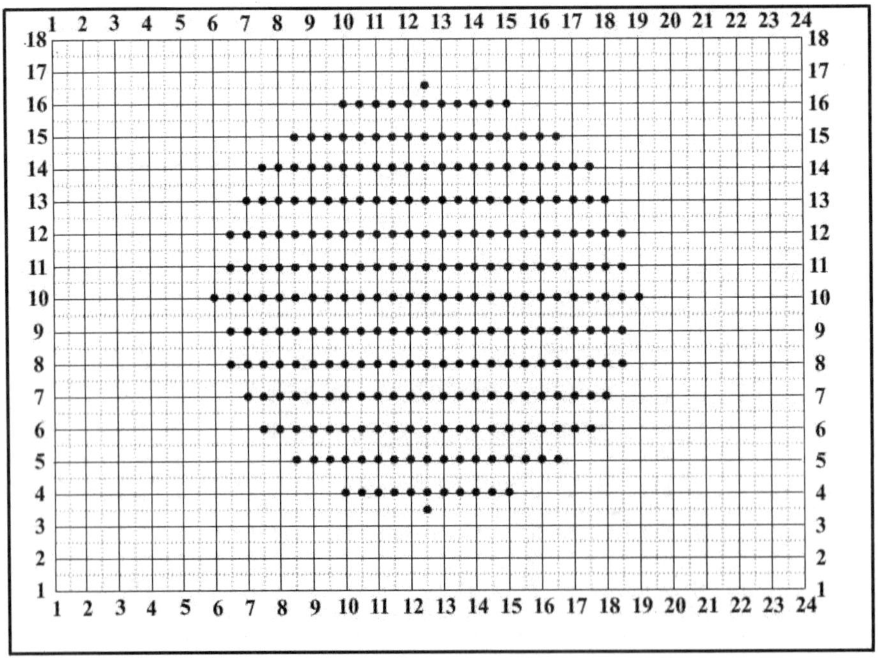

横线实心圆队形

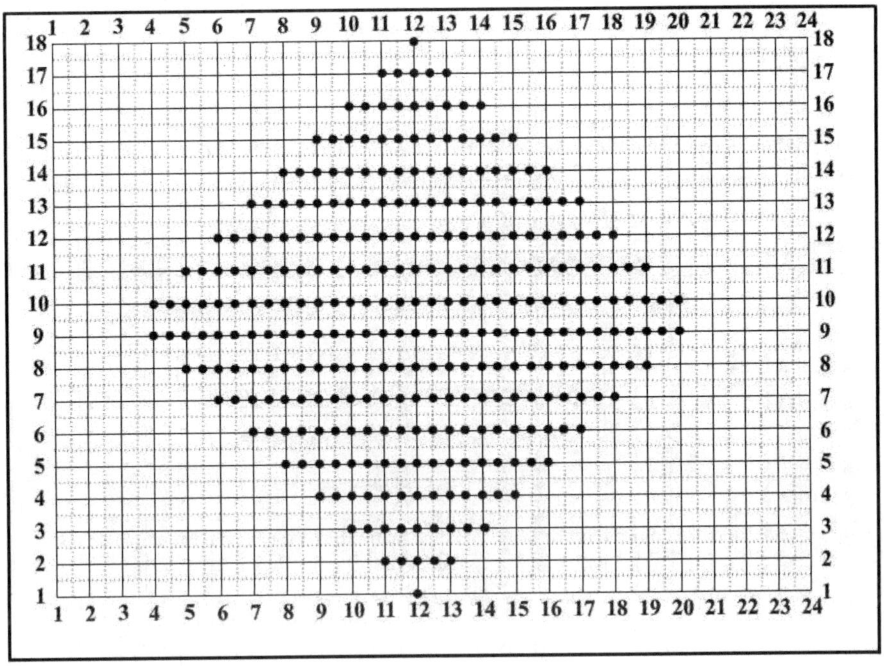

横线实心菱形队形

2. 纵线排列的方式：指前后排队员的站位关系是前后距离小于左右间隔的一类排列。

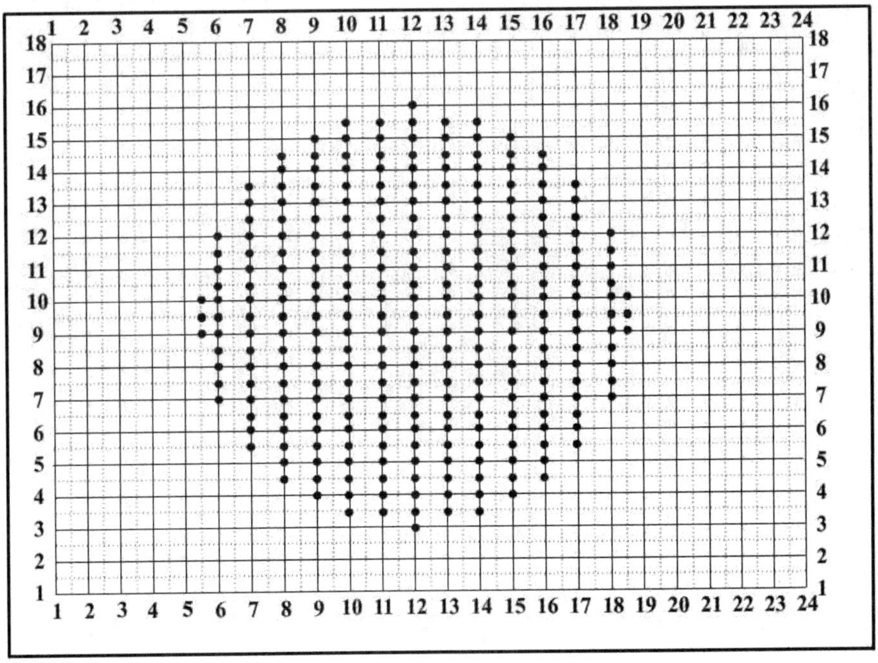

纵线实心圆队形

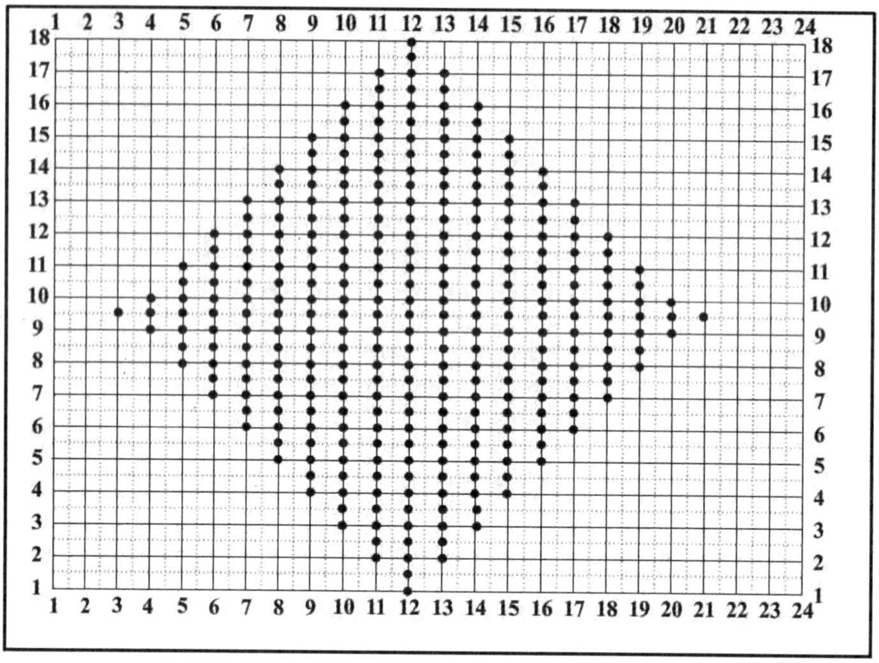

纵线实心菱形队形

3. 斜线排列的方式：斜排与斜排间的间隔大于本斜排间隔的一类排列方式。

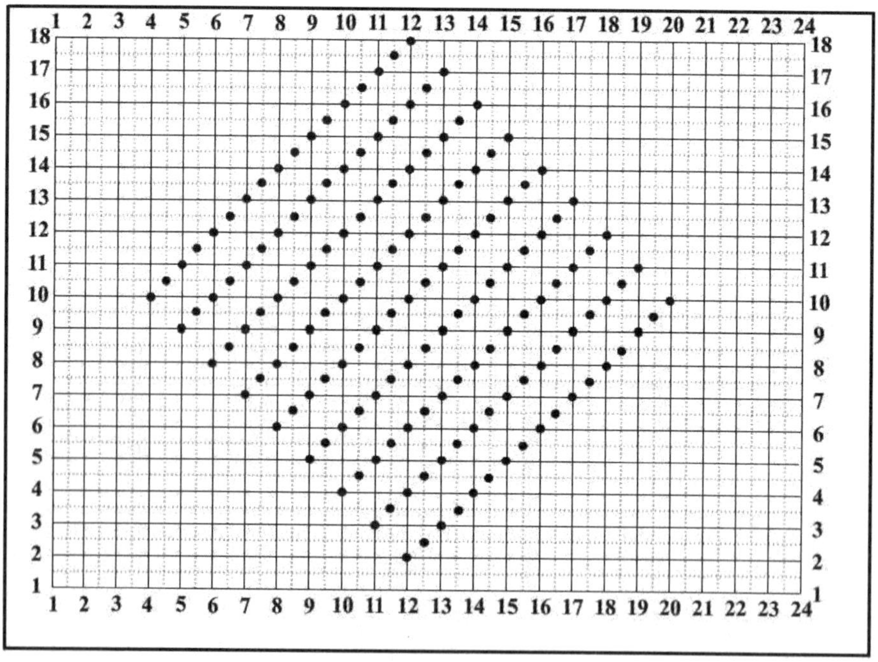

斜线实心菱形队形

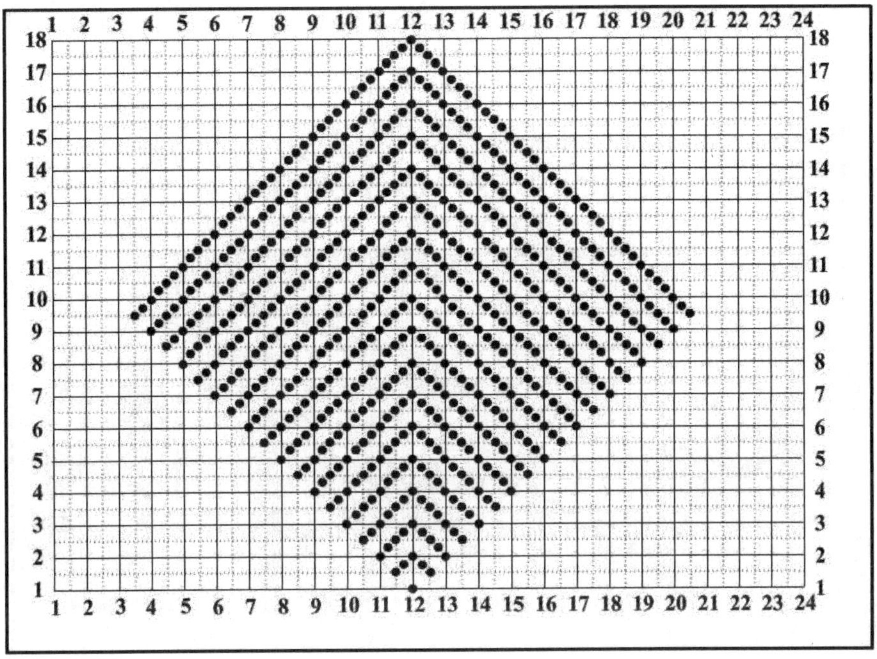

斜线实心菱形队形

五、空心（线形）队形的坐标点排列方式

（一）直线空心队形：同直线排列方式

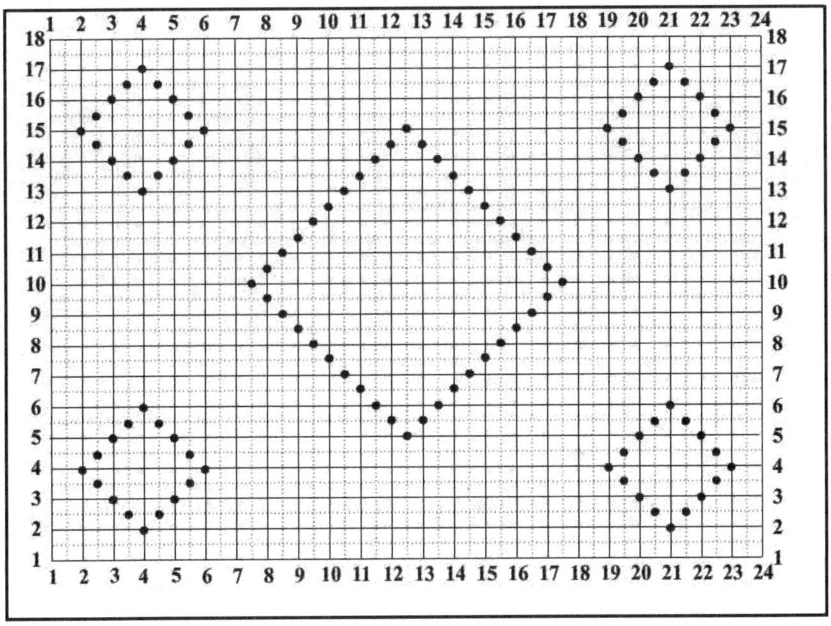

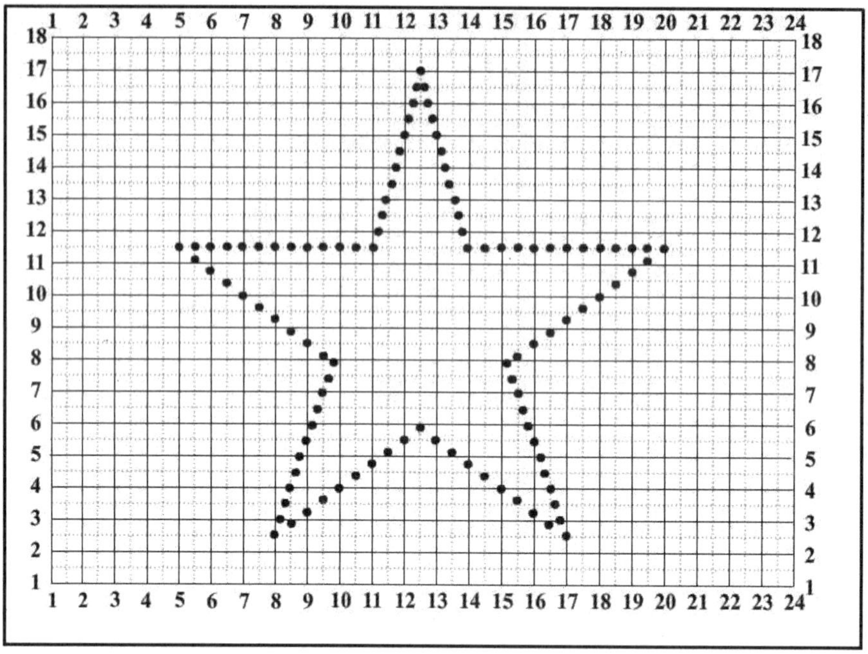

（二）圆形空心队形排列方式

1. 二分之一排列方式：指一个圆以 1/2 为一单位，均等排列相等数量的点。

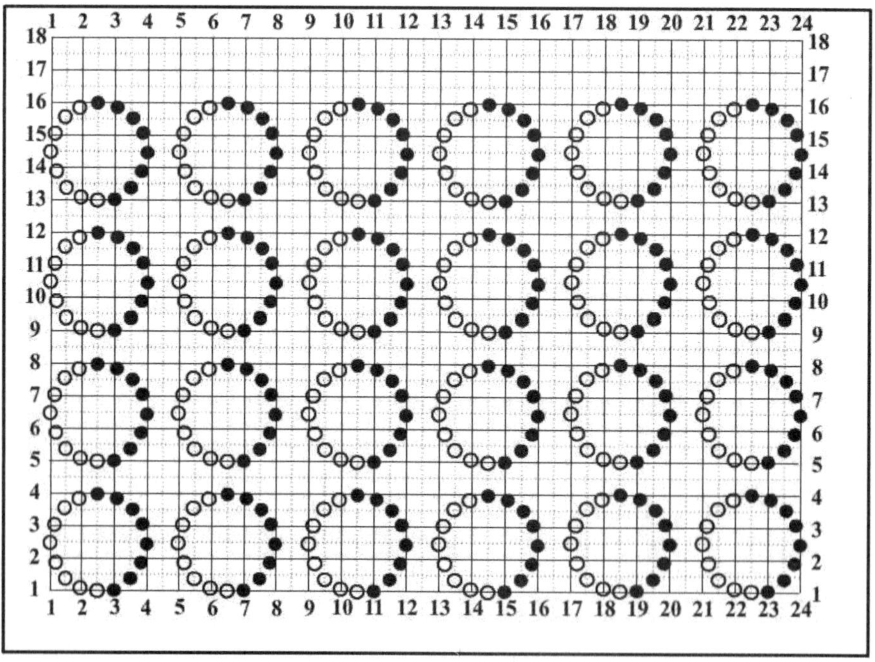

2. 四分之一排列方式：指一个圆以 1/4 为一单位，均等排列相等数量的点。

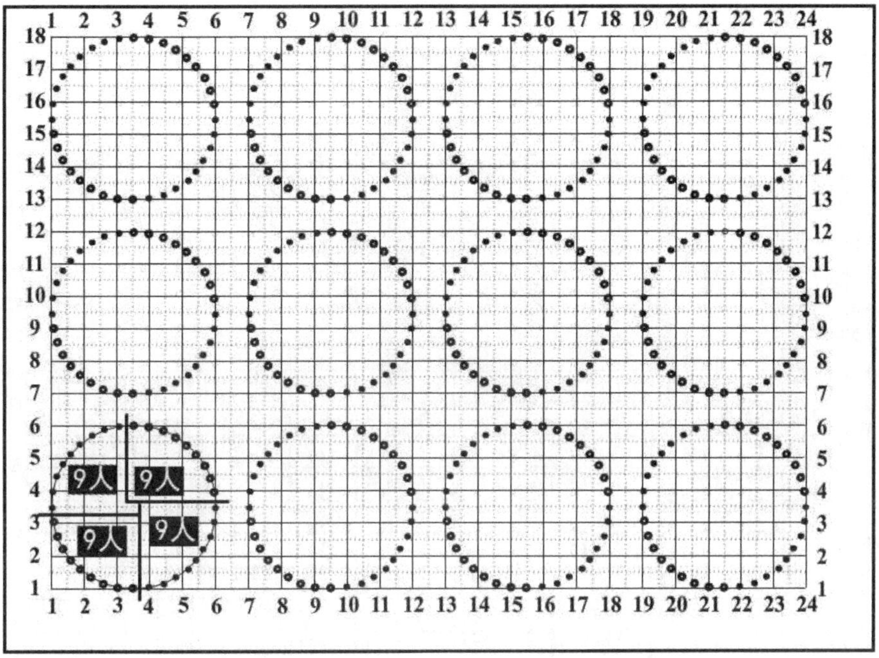

3. 八分之一排列方式：指一个圆以 1/8 为一单位，均等排列相等数量的点。

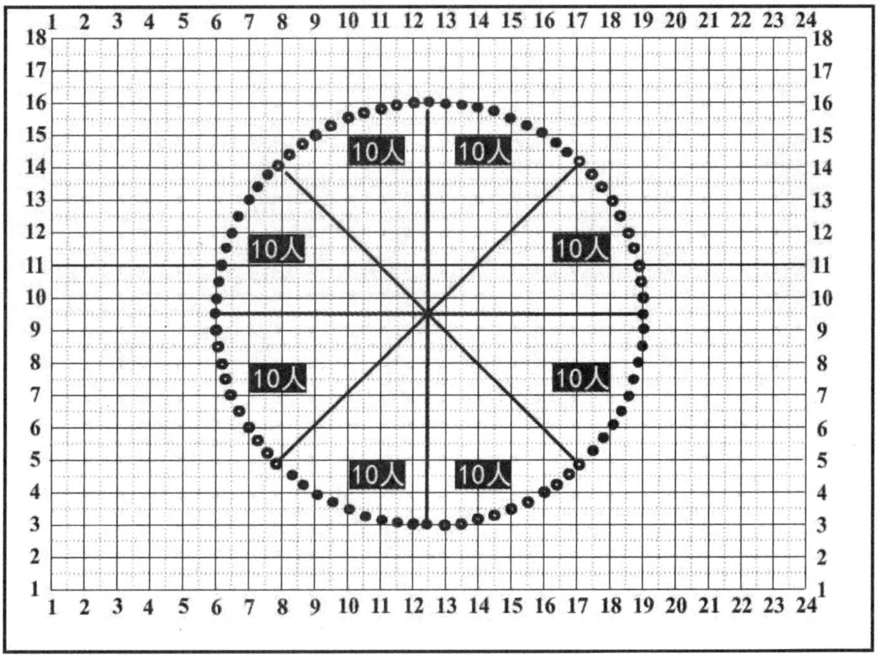

六、象征意义队形的坐标点排列方式

（一）块面排列：在每一散点内纵横坐标线的交叉点上进行排列，同时每人前后的距离，左右的间隔均是相等和对齐的。如“捧手图”。

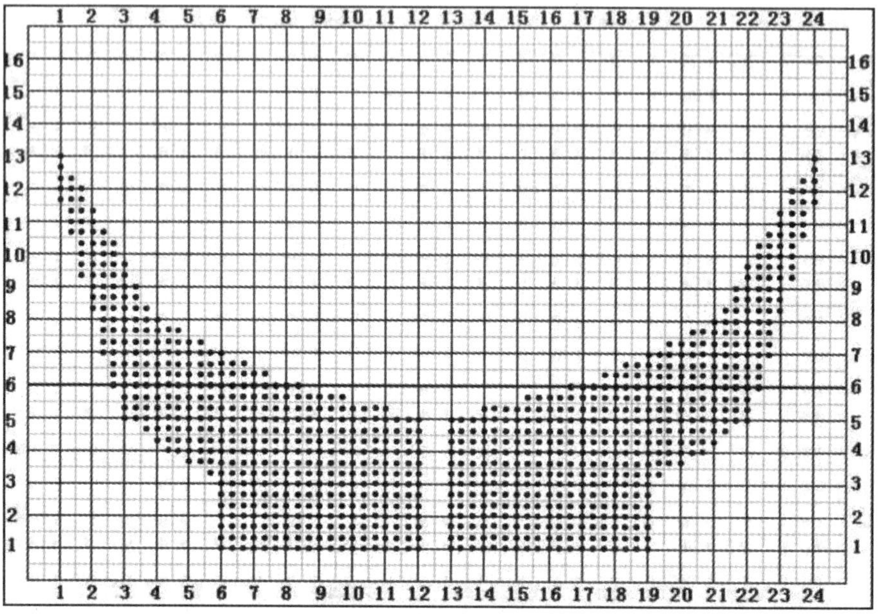

（二）线形排列：即按照密集的直线或弧线的排列方式进行排列。如“捧手图”。

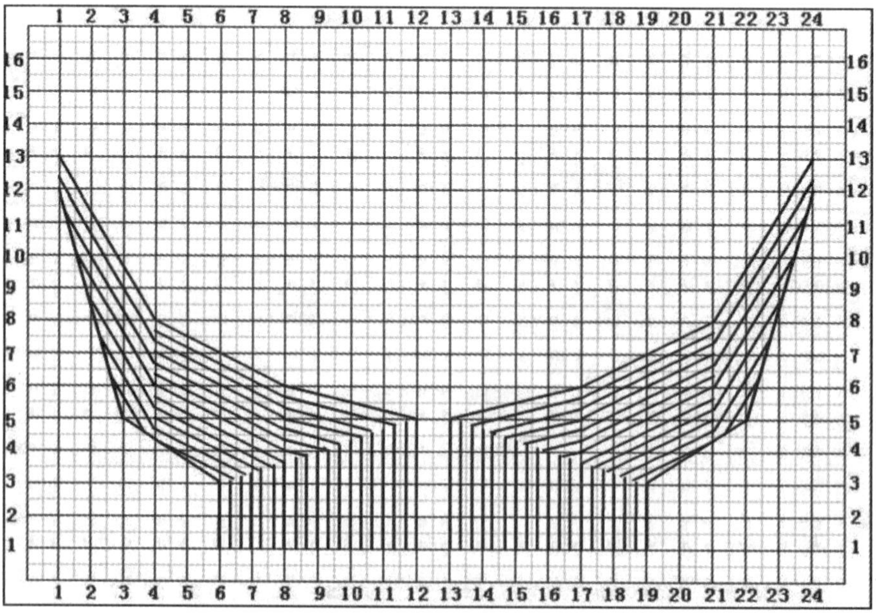

七、团体操象征意义图案坐标点排列的步骤

（一）制作图形并将其导入到坐标内：将制作的“ ”图形导入到坐标图纸上的任意位置上。

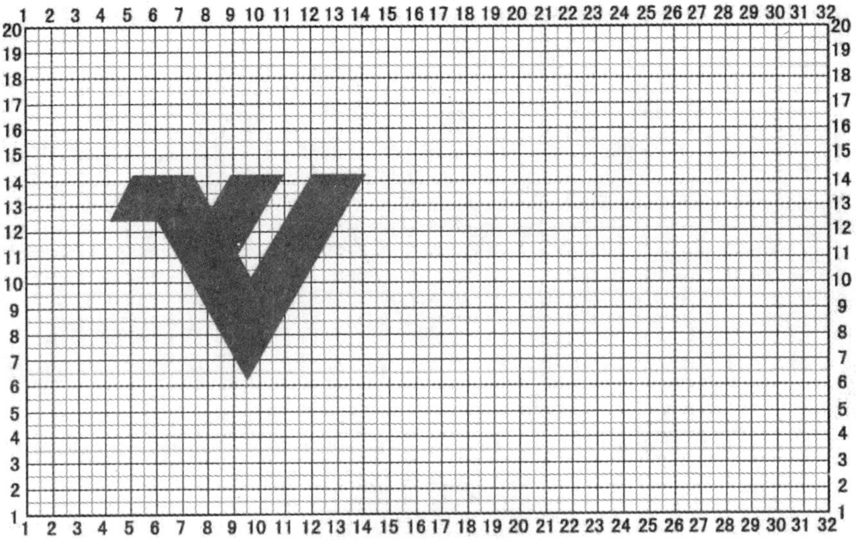

1. 导入原图

（二）绘制图形外框线和构图：在坐标图纸上绘制出“ ”图形的外框线，然后将其图形的外框线图移动到设计的位置上，再按照设计要求调整比例大小等。

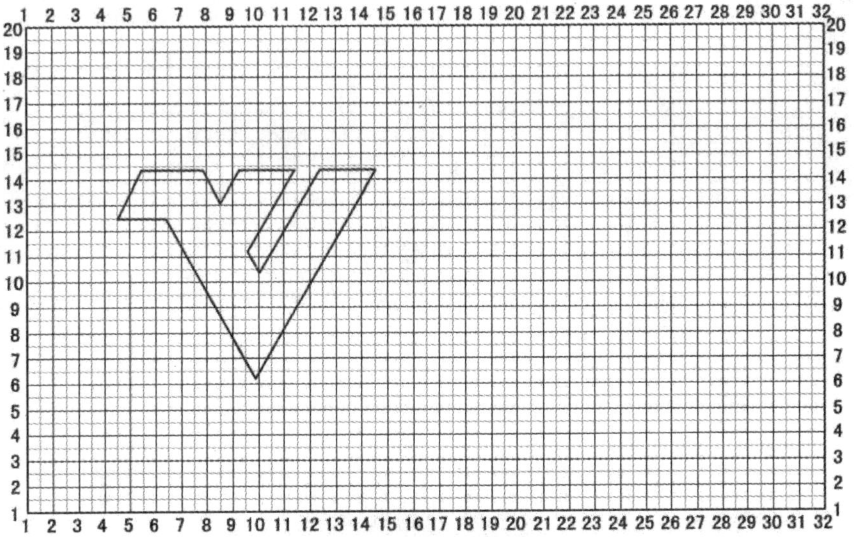

2. 绘制图形外框线

（三）对图形外框线进行适当的调整：远离主席台的图形要适当加长、加宽，靠近主席台的图形可适当缩短。

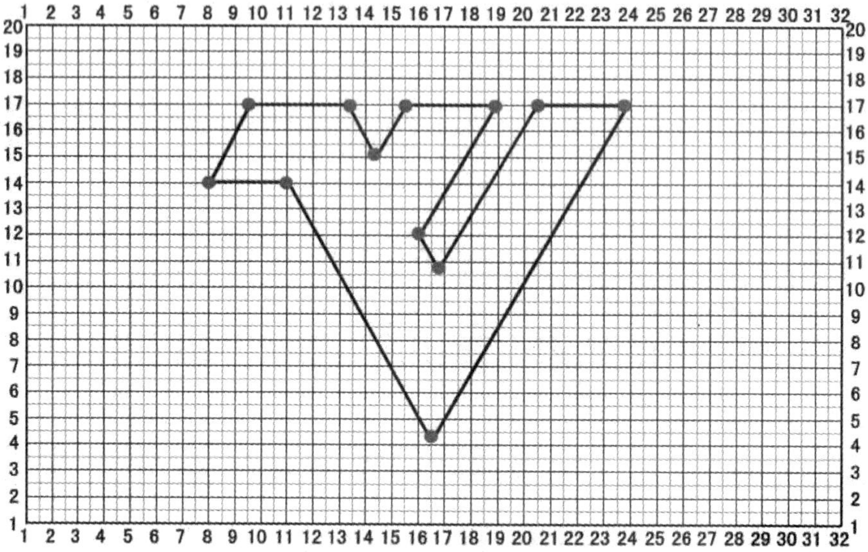

3. 调整比例、位置

（四）特殊点位的排列要利于队员找位。一般安置在散点位、辅助点位即 1/2 点位或 1/4 点上。

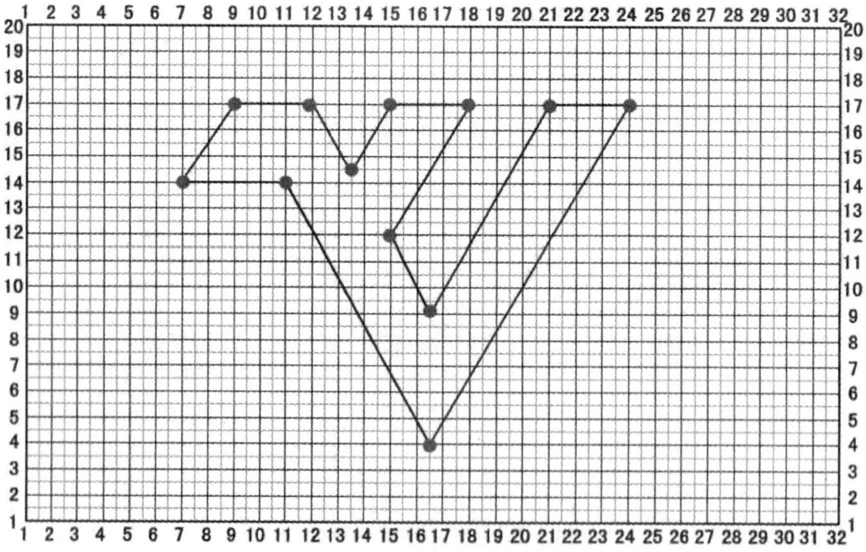

4. 调整特殊点位置

（五）初排坐标点位：根据人数初定每一格坐标内排列的人数。

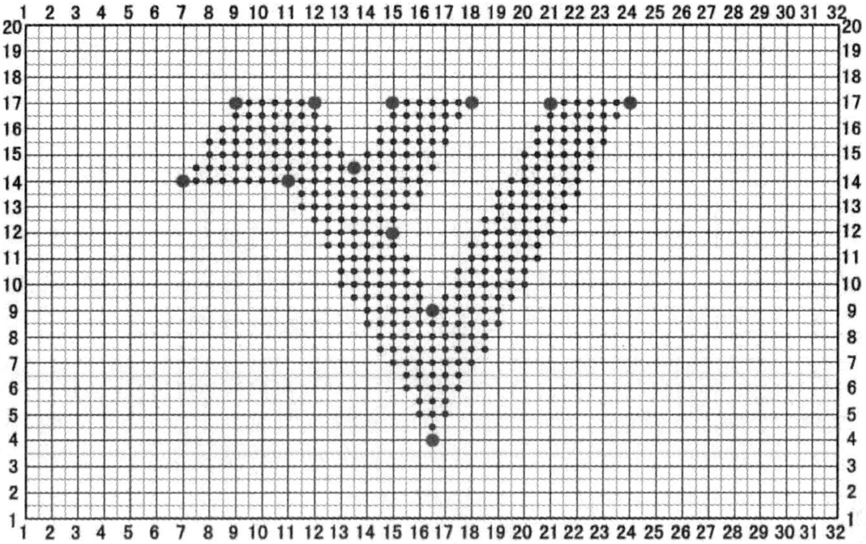

5. 排列坐标点

（六）根据人数多少调整排列方式，准确排列坐标点位。如人数差距不大，适当调整；如人数太少，调整每一格内排列的人数量（或调整图形大小）；如人数太多，多出部分可另组队形（作陪衬队形或调整图形大小）。

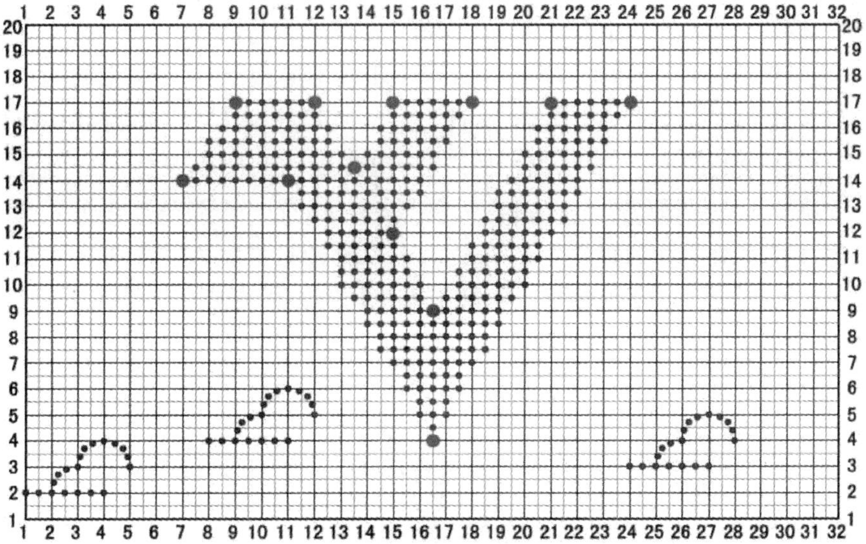

6. 调整人员数量

第五章　校园团体操的组织与实施

团体操由于参与者多、受众率高、费时费力费钱，特别是在如何管理学生，提高团体操教与学的效率，缩短排练周期，调动学生的积极性等方面都给组织者提出了很高的要求。团体操组织与训练机构的大小是根据团体操的规模来确定的。团体操的规模又是根据主办单位的目的、任务与实际条件所决定。无论是组织机构还是实施过程中的所有手段，都是可以根据实际情况灵活调整的。但是对于组织者来说，全面了解其组织工作程序与训练工作方法，无疑对提高工作效率有极大意义。因为只有在各部门的分工与合作中才能确保团体操表演的顺利完成。

第一节　校园团体操的组织结构

一、建立组织机构

校园团体操是由在校学生和本校的教职员工共同参与的一种体育或文体结合的综合性表演。表演者来自大学的各院系、不同专业、不同班级的大学生或附中、附小的中小学生以及幼儿园的小朋友。它涉及面广，参加人员多。为了做好团体操的表演工作，解决好团体操的创编、训练、后勤、宣传等方面的问题以及协调好各部门之间的关系，必须确立相应的领导机构。由有关领导统一指挥，各部门具体分工负责。这是顺利完成团体操表演任务的重要组织保证。这类机构是根据表演任务，大会规模的不同而建立的组织机构，通常由领导小组和工作机构等方面构成。

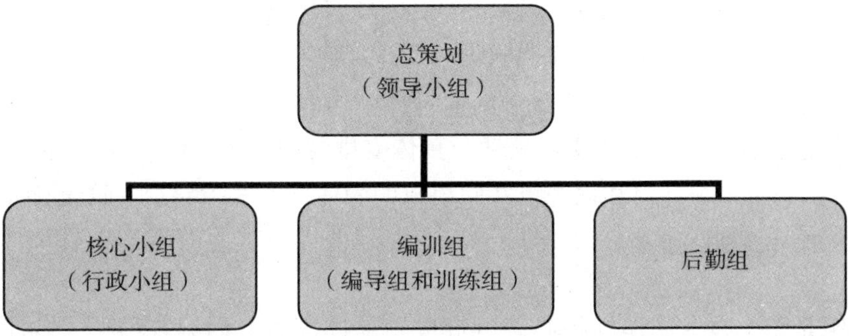

二、成立领导小组

校园团体操表演的领导小组一般由分管学校体育工作的校长或副校长担任组长，负责把控方向和政策的工作；学校体委、体育部或体育教研室的主要负责人担任副组长一职，负责全面的协调动作；小组成员分别是：教务处（科）、学生处（科）、总务处（科）、团委、编训组等部门的负责人，他们根据学校交给的具体任务、大会宗旨等开展具体的事务性的工作。领导小组的工作包括：

1. 确定校园团体操的主题思想、规模大小和表演的总时间。
2. 确定参加表演的学生人数、男女比例以及涉及的院系、专业和年级。
3. 进行经费预算、确定经费来源、开支和标准。
4. 选定训练场馆、训练时间并合理安排课程。
5. 制定出必要的规章制度、纪律要求和奖惩办法。
6. 落实团体操训练、预演和表演工作。
7. 进行团体操的总结工作。包括书面总结、召开不同形式的会议，并对在表演工作中有突出表现的单位和个人进行表彰。

三、工作机构

团体操领导小组是团体操的统一指挥机构。除成立强有力的领导小组外，还应有具体的机构来保证整个工作的顺利开展和正常进行，领导小组下设：核心小组、编训组、后勤组等机构。

（一）行政组由教务处（科）、学生处（科）、各院系、各年级的负责人组成。

教务处主要负责学生的调课、考试和补课、补考事宜。制定各种规章制度及必要的纪律。附中、附小的教务处和幼儿园的负责人通常负责抽调身体健康、家离学校不远的学生参与团体操的表演。

学生处主要负责学生思想政治工作，经常深入学生中，了解他们的思想动态、健康状况，及时解决学生们提出的合理要求和问题、表扬训练中的好人好事等。

各院系、各年级负责人组织该系、该年级的辅导员、班主任，深入训练中去抓考勤，根据工作需要，随时调整和补充学生。

办公室是领导小组的办事机构。负责对外联络与宣传工作、起草与管理各种文件及票证；传达有关领导指示与文件精神；具体安排与协调各单位、各部门的工作。

（二）编训组是编导组和训练组共同组成的团体操专家指导组。这是确定团体操表演效果好坏的一个非常重要的工作班子。通常是由经验丰富的专业人员和体育教师组成。

编导组是整个技术创作的核心。负责规划整体构思，创编各种形式的不同风格的表演动作；设计并绘制各种队列队形和图案；组织培训教练员与表演骨干；做好训练前的一切准备工作，包括制订详细的工作计划与具体的实施方案等。作出切实可行的经费预算，监督检查整个实施过程。编导组下设音乐与美工组，其主要任务是以团体操的整体构思与主题思想为依据，由创作人员分别创作乐曲，设计绘制各种服装图案、道具、颜色调配、整体布局与背景等，并具体实施。

训练组是整个校园团体操的具体实施人。他们具体负责每场表演的动作、队形、图案、音乐的教学、训练、彩排和现场表演的组织与指导。并将工作中遇到的问题及时向编导组汇报，使编导组能及时地调整相应的方案，为完成整个表演任务服务。

（三）后勤组是团体操的物资供应线。它包括音响、服装、道具、财务、保卫、膳食、医务、交通等几大方面的工作。所有这些人员都有明确的工作任务。分工一定要具体到人，层层实行责任制，才能保证正常而顺利的训练和表演。

后勤组中特别重要的两项工作是音响和服装道具设备。音响设备的工作人员根据总体设计录制好各场次的音乐，保证按时、按规定地点架好音响设备，能随时听候总指挥下达启动的“命令”。通常在正式表演时，还应架设一台备用的设备以备在出现故障时立即启用。

服装道具的制作和管理工作是体现校园团体操效果的重要组成部分，工作人员按规定保证按时完成服装、道具颜色的选配、制作、保管、分发、增添、修补等工作，各项工作都应注意留有余地，使训练和表演不受任何影响。

鉴于校园团体操表演涉及上至领导，下至学生，方方面面工作都很繁忙，根据现代通讯技术发展快速的特点，凡有条件的学校可以组成联络组，各领导小组成员都应配备一部电话或对讲机，以加强相互的联络。使总指挥、场外指挥、背景指挥、音响指挥、各出入场口指挥的联络畅通，做到上情下达，下情上达，保证训练和表演的成功。

第二节 校园团体操的实施

校园团体操的训练工作有其自身的特点：训练时间短、难统一时间集中练习、学习和表演任务重、教学场地有限。如果是大型团体操，参与表演的演员又来自不同年级、班级的学生和各院系的教职工等，校园团体操多采用分散训练、集中彩排的形式。这就要求组织者根据任务的轻重、训练时间的长短、动作的难易、训练基础和操的内容以及训练条件等进行周密系统的考虑，制订出切实可行的计划，提高效率，使团体操的实施工作有步骤的高质量地顺利进行。校园团体操的实施分为准备、教学与训练、彩排与表演三个阶段。

一、准备阶段

此阶段是为训练打基础的阶段，是团体操进入正式训练之前必不可少的前期工作。本阶段的主要任务是为团体操表演做好组织和思想准备，主要任务分为以下几个方面。

（一）制定详细的工作计划

团体操的排练在多数情况下需要较长的时间，让学生能够投入排练的时间往往是非常有限的，且过长的排练不仅影响学生的正常学习，也使他们产生厌倦和抵触的情绪。为避免这一现象的发生，组织者要根据团体操的编创内容、要求及学校具体情况制定切实可行的排练计划。包括排练的时间地点、排练的时长和天数等。要有计划地安排各种合练，工作计划要上下协调配合，要有统一的进度和要求。将预先制定的排练计划表，下发到表演的每个班级。排练计划要对外部因素的干扰进行充分预计，如天热、下雨或学校突发任务等，在计划时要留有余地。工作计划一般根据团体操规模的大小来进行相应的安排，通常包括总计划、分段计划。以清华大学百年校庆团体操《清华颂》总计划为例，团体操从策划结束后就进入了实质性的实施阶段，共分为骨干培训、分场次教学、分场次合练、彩排与表演四个阶段。

团体操总日程安排

2010 年 8 月–2011 年 4 月

时　间	工作内容
第一阶段 8 月 22–26 日	团体操教练员、骨干培训（动作、音乐、队形）
第二阶段① 9 月 1 日–10 月 31 日	训练方式：分场次教学（以年级或专项班为单位） 1. 教会学生表演动作、听懂音乐和了解队形。 2. 教师口令指挥学生完成表演的全部动作。
第二阶段② 11 月 1–30 日	训练方式：分场次教学（以年级或专项班为单位） 1. 口令指挥排练本场全部队形。 2. 队形、动作、音乐配合训练（完成本场全部内容）。
第三阶段① 12 月 1–31 日	训练方式：分场次或合班训练相结合 1. 熟练掌握各分场全部表演动作和队形。 2. 进行分场配乐动作与基本队形的考试。
第三阶段② 2 月 21 日–3 月 31 日	训练方式：分场合练 1. 熟练掌握全场表演内容。 2. 熟悉图案跑位和道具的使用。 3. 成立表演指挥系统。
第四阶段 4 月 2–22 日	1. 团体操着装彩排。 2. 团体操预演。 3. 团体操正式表演。

（二）教练和骨干培训

团体操排练中不能缺少表演骨干的带头作用，这是团体操排练前期最为重要的环节，也直接关系到团体操排练的好坏与培训进程。在团体操全面排练开始之前，必须在参加表演单位（学校）的教师中提前培训好一批教练员，再通过教练员去培训一批学生骨干，使他们先行一步了解团体操的总体思路、表演方案与各自承担的表演内容，熟悉动作节拍、规格及各种队形过渡等细节，并熟练掌握训练的步骤与方法，以便在集中与分散排练中去进行分组施教，以少数来带动多数，让他们在实际教学训练中起到助手和带头作用，这样可以提高团体操的排练效率。

（三）教学的组织与分工

1. 成立相应的班子

团体操表演涉及的班级多、学生多，且要有一定的排练时间和足够大的排练场地，还包括其它诸如服装、音响等，需要学校各部门配合，因此团体操排练一定要取得学校领导的大力支持，要成立各场次表演的临时领导协调机构和在体育、艺术表演方面有特长的教师、学生干部为骨干的组织体系，合理分工，明确责任，检查落实，排练才能够井然有序，达到最好的排练效率和效果。其具体的分工如下：

教学主任与学生处和教务处协调学生学习与排练的时间、场地、器材以及课程调配等问题。

教学组长负责将团体操学习和排练中教练们反馈上来的信息整理并提交到上级领导。

教练与骨干承担具体的教学与排练任务，随时记录工作中的问题并及时向专家指导组提出实质性的建议。

班子中所有的成员从某种意义上说都有向全体表演人员进行思想动员的义务。需向团体操表演参与者宣传其表演的目的、意义和任务；介绍表演方案、进一步加深表演者的责任感。建立必要的规章制度和执行计划的具体措施，对演出人员要广泛开展爱国主义、集体主义和纪律观念教育，让他们懂得参加团体操活动是一种良好的社会适应性的学习过程。有助于他们获得健康积极的情绪体验和生活态度，激励他们追求具有社会意义的生活目标；有助于他们参与社会群体满足其交往和友谊的需要；有助于鼓励和培养他们创造性的心理特征。

2. 教练的工作

首先，将整个表演队伍按表演内容（场次）与方案化整为零。通过编队分组使每一个表演者明确自己所在的小组和表演位置。在表演队伍中指定骨干协助教练工作以保证整个训练指挥渠道畅通。

其次，要制定详细的教学计划并进行集体备课，统一教学进度，写好教案。备课是提高指导人员思想业务水平和工作能力的一项重要措施。尽管指导人员的工作年限、业务水平等有所不同，但要做好团体操的教学与排练工作，都必须认真做好之前的备课工作，只有这样才能按质按量地完成表演任务。备课时，教师要深入调查研究，掌握表演人员的人数、年龄、健康状况、体育和艺术表演基础、兴趣爱好、思想状况、组织纪律等方面的情况。从实际出发提高备课的质量和效果；要明确团体操教学与训练内容的目的性，分析内容的特点（包括内容本身的难易程序，运动负荷大小，重点、难点和关键，内容之间的纵向横向关系等），考虑和安排教学与训练的组织、内容的先后顺序、步骤，以及要采取的各种措施等。

范例 1

第一场《紫荆花开》教学与训练计划

2011 年 2 月–4 月

时间	任务	要求
2 月 26 日 第 1 次课	1. 思想动员，填写人员信息 2. 复习前阶段训练内容 3. 排练“菱形”队形	1. 每位学生明确排练和表演安排 2. 严格执行考勤制度 3. 确定“基准点”人员站位
3 月 5 日 第 2 次课	1. 排练“紫荆花”、“密集换位”、“纵行”、“双圆”队形 2. 复习全场动作	1. 掌握队形的站位和变化方法 2. 熟练完成全场动作
3 月 12 日 第 3 次课	1. 排练“三横排”、“礼花”队形 2. 配乐练习全场动作	1. 掌握队形的跑位和变化方法 2. 熟记全套动作
3 月 19 日 第 4 次课	1. 排练“百年标志”的队形 2. 动作训练全场动作	1. 掌握队形的跑位和变化方法 2. 熟记全套动作
3 月 26 日 第 5 次课	1. 排练“尾声”队形、进退场等路线 2. 学习道具的使用方法	1. 掌握全场队形的变化和候场位流线 2. 音乐伴奏下进行全场表演
4 月 2 日 第 6 次课	总场排练（练习场地） 1. 排练各场流线（进场、表演、退场、候场、尾声、退场） 2. 全民健身表演团队合练	1. 初步掌握表演的流线 2. 在音乐伴奏下进行全场表演 3. 熟悉指挥位置，方法、时间等
4 月 9 日 第 7 次课	总场排练（表演场地） 1. 排练表演前候场、各场流线、全民健身团队合练 2. 配合播报员排练全场表演动作 3. 试用表演道具	1. 准确掌握“4 个候场位”站位 2. 在播报和音乐伴奏下表演 3. 熟悉表演道具的使用
4 月 16 日 第 8 次课	总场着装彩排（表演场地） 全体人员按正式表演程序进行总场排练（播报、音响、全民健身团队）	1. 达到设计和正式表演要求 2. 熟练掌握指挥位置，指挥方法、入场时间节点
4 月 22 日	正式表演	保证表演顺利完成

范例 2

清华百年校庆《清华颂》之“紫荆花开”教案

第 1 周　第 1~8 课　　　　　　2010 年 9 月 13-19 日

课的任务	1. 分班、师生相互认识 2. 介绍本专项课的学习内容、考试项目、方法和课堂的具体要求 3. 学习团体操、啦啦操		
课的部分	时间	课的内容	组织及教法
开始部分	10分钟	一、选修健美操课的同学在综合体育馆集合 二、集中讲解本学期要求 三、教师进行自我介绍并清点人数	地点：综合馆 队形：×××××× ×××××× ×××××× △ 组织：各位同学就坐于健美操房地板
基本部分	60~80分钟	**一、学习内容、考试项目及方法** （一）学习内容： 1. 团体操（第一场“紫荆花开”） 2. 弗拉明戈舞蹈、啦啦操 3. 身体素质 （二）考试项目及分值： 1. 成套动作 50 分 2. 800 米 20 分 3. 立定跳远 10 分 4. 出 勤 10 分 （三）考试方法及时间： 健美操：以系为单位 6~8 人为一组，进行分组考试（各组抽签确定顺序），每组均要求啦啦操自编队形 5 次以上。 考试时间： 1. 800、立定跳远在第 12~14 周。 2. 专项在第 15~16 周。	**二、专项课的具体要求** 1. 运动服或健美操服、舒适轻便的运动鞋。 2. 练习时积极主动，力求用整个身体去体会和表现动作。 3. 克服害羞心理，敢于表现自己，多问多练、互帮互学。 4. 加强课外体育锻炼，可结合健美操视频教材进行课外练习。 5. 本学期的 800 米测验代替“台阶测试”，体质检测中将不再进行此项测试。 **三、考勤制度** 迟到、早退一次 扣 1 分； 病假一次扣 2 分； 事假一次扣 5 分； 旷课一次扣 10 分。 教法：集中讲解。

课的部分	时间	课的内容	组织及教法
基本部分	65～70分钟	**四、校庆团体操基本情况介绍** 1. 主题：以跻身世界一流大学为目标，以奉献国家服务社会为己任 2. 口号：建设世界一流大学，投身中华伟大复兴；百年清华、人文日新；自强不息创一流、厚德载物为人民 3. 要求：表现欢乐、祥和、喜庆、畅想新发展、新成就、新希望 4. 表演场次 第一场《紫荆花开》 864 人——大二和大三女生 第二场《时代风采》 约 2000 人：教工 432 人；大二和大三男生 1568 人 第三场《展望未来》 约 864 人：大一男生 5. 表演总时间：约 30 分钟 6. 表演总人数：约 4148 人 **五、各场次简述** **第一场：《紫荆花开》** 中心思想：百年清华，喜迎嘉宾 表现主题：整场表演以舞蹈的形式，突出优美，欢快、热情，奔放。集中表现出母校敞开胸怀喜迎八方学子，同庆百年盛会的情深厚意。最后，由 864 名女大学生组成百年庆典的标志性图案直点本场主题：紫荆满园，喜迎嘉宾，共庆华诞。	**第二场《时代风采》** 中心思想： 胸怀大志，任重道远 表现主题： 整场表演以体育形式，突出青春、时尚、风采、活力。由离退休老教师和大学本科男生组成的表演队伍，在场上出现田径接力赛交接棒的定格画面，体现自强不息、厚德载物的清华魂代代相传；热情四溢的啦啦操、竞技体育项目的立体图形和围绕日晷出现的各类体育项目表演，展示着校园体育文化的活力和朝气，洋溢着清华学子言胜于行的青春风采……，校徽演示表达清华人在新时代对“自强不息、厚德载物”的诠释。 **第三场《展望未来》** 中心思想： 科技复兴，贡献明天 表现主题： 在令人振奋的乐曲中，432 面各院系系旗和 864 面小旗，分别进行旗操和巨幅国旗表演。他们精神抖擞、豪气冲天、旗声猎猎、吼声威震寰宇，这是清华学子以跻身世界一流大学为目标，以奉献国家服务社会为己任之决心；这是为中华民族伟大复兴作出更大贡献的行动……

课的部分	时间	课的内容	组织及教法
基本部分	65～70分钟	**六、学习第一场动作（一）** 第一段：圆舞曲（我和你） A：蛇形站立 8(3/4)  (1-2)　(3)　(4) B：华尔兹组合 1　8(3/4)  (1-2)　(3-4)  (5-7)　(8) C：抖裙上提 7(3/4)  (1-4)　(5-7)	**动作说明** (1-2)：蹲立，上体和手臂蛇形上穿至直立。 (3)：手臂 3 位，左后转 180°。 (4)：双臂侧开成 6 位手位，右前交叉弓步站立。 (5-8)：动作同上。 教法：简单动作，采用完整教学，教师边示范边讲解，一次性完成，学生模仿并练习该动作。 **动作说明** (1-2)：前进华尔兹（折线行进），双臂依次上摆至 5 位手位。 (3-4)：侧华尔兹，手臂依次头上摆动。 (5-7)：碎步后退，双臂经体前放下并握裙两侧。 (8)：持裙直立 教法：分解教学，先下肢后手臂。再配乐练习。 **动作说明** (1-4)：半蹲直立，双手腹前抖裙 2 次后上提，共 3 次后手臂经体侧放下。 (5-7)：先右后左侧摆，共 3 次，然后右转 90°下蹲。 教法：完整教学，镜面示范。后面 2 个动作教法相同。

课的部分	时间	课的内容	组织及教法
基本部分	60~70分钟	D：菱形起 4(3/4) +左立转 3 周  （1–4） （5–7） E：侧摆 2×8+立转 6 拍  （4） 立转	**动作说明** （1-4）：左臂后摆成双臂侧上举，同时左转 90°直立。（3/4 拍一次，递次完成共 4 次） （5－7）：双臂斜体侧举，左后转 360°（3 周）。 **动作说明** 28：双腿依次开立并拢，屈膝半蹲，双臂依次从左到右大绕环 4 次（4 拍一换）。 6 拍：递次站立转体（2 拍 1 动）共 3 次。
结束部分	5分钟	**七、分组配乐练习** 各组在指定位置讨论并练习，教师进行循环指导。 1. 小结，重申上课时间、地点。 2. 安排课外锻炼内容。 3. 师生互道再见，下课。	组织：各组轮换站于第一排进行练习。 教法：分解与完整教学相结合，教师口令指挥并领做动作 1—3 遍，学生独立配乐进行练习。 **课外锻炼内容** 恢复性长跑 2~4 圈（400 米/圈） 复习本堂课所学内容。
场地器材	教案、图形和光盘等		
课后小结			

范例 3

《紫荆花开》队形教学教案

第 3~4 周（第 2 次课：180 分钟）　　2011 年 3 月 5 日

课的任务		1. 排练“紫荆花”、“密集换位”、“纵行”、“双圆”队形 2. 复习全场动作	
课的部分	**时间**	**课的内容**	**组织及教法**
开始部分	40 分钟	1. 整队集合，清点人数。 2. 师生相互问好。 3. 宣布课的内容： 复习上周所学团体操动作 排练“紫荆花”、“密集换位”、“纵行”、“双圆”队形	地点：紫荆操场 队形：×××××× ×××××× ×××××× Δ 组织：安排表演者散点站位。“见习生”随堂排练。
基本部分	100~120 分钟	**一、复习团体操动作（配乐进行）** **二、学习“紫荆花”、“密集换位”、“纵行”、“双圆”队形** 1. 紫荆花跑位 32（3/4） 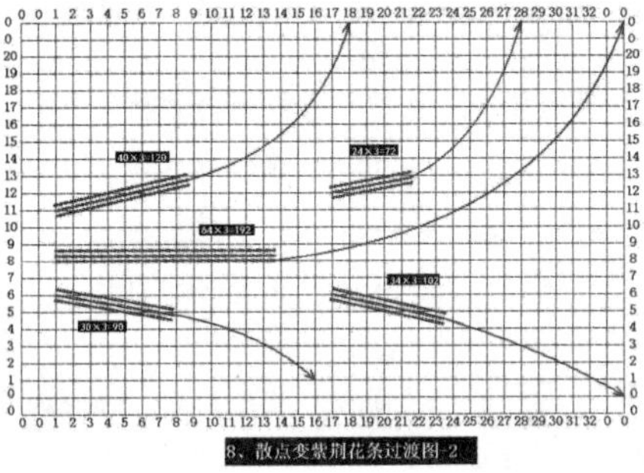 8、散点变紫荆花条过渡图-2 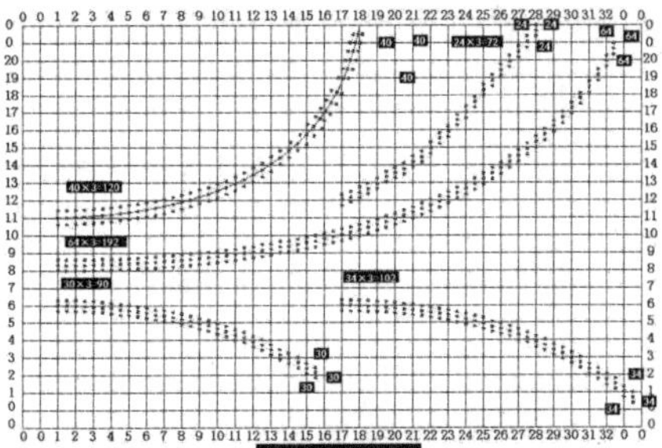 9、紫荆花条状队形	教法：集中讲解。分块练习。 **动作说明** (1-8)：密集（按枝条人数分配）。均采用双排并单排的方法，向各指定区域右密集。 (9-16)：枝条跑位，最后 4 拍下蹲。 花枝： 1：排头学生跑至（纵行）15.5 和（横排）1 的点位。 2：头 0-0、尾 17-6； 3：头 18-0、尾 1-11； 4：头 28-0、尾 17-12。 枝干： 头：第 1 纵行-第 6 排 尾：第 32 纵行-20 排。 坐标点：先纵后横。

课的部分	时间	课的内容	组织及教法
基本部分	100 ~ 120 分钟	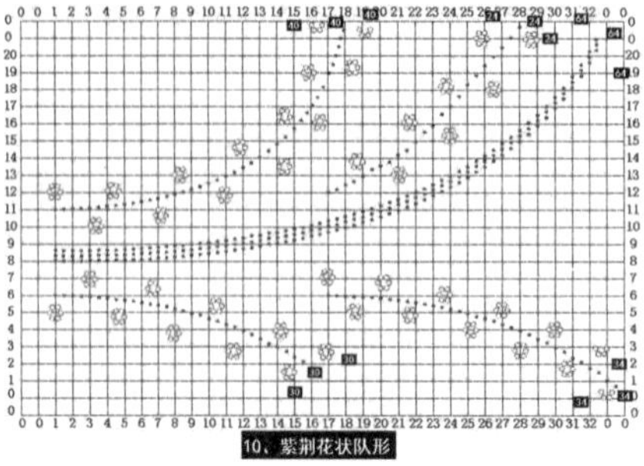 10、紫荆花状队形 2. 密集换位—队形　9.5×8 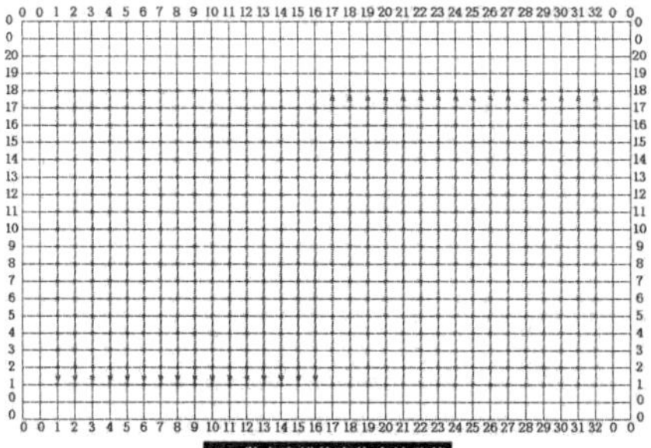 12、散点变错位密集方块路线　共640人 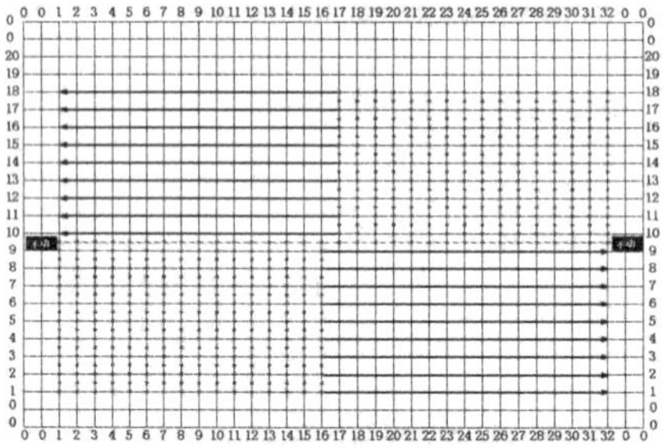 14、错位密集方块变散点路线　共640人 3. 纵队—队形　9×8 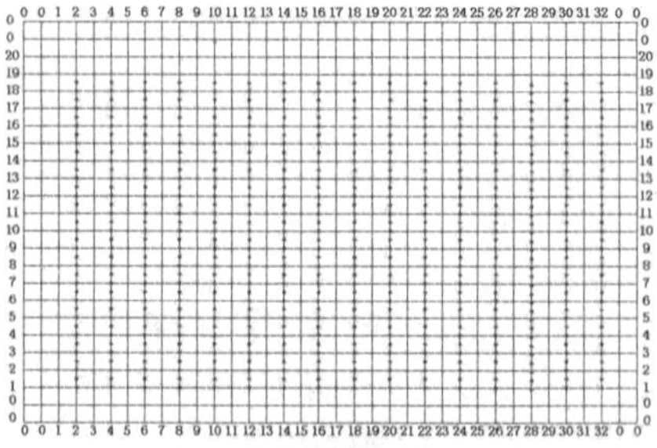 17、纵队队形　共640人	**动作说明** 花枝： (17-24)：右侧学生跑紫荆花，6人一组，每人间隔1个3/4拍启动。其他人下蹲螺旋绕。 (24-32)：换左侧学生做。 枝干： (17-32)：前后摆动。 **动作说明** 分左右两个区，前后密集。 左：后半场跑至前半场人员身后下蹲，其他人员下蹲不动； 右：前半场后转向后跑，其他人员下蹲不动。 左-右换位：两个区未跑人员分别向侧跑至散点。 **递次动作** A-B区：前半场的左右侧。 C-D区：后半场的左右位。 **提示音** 1-：B区绕臂下蹲； 2-：D区绕臂下蹲； 3-：A-C区直立起； 4-：B-D区直立起。 **教法**：集中讲解。分块练习。 **动作说明** 1-4：变纵队，单行向双行合并。 5-8：单双行换位动作。2个8拍一换。 9-：双臂持裙旋转。

课的部分	时间	课的内容	组织及教法
基本部分	100～120分钟	4. 双圆队形 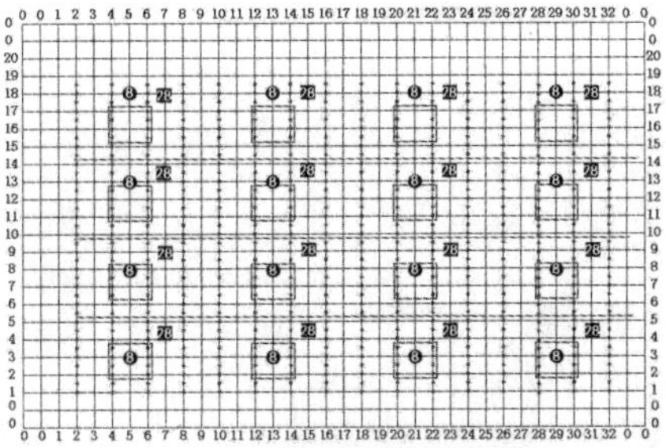 18、纵队队形变圆人员分配 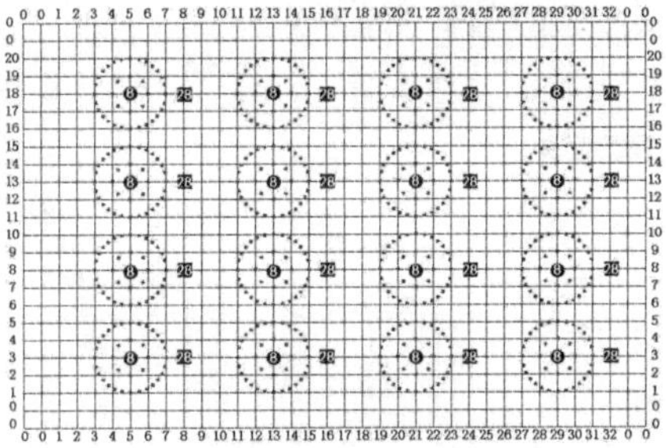 19、全场同心小圆队形 **三、配乐练习队形和动作**	**动作说明** (1-4)：变双层圆。 ① 将16路纵队均分4组，每9排分别形成双圆。 ② 中间区域的8人形成内圆，外圆28人自然合拢。 (5-8)：内圆站立，外圆蹲立螺旋绕。1个8拍体前绕、1个8拍体侧绕，然后重复做。 **教法**：教师集中讲解，分块练习。
结束部分	20分钟	1. 小结课的情况。 鼓励学生，指出不足，强调课堂气氛，针对个别学生服装、仪容问题进行强调。 2. 安排课外锻炼内容。 3. 师生互道再见，下课。	**课外锻炼内容** 复习本堂课所学内容。
场地器材		教案、图形和光盘等	
课后小结			

在完成以上备课内容后，教师还必须认真详细地写出规范的教案，并把团体操的教学过程包括各个细节，每个人占的位置明确地标在座标纸上，以免临场出现差错，影响团体操排练的进程和质量。最后教学组长根据教学情况，要做好动作、队形和图案的修改文本，并传达到参加教学的所有教师。

附件：

紫荆花开修改文本

<table>
<tr><th colspan="2">段落</th><th>提示语音乐</th><th>队形图片</th><th>动作（配合）提示</th></tr>
<tr><td>前奏</td><td rowspan="2">出场</td><td>3×8</td><td rowspan="2">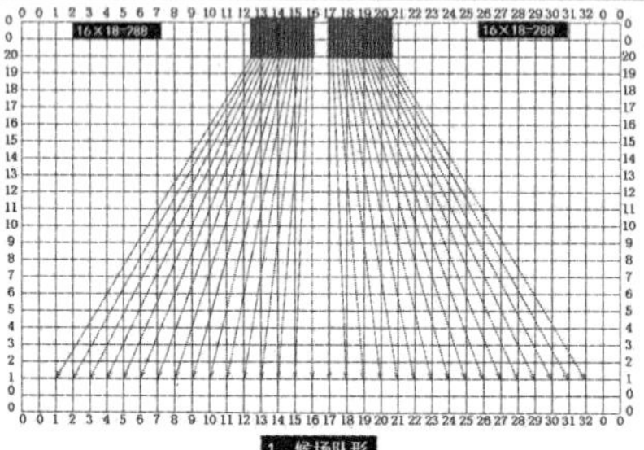1、候场队形</td><td>第三个 8 拍时双臂提裙斜上举。</td></tr>
<tr><td>入场</td><td>10×8</td><td>2 横排一组，间隔 4 拍跑步进场。配合提示音后转下蹲。</td></tr>
<tr><td rowspan="7">第一段</td><td rowspan="7">一</td><td>蛇形起 8 个（3/4）</td><td rowspan="3">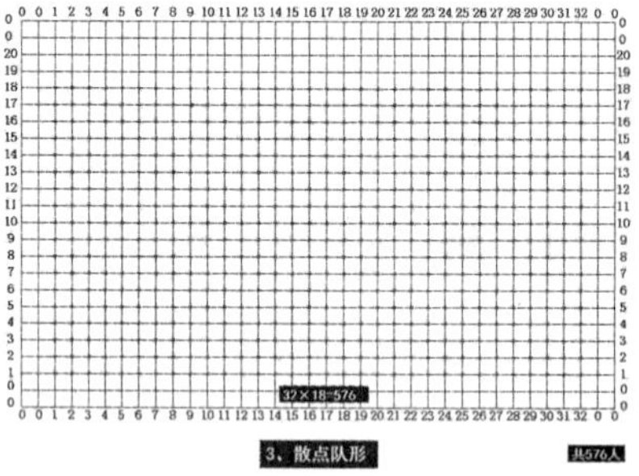3、散点队形</td><td>1-4(3/4) 单行蛇形起；
5-8(3/4) 双行蛇形起。</td></tr>
<tr><td>组合 17 个（3/4）</td><td>1-4(3/4) 华尔兹组合 1；
5-6(3/4) 后退；
7-：下蹲提裙后直立。</td></tr>
<tr><td>抖裙+侧摆 7（3/4）</td><td>1-3：抖裙上提；
4-：双臂下垂；
5-6：先左右左依次外摆裙；
7-：右转 90°下蹲。</td></tr>
<tr><td>菱形起 4（3/4）</td><td>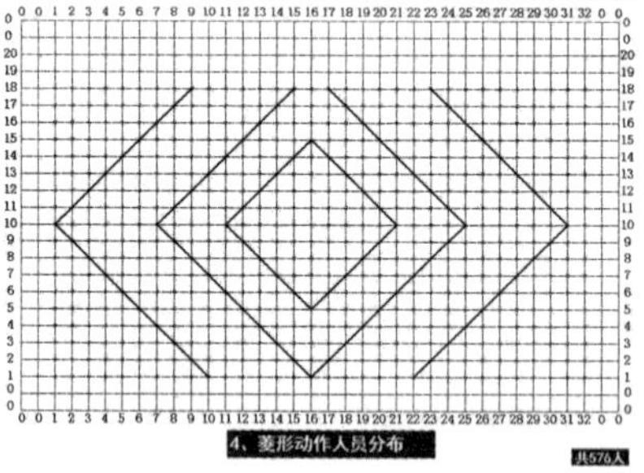4、菱形动作人员分布</td><td>区域分配
1-：16-5；11-10；16-15；21-10 内所有人员起。
2-：16-1；7-10；16-19；25-10 区域内起。
3-：10-1；1-10；11-20；21-20 区域内起。
4-：余下的所有人员起。</td></tr>
<tr><td>车轮摆 4 次（3/4）</td><td rowspan="3">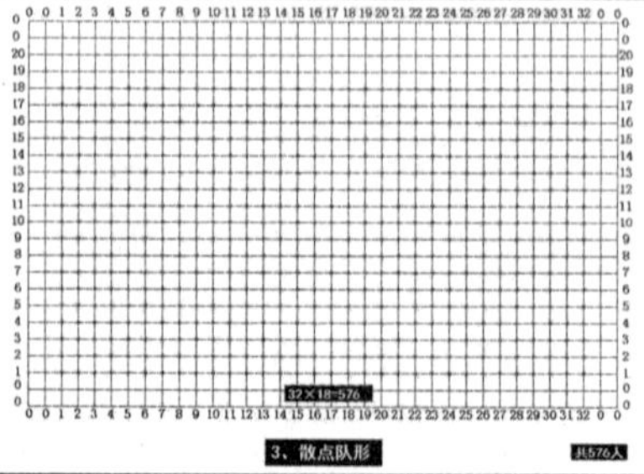3、散点队形</td><td>先左后右侧摆 4 次后下蹲（4 拍 1 动）。</td></tr>
<tr><td>分块起 8 个提示音</td><td>递次右转 360°，4 行一组，共 8 次。</td></tr>
<tr><td>组合 28（3/4）</td><td>华尔兹组合 2（两遍）。</td></tr>
</table>

段落		提示语音乐	队形图片	动作（配合）提示
第一段	二	紫荆花 16×8	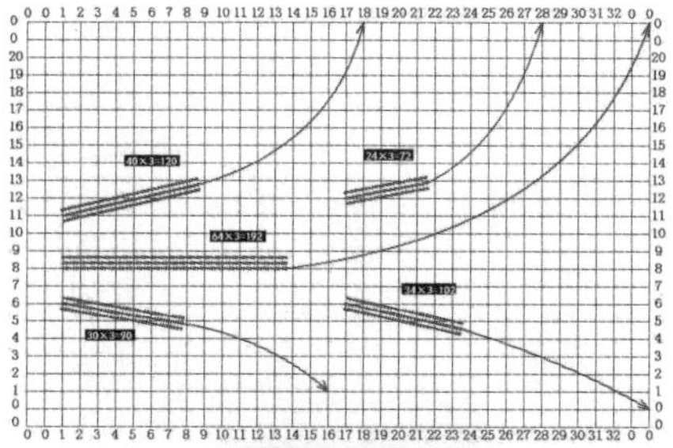 8、散点变紫荆花条过渡图-2	1-8(3/4) 密集（按枝条人数分配）。均采用双排并单排的方法，向各指定区域右密集。
			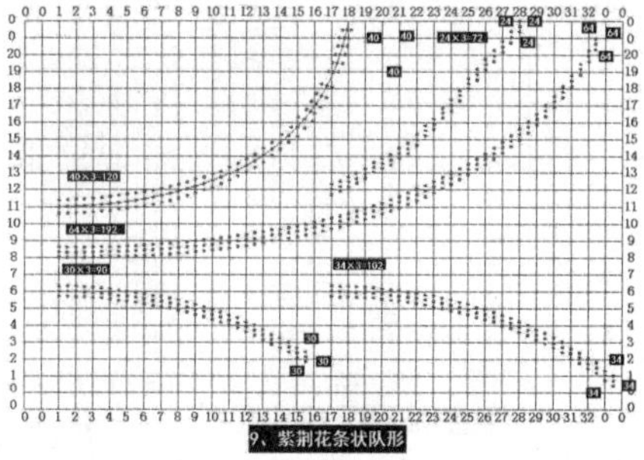 9、紫荆花条状队形	9-16(3/4) 枝条跑位，最后4拍下蹲。 **花枝** 1：头 15、5-1，尾 1-6； 2：头 0-0、尾 17-6； 3：头 18-0、尾 1-11； 4：头 28-0、尾 17-12。 枝干：头—第 1 纵行-第 6 排、尾—32 纵行-20 排。 坐标点：先纵后横。
			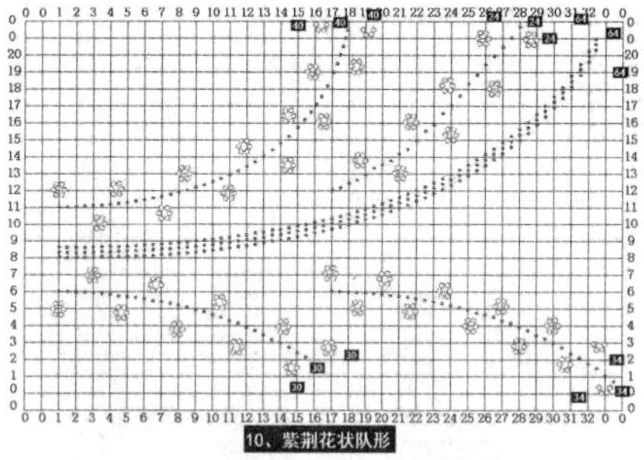 10、紫荆花状队形	**花枝** 17-24(3/4) 右侧学生跑紫荆花，6 人一组，每人间隔 1 个 3/4 拍启动。其他人下蹲螺旋绕。 24-32(3/4) 换左侧学生做。 枝干： 17-32(3/4) 前后摆动。
		散点回位 22(3/4)	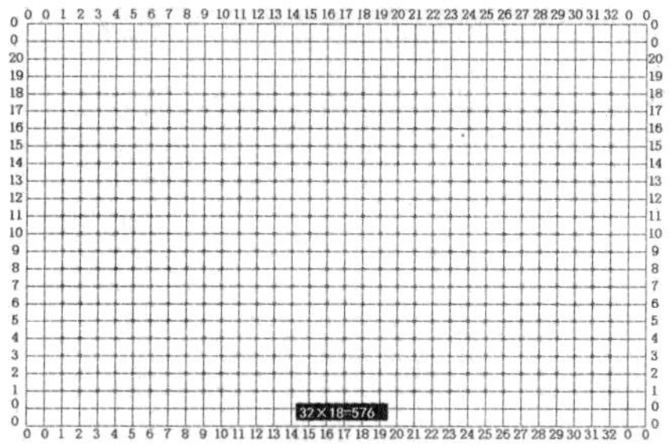 3、散点队形 共576人	1-8(3/4) 枝条变散点位。
				9-15(3/4) 华尔兹组合 1+后退+提裙直立。
				16-22(3/4)：抖裙上提+双臂上举停顿+下蹲。

段落		提示语音乐	队形图片	动作（配合）提示
第二段	一	块状组合 4×8		(1) 1-2行起，3-4行蹲； (2) 1-2行蹲，3-4行起； (3) 2-3行右转360°，1-4行蹲； (4) 1-4行右转360°，2-3行蹲。
	二	前后密集 4×8	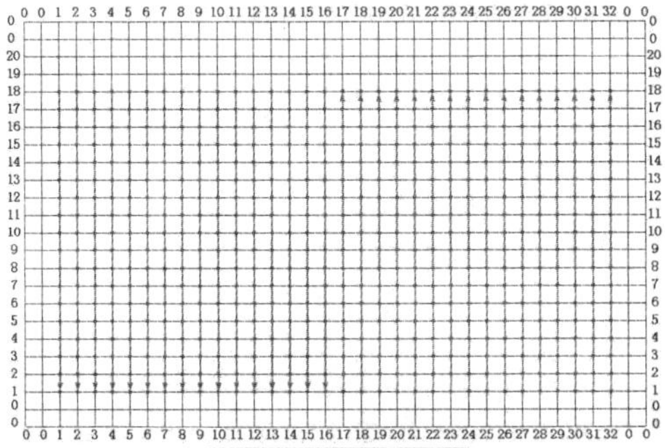 12、散点变错位密集方块路线 共640人	分左右两个区，前后密集。 左一：后半场跑至前半场人员身后下蹲，其他人员下蹲不动； 右一：前半场后转向后跑，其他人员下蹲不动。
		左右换位 5.5×8 递次动作 4（6拍）	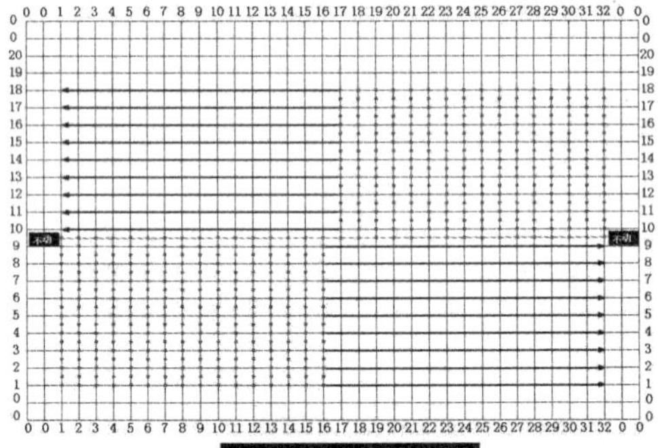 14、错位密集方块变散点路线 共640人	**左-右换位** 两个区未跑人员分别向侧跑至散点。 **递次动作** A-B区：前半场的左右侧。 C-D区：后半场的左右位。 **提示音** 1-：B区绕臂下蹲； 2-：D区绕臂下蹲； 3-：A-C区直立起； 4-：B-D区直立起。
	三	螺旋绕 4×8	散点图形	(1.3) 体前螺旋绕； (2.4) 体侧螺旋绕。

段落		提示语音乐	队形图片	动作（配合）提示
第二段	三	纵行 9×8	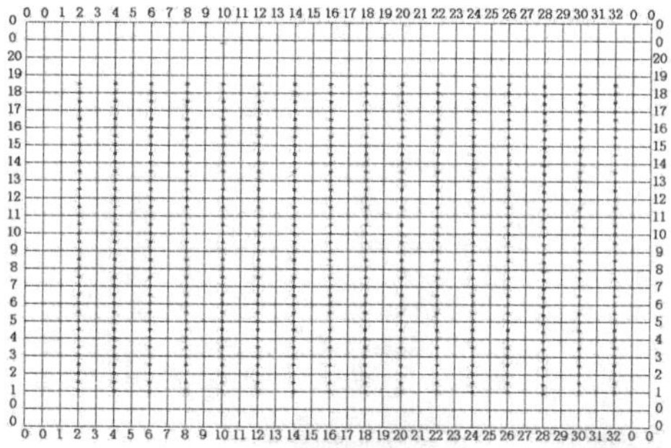 17、纵队队形　共640人	1-4：变纵队，单行向双行合并。 5-8：单双行换位动作。2个8拍一换。 9-：双臂持裙旋转。
		同心圆 8×8	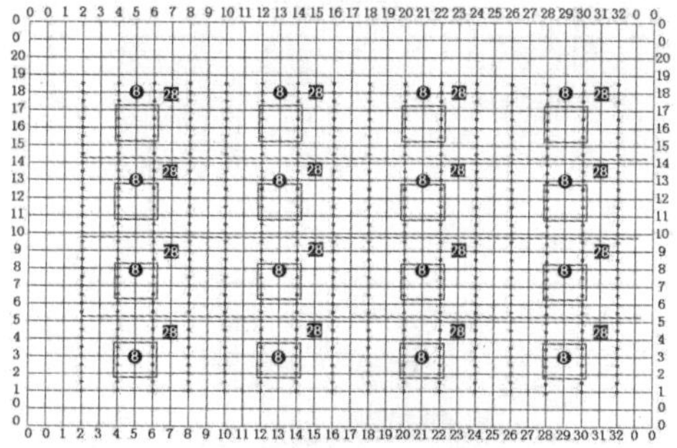 18、纵队队形变圆人员分配	1-4：变双层圆。 **方法及步骤** a. 将16路纵队均分4组，每9排分别形成双圆。 b. 中间区域的8人形成内圆，外圆28人自然合拢。 a、b两组同时进行。
			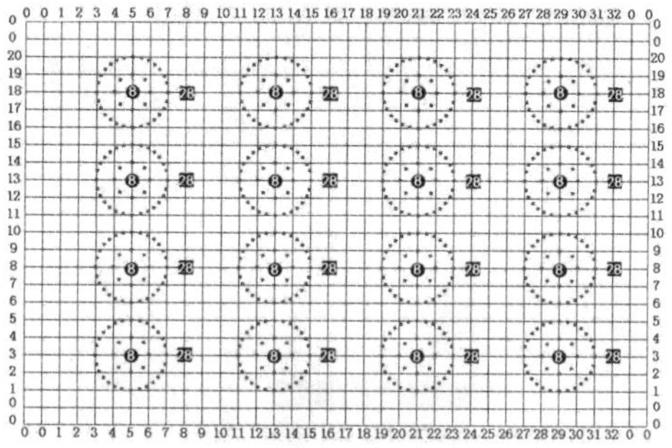 19、全场同心小圆队形	5-8：内圆站立，外圆蹲立螺旋绕。1个8拍体前绕、1个8拍体侧绕，然后重复做。
		三横排 12×8	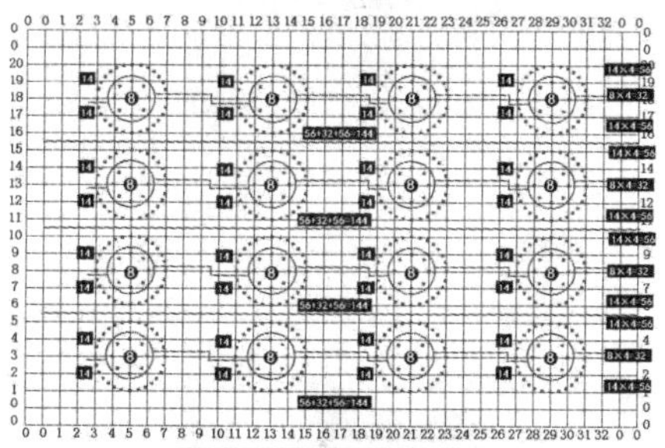 20、同心圆变三横队人员分布图	1-4：变队形 **方法及步骤** a. 横排4个圆为一组； b. 外圆的前后半圆分别划分成第1.3部分，内圆形成第2部分； c. 各部分自然左右展开合并成3个横排。 a、b、c同时进行。

<table>
<tr><th colspan="2">段落</th><th>提示语音乐</th><th>队形图片</th><th>动作提示</th></tr>
<tr><td rowspan="5"></td><td rowspan="3">四</td><td>三横排
12×8</td><td>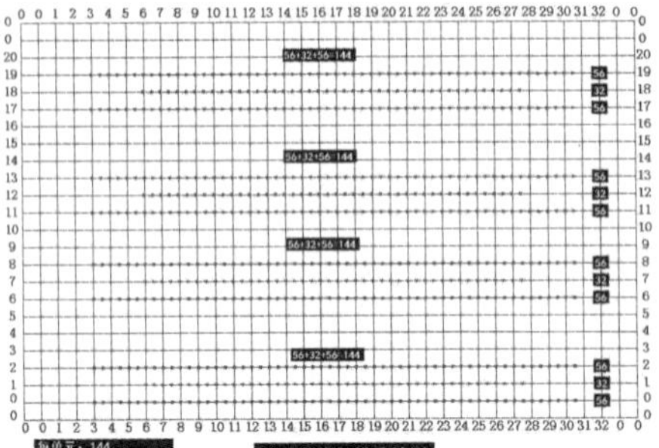
每单元：144
共计：4单元×144=576
21、密集三横队队形</td><td>1. 5－：以 3 横排为小单位（3－2－1）依次左转 360°，4 组同时做。4 个提示音：
从前到后以 3 横排为一组，4 组依次下蹲；
9－12：蹲立 8 字绕。</td></tr>
<tr><td>8 字绕 2
9×8</td><td rowspan="2">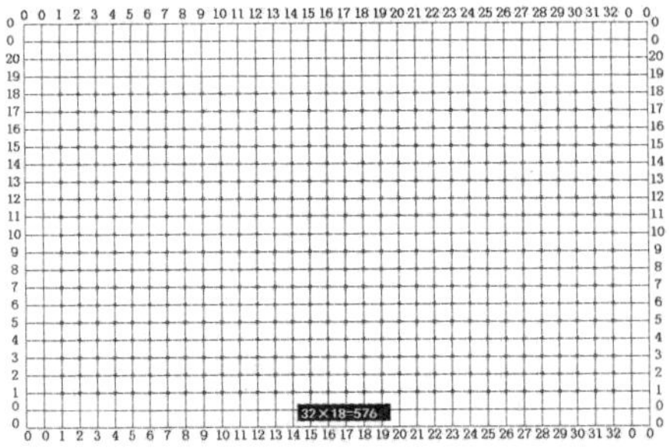
3、散点队形 共576人</td><td>1－4：变散点队形；
5－8：点地 8 字绕动作；
9－：原地左转一周。</td></tr>
<tr><td>小马跳
4×8</td><td>小马跳 2 个 8 拍一换，先左后右。</td></tr>
<tr><td rowspan="2">五</td><td rowspan="2">变同心圆
队形
5. 5×8</td><td>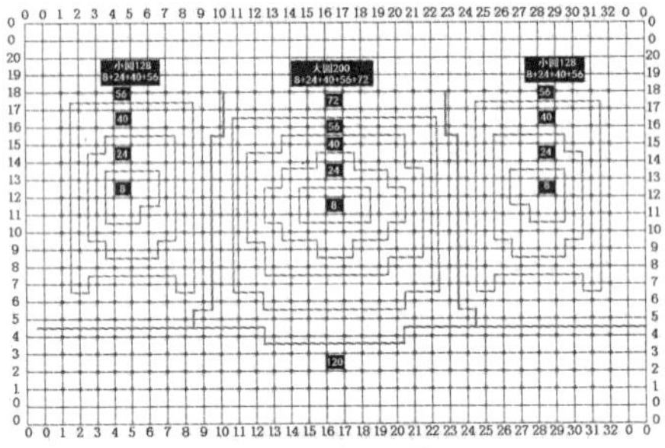
23、散点变礼花圆人员分布</td><td rowspan="2">方法及步骤
1. 1－4 排形成花边，第 3 拍的 13－20 号除外；
2. 左右两个区域各 128 人，形成小礼花；
3. 中间 200 人形成大礼花。</td></tr>
<tr><td>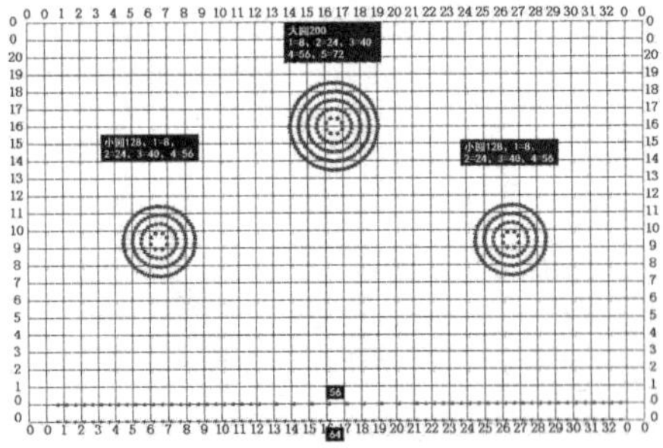
24、礼花圆队形</td></tr>
</table>

段落		提示语音乐	队形图片	动作（配合）提示
	五	礼花 21 响 提示音	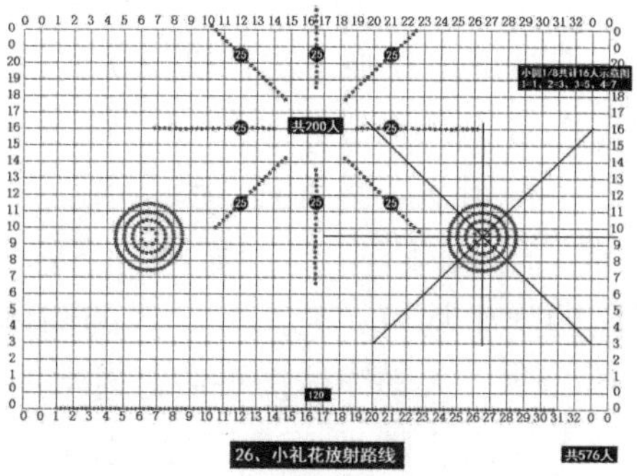 26、小礼花放射路线	**21 响提示音跑礼花** 1-12：大礼花（扩-收）、小礼花（蹲），12 拍时小礼花直立； 13-21：小礼花（扩-收）、大礼花（蹲），第 21 拍时大礼花直立。
		礼花分区 4×8	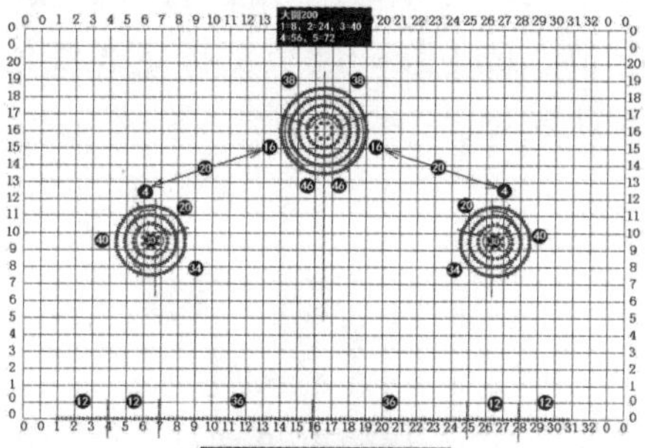 28、礼花变标志队形人员分配	**大礼花** 1. 后半圆的 76 人形成标志圆顶； 2. 其他的 92 人（前半圆外侧的 32 人除外）形成标志平顶。 **小礼花** 1. 中和内侧圆部分以形成标志的三角顶和 100 为主； 2. 外侧和花边人员形成立柱。
		标识 5. 5×8	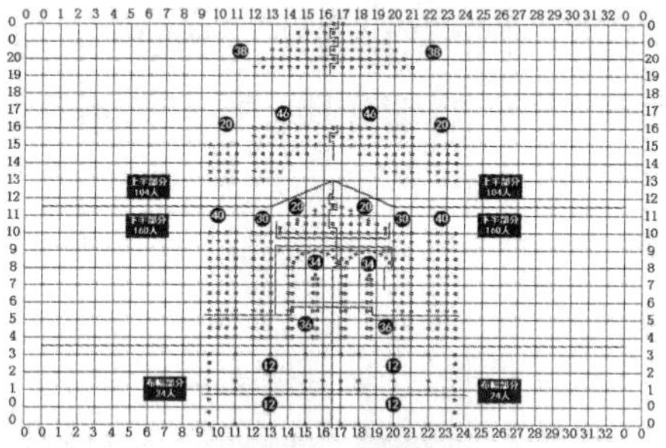 29、标志队形人员分区队形	**布幅** 这部分人员来自花边余下的 48 人。
			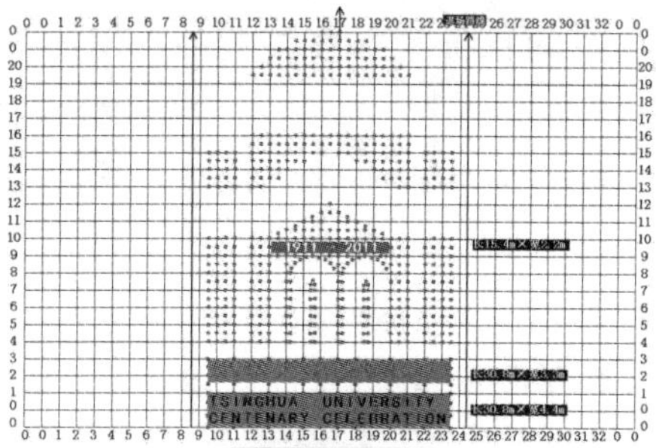 30、校庆标志退场路线	图案上表演者做 2 次蹲立，双臂体侧摆动；拉布幅的人员从右侧场地跑步入场，随节奏逐渐将其展开。

3. 挑选表演团队

团体操的排练，是一种严密复杂的组织和技术工作，其中组织性工作比技术性动作更为棘手。因此，选拔演出人员除了要根据团体操创编的要求考虑其年龄、性别、身高、健康状况等因素外，还应是纪律性强，动作接受快，灵敏、节奏感较好的学生。为了便于排练的组织和管理还应考虑其班级相对的完整性。总之，参演学生的组织要在符合总体设计的基础上，以“好组织、易管理”为原则。校园团体操表演者的选择根据学校级别的不同而有区别，幼儿园团体操的表演者多选择中班以上的孩子为宜；小学团体操表演者任何年级段的学生均可；初高等学校的团体操则不适合选择面临升学（即将中考或高考）的学生参与；大学团体操表演者通常选择大一大二的学生为宜。另外根据表演的规模、场次和表演内容的需要进行统筹安排，每一场操的表演班级不宜太多，尽可能安排相同年级的学生，以利于组织排练。按表演方案和编队的要求，由团委、教务处、各年级辅导员、班主任一起负责拟定表演位置坐标图，把选定的表演学生和后补同学按系或班编队定位。

二、教学与训练阶段

（一）思想动员

团体操排练前对表演学生要进行充分的思想动员，除了要讲清表演的意义、形式和任务，介绍校园团体操的主题思想，总体方案和分场表演的大致内容以及加强组织纪律的要求外，也应给学生制定一定的奖励政策（如给予一定学分的奖励或提供服装等），这样不仅能提高学生的积极性，也能让团体操有条不紊的进行下去。这一切均包括替补同学在内。如有可能最好在正式学习前放映一些有关的资料片，使表演者对校园团体操有一个初步的完整概念，有利于今后训练工作的顺利进行。

（二）表演内容的教学与训练

校园团体操属群体活动，在这项活动中表演者一方面需要关心、鼓励与帮助，求得社会心理的满足；另一方面需要促进情感交融，使他们获得自己是团体中不可缺少的一种情绪体验。在排练过程中执导人员应把握好表演者的心理特点，充分发挥群体的影响力，调动表演者参加排练的积极性，提高效率。团体操的教学与训练是把创编人员创编的内容、构思变为现实的实质性的工作，也是校园团体操排练的核心阶段。在这个阶段中通过严格训练，使表演者准确熟练地掌握全部表演动作和队形变换，达到表演要求的水平。对训练中所发现的问题要及时进行修改、逐步完善表演内容。这一阶段的训练时间，在制定计划时要留有余地，做到前紧后松。如《清华颂》正式表演时间是2011年4月22日，教学与时间是从2010年9月开始，为了不占用学生的课外和其它学科的学习时间，团体操的教学与训练全都安排在正常的体育课堂教学中。同时还得保证正常的身体素质练习，因此合理安排教学计划就非常重要。

编排是团体操的前提，教学与训练是团体操能否取得表演成功的保证。再好的创意，如果没有严格、合理的训练，一切只能是水中之月，因此教学与训练方法是否得当尤为重要。由于团体操排练要在尽可能不影响正常教学的情况下，以较短的时间、较少的投入获取最大的成效，因此对老师的组织能力、排练方法都有很高的要求。团体操的教学方法一般有：

① 分解教学法。即把团体操整体分解成单个动作进行学习，待单个动作学习掌握后，再把它们串起来。

② 固定教学法。即“哪儿来哪儿去”，即学生要跑成固定的数字、图形和站位点等。

③ 区域教学法。即能把形成小片队形图案的这部分进行“整体教学”，如《紫荆花开》中组成紫荆花图形时，就要分别对“花朵、花枝、主杆”进行“区域整体教学”。

④ 基准人教学法。就是在所有同学中间安排一些小组长，他们的任务是提醒其他同学动作的变化，跑动时起“带路”作用。

⑤ 整体教学法。即采用模拟全场表演的方式将零散的单个动作、跑动路线串成流畅的整体。尽管一个教学班只是团体操的一小部分，但必须培养学生“整体”的概念。

1. 表演动作训练

表演动作一般包括操化动作与舞蹈动作、特殊动作与造型动作等内容。这些动作根据其难易程度和表演者的协调性等情况采用教师示范，讲解要点，练习者模仿动作的直观教学、分解示范、放慢动作节奏的教学方法，也可采用分节分段练习过渡到整段练习方法；对于有一定难度的特殊动作与造型，可采用分步骤的辅助练习和诱导练习以及区别对待的特殊训练方法，待单个动作熟练后再进行配合练习。在讲解不一致动作时，要分别讲解说明每个同学动作的方向、步伐、路线、动作过程、要领、动作的节拍及规格，然后在统一的慢口令下，一拍一拍地指挥同学们完成。

团体操表演动作还分一致性和非一致性动作。对一致性动作可采用集体排练的方法，对非一致性动作采用分组排练的方法。在练套路时多采取集中排练的方法，提高动作质量多采用分组排练的方法。排练前期主要采用分组、分队的练习方式，由骨干负责动作技术、位置变换、道具运用的排练工作，各队指导进行技术监督、检查和协助骨干做好思想工作，避免无谓的练习和“疲劳战”。在训练中一旦同学出现错误动作应及时纠正以保证动作完成质量为前提，训练中可相互观摩、轮流完成并进行评议，对完成得好的学生应及时给予表扬。

2. 动作与音乐的配合训练

在动作训练的基础上，要尽快把动作节拍与音乐节奏结合起来，这样可以加深表演者对动作内涵的理解和记忆，提高训练效果。配乐训练一般采用听音乐与听练相结合、合乐训练与口令相结合、音乐与指挥手势相结合等训练方法，在反复练习中提高表演者的音乐素养，最终达到动作与音乐旋律融为一体的表演效果。

3. 队形与图案的训练

表演队形一般包括队列队形与队形图案的变换练习等内容。队列队形动作的完整无缺及其变换的协调准确是烘托校园团体操的气氛、体现表演效果的一个重要标志。在练习中要注意突出队形的基本动作练习，培养表演者行动迅速，整齐一致的队列意识。此阶段通常采用合并法、分散法、分段法及分区法等排练方法，通过分散与合并、分段与分区的切割与重新组合，排练全场队形图案的整体表演效果。为了使队形图案变化迅速、准确、整齐，一般采用基准人、基准排、基本点和特殊点的排练手段。基准的确立有助于团体操整体队形、场内图案的变换清晰、正确、整齐，排练中要准确地计算出每个基本点的间距及具体的坐标点，注意在场地周围设立易识别的标志物或在场内画点，以便演员更好地进行表演和排练。

（1）队形训练比动作训练容易，并能很快掌握。练习前教练员首先要进行队形的讲解与示范。采用集体讲解、部分讲解和边示范边讲解等方法。明确每个队形或图案的节拍数以及变队形到位的过渡节拍数等。对于较复杂和较大的队形变化则可先在场内画出特殊标记或图案的轮廓，采用骨干带领，由走到跑，逐渐过渡的方法。要在基准同学所移动的位置上设特殊标记，帮助同学们辨别位置。掌握了每个队形之后，可以依次地做连续的队形变化，也可只走队形不做动作，在走队形过程中，一定要喊出节拍数，让同学们熟悉队形之间的联系和各种变化的位置。这样既可节省训练时间，又能发现队形设计和队形训练中的某些问题，方便给予及时修正。

例如“圆形”队形变化成“五角星”：在原有“圆形”队形的基础上，学生由逐步向内移动形成“五角星”图形。动作一般采用碎步向内合并的形式，最终合并成需要的队形，排练前一般要在地上事先画有标志圈，学生通过移动最终踩上标志圈上。

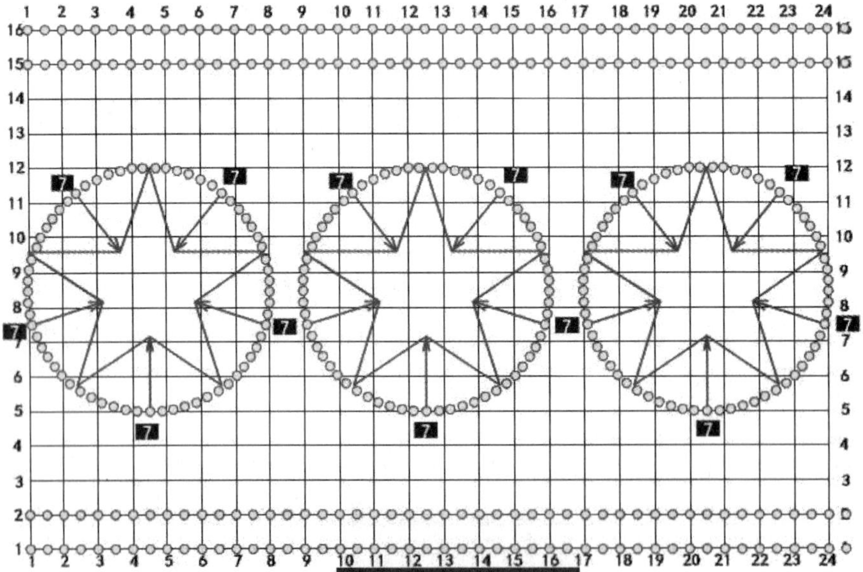

三圆变五星路线

校园团体操

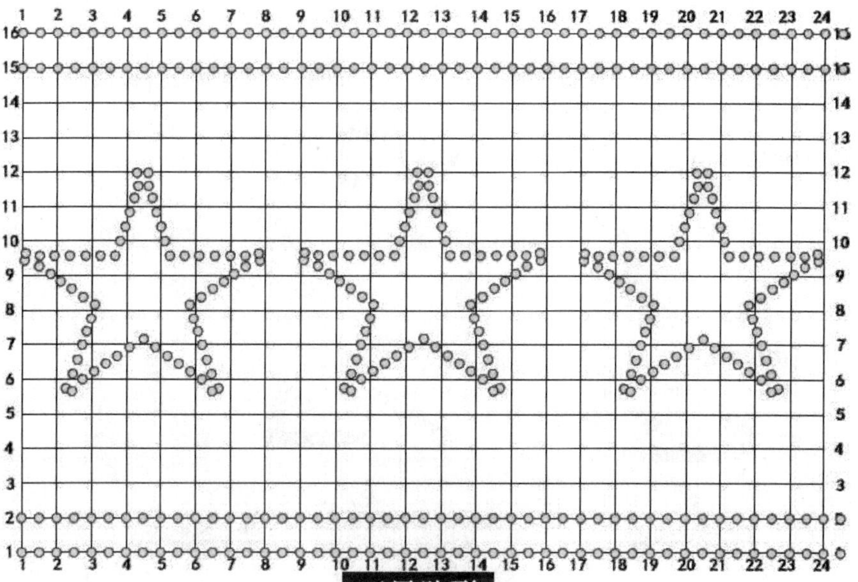

五星队形

排练队形的教学会有一个难点：一个完整的图形变化不是由一个教学单元的学生来进行完成的。这就要求教师在教学时仔细地将要求讲解清楚，学生一定要认真记住要领。例如进行波浪变化，一般以 8 个人为一个小组，如果周一上午教学班的学生可能只有 6 路，下午就要安排 2 路学生学习第 7、8 拍的动作，这样教师就必须让学生明确地知道自己是第几号，在哪一拍该做什么动作，在进行变化时既可以很好地配合教师的要求，又可以培养学生和另外单元同一图形同学之间的默契。

（2）图案的训练与队形的训练相似，所不同的是图案组成较复杂，比队形训练困难些。校园团体操的图案组成大体都是反映主题思想，如组字、组会微、校徽等。在排练图案之前，应把各系、各班的图案所在位置和人数分配讲清楚，由各组的分管教练按规定完成自己负责的图案训练任务。在集体排练大图案（如接力图）时，为了使同学能准确地走位，可事先在场地上画出图案的轮廓或标出若干特殊标记。在统一指挥下，由教练员带领同学定位或跑位，熟练之后逐步取消教练员的辅导与场上的多余标志。

（3）训练前教练员要弄清每个队员变队方向、路线和最终所站位置。队形和图案的训练应注意以下几个问题：一要充分利用“标志点”为变队形的参照物（标志点可以用 10 厘米见方的硬塑料或胶合板制成，在坐标点上用防水的红蓝两种颜色分别标出该点的横纵坐标号，用两根 1 寸铁钉固定在地毯或草坪上。这样能够使场地内学生方便地看到自己所在位置的坐标号，并以此推断出应移动的方向和距离，提高训练的效率和表演的准确性）。由于团体操表演的舞台是大操场，周围的参照物距离较远，靠学生的目测感觉是无法控制队形的准确和整齐的，训练时教练应要求学生记清自己所站位置的方位。记清向哪一方向移动多少个标志点，变队后与邻近人相距多少个“点”。

只有这样才能准确无误地实现方案设计的队形变化。

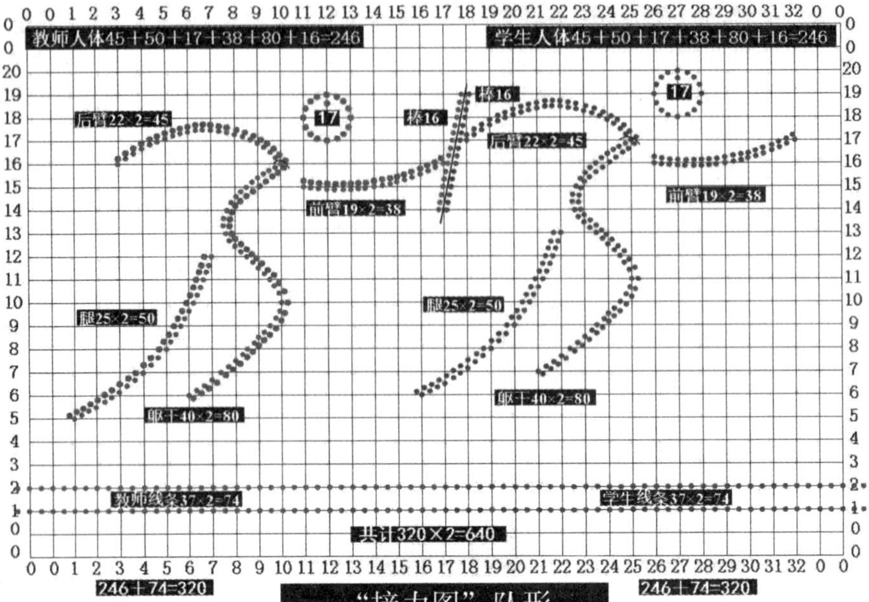

“接力图”队形

（4）训练复杂队形和综合图案时，利用特殊标志的方法是十分必要的。特殊标志是指区别于基本标志点颜色和材料的标志物，它可以是块状，也可以是条状。几个不同的内容在一个场地上演出时，应事先规定好并区别开各表演内容的颜色，特殊标志不宜过多，应尽量少用，以免前后队形混淆。如果排一个大的五瓣花队形时，只要在花心处设五个特殊点，或者在花瓣的顶点再设五个特殊点，为了使边的弧度准确，可在弧边上设条状的特殊标志物。

4. 进退场的训练

进场是整场团体操表演的前奏和序曲，这是一个非常重要的环节。观众对团体操的第一印象就是从第一次进场开始的，进场要与进场后的第一个队形或动作紧密地结合起来排练，进场时还应注意场地出入口位置，以及各场操集散位置的分配与衔接；退场是表演高潮的余波和一场操的结束，退场要与表演的最后一个队形及其动作结合起来进行排练。退场要迅速、有秩序，为下一场操的入场创造有利条件。进退场一般包括整体式和分散式进退场，队列式和图形式的进退场等内容。整体式的进退场以行进间的队列动作为主，采用基准人、基准排（行）的训练方法。为缩短进场时间，也可采用事先描点，集体跑步进场踩点的方法。分散式或图形式的进退场则一般由基准人或基准排（行）带领，按照预定的路线进行。对较难的路线或图形，可事先完整地画在场地上。但无论是进场还是退场都是团体操表演不可分割的组成部分，因此除了迅速并形成预定动作之外，还必须把进退场动作与前后场次以及本场动作融为一体，不可截然分开。训练时采用“化整为零、分头练习、集中演练，彩排完善效果”的步骤进行。

5. 音乐与口令的训练

音乐是校园团体操表演的主要指挥信号。从表演开始到结束都是在音乐伴奏下进行的。但是在训练的最初阶段，只能依靠口令指挥完成动作。随着动作熟练程度的提高，逐步要求学生们学唱各段音乐的主旋律，采取边唱边做的方法或是结合口令同时放音乐的方法逐步代替口令。在训练过程中，掌握好用音乐替代口令指挥动作的时机很重要，它既可提高训练速度还可避免单调枯燥和学生们不耐烦的急躁情绪。为了使学生尽早熟悉音乐，有条件的学校，可在早操或课间操的时间，由广播台统一播放团体操音乐，使学生逐步熟悉所用音乐的节奏变化及情绪的起落，从而使学生们能在音乐伴奏下，轻松自如并富于感情地进行各自的表演，在动作与音乐开始配合时，可适当加入口令予以提示。

如果团体操的音乐是用某首歌曲伴奏，最简单的办法就是在学习完基本动作以后，用如下描述告知学生动作音乐与队形的配合：

《清华颂》之“走向复兴”大旗动作、音乐与队形的描述

一、旋律部分：8×8 拍 1—：前 4 拍不动，5 拍时第 9、8、7 排的学生先跑进场地； 2—：第 6、5 排的学生跑步入场； 3—：第 4、3 排的学生跑步入场； 4—：第 2、1 排的学生跑步入场。 5—6：全体学生继续跑位。到位的同学原地小碎步跑调整队形； 7—：左右半场面对面踏步，变错位站的学生踏步到指定位置； 8—：全体学生原地踏步转向主席台，调整队形。
二、唱词部分：12×8 拍 主体动作组合
三、旋律部分：4×8 拍 1—2：散点变圆（一定要快跑，这样旗子才飘得起来）。 3—4：全体学生胸前右斜 45°持旗，逆时针跑圆。
四、唱词部分：16×8 拍 1—2：圆形变 6 路纵队； 3—6：“卷龙”动作（8 人一组同时做左右摆的动作，2 拍一摆）； 7—8：6 路变 9 路纵队； （歌词：前进……）错位跑： 9—12：左右密集跑位，所有学生的身体都面向跑动的反方向。（4 个 8 拍） （歌词：前进……）13—16：全体学生后转 180°（都经主席台反向向后转）跑回“错位站”的前后 9 路纵队。（4 个 8 拍）
五、结束部分：4×8 拍 （歌词：走向复兴……）1—：后半场学生跑向前半场，其他学生不动。 2—4：全体学生向中间密集（集中）。

6. 背景的训练

背景表演的成功与否，取决于表演者高度的组织性、熟练的表演技术以及指挥信号熟练的程度，严密、准确、果断、适时的指挥是取得表演成功的关键所在。在指挥时应注意：指挥台要设在全体背景表演者都能清楚地看到、不影响观众视线又不易被观众发现的地方为宜。指挥人员应分工明确、严守职责，准确、果断、适时地执行指挥任务。背景表演的动作比较简单，要求动作绝对准确，表演中不能出错，对表演者要有严密的组织纪律性的约束。

（1）背景表演的基本功

① 正确的坐姿：上体正直、两腿自然分开、准确地坐在每一行的基本线上。

② 持背景本的姿势：两手抱住背景本，打开本子时左右手的拇指在后，其它四指在前捏紧本子，持本要做到平稳。

③ 找页方法：左手握紧本子，右手食指移至上端找到要找的页码，找到后右手迅速顺此页移至本子的中部。

④ 背景本的开合技术：先将背景本向前推，然后合页迅速打开。一般是一秒钟完成合开技术动作。

（2）指挥信号的接收动作

① 找页信号：看到主席台上挂出的页码后用右手立即找到该页。

② 准备开合信号：看到指挥者的准备旗语时应集中精力准备开合本子、并小声提示周围同伴。

③ 开合信号：看到开合旗语信号时、迅速完成开合技术动作。

7. 多媒体教学

将团体操的动作拍成完整的演示视频，再将队形变换的路线、图案制成动画等课件，利用校园多媒体（网络教学）的优势帮助学生快速理解团体操的整体表现形式。在课堂外学生可根据自己的角色定位在课件中寻找到各自表演时的位置，对于特殊动作的表演，老师可以渲染相应的个人动作序列，帮助学生学习，从而使团体操的编排和排练可视化、简单化。让学生有一个整体概念，激发学生参与学习和表演的兴趣。

（三）合练

规模较大的团体操，表演场面大、场次和人数多。在训练方法上一般采用先分组教学分块训练，然后把所有场次结合在一起整体合练。这是团体操训练的主要特征之一。这种训练方法不是一般的先分解后完整的简单组合，因为团体操一般都是由不同单位的人员分别承担，多数表演者的表演任务具有阶段性，局限于个别分散的场次中完成。在训练方法上要注意以分块练习为基础，适时掌握不同形式的组合练习，合练中重点突出、协调配合。合练可分为分场次合练和全操合练两个基本部分。

1. 分场次合练是指同场次演员在分班学习后共同汇集于某一场次集中一起进行合练。大型团体操中有较大的队形变换和图案练习，一个单位（年级或班级）不能解决，可由组成图案的几个单位在一起练习，合练时注意统一动作。

范例：

《清华颂》之第二场“校园风采”合练计划

2011 年 2 月–4 月

时间	任务	要求
3 月 5 日 第 1 次课	武术（师生合场排练） 1. 队形跑位：候场–环形循环–散点–错位散点–密集方块–圆形 2. 排练“接力图形”	完全掌握跑位及动作变换
	啦啦操 确定“散点、矩形”队形的站位	掌握队形站位及变化方法
3 月 12 日 第 2 次课	武术（师生合场排练） 排练“体育项目图案”队形	掌握“体育项目图案”的变化
	啦啦操 1. 复习表演动作和所学队形 2. 排练“日晷”队形	确定“日晷”的站位
3 月 19 日 第 3 次课	武术（师生合场） 复习全套表演动作、全场队形	配乐完成全套动作和队形
	啦啦操 1. 复习表演动作 2. 排练“同心圆–校徽”队形	掌握“散点–同心圆–校徽”队形的变化过程
3 月 26 日 第 4 次课	武术（师生合场排练） 1. 复习全场队形和动作 2. 学习尾声部分队形和动作	掌握尾声部分队形、动作和候场位流线
	啦啦操 1. 学习使用道具方法 2. 学习尾声部分队形和动作	掌握道具使用方法、尾声的队形、动作和候场位流线
4 月 2 日 第 5 次课	总场排练（练习场地） 1. 排练各场流线（进场、表演、退场、候场、尾声、退场） 2. 全民健身表演团队合练	1. 掌握表演的流线 2. 熟悉指挥位置，方法、时间和动作节点等 3. 指挥系统演练
4 月 9 日 第 6 次课	总场排练（表演场地） 1. 排练表演前候场、各场流线 2. 配合播报进行全场表演 3. 使用所有表演道具	1. 熟悉“候场位”站位 2. 在播报和音乐伴奏下表演 3. 熟悉表演道具、指挥流程
4 月 16 日 第 7 次课	带装彩排（表演场地） 全体人员按正式表演程序进行排练（播报、音响、全民健身团队）	1. 达到设计和表演要求 2. 熟练掌握指挥位置，指挥方法、时间
4 月 22 日	正式表演	保证表演顺利完成

2. 全操合练是指每一场操练好之后，各场操汇集在一起进行排练。全操合练重点解决各场操的前后顺序连接，出入场的时间和地点的分配等，以音乐为线索不停顿地让每段、每节、每章的节目延续不断地展现出来，防止脱节和拖拉。合练中应注意先进行分片合练，分片合练好了再进行整场操合练，最后进行全操合练和带装彩排。集体合练的时间是有限和宝贵的，在合练之前要先布置好场地，合练能否顺当，关键在于准备充分，指挥者的头脑清楚，方法得当才能把握好本队伍的变化和其他队伍间的配合，起到凝聚向心作用。

（四）通用训练方法

1. 动作训练方法

（1）集体示范方法：多人集体配合动作，采用集体示范（可学生也可教练），学生坐下观察其动作。

（2）分组训练方法：在主教练统一口令指挥下，其余教练配合，学生分组集体进行动作节奏练习，集体纠正。

（3）全场集体训练：在主教练统一口令指挥下，进行练习（注意观察练习效果集体纠正）。

（4）新学动作阶段，主教练指挥，其余教练采用领做的方法。

2. 队形图案训练方法

（1）提前在场地上根据需要作出记号进行训练的方法。

（2）“分区变队”的方法：队形图案，用一个区示范变化方法（这个区的学生可提前学习），其余学生坐下观察，然后教练负责训练所分配的区域变队，最后再整合。

（3）无规律队形图案训练方法：全场学生坐下，部分教练组织学生站位，部分教练安排坐标位置，一部分一部分地进行定位的方法。

（4）训练顺序“七步骤”的方法

① 排列队形，直接定点站位。

② 口令无节奏指挥，用走步变队。

③ 口令无节奏指挥，用跑步变队。

④ 口令按表演节奏指挥，用表演步伐变队。

⑤ 口令按表演节奏指挥，用表演动作和表演步伐变队。

⑥ 口令按表演节奏配合音乐指挥，用表演动作和表演步伐变队。

⑦ 用音乐指挥，用表演动作表演步伐变队。

3. 配乐训练方法

（1）集中学生听音乐训练方法

① 学生集中坐下，教练播放音乐，引导学生听懂音乐节奏等。

② 主教练讲解和指挥，其余教练在音乐伴奏下，进行动作队形示范。

（2）在学生已掌握音乐风格和节奏下，进行配乐训练。

① 教练领做，分段落进行配乐训练，及时发现问题进行集体纠正。

② 总教练指挥，全场整体进行配乐训练，注意音乐、动作、队形的准确性。

（五）对教练的要求

1. 教练必须提前到场布置场地和音响设备等，做好训练前的准备工作。

2. 训练开始后，先要集中学生讲明本次训练的任务意图，让学生清楚本次训练的目的，形成初步印象。

3. 每次训练第一步，集体复习已学的相关内容。第二步，学习本次课新内容。第三步将已学内容和新学内容结合训练，基本做到巩固并提高。要求训练中掌握节奏，注重训练质量，到达最大训练效果。

4. 课结束时，小结训练情况，首先肯定学生训练中的优点，然后指出不足之处，提出进一步的要求。

5. 教练员进行小组总结，安排和明确下次课训练任务，做到每一个教练心中有数。

（六）训练注意事项

1. 注重动作、队形训练的大效果原则

① 特殊点位置上的学生必须严格按照坐标位站位，其他学生不要过多纠正。

如：圆形队形的 1/4 位置，1/8 位置，1/16 位置为特殊点位置。

如：象征性意义的图案中，位于坐标点位置，或特殊颜色布条表明的位置。

② 无论动作队形多数人基本正确后不要过多的追求细节的完美，不必去进行个别动作或少数错误的纠正。

如：个人动作幅度大，动作的方向、路线，节奏基本做到一致。

如：队形图案基本清楚，线条基本清晰，人员排列基本准确。

2. 注重前、后、左、右四个方向的表演效果原则

① 个人动作注意四个方向的表演效果。

② 集体效果注意四个方向学生表演的效果要尽量一致。

如：全场大圆，面向主席台一侧和靠近主席台的学生练习认真，动作到位，队形清楚，而背对和后场远离以及左右两侧的学生就要差一些。

3. 训练手段与方法的好坏以快速准确为标准衡量的原则

① 快速达到要求为第一要素。

② 准确规范为第二要素。

（七）教学与排练要注意的几个问题

1. 充分考虑参演学生的心理变化

团体操参演学生多，对参演的意义认识不一，在庞大的表演场面中个人的任务只有寥寥几笔且又看不到整体效果，反复单调的排练，容易使人产生疲惫而影响效果。对此，排练组织者应有充分的准备，及时采取措施，常见的办法有：①准备充分，排练前尽量说明意图，让全体参演学生心中有数，争取每次排练一气呵成。②充分利用环境变化，观摩、比赛等方式来调节情绪。③将平时培训的照片、录像或花絮等通过多媒体播放给表演学生观看，或将其发布到校园网或主页上，让学生去自行浏览和观

看整体效果，提高学生表演的兴趣。④将学生的表现与其关心的学业成绩、评比加分等相结合，会极大地调动他们的积极。排练中还应充分调动每个表演学生的主观能动性、注重个性的发展、培养集体荣誉感和吃苦耐劳、勇于克服困难的精神。

2. 发挥表演骨干的带头模范作用

把头脑清晰、应变能力强的表演骨干安排在各个关键位置上，起到以点带面的龙头作用，这既可提高排练的效率，还能保障排练的效果。

3. 教师要以身作则

以严谨的工作态度和饱满的工作热情投入排练，以此来调动学生的排练热情。教师要守信，不随意延长排练时间，防止学生感到厌倦以至产生消极情绪。在练习过程中教师要关心学生，平易近人，对学生要多鼓励、多引导，避免讽刺挖苦、无端指责。对自身条件差却努力排练的学生要表扬鼓励，纠正错误要耐心，语调要柔和，要不厌其烦。

4. 组织一定的后补队员

需要考虑到学生生病或其它一些意外因素，安排一定量的后补队员。后补队员的排练应将他们与正式队员同等相待，切忌自流。要经常安排他们与各种不同位置上的队员交替练习，使其全面掌握表演内容，以便达到替补的要求。

三、彩排与表演

（一）彩排

彩排是校园团体操不可缺少的重要组成部分。彩排的好坏直接影响到正式表演的效果。

带装彩排是正式表演前的最后一次演练，表演者穿戴演出的服装，手持表演道具，所有岗位的工作人员和设备需按照表演的要求准备到位。彩排开始时演员们根据总指挥发出的信号，配合音乐和播报完成整个团体操的表演。所以要求参加彩排的全体工作人员和全体同学对一切工作和表演的动作、队形、图案、进场、退场，必须尽心尽力。彩排依据实际情况可进行一次或多次，目的是通过彩排让学生们在有众多的领导和观众观看的条件下，能像训练一样，沉着、准确、整齐、熟练，轻松自如地完成表演动作。如发现有配合不够紧凑、严密，或者不够明确的地方，可通过彩排后的总结，及时提出改进意见以便确保正式表演的成功。

1. 制定严格的流线和时间节点

彩排前需提前做好所有的工作流线，各相关业务口要进行桌面演练，以保证参与彩排的所有工作人员清楚表演的整体流程，力争做得各项工作的连接流畅。彩排前需制定的文件有：通用流线图、分场流线图、表演节点等。

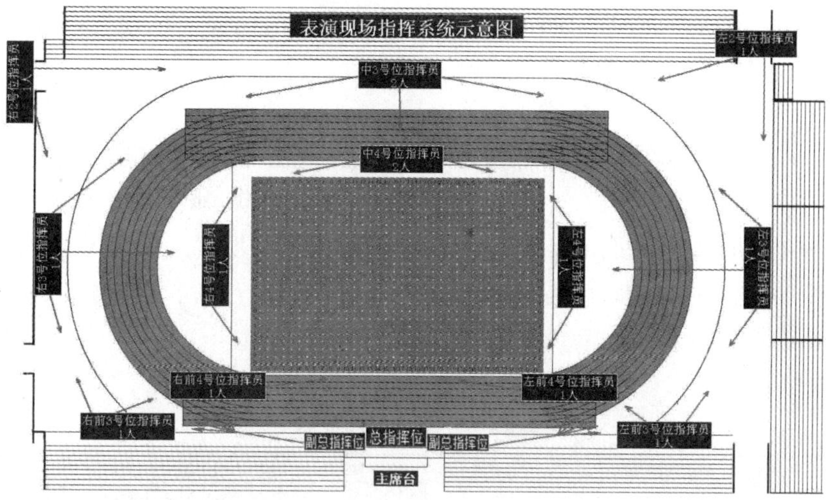

表演场地各上下场口人员安排图

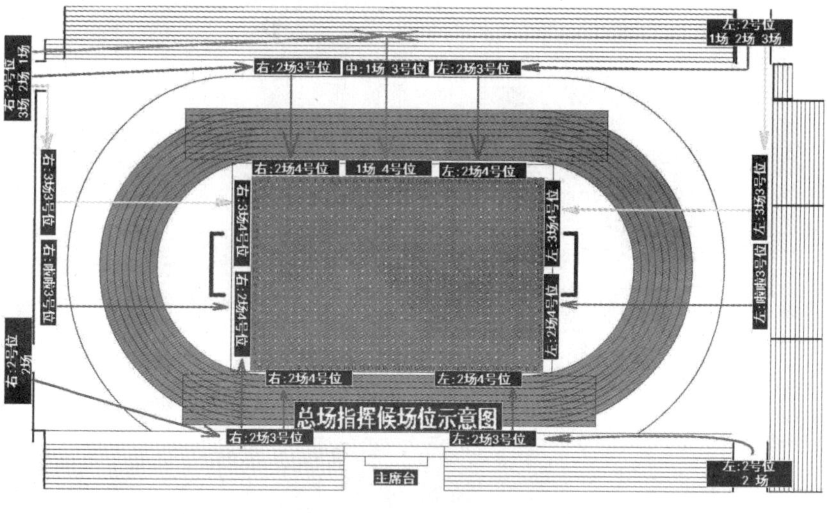

各场次表演者进场流线

2. 后勤组

首先，要布置好表演场地，并打好特殊标志，确保进退场区域的通畅；其次落实音响和通讯设备的到位和安全运行，音响应设置在易于观察全场的位置，喇叭安置在表演场地的四周，以便场地中任何一个区域都能听到同样的音响效果。最后安排好服装道具分发的时间、地点等，在彩排结束时及时回收服装、道具。在回收的过程中认真清点，发现有破损的地方，及时修补或添制、以确保正式表演之用。

3. 编训组

实地听放整场团体操表演的音乐，与音响组的同志按事先确定的信号进行沟通。当彩排中需要临时中止音乐纠正动作时，总指挥或编训组应发出中止音乐和再次开始的信号。记录彩排中发生的所有情况（流线、节点、表演内容、场地音响等），予以调整和修改。

4. 教练组

首先，要明确各场次衔接的时间节点。在表演前30~60分钟组织好表演者在集结场地等候，再次强调表演的所有流程，引领演员到达表演场地；对各场操教练组成员进行明确的分工，在表演的上下场口均要安排指挥人员；协助总指挥对表演者下达表演开始的口令，表演正式开始后需及时站立于演员退场的位置，引导他们完成准确的流线。编导组需提前做好表演节点文案，如下表所示：

团体操“分场”时间节点

岗位	场次	1号位 到达时间	2号位 出发时间	3号位 出发时间	4号位 到位时间	表演时间	教练	服装 道具
1号口东北角	第一场 紫荆花开	8：30	8：50	8：55	8：58	9：00-9：10 紫荆花	××× ×××	××× ×××
	第二场 校园风采	8：30	武术-教师 9：00 紫荆花 表演开始	9：09 百年 标志定位	9：10 利用退场 音乐到位	9：10-9：15 武术	×××	×××
			全民健身 9：15 啦啦操 表演开始	9：18 动漫 结束	9：19 跑-日晷	9：19-9：22 各专项	××	××
	第三场 走向未来	8：20	大旗 9：19 “专项” 表演开始	9：19 校徽 定位	9：22 利用退场 音乐到位	9：22-9：25 大旗	×××	×××
			小旗 9：23 大旗表演 开始	9：24 错位跑 开始	9：25 利用退场 音乐到位	9：25-9：28 小旗	×××	×××

岗位	场次	1号位 到达时间	2号位 出发时间	3号位 出发时间	4号位 到位时间	表演时间	教练	服装 道具
2号口东南角	第一场 紫荆花开	8：30	8：50	8：55	8：58	9：00-9：10 紫荆花	×××	×××
	第二场 校园风采	8：30	武术-学生 9：00 紫荆花 表演开始	9：09 百年标志 定位	9：10 利用退场 音乐到位	9：10-9：15 武术	×××	×××
			啦啦操 9：10 武术表演	9：14 同心圆 定位	9：15 利用退场 音乐到位	9：15-9：18 啦啦操	××	××
			全民健身 9：15 啦啦操 表演开始	9：18 动漫 结束	9：19 跑-日晷	9：19-9：22 各专项	×××	×××
	第三场 走向未来	8：20	大旗 9：19 “专项” 表演开始	9：19 “校徽” 定位	9：22 利用退场 音乐到位	9：22-9：25 大旗	×××	×××
			（小旗） 9：23 大旗 表演开始	9：24 “错位跑” 开始	9：25 利用退场 音乐到位	9：25-9：28 小旗	×××	×××
3号口西北角	第二场 校园风采	8：30	武术-教师 9：00 紫荆花 表演开始	9：09 “百年标志” 定位	9：10 利用退场 音乐到位	9：10-9：15 武术	×××	×××
			啦啦操 9：10 武术 表演开始	9：14 “同心圆” 定位	9：15 利用退场 音乐到位	9：15-9：18 啦啦操	×××	×××
			全民健身 9：15 啦啦操 表演开始	9：18 “动漫” 结束	9：19 跑“日晷”	9：19-9：22 各专项	×××	×××

<table>
<tr><th>岗位</th><th>场次</th><th>1号位
到达时间</th><th>2号位
出发时间</th><th>3号位
出发时间</th><th>4号位
到位时间</th><th>表演时间</th><th>教练</th><th>服装
道具</th></tr>
<tr><td rowspan="2">4号口西南角</td><td rowspan="2">第二场
校园风采</td><td rowspan="2">8：30</td><td>武术-学生
9：00
紫荆花
表演开始</td><td>9：09
“百年标志”
定位</td><td>9：10
利用退场
音乐到位</td><td>9：10-9：15
武术</td><td>×××</td><td>×××</td></tr>
<tr><td>全民健身
9：15
啦啦操
表演开始</td><td>9：18
动漫
结束</td><td>9：19
跑“日晷”</td><td>9：19-9：22
各专项</td><td>×××</td><td>×××</td></tr>
<tr><td rowspan="3">备注</td><td rowspan="3">尾声</td><td>第一段</td><td colspan="6">“国旗”表演</td></tr>
<tr><td>第二段</td><td colspan="6">啦啦操、紫荆花、武术（教师）依次进场</td></tr>
<tr><td>第三段</td><td colspan="6">全体合唱</td></tr>
</table>

（二）正式表演

它是对所有参加此项工作的全体成员劳动成果的检验，也是运动会或重大节日的一个良好开端。不允许有任何的麻痹大意和差错。正式表演应注意以下几个方面：

1. 进场前的准备

时间：在大会正式开始前一小时到达指定的集合地点、按顺序，分场次和进场队形原地休息待命，此时可允许学生饮水、上厕所，或原地做些准备活动。但绝不允许自由离队或离开集合地点。

清点人数：在全体表演人到达集合地点就地休息待命时，负责各场次训练和表演的教师，应立即清点正式表演人数和替补队员人数，反复检查各重要位置的主要人员。如临时发现个别有病或离场的学生，应立即从替补队员中补充。

检查服装道具：在清点人数后，要再次对服装道具进行检查，如发现有损坏，可从替补队员或备用服装道具中补充。在冬季表演检查服装道具的同时，还要规定更衣时间和更衣的存放地方，让学生们能够在较短的时间内穿上防寒的冬衣，减少生病感冒的机会，以便保证学生们的身心健康。

2. 正式表演前的动员

正式表演前动员要精练简短，提出“养兵千日用兵一时”，高质量地完成任务，自觉听从表演总指挥和分场指挥的一切命令，遵守大会的各种规章制度等内容，使同学们精力更集中，更具有集体荣誉感，保证表演顺利进行。

3. 有序地进场退场

进场包括分场的进场和整场的进场，新颖与独特的进场形式，既可反映分场的主题思想和风格特点，又能扣人心弦地把人们带入该场的意境中去。

退场也是表演的一个组成部分，一个好的退场会给观众留下深刻的印象。退场队形一般是在表演最后一个队形的基础上，迅速密集成纵队或横队，用走步或跑步配合音乐节奏退出场地。一场好的校园团体操，各分场的进场音乐最好就是上一场的退场音乐，使观众所见的各分场表演融为一体，发挥出整体效果。整齐严谨的退场，可节约表演的时间，为整个大会或重要节日划上一个圆满的句号。

4. 表演开始

前述所有工作就绪以后，整个表演队伍就等待总指挥的命令。一旦命令下达，表演就应有序地进行。在第一场的全体同学进场之后，第二分场的同学就应无声而有序地进入场地待命。当第一分场即将结束时，第二分场的学生随着退场音乐跑步或齐步进场，到达各自的位置，进入表演。之后各分场的进场表演便依次类推，直至整个表演顺利完成。

5. 表演结束

这里有两层含义：一是指团体操表演刚刚结束，所有演职人员在表演场上原地待命，等待领导和观众退场后，再有序退场。二是指校园团体操表演活动结束之后，领导小组，各工作小组均要作出书面总结，在适当的时候，召开总结表彰大会，结束整个校园团体操的表演工作。

第六章　清华大学校园团体操实例

第一节　文字方案

一、总体策划方案

（一）表演设计指导思想

清华大学百年校庆团体操表演方案，围绕学校提出的总体设计指导思想，体现清华特色，展示当代大学生风彩。在风格上力求欢快、隆重、新颖、简朴。

表现主题：以跻身世界一流大学为目标，以奉献国家、服务社会为己任。

主题口号：建设世界一流大学，投身中华伟大复兴；百年清华、人文日新；自强不息创一流、厚德载物为人民。

庆典要求：表现欢乐、祥和、喜庆，畅想新发展、新成就、新希望。

（二）表演场次

第一场：《紫荆花开》576 人（大二、大三女生）

第二场：《校园风采》1782（教工 320 人、大一女生、大二男生共 1462 人）

第三场：《走向未来》1296 人（大一男生）

尾声：歌唱祖国 3654 人（所有参演人员）

（三）表演总时间 ：32 分钟

（四）表演总人数：约 3654 人

（五）各场次概况

第一场　紫荆花开

【表演时间】	约 10 分钟
【表演服装】	紫荆花图案长裙（银白色长裙，紫色花图案，金色花边）
【表演人数】	576 人（女大学生）
【表演风格】	热情、奔放
【表演形式】	舞蹈、队形与图案组合（紫荆花图、礼花图、“百年校庆标志”图案）
【表演色调】	紫色、银白色、金黄色

1. 中心思想

百年清华，喜迎嘉宾

2. 表现主题

整场表演以舞蹈的形式，突出优美，欢快、热情和奔放。集中表现母校敞开胸怀喜迎八方学子，同庆百年盛会的情深厚意。在清华的地域特色中，以多元的艺术手法展示美丽优雅的紫荆景观，用百年庆典标志性图案点缀浓郁的校园特色和时代气息，充分表达喜迎宾朋，共享同窗之谊的欢乐盛会，阐述清华永远是大家精神港湾的主题意境。

3. 内容简介

主持人宣布团体操表演开始，广播中清晰的解说员声音“又是一年紫荆花盛开的季节。我们迎来了全体清华人共同的节日——清华大学校庆 100 周年。在这同窗相聚、真情涌动、欢乐喜庆的时刻……”；当朗诵到：“共庆百年华诞……”时，欢快的鼓声骤然敲响，由 576 名身着紫荆花图案长裙的女大学生张开双臂，由后场远方向场地中心激情奔跑，顷刻之间全场好似花的海洋。寓意在紫荆花盛开的 4 月里，清华大学满园春色，喜迎海内外赤子的归来。千万颗充满激情的心灵在这大喜的日子里又一次从祖国各地，从五湖四海汇聚一堂，投入母校的怀抱。

花海涌动，礼炮隆隆，三朵逐渐绽放的礼花，表达的是清华人对母校最真挚的感激和致敬！

随着不同风格的音乐转变，姑娘们一会散开翩翩起舞（通过旋转、扭动、挥摆等奔放、优美的动作）展示她们婀娜多姿，一会儿又聚集在一起形成各种不同的队形变化（起伏、摆动、翻浪等）。她们优美的舞姿伴随着悠扬的旋律，形成一派欢乐、祥和、激情荡漾的景象，以此表达清华儿女对母校百年庆典的祝贺和祝福之情。

花海涌动，礼炮隆隆，百年的光辉与梦想顷刻重现。这一刻，21 响礼炮的最高礼遇表达出的是清华人对母校最真挚的感激！表演到最后，同学们组成清华“百年标志”的图案直点本场主题：紫荆满园、喜迎嘉宾、共庆华诞。

第二场　校园风采

【表演时间】	约 13 分钟
【表演服装】	武术服、三色啦啦操服装、运动服
【表演道具】	太极扇、刀、花球、专项器材（彩带、排球、旱冰鞋等）
【表演人数】	1782 人（武术 640 人、啦啦操 842 人、各专项 260 人、道具 40 人）
【表演风格】	青春、时尚、活力、动感
【表演形式】	刀术、太极扇、啦啦操（“接力、同心圆、卡通图、日晷和校徽”等图案）
【表演色调】	橘色和白色；红色、黄色、紫色、七彩色等

1. 中心思想

胸怀大志，任重道远。

2. 表现主题

整场表演采用体育表演形式，突出青春、时尚、风采、活力。重点表现清华校园生机勃勃、清华学子青春洋溢的精神风貌，通过有序与无序的交替、流动和动静对比以及全民健身共同参与体育运动这一窗口，以点带面，充分体现校园里丰富多彩的锻炼场景……。校徽图案表演表达了清华人在新时代对“自强不息、厚德载物”的诠释。

3. 内容简介

当前一场解说词："看清华学子的风采……"时，全场安静。画外音传来："同学们，课外锻炼时间到了，走出教室、走出宿舍、去参加体育锻炼。争取为祖国健康工作50年……"音乐响起，由清华中老年教师、职工和大学本科二年级男生组成的表演队伍，穿梭入场，定格形成"田径接力赛"交接棒的画面。寓意百年时空的穿越……，老一辈稳健的太极扇表演和小一辈威武的刀术表演，体现自强不息、厚德载物的清华魂代代相传。

激情的音乐响起，由842名大一女生组成的表演团队挥动着花球跳动而来，演员们通过服装色彩的变化，利用穿插和上下起伏的动作形成"啦啦操小人"的卡通图案，热情四溢的表演带给观众活力无限的青春气息。随着音乐的转换，清华大学的校园标志物之一"日晷"在场地中央出现，在图案的周围由大二男生组成"篮球、田径、射击和赛艇"四个清华大学的高水平竞技体育项目的立体图案。

围绕着“日晷”丰富多彩的全民健身活动（健美操、艺术体操、武术、击剑、棒球、毽球、篮球、排球、足球和轮滑等体育项目）正火热地开展着，他们舞动、跳跃、奔跑和旋转。

校园体育文化的全方位开展，体现着清华学子的活力和朝气，洋溢着言胜于行的青春风采……最后由同心圆演变而成的校徽图案，寓意全校师生同心同德团结一致，为中华教育振兴共创辉煌的决心。

第三场　走向未来

【表演时间】	约 7 分钟
【表演服装】	运动服（短袖 T 恤、长裤、白色运动鞋）
【表演道具】	各学院 3#院旗，小号校旗、巨型校旗
【表演人数】	1296 人
【表演风格】	气势磅礴，豪情恢弘
【表演形式】	旗操（摆动、卷龙、同心圆、国旗图案等）
【表演色调】	五彩色（分院旗）、紫色、红色

1. 中心思想

科技复兴，贡献明天

2. 表现主题

在令人振奋的乐曲中，由大一男生组成的旗手们手持各院系的旗帜和清华校旗跑步入场，分别进行威风阵阵、气势磅礴的“大旗操”、“校旗”和巨型“国旗”的表演。他们精神抖擞，豪气冲天。全场旗声猎猎、吼声威震寰宇，这是清华学子以跻身世界一流大学为目标，以奉献国家服务社会为己任之决心；是为中华民族伟大复兴做出更大贡献的行动表现……

3. 内容简介

催人奋进，激人向上的“复兴之歌”响起。432 名分院旗手，身着白色的运动装，精神抖擞，气宇轩昂地从场地两侧形成多路纵队跑入场中，他们挥动着手中的旗帜进行着刚劲有力的挥摆、旋转和卷龙等动作的表演，把校友们带入热烈的气氛中。

随着音乐的变化，864 名手持清华大学紫色校旗的演员迈着整齐的步伐进入场中，旗手们进行着表演着挥舞、变换、翻卷等动作，场面恢弘壮观、震撼人心，烘托出教育振兴、巨龙腾飞的辉煌前景。寓意清华承载着中华民族科技复兴的使命，以奉献国家服务社会为己任，从建设高等教育强国、人力资源强国和创新型国家的需求出发，抓住迎接百年校庆的历史机遇，在伟大祖国的引领下以更加广阔的视野、开放的姿态和执着的努力，加快推进跻身世界一流大学的步伐，为中华民族的伟大复兴做出更大的贡献。

当表演接近尾声，各场演员按设计的路线进入场地形成尾声队形，一面巨型的国旗在场地中央徐徐展开。场地内外“歌颂祖国”的乐曲声回荡在体育场上空，国旗、校旗、院旗迎风招展，看台上的同学和校友们高唱颂歌。场地上下歌声震耳欲聋、掌声欢呼声此起彼伏，将表演推向顶峰……此时的清华大学变成了人的海洋，歌的海洋，花的海洋……整个场面沸腾壮观，场内气氛达到高潮，表演结束。

二、分场表演设计方案

第一场《紫荆花开》

（一）音乐选择依据

《紫荆花开》是团体操的第一场，根据总方案的要求，表现喜庆、欢快的主题，表达清华大学师生用自己的智慧、热血与生命走向光荣与胜利的巅峰，表达母校迎接学子归来共迎百年华诞的喜悦之情。它由“紫荆景象”和“热情迎宾”两段组成，音乐均选自小约翰·施特劳斯的圆舞曲《你和你》和波尔卡舞曲《热情》，并将两个曲子进行混合编排。

（二）音乐结构与动作分析

1. 紫荆景象

在柔美的华尔兹舞曲中，身着紫荆花长裙的女学生张开双臂跑向场中，表达母校敞开怀抱迎接八方学子载誉而归，共赴母校百年华诞的欢快、祥和之情。随着音乐的流转和节奏的强弱变化，姑娘们通过旋转、扭动、挥摆等奔放，热烈、优美的动作展示她们的婀娜多姿，用曼妙的、柔美的舞姿组成各种图案，表达在世界的大舞台上，清华汲取五洲之长，育华夏英才的更加广阔的开放精神。随即一棵硕大的紫荆花出现在场地的中央，“敢为天下先”的紫荆花相继绽放。

2. 热情迎宾

在欢快活泼的波尔卡舞曲《热情》的伴奏下，姑娘们激情地舞动着手中的长裙，不断地跑动、挥摆、旋转和跳跃。她们一会儿扩散在场地四周翩翩起舞，一会儿又分别聚集在一起形成各种不同的团体操的队形。伴随音乐中“嗖……”的特效音，场中出现了三朵依次绽放的礼花，这是清华人团队精神的生命之所在，寓意清华大学在经过百年洗礼之后，在无数代师生的努力之下，跻身世界一流大学的伟大目标和建设世界一流大学的口号将逐渐成为现实。音乐由欢快变得恢弘，全场一片激情荡漾、欢乐祥和、喜庆的景象，表达清华儿女心中对母校百年庆典的祝贺和祝福之情。由演员们组成的百年庆典标志性图案直点本场主题：紫荆满园，喜迎嘉宾，共庆华诞。

（三）服装与道具方案（紫荆花长裙）

此款服装以紫荆花为题材，欢快活泼的花枝以放射状伸展，配以金色的花边和花形头饰，造型上表达热烈恢弘的气氛。前面以紫色为主调，后面以白色为主调，形成前后呼应的效果，突出清华的紫色元素，720°的大摆裙是为配合动作的摆动、旋转，需要产生的视觉冲击力而设计的。

第二场《校园风采》

（一）音乐选择依据

本场表演由《传承与发展》、《青春风采》、《和谐校园》三部分组成。根据总方案要求以体现清华的体育特色为主题。在音乐选择、动作创编以及队形设计上力求做到耳熟能详、欢快、新颖和活力。

《传承与发展》选用饱含生命浑厚的自然交响乐、配上运动员进行曲以及刀声，吼声，虎啸龙吟的特效音，表达清华人秉承传统、铭记使命的品质，以赞扬清华人自强不息、厚德载物的精神！

《青春风采》选用富有现代气息、节奏鲜明、旋律轻松活泼的“向前冲”，展示清华学子朝气蓬勃的精神面貌和积极向上的青春风采。

《和谐校园》选用既融入了摇滚元素却又不失校园文化纯真氛围的“琥珀”。“琥珀的心、琥珀的情……”将古典和流行完美结合，表达清华莘莘学子对母校的真挚情意和深切祝福与祈祷。

（二）音乐结构与动作分析

1.《传承与发展》

当“同学们，课外锻炼时间到了，走出教室，走出宿舍，去参加体育锻炼，争取为祖国健康工作 50 年……”的口号声音响起，由 640 名老少清华人组成的表演队伍，穿梭入场，演绎着百年时空的穿越……教师与学生相继组成人形接力图，体现老一辈知识分子对年轻一代的期望，学子们接过“爱国奉献”的接力棒，寓意年轻的清华学子，誓将清华精神发扬光大的决心。随着气势浑厚，掺杂刀声与吼声的音乐响起，所有演员进行集体武术表演。学子们吼声阵阵的刀术与老人们浑厚稳健的太极扇形成动静快慢的对比，演绎老一辈学者与年轻学子的互动交流、创新与发扬。

2.《青春风采》

激情而富有动感的音乐响起，衣着色彩鲜亮的女学生聚集于场地中央，手持花球进行热情洋溢的“啦啦操”表演。她们通过穿插、分散、聚集和递次的动作，配合服装的色彩变化构成富有时代气息的“动漫啦啦操小人”图案，展示清华人炫丽的青春风采、活力四射的精神风貌和开拓创新的能力，传达新一代清华人时尚、洒脱、自信的魅力。在热闹与欢快的气氛和古典与流行的曲风中，演员们汇聚场地中央，组成清华校园标志物之一“日晷”图案，将校园体育文化的活力、朝气以及清华学子行胜于言的青春风采推向高潮。

3.《和谐校园》

伴随着悠扬、轻松而意境深远的旋律，来自于清华附小、留学生和大学生组成的各项表演团队穿梭入场，在“日晷”和清华大学“校徽”图案的四周和跑道上开展丰富多彩的全民健身活动，他们舞动着、跳跃着、旋转着、奔跑着，将表演推向高潮，寓意全校师生同心同德团结一致，在为祖国健康工作 50 年的体育传统的传承下，为中华教育振兴共创辉煌，是“自强不息、厚德载物”这种清华校训在新时代的真实写照。

（三）服装与道具方案

刀术服装

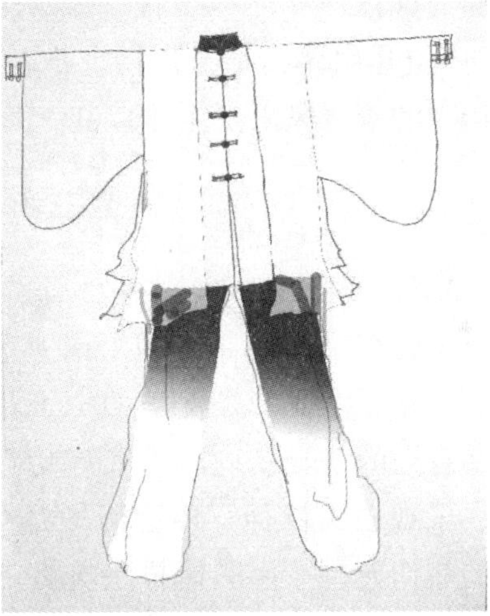

太极扇服装

刀术服装以简洁干练的橘色为主调，银白色器械的“刀”配以金黄色的“刀彩”与服装形成一致的色系，烘托场上气氛。

太极服装以飘逸的白色为主调，白色的服装与红色的扇子形成色彩上的鲜明对比，产生强烈的视觉冲击力。

啦啦操服装（1）

啦啦操服装（2）

款式 1：男女皆宜，时尚、大气，富有青春靓丽的大学生风采。以三大色块为主，配合动作和全场动态图形的变化，进行可翻转颜色的设计。充分体现清华人的开拓创新，活力动感的精神面貌。紫色和银色相间的花球，既体现了清华的紫色元素又烘托场上热烈的气氛。

款式 2：突出清华荷塘月色特色，以荷花为主题，配合强劲动感的舞姿，体现清华学子健康活力的青春风采。主体以红、黄、蓝 3 个颜色为代表。

第三场《走向未来》

（一）音乐选择依据

本场音乐由李维福的《走向复兴》为主，时长共 7 分钟。“我们迎着初升的太阳，走在崭新的道路上。我们是优秀的中华儿女，谱写时代的新篇章……”主体曲调昂扬向上，刚劲有力的节奏体现出了气势磅礴，豪情恢弘的风格。歌词振奋人心，洋溢着爱国热情、乐观主义精神，传递清华儿女渴求民族复兴、科技复兴、文化复兴，期盼国家富强的热切愿望。用激情描绘美好的时代画卷，用歌声激励清华学子走向复兴再创辉煌，创造美好未来的气魄与志气。

（二）音乐结构与动作分析

1. 大旗表演

432 名手持清华大学各学院院旗的清华学子们从远处奔跑而来。他们表演着各种各样的动作，呈现出“同心圆”和“卷龙”的画面，表现清华团结一致，在崭新的道路上为时代谱写新章的毅力与万众一心挽起臂膀朝前走的决心。

2. 小旗表演

伴随着鼓声的响起，864 名手举清华大学校旗的演员迈着整齐和势不可挡的步伐进入会场，旗手们进行着挥舞、变换、翻卷以及波浪的表演，烘托出教育振兴、巨龙腾飞的辉煌前景，表达出清华大学的豪情壮志。

(三) 服装与道具方案

大旗服装

小旗服装

大小旗的服装全选用白色，以起到底色的作用；大旗为 3 号彩旗，彩色旗帜可以在场上达到色彩斑斓的效果。小旗为长 80 厘米款 60 厘米的紫色旗帜，便于体现动作的恢弘气势和组图。服装的白色和小旗的紫色重点突出清华“白和紫”的色彩元素。

尾声 《歌唱祖国》

(一) 音乐选择依据

《歌唱祖国》由汪鸾翔先生作词、王莘作曲。整体旋律激昂，神圣庄严，宏阔雄浑。刚健有力的音乐情绪充分寓意了清华学子的爱国热情，为中华教育振兴共创辉煌的决心和争创世界一流学校的实力。

(二) 音乐结构与动作分析

随着音乐渐渐肃穆庄严，一面巨型国旗在场地中央缓缓展开，“五星红旗，我为你骄傲，我为你自豪……”演员们陆续入场汇集在场地中，随着音乐舞动把氛围推向高潮，寓意清华大学秉承爱国奉献的传统，高举科技复兴的光辉旗帜，承载着中华民族科技复兴的重任，在建设祖国与造福世界的道路上，前赴后继地朝着世界一流大学迈进！

三、工作计划

（一）总体计划

团体操各阶段总体计划

时间	工作内容
第一阶段 8 月 22–26 日	团体操教练员和骨干培训（动作、音乐、队形）
第二阶段（1） 9 月 1 日–10 月 31 日	训练方式：分场次教学（以年级或专项班为单位） 1. 教会学生表演动作、听懂音乐和了解队形 2. 教师口令指挥学生完成表演的全部动作
第二阶段（2） 11 月 1–30 日	训练方式：分场次教学（以年级或专项为单位） 1. 按口令指挥排练本场全部队形 2. 队形、动作、音乐配合训练（完成本场全部内容）
第二阶段（3） 12 月 1–31 日	训练方式：分场次或合班训练相结合 1. 熟练掌握各分场全部表演动作和队形 2. 进行分场配乐动作与基本队形的考试
第三阶段 2 月 21 日–3 月 31 日	训练方式：分场合练 1. 熟练掌握全场表演内容、图案跑位和道具的使用 2. 成立表演指挥系统
第四阶段 4 月 2–22 日	1. 团体操带装彩排、团体操预演 2. 团体操正式表演

（二）阶段计划

1. 第一阶段：培训（2010 年 8 月 22 日–26 日）

本阶段以培训授课教师、教工和学生骨干为主，采用集中培训的方式使其熟悉掌握本场次的表演动作、音乐、队形和图案的变换；掌握口令指挥进行本场次表演的练习方法。

2. 第二阶段：教学（2010 年 9 月–12 月）

体育课教学内容和周历按照学校体育部制定的大纲执行，“团体操”仅仅是作为教学内容之一，加入到承担表演的各年级相应的学期教学计划中。清华大学“大一、大二和大三”的部分本科生将参加第一学期、第二学期的团体操学习、排练和表演。

第一场 《紫荆花开》

本场表演由清华大一基础课的（美术学院）女生和大二、大三的健美操、艺术体操、秧歌、女子防身术四个专项课的女生完成。以下计划仅以健美操专项课为例：

健美操专项课教学周历

时间、周次	教学内容	
	团体操	专项课
9 月 13–19 日 第 1 周	动员及熟悉音乐	开课报告
9 月 20–26 日 第 2 周	第一段：出场→华尔兹组合 1	基本姿态练习
9 月 27–3 日 第 3 周	第一段：抖裙→菱形起立	健身舞蹈（1）、啦啦操（1）
10 月 4–10 日 第 4 周	补第二周（节日调课）的课	补第二周所缺课
10 月 11–17 日 第 5 周	第一段：侧摆→华尔兹组合 2	健身舞蹈（2）、啦啦操（2–1）
10 月 18–24 日 第 6 周	第一段：紫荆花→散点	健身舞蹈（3–1）、啦啦操（2–2）
10 月 25–31 日 第 7 周	第二段：块状→换位密集	健身舞蹈（3–2）、啦啦操（3–1）
11 月 1–7 日 第 8 周	第二段：螺旋绕→纵行	啦啦操（3–2）
11 月 8–14 日 第 9 周	第二段：双圆→三横排	舞蹈全套（复习）；啦啦操（4）
11 月 15–21 日 第 10 周	第二段：散点→变“礼花”	复习“专项操”全套
11 月 22–28 日 第 11 周	第二段：礼花→百年标志	复习“专项操”动作
11 月 29–5 日 第 12 周	复习团体操	规范“专项操”动作 800 米测验

续表

时间、周次	教学内容	
	团体操	专项课
12 月 6–12 日 第 13 周	规范团体操动作	复习“专项操”动作 800 米补测
12 月 13–19 日 第 14 周	复习或合练团体操	排练队形 立定跳测验
12 月 20–26 日 第 15 周	期末考试（团体操）	健身舞蹈、花球啦啦操
12 月 27–31 日 第 16 周	合练团体操	补测

备注：大二女生学习“健身舞蹈”、大三女生学习“花球啦啦操”课程

第二场　《校园风采》

第 1 部分：《传承与发展》

由大二、大三武术选修课的男生参加表演，本学期的教学内容就以团体操表演动作“刀术”为主，其它教学内容则按照学校的教学大纲进行。

武术专项课教学周历

时间、周次	教学内容	
	团体操	身体素质
9 月 13–19 日 第 1 周	动员及开课报告	恢复体力
9 月 20–26 日 第 2 周	第一段：进场→循环跑（动作及变化）	慢跑 400 米×3
9 月 27–10 月 3 日 第 3 周	第二段：接力图案（动作及变化）	
10 月 4–10 日 第 4 周	补第二周（节日调课）的课	腹肌、背肌、俯卧撑
10 月 11–17 日 第 5 周	第三段：散点动作 1(4×8)	
10 月 18–24 日 第 6 周	散点动作 2(4×8)	

续表

时间、周次	教学内容	
	团体操	身体素质
10 月 25–31 日 第 7 周	复习所学动作	腹肌、背肌、俯卧撑
11 月 1–7 日 第 8 周	第四段："对比" 动作 1(4×8)	
11 月 8–14 日 第 9 周	"对比" 动作 2(4×8+4)	速度、力量
11 月 15–21 日 第 10 周	复习前几周所学动作	素质考核
11 月 22–28 日 第 11 周	第五段：学习 "圆" 的动作（8×8）	
11 月 29–12 月 5 日 第 12 周	复习提高考核动作技术	腹肌、背肌、俯卧撑
12 月 6–12 日 第 13 周	评析练习中出现的问题，注意事项	
12 月 13–19 日 第 14 周	复习提高考核动作技术	补测素质
12 月 20–26 日 第 15 周	期末考试（团体操）	
12 月 27–31 日 第 16 周	专项考试 总结、合练团体操	

第 2 部分：《青春风采》《和谐校园》

由大一全体女生参加表演，体育课是"基础课"，教学内容和计划是以年级为单位统一制定的。

一年级女生体育课教学周历

周次	教学内容	
	基础部分	团体操
9 月 13–19 日 第 1 周	1. 清华大学体育传统，现状与未来展望 2. 本学期课程开设内容及课堂常规要求 3. 阳光体育长跑活动要求介绍，新生运动会报名要求	

续表

周次	教学内容	
	基础部分	团体操
9 月 20–26 日 第 2 周	1. 团体操视频观摩，了解学习内容 2. 身体能力恢复——长跑	
9 月 27–10 月 3 日 第 3 周	十一放假	
10 月 4–10 日 第 4 周	1. 介绍长跑运动常识 2. 能力恢复 1500 米、多极跳	1. 基本动作介绍 2. 学习“穿插跑”动作
10 月 11–17 日 第 5 周	阳光长跑指纹采集	复习上次课内容
10 月 18–24 日 第 6 周	1. 途中跑练习 2. 素质：多级跳或跳台阶	学习“啦啦操”组合动作 1
10 月 25–31 日 第 7 周	1. 提高跑的能力 1600 米 2. 介绍起跑及技术特点	学习“啦啦操”组合动作 2
11 月 1–7 日 第 8 周	1. 试跑 1500 米； 2. 立定跳远及技术介绍	介绍“极点及第二次呼吸” 复习“穿插跑、操化”动作
11 月 8–14 日 第 9 周	途中跑、素质（多极跳） 100 快 50 慢+200 快 100 慢	学习“动漫”组合动作
11 月 15–21 日 第 10 周	1500 米强度测试	复习所学团体操动作
11 月 22–28 日 第 11 周	1500 米考核	学习“日晷”动作
11 月 29–12 月 5 日 第 12 周	1. 补测 1500 米 2. 立定跳远练习	1. 介绍“同心圆”图形 2. 学习“校徽框架”动作
12 月 6–12 日 第 13 周	立定跳远练习	学习校徽图形和动作
12 月 13–19 日 第 14 周	立定跳远考核	1. 试穿服装 2. 复习全套动作和图案
12 月 20–26 日 第 15 周	立定跳远补测	复习全套动作和图案
12 月 27–31 日 第 16 周	补测考核项目，总结学期情况，布置假期锻炼内容等	

第三场 《走向未来》

本场表演由一年级全体男生完成，体育课是“基础课”，在完成团体操动作教学的基础上，教学组统一安排长跑和其它内容。大一男生分成两部分（大旗 432 人，小旗 842 人）进行教学。

一年级男生体育课教学周历

周次、时间	教学内容	
	大旗部分	小旗部分
9 月 13-19 日 第 1 周	1. 清华大学体育传统，现状与未来展望 2. 本学期课程开设内容及课堂常规要求 3. 阳光体育长跑活动要求介绍，新生运动会报名要求	
9 月 20-26 日 第 2 周	1. 团体操视频观摩，了解所需学习内容 2. 身体能力恢复——长跑	
9 月 27-10 月 3 日 第 3 周	十一放假	
10 月 4-10 日 第 4 周	学习定位操化 1	学习定位操化 1
10 月 11-17 日 第 5 周	阳光长跑指纹采集	阳光长跑指纹采集
10 月 18-24 日 第 6 周	学习定位操化 2	学习定位操化 2
10 月 25-31 日 第 7 周	学习定位操化 3	学习定位操化 3
11 月 1-7 日 第 8 周	学习圆形“动作”	学习定位操化 4
11 月 8-14 日 第 9 周	介绍跑位：错位跑动	学习“起伏”、“波浪”
11 月 15-21 日 第 10 周	学习“卷龙”动作	学习“100”动作
11 月 22-28 日 第 11 周	3000 米考核	3000 米考核
11 月 29-12 月 5 日 第 12 周	复习旗操全套动作	复习旗操全套动作

续表

周次、时间	教学内容	
	大旗部分	小旗部分
12 月 6–12 日 第 13 周	立定跳远考核	立定跳远考核
12 月 13–19 日 第 14 周	复习全套动作和图案	复习全套动作和图案
12 月 20–26 日 第 15 周	旗操考试（人员选拔）	旗操考试（人员选拔）
12 月 27–31 日 第 16 周	补测考核项目，总结学期情况，布置假期锻炼内容等	

3. 第三阶段：分场合练（2011 年 2 月–3 月）

第一场　《紫荆花开》

时间	任务	要求
2 月 26 日 第 1 次课	1. 思想动员，填写人员信息 2. 复习前阶段训练内容 3. 排练“菱形”队形	1. 明确排练和表演安排 2. 严格执行考勤制度 3. 确定人员站位
3 月 5 日 第 2 次课	1. 排练“紫荆花”、“密集换位”、“纵行”、“双圆”队形 2. 复习全场动作	1. 掌握队形的站位和变化方法 2. 熟练完成全场动作
3 月 12 日 第 3 次课	1. 排练“三横排”、“礼花”队形 2. 配乐练习全场动作	1. 掌握队形的跑位和变化方法 2. 熟记全套动作
3 月 19 日 第 4 次课	1. 排练“百年标志”队形 2. 训练全场动作	1. 掌握队形的跑位和变化方法 2. 熟记全套动作
3 月 26 日 第 5 次课	1. 排练“尾声”的进退场及候场 2. 学习道具的使用 3. 复习全场表演内容	1. 掌握全场队形的变化和流线 2. 音乐伴奏下进行全场表演

第二场　《校园风采》

时间	任务	要求
2 月 26 日 第 1 次课	武术： 教师：排练“散点–环形跑–候场–错位散点–密集方块”队形 学生：思想动员，填写人员信息	1. 教师基本掌握表演队形 2. 学生明确排练和表演安排 3. 严格执行考勤制度 4. 确定人员站位
	啦啦操： 1. 思想动员工作，填写人员信息。 2. 复习前阶段训练内容	1. 学生明确排练和表演安排 2. 严格执行考勤制度 3. 确定人员站位
3 月 5 日 第 2 次课	武术（教师部分）： 1. 复习第 1 次课队形 2. 学习“接力图形”队形和表演动作	掌握变“接力图形”的方法
	武术（师生合场排练）： 1. 复习本场表演动作 2. 队形跑位：候场–环形循环–散点–错位散点–密集方块–圆形	完全掌握跑位及动作变换
	啦啦操： 1. 复习表演动作 2. 确定“散点、矩形”的站位	1. 熟练表演动作 2. 掌握队形站位及变化方法
3 月 12 日 第 3 次课	武术（师生合场排练）： 1. 复习所学队形和动作 2. 排练“四角陪衬、体育项目图标”队形	掌握所学图形的变化。
	啦啦操： 1. 复习表演动作和队形 2. 排练“日晷”队形	掌握“日晷”的站位和变化
3 月 19 日 第 4 次课	武术（师生合场）： 复习全套表演动作和队形	配乐完成全套动作和队形
	啦啦操： 1. 复习表演动作和队形 2. 排练“同心圆–校徽”队形	掌握队形的变化和音乐分配

续表

时间	任务	要求
3月26日 第5次课	武术（师生合场排练）： 1. 复习全场队形和动作 2. 学习尾声部分队形和动作	掌握队形、动作和候场位流线
	啦啦操： 1. 复习全场动作和队形变化 2. 学习使用道具的方法	掌握本次课学习内容

第三场　《走向未来》

时间	任务	要求
2月26日 第1次课	1. 思想动员，填写人员信息 2. 复习前阶段训练内容	1. 明确训练时间和安排 2. 严格执行考勤制度
3月5日 第2次课	大旗： 1. 复习“旗操”表演动作 2. 学习“散点-错位-圆形”队形的变化和纵队“卷龙”动作	熟练队形的站位和跑动方法
	小旗： 1. 复习“旗操”表演动作 2. 学习“候场-密集方块”队形	掌握队形变化、熟练表演动作
3月12日 第3次课	大旗： 复习全套动作和队形	配乐练习
	小旗： 1. 复习全场队形和成套动作 2. 学习“百”字组合动作	1. 完全掌握队形与动作的配合 2. 逐步熟练组字方法
3月19日 第4次课	大旗： 复习全套动作和队形	配乐练习
	小旗： 1. 复习全场队形和成套动作 2. 学习巨型国旗的波浪动作	1. 熟练掌握全场队形与动作的配合 2. 基本掌握波浪动作
3月26日 第5次课	旗操（大小旗合练） 排练成套与成套之间的连接	熟悉候场位、进退场方法

4. 第四阶段：彩排与表演（2011 年 4 月）

团体操《清华颂》彩排与表演计划

时间	任务	要求
4 月 2 日 第 1 次课	总场排练（表演场地） 1. 排练各场次的流线 2. 全场表演动作合练	1. 初步掌握表演的流线 2. 指挥系统实习
4 月 9 日 第 2 次课	总场排练（表演场地） 1. 整场合练（播报员配合、持所有表演道具） 2. 各场调整，再次合练	熟练掌握各场次的时间节点
4 月 16 日 第 3 次课	带装彩排（表演场地） 全体人员按正式表演程序进行总场排练（播报、音响、全民健身团队等）	达到设计和正式表演要求
4 月 22 日 第 4 次课	正式表演	保证表演顺利完成

四、团体操通用文本

（一）指挥系统与流线

1. 总指挥示意图

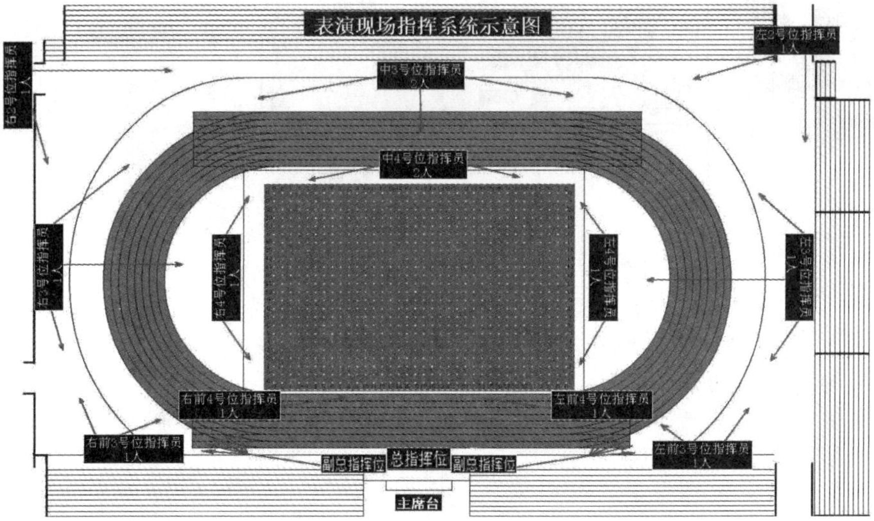

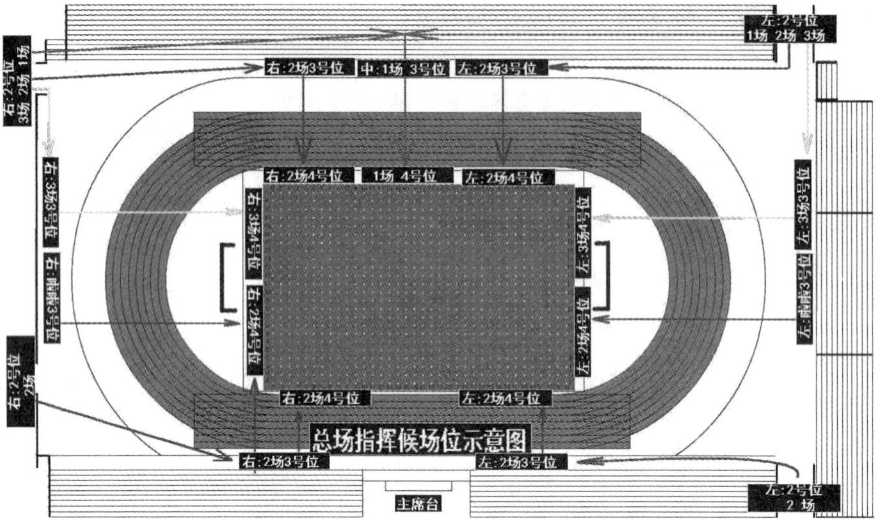

2. 分场流线图

（1）全场表演前候场

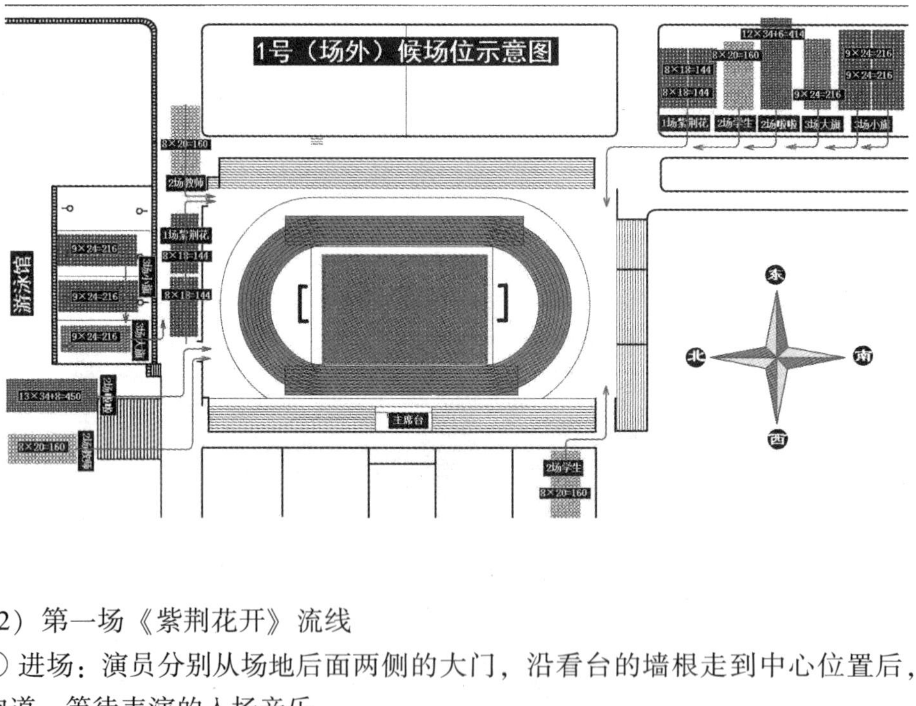

（2）第一场《紫荆花开》流线

① 进场：演员分别从场地后面两侧的大门，沿看台的墙根走到中心位置后，进入后场跑道，等待表演的入场音乐。

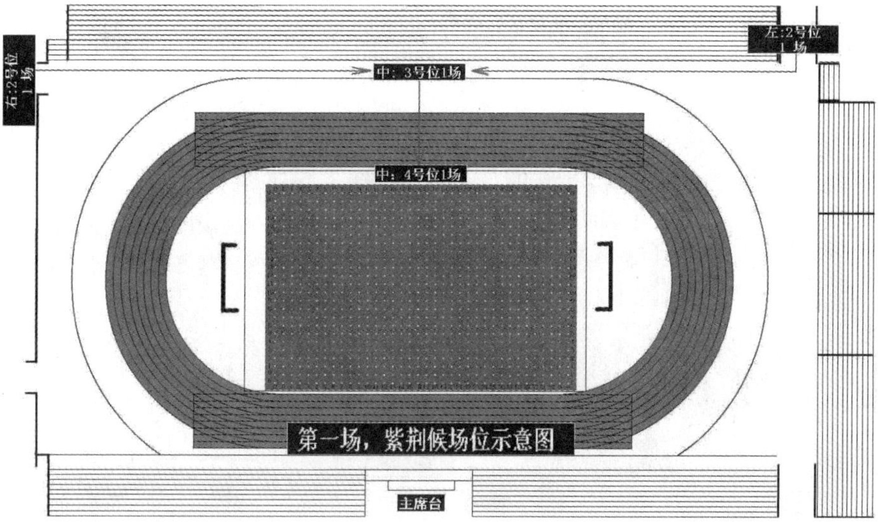

② 退场与尾声：该场动作结束后，全体演员保持“百年标志图案”退出场地中心至跑道底边，然后左右分开走向场地两侧候场，等待“尾声”的表演。

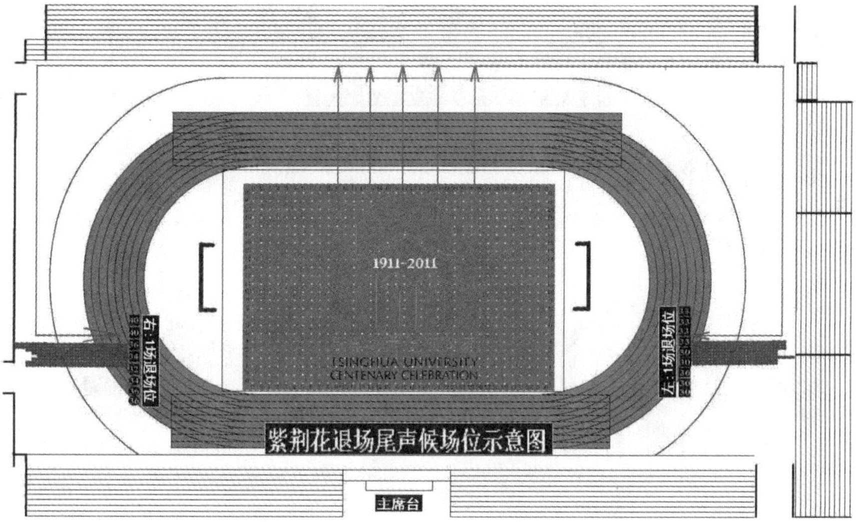

（3）第二场《校园风采》流线

① 武术进场：演员从场地的四个角入场。

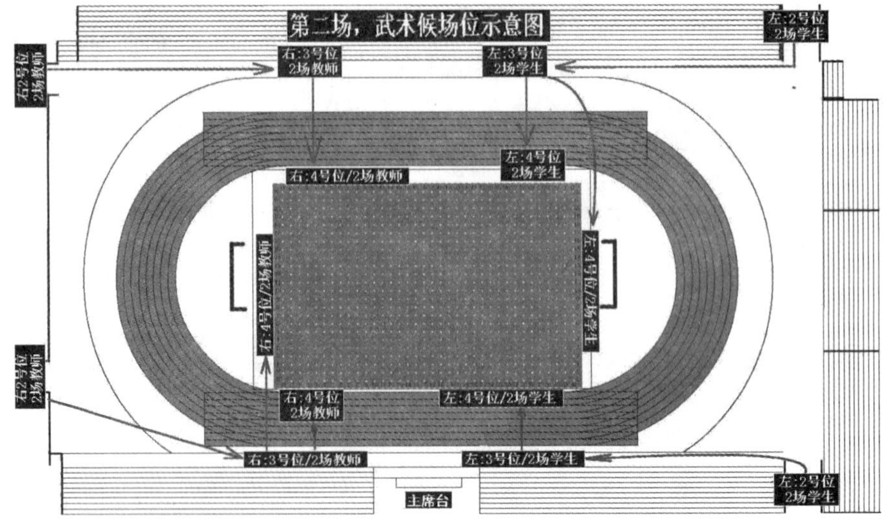

② 退场与尾声候场（教师）：该场表演结束后，教师从场地前面成密集队形跑步退场，出跑道后左右两侧分开退出表演区域，等待“尾声”表演。

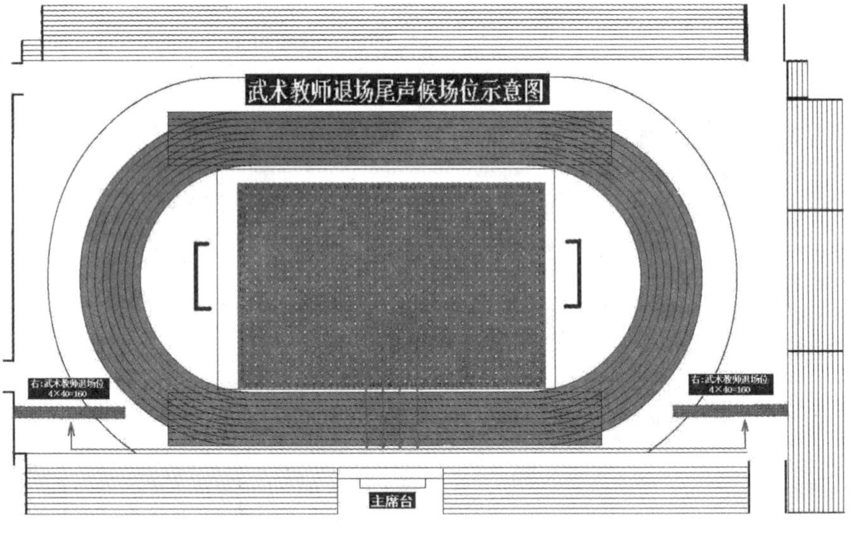

③（学生）：“篮球、田径、赛艇、射击四个体育图案”造型结束后，采用就近原则从场地四周退出场外，等待“尾声”的表演。

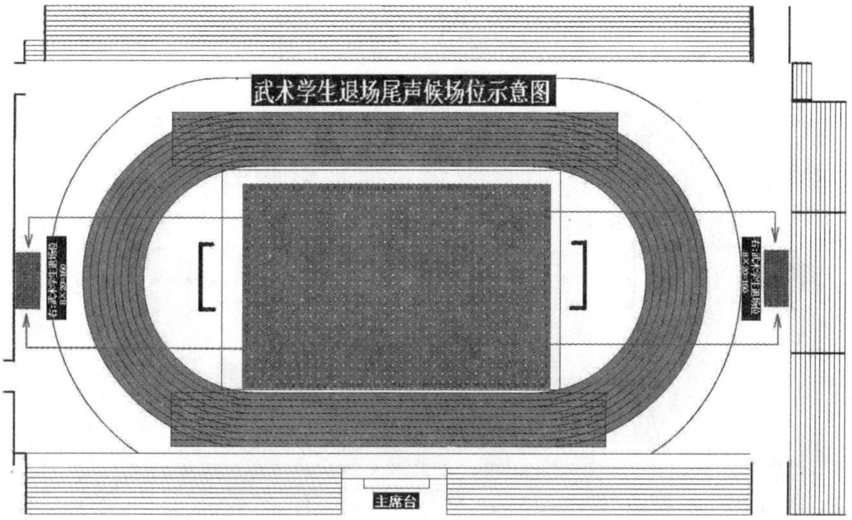

④ 啦啦操进场：演员从场地两侧走近表演区域的左右侧等待，音乐开始后跑步进场。

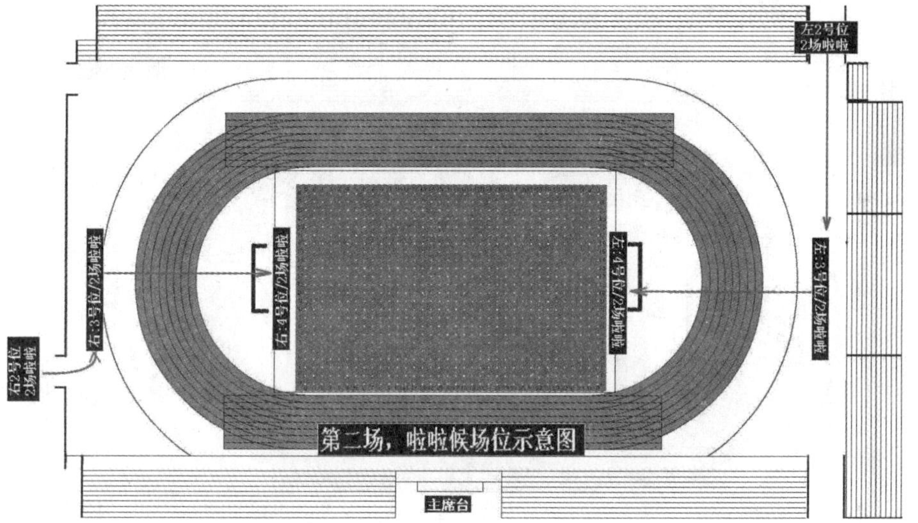

⑤ 退场与尾声候场：演员从校徽中间分开，退至跑道外侧等待“尾声”表演。

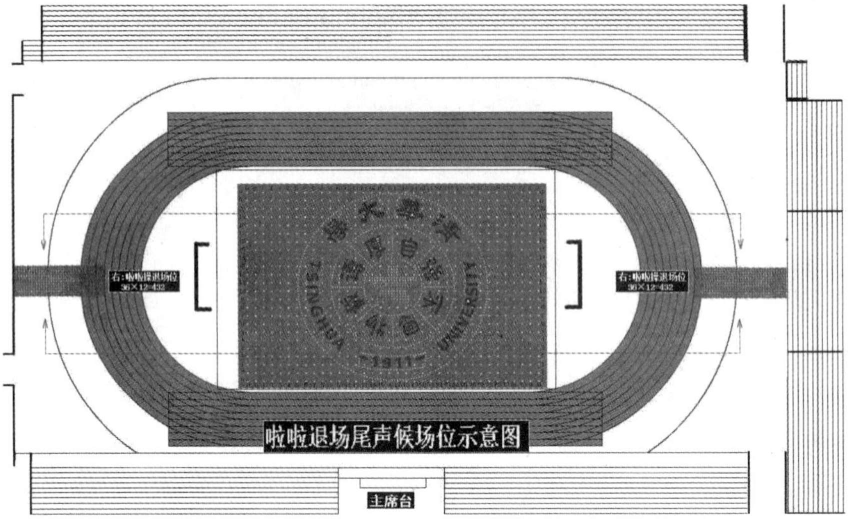

(4) 第三场《走向未来》流线

① 大旗进场：演员从后场两侧进入，在表演区域的左右（后场）侧等待表演音乐的开始。

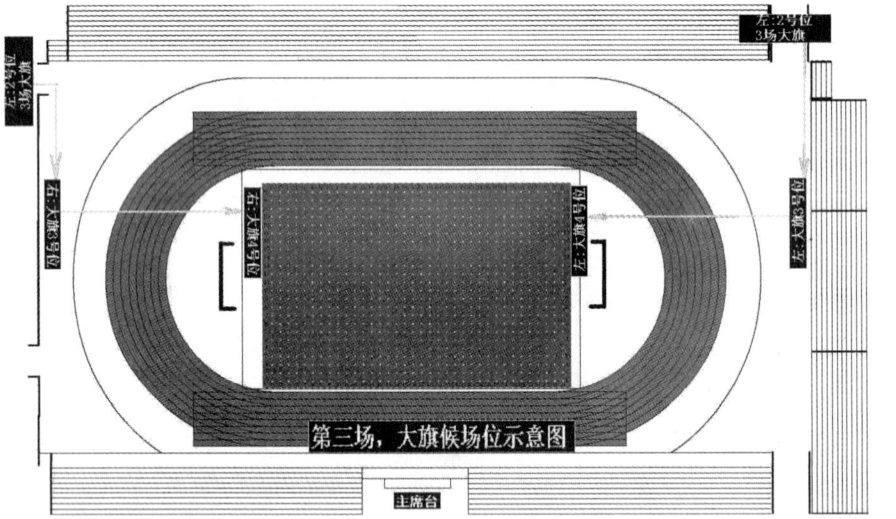

② 退场与尾声候场：演员从前场经两侧退至表演区域的底部。

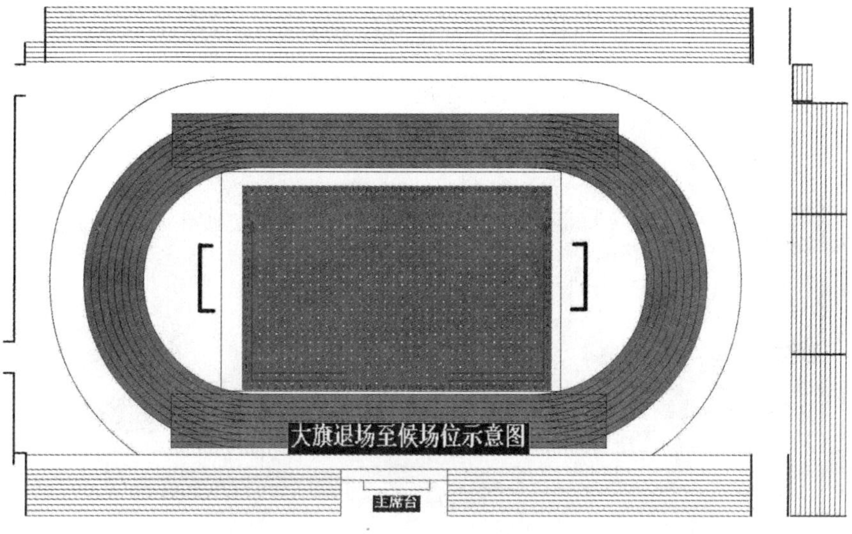

③ 小旗进场：演员从后场开始踏步进入表演场地。

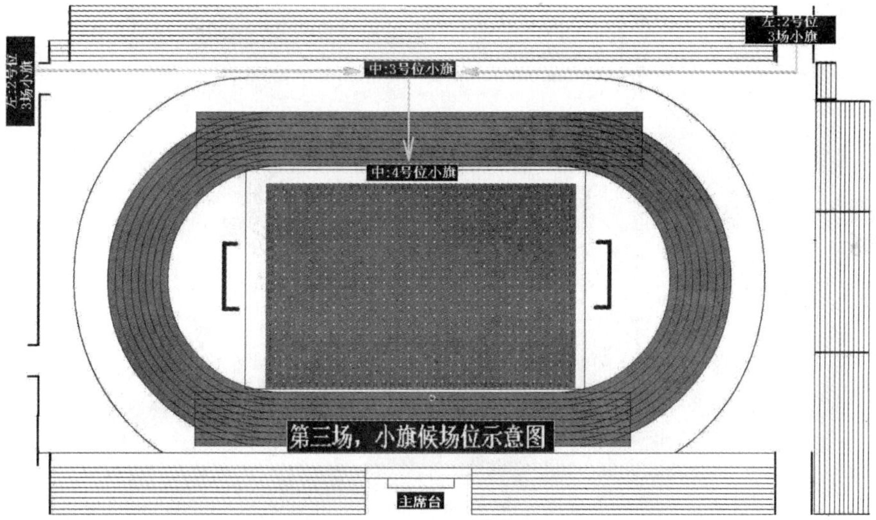

（5）全场尾声候场与退场流线

① 候场：蓝色（啦啦操）、绿色（学生-武术）、紫色（紫荆花）、白色（教师-武术）、场地中心（大小旗手），所有演员采用就近原则跑步入场。

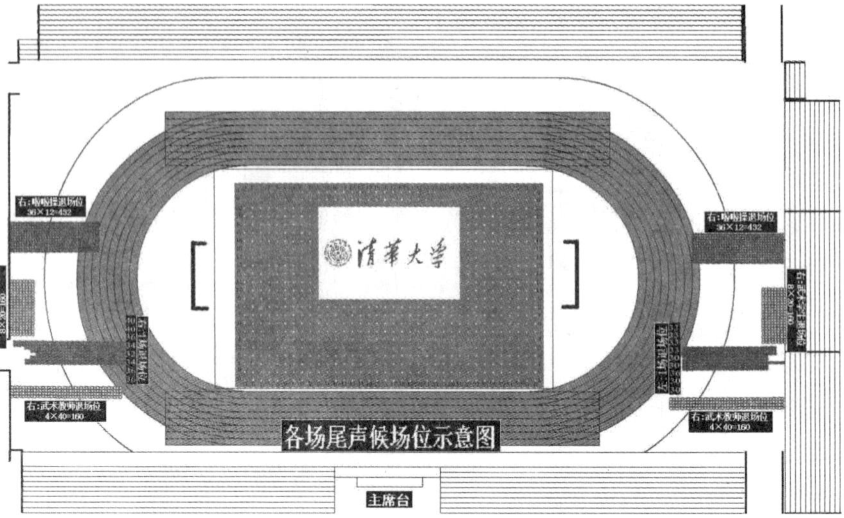

各场尾声候场位示意图

② 退场：所有演员以场地中心点为准，采用就近原则分四个区域退场。

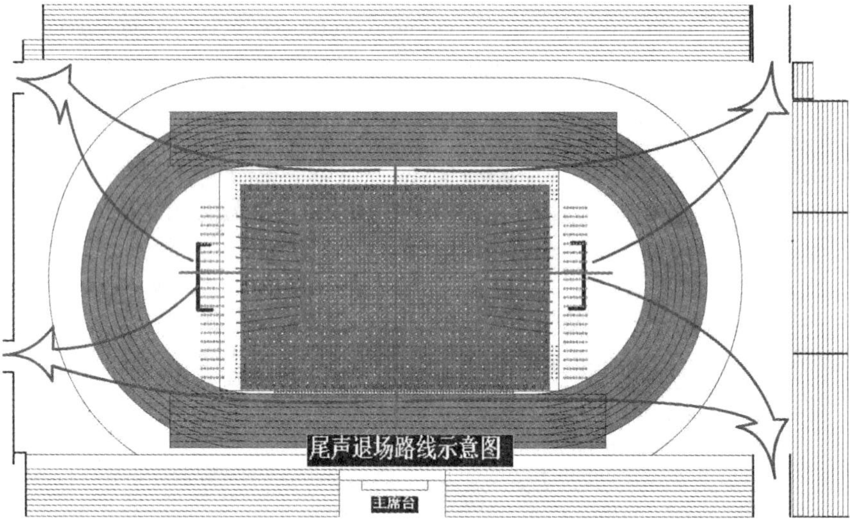

尾声退场路线示意图

（二）表演时间与节点

（1）入场节点

各场候场（入场）时间节点

岗位	负责教师	场次及名称	到位时间	出发时间
1号口东北角	2人	第一场《紫荆花开》	8:40	8:50-播报开始
		第二场《校园风采》	8:50	9:00-武术（教师）
			9:00	9:15-专项（足球、排球）
		第三场《走向未来》	9:10	9:19-大旗
			9:15	9:23-小旗
2号口东南角	2人	第一场《紫荆花开》	8:40	8:50-播报开始
		第二场《校园风采》	8:50	9:00-武术（学生）
			9:00	9:10-啦啦操
				9:15-专项（篮、排、足等）
		第三场《走向未来》	9:10	9:19-大旗
			9:15	9:23-小旗
3号口西北角	2人	第二场《校园风采》	8:50	9:00-武术（教师）
			9:00	9:10-啦啦操
			9:00	9:15-专项（棍术、藤毽球、轮滑）
4号口西南角	2人	第二场《校园风采》	8:50	9:00-武术（学生）
			9:00	9:15-专项（棒垒球、艺术体操、击剑、轮滑）

（2）分场表演节点

团体操“表演”时间节点

岗位	场次	1号位到达	2号位出发	3号位出发	4号位到位	表演时间
1号口东北角	第一场 紫荆花开	8:30	8:50	8:55	8:58	9:00-9:10 紫荆花
	第二场 校园风采	8:30	武术-教师 9:00 紫荆花 表演开始	9:09 百年标志 定位	9:10 利用退场 音乐到位	9:10-9:15 武术
			全民健身 9:15 啦啦操 表演开始	9:18 “动漫” 结束	9:19 跑“日晷”	9:19-9:22 各专项

续表

岗位	场次	1号位到达	2号位出发	3号位出发	4号位到位	表演时间
	第三场 走向未来	8:20	大旗 9:19 专项表演 开始	9:19 “校徽” 定位	9:22 利用退场 音乐到位	9:22-9:25 大旗
			小旗 9:23 大旗表演 开始	9:24 错位跑 开始	9:25 利用退场 音乐到位	9:25-9:28 小旗
2号口 东南角	第一场 紫荆花开	8:30	8:50	8:55	8:58	9:00-9:10 紫荆花
	第二场 校园风采	8:30	武术-学生 9:00 紫荆花 表演开始	9:09 百年标志 定位	9:10 利用退场 音乐到位	9:10-9:15 武术
			啦啦操 9:10 武术表演 开始	9:14 同心圆 定位	9:15 利用退场 音乐到位	9:15-9:18 啦啦操
			全民健身 9:15 啦啦操 表演开始	9:18 动漫 结束	9:19 跑“日晷”	9:19-9:22 各专项
	第三场 走向未来	8:20	大旗 9:19 专项 表演开始	9:19 校徽 定位	9:22 利用退场 音乐到位	9:22-9:25 大旗
			小旗 9:23 大旗表演 开始	9:24 错位跑 开始	9:25 利用退场 音乐到位	9:25-9:28:30 小旗

续表

岗位	场次	1号位到达	2号位出发	3号位出发	4号位到位	表演时间
3号口 西北角	第二场 校园风采		武术-教师 9:00 紫荆花 表演开始	9:09 百年标志 定位	9:10 利用退场 音乐到位	9:10-9:15 武术
			啦啦操 9:10 武术表演 开始	9:14 同心圆 定位	9:15 利用退场 音乐到位	9:15-9:18 啦啦操
			全民健身 9:15 啦啦操 表演开始	9:18 动漫 结束	9:19 跑“日晷”	9:19-9:22 各专项
4号口 西南角	第二场 校园风采	8:30	武术学生 9:00 紫荆花 表演开始	9:09 百年标志 定位	9:10 利用退场 音乐到位	9:10-9:15 武术
			全民健身 9:15 啦啦操 表演开始	9:18 动漫 结束	9:19 跑“日晷”	9:19-9:22 各专项
备注	尾声	第一段	“国旗”（波浪）表演			
		第二段	啦啦操、紫荆花、武术演员入场			
		第三段	全体合唱			

（三）解说词与节目单

1. 解说词

《清华颂》解说词

场景	解说词
第一场《紫荆花开》	
大会主持人宣布： 清华大学建校 100 周年庆典大型团体操表演《清华颂》现在开始。	
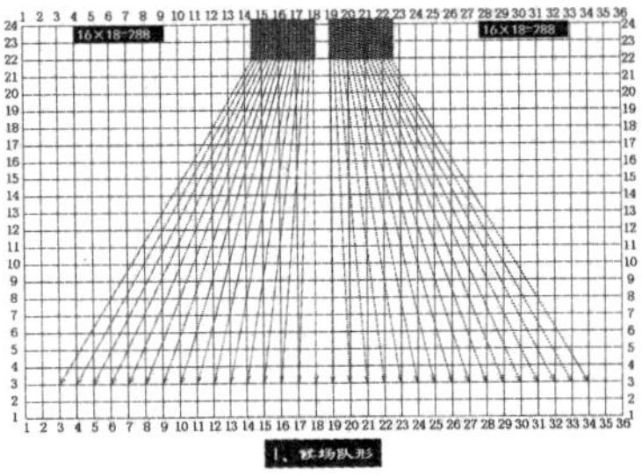	音乐前奏起（16″前奏结束舒缓节奏出）： 男：西山苍苍，东海茫茫，吾校庄严，巍然中央。紫荆花开，春意盎然，八方学子，载誉归来。千万清华儿女满怀感恩，共庆母校百年华诞。576 名本科女生将为大家献上大型舞蹈——《紫荆花开》。
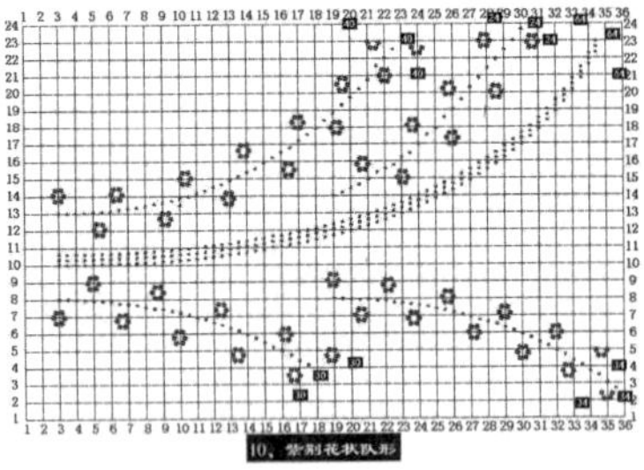	花枝跑位开始 2 个八拍，花朵未开放时： 女：现在在场上出现了含苞待放的紫荆花枝图案。紫荆花在华尔兹旋律中摇曳多姿，风姿烂漫。（开花时）紫荆花朵在紫色霞光下绚烂绽放。这盛开的紫荆花代表了汲取五洲之长，养育华夏英才的清华大学。
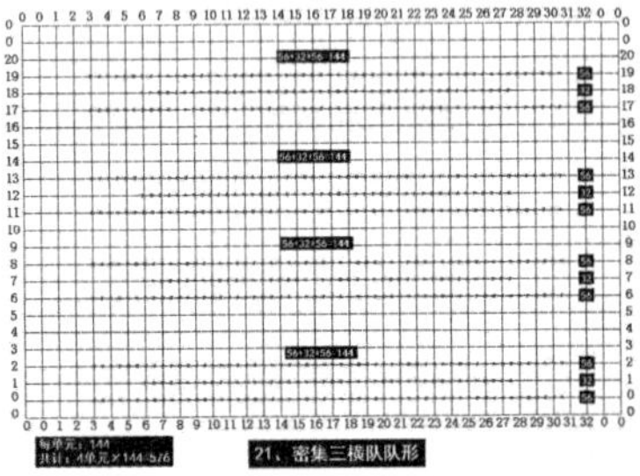	百花齐放出现（全体演员全蹲下时）： 男：现在场上涌动起层层翻滚的浪花，紫荆盛开，竞相怒放。（散点到位）翩翩起舞的姑娘们舞动裙摆，优美的动作展示了她们的婀娜多姿，也展现了桃李满天下的清华在世界大舞台上大放异彩的风貌。
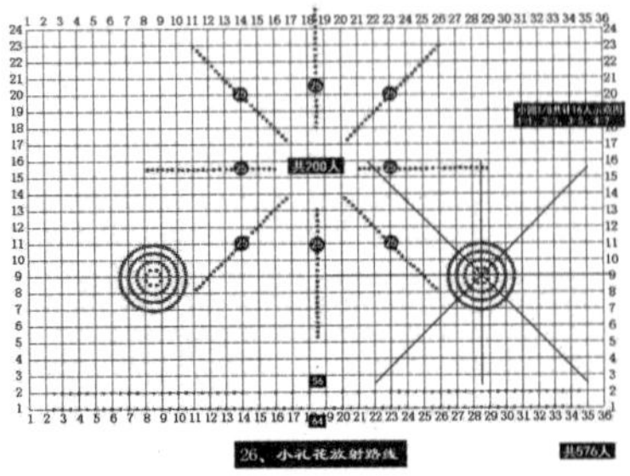	出现“礼花”密集（成圆过程）： 女：朋友们，盛开的紫荆花幻化成三朵即将绽放的礼花。（第一朵绽开）花海涌动，礼炮隆隆，百年的光辉与梦想顷刻重现。这一刻，21 响礼炮的最高礼遇表达的是清华人对母校最真挚的感激！伴着声声礼炮，让我们向伟大的母校致敬！（三朵礼花完全绽开）

续表

场景	解说词
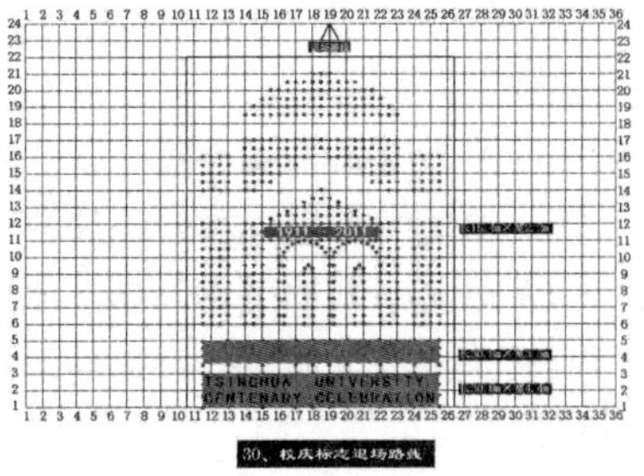	出现“百年校庆”标识开始跑位时： 男：可爱的姑娘们用青春的身姿描绘出“百年校庆”标识，场上一派欢乐祥和、热情荡漾的景象，为母校百年华诞送上最灿烂的祝福！紫荆满园，喜迎嘉宾，共庆华诞！伟大的母校，生日快乐！
第二场《校园风采》	
武术演员候场到位： 女：现在即将为您表演的是第二场《校园风采》	
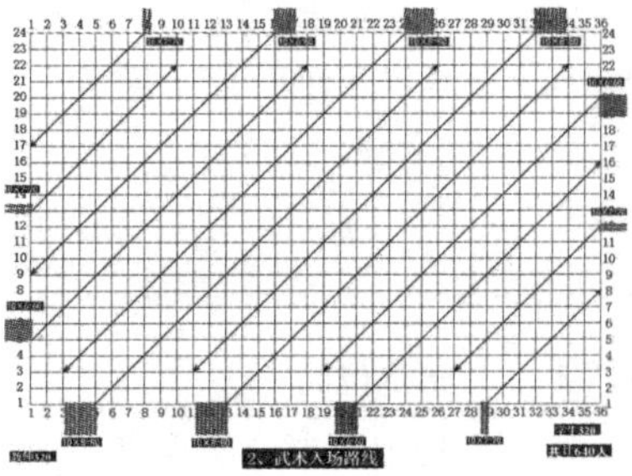	广播声响起（“工作50年”结束时）： 男：听，这熟悉的旋律，听，这熟悉的声音，我们在母校生活的点点滴滴又浮现在眼前。看，640名老师和学生穿梭入场，象征着清华走过这整整一个世纪。 女：时光过境，岁月如梭。清华人的精神在这时间的推移中代代相传。变化的，是日益蓬勃的青春风华，是校园内传统与现代的紧密交织。不变的，是水木清华旁的书声琅琅，是图书馆内的伏笔勤书，是荷塘月色之下，清华人从未褪色的赤子之心。
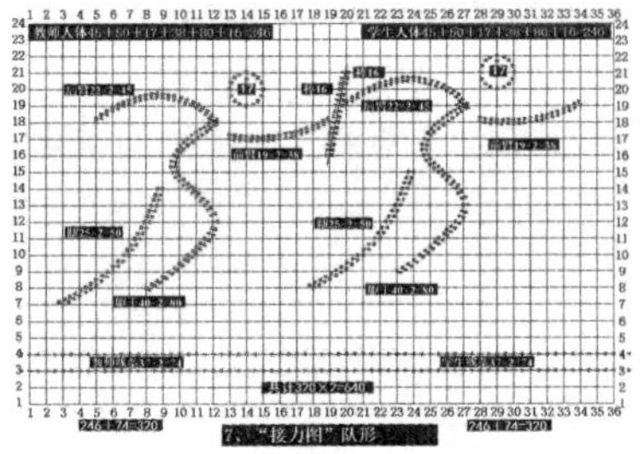	出现“接力”图形（跑位完成）： 女：观众朋友们，场上教工和学生的队伍分别组成了两名接力运动员的形象。老一辈清华人对年轻一代的殷切期望正如眼前的这幅接力画面。莘莘学子来远方，行健不息须自强，学子们接过“爱国奉献”的接力棒，承担起建设祖国的重担，誓将勇攀高峰的精神发扬光大。
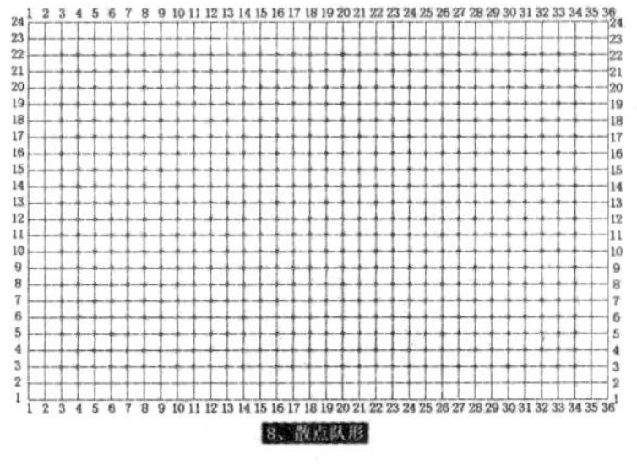	太极扇、刀术对比表演（老师不动时）： 男：刚劲有力的刀术展现了学子们赤诚的报国之心，柔中带刚的太极扇舞出了教工们收放自如的人生境界。刚柔相济之间，不变的是师生代代相传的清华气节。正是这种海纳百川的胸怀才使清华的气质更加恢弘磅礴。

续表

场景	解说词
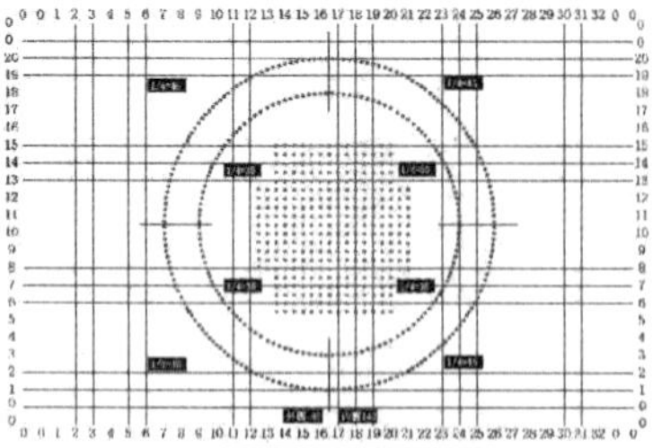 15、密集方块圆队形	同心圆队形（学生跑动）时： 女：各位观众，场上围成的这个同心圆代表的是同心同德、团结一致的全校师生。传道授业悉心聆听，师生们共同营造了良好的学术氛围。他们为中华教育的振兴而携手前进，他们必将在祖国发展的道路上共创辉煌！
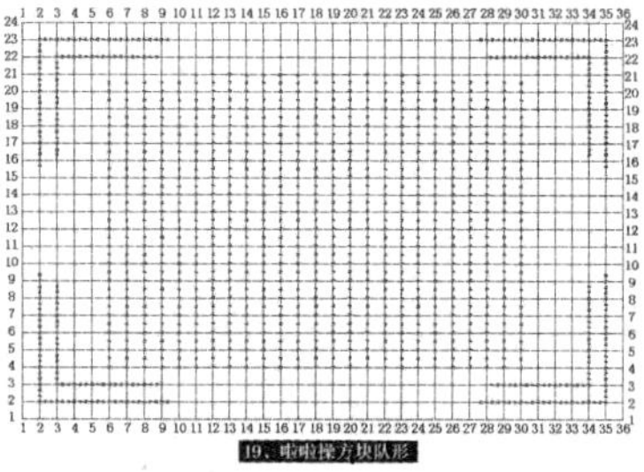 19、啦啦操方块队形	啦啦操表演（开始跑上场）： 男：青春是一段柔软的时光，青春是一抹绚烂的色彩。864 名青春美丽的大一女同学们齐聚场中，用她们的蓬勃朝气来诠释“花样年华”、演绎“青春风采”。
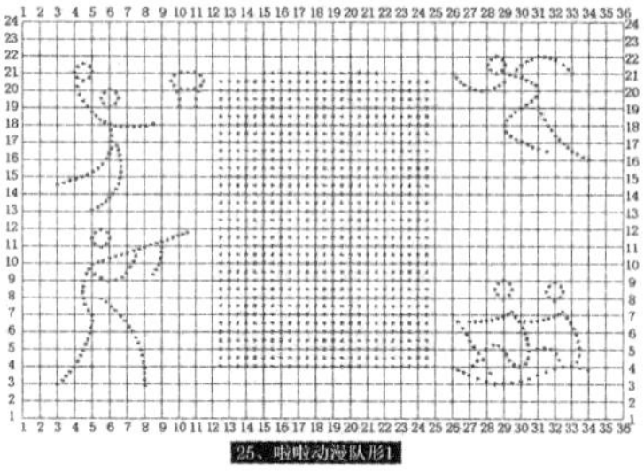 25、啦啦动漫队形1	清华重点项目图案（开始跑位）： 女：姑娘们聚集在场中间即将呈现出一个活力动感的啦啦操队员形象。（啦啦小人变两次时）啦啦操方阵四周出现了田径、篮球、射击和赛艇这四支清华大学高水平运动队的图案。清华品格的百年传承，促成了竞技体育与群众体育的协调发展。他们欢快又自信地展示着校园风采，尽情挥洒满溢的青春热情。
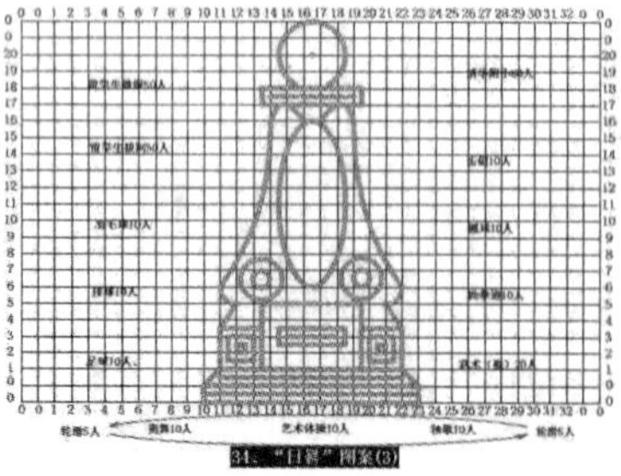 34、“日晷”图案(3)	形成日晷图形时： 男：大礼堂前的日晷镌刻着百年的光阴，同学们组成的日晷图形见证着清华百年的发展。（暂停）在场地四周表演的是足球、排球、武术、篮球、棒垒球、击剑、艺术体操、藤毽球以及来自 122 个国家的留学生代表和清华附小的小朋友们。（暂停）在“为祖国健康工作 50 年”的体育传统传承下，清华人的体育精神将是我们毕生的财富！

续表

<table>
<tr><th>场景</th><th>解说词</th></tr>
<tr><td>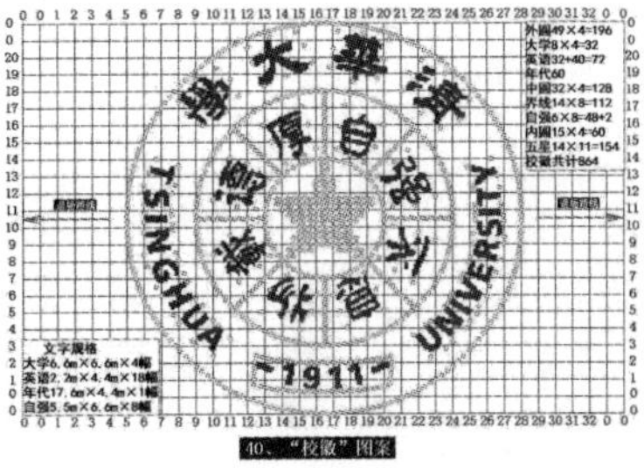
40、“校徽”图案</td><td>出现校徽图形（横幅拉起时）：
女：观众朋友们，演员们汇聚在场地中心组成了清华大学校徽的图案。清华大学，我们伟大的母校，曾用她最悉心的呵护收藏我们成长的足迹，曾用她最深情的微笑照亮我们稚嫩的梦想，曾用她最博大的胸怀包容我们眷恋的目光。请张开双臂拥抱她吧，母校就在这里！</td></tr>
<tr><td colspan="2">第三场《走向未来》</td></tr>
<tr><td colspan="2">候场（琥珀：上一场表演退场时）：
男：接下来上场的是由 1272 名大一的男生共同完成的旗操表演《走向未来》。</td></tr>
<tr><td>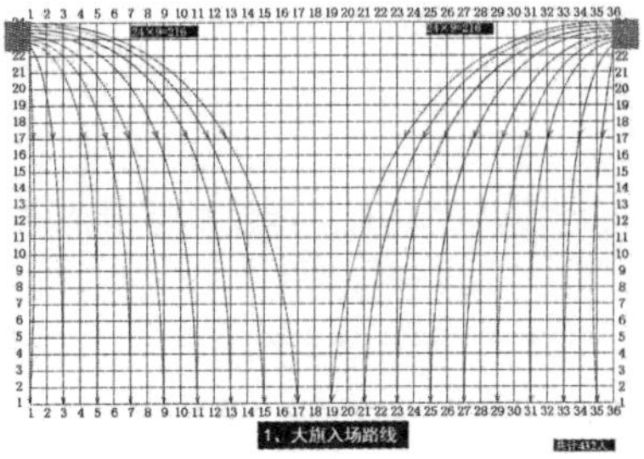
1、大旗入场路线</td><td>大旗入场：
女：《复兴之歌》响起来了，清华大学 32 个院系的旗帜飘扬起来了。激昂的旋律烘托的是各学科综合发展的繁荣之势，飒爽的旗手展现的是清华人投身科学研究最前线的伟岸身姿。</td></tr>
<tr><td>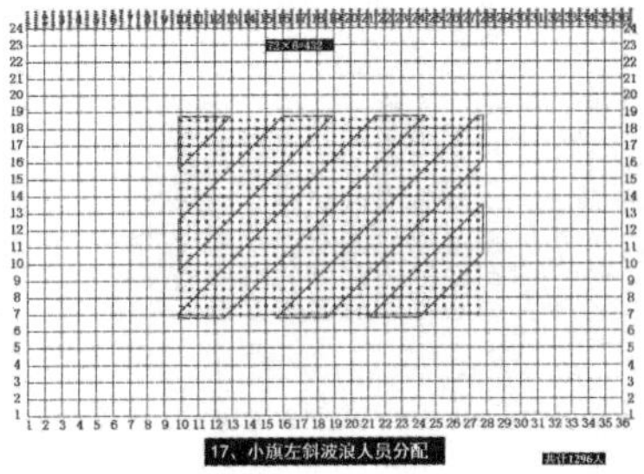
17、小旗左斜波浪人员分配</td><td>小旗开始表演时：
男：踏着刚劲有力的节拍，小旗旗手昂首挺胸，奋发向前。博大厚重是清华人一生的符号；顶天立地是清华人铭记的誓言。独立之思想，自由之精神是这满目紫色所唱响的品格。我们清华人誓要用铮铮铁骨挺起民族的脊梁！</td></tr>
<tr><td>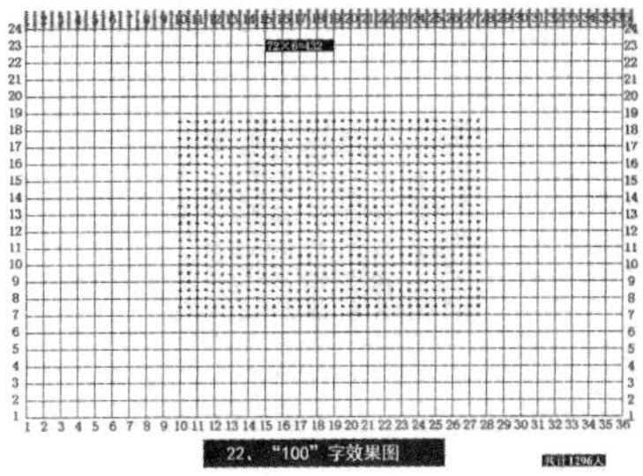
22、“100”字效果图</td><td>出现“100”字样：
女：现在小旗方阵中浮现出了 100 的字样。100 年，一个世纪的风雨飘摇，一个世纪的荣辱跌宕，就这样默默划过长空。今天，水木清华，百年圆梦。在今后的日子里，清华人仍将用最朴实的努力创造新的辉煌。</td></tr>
</table>

续表

场景	解说词
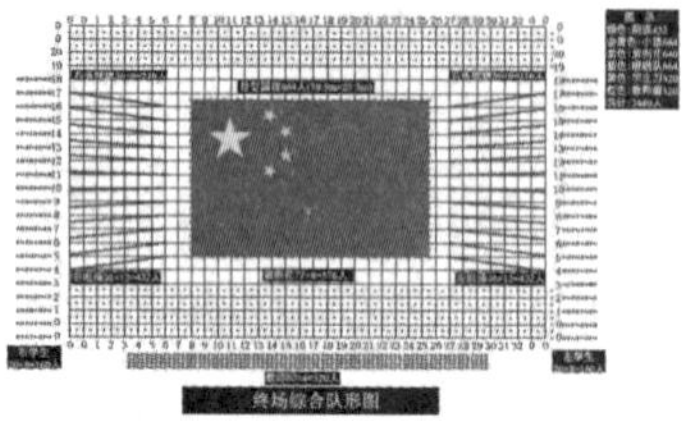	国旗徐徐展开时： 男：五星红旗在场中徐徐展开，我们的表演也进入尾声。五星红旗，我为你骄傲，我为你自豪。秉承爱国奉献的传统，前赴后继的清华人定会高举科技复兴的光辉旗帜，在建设祖国与造福世界的道路上，继续扬帆奋进！
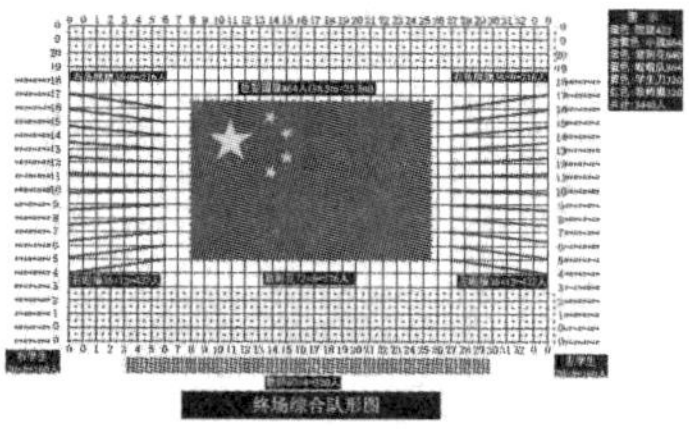	女：今天，花如潮，歌如海 男：今天，叙深情，永难忘 女：歌声和掌声此起彼伏，交融成了最美的声音，响彻清华园安静的上空！ 男：历史和未来交织此刻，编织成了最深的祝福，融化在百年学府深厚的沉淀！ 女：清华百年，行胜于言！ 男：自强不息，厚德载物！ 女：让我们所有清华儿女献上对母校最深最浓的爱。祝福母校百年华诞，祝福祖国明天灿烂辉煌！

2. 节目单

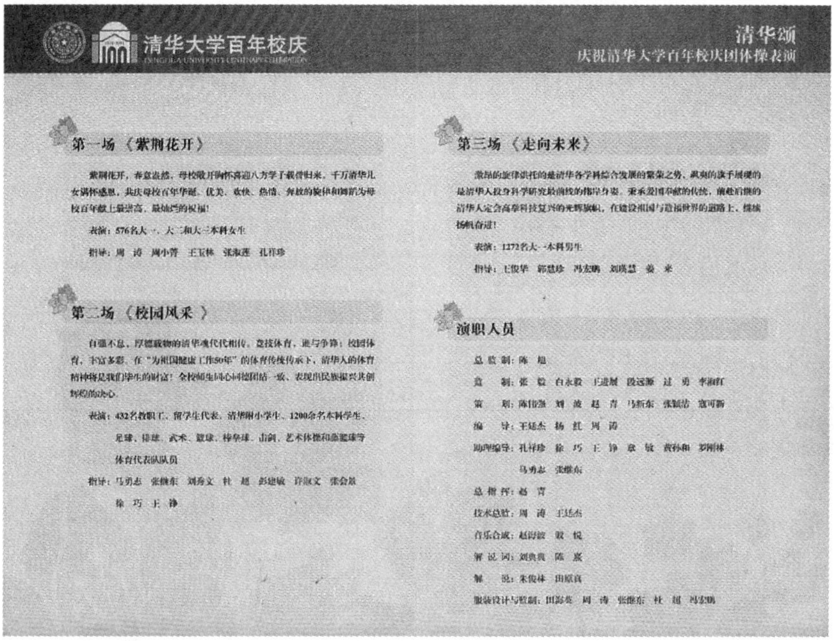
清华大学百年校庆

清华颂
庆祝清华大学百年校庆团体操表演

第一场《紫荆花开》

紫荆花开，春意盎然，母校敞开胸怀喜迎八方学子载誉归来。千万清华儿女满怀感恩，共庆母校百年华诞。优美、欢快、热情、奔放的旋律和舞蹈为母校百年献上最崇高、最炫烂的祝福！

表演：576名大一、大二和大三本科女生

指导：周 涛 周小菁 王玉林 张淑莲 孔祥珍

第二场《校园风采》

自强不息，厚德载物的清华魂代代相传。竞技体育，进与争锋；校园体育，丰富多彩。在“为祖国健康工作50年”的体育传统传承下，清华人的体育精神将是我们毕生的财富！全校师生同心同德团结一致，表现出民族振兴共创辉煌的决心。

表演：432名教职工、留学生代表、清华附小学生、1200余名本科学生、足球、排球、武术、篮球、棒垒球、击剑、艺术体操和橄榄球等体育代表队队员

指导：马勇志 张继东 刘秀文 杜 超 彭建敏 许淑文 张会景 徐 巧 王 诤

第三场《走向未来》

激昂的旋律烘托的是清华各学科综合发展的繁荣之势，飒爽的旗手展现的是清华人投身科学研究最前线的伟岸身姿。秉承爱国奉献的传统，前赴后继的清华人定会高举科技复兴的光辉旗帜，在建设祖国与造福世界的道路上，继续扬帆奋进！

表演：1272名大一本科男生

指导：王俊华 郭慧珍 冯宏鹏 刘瑛慧 姜 来

演职人员

总监制：陈 旭
监 制：张 毅 白永毅 王进展 段远源 过 勇 李润红
策 划：陈伟强 刘 波 赵 青 马新东 张毓洁 寇可新
编 导：王廷杰 杨 红 周 涛
助理编导：孔祥珍 徐 巧 王 诤 袁 敏 黄孙和 罗刚林 马勇志 张继东
总指挥：赵 青
技术总监：周 涛 王廷杰
音乐合成：赵衍波 敦 悦
解说词：刘典典 陈 嵩
解 说：朱俊林 田原真
服装设计与监制：田海英 周 涛 张继东 杜 超 冯宏鹏

第二节 《紫荆花开》动作与队形描述

本场表演由两段动作组成：第一段：以华尔兹组合为主，动作柔美、简单、大方，最后形成紫荆花的图案，烘托场上气氛。第二段：以波尔卡步伐为主，动作多为跑动、螺旋绕，在场上形成同心圆、礼花和百年标志性的图案，直点共庆华诞的主题。

第一段：音乐《我和你》 **时长：4 分 32 秒（剪接后）**

候场和进场 12×8+4 拍（音效）

候场 进场

动作描述：

（一）候场 2×8：直立，双手持裙下垂。

（二）进场 10×8：双臂斜上持裙，跑步入场（2 横排为一组，间隔 4 拍）。

队形简述：

以横坐标 16、17 点位为基准，所有学生成“放射状”跑步进场；到位后用 2×8 自动调整成“散点”。

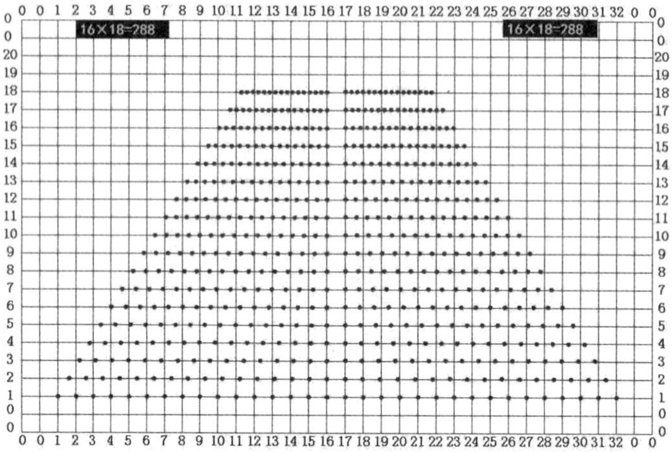

2、放射队形

共576人

（三）音效

第一节　蛇形起　8(3/4)

动作描述：

（一）第一个　4(3/4)：单行做，双行下蹲不动；

（1–2）双手合掌，随节拍蛇形上穿至直立，先左后右；

（3–4）手臂 3 位，碎步左转 180°；双臂侧开成 6 位手位，右前交叉弓步站立；

（二）第二个 4(3/4)：单行保持 6 位手位，右前交叉弓步站立；双行重复单行的“蛇形起”动作。

队形简述：

散点队形。分单双行（A、B）两组做，均在同一队形中完成。

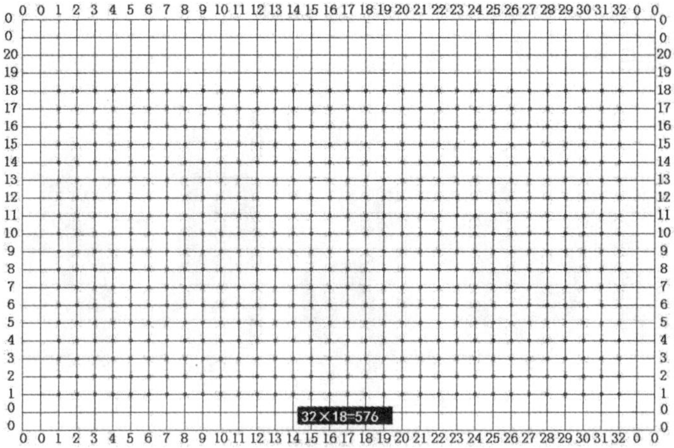

3、散点队形　　共576人

第二节　华尔兹组合 1　7(3/4)

——（1）——　　——（2）——　　（3）　　（4）

（5）　　（6）　　（7）

动作描述：
（1–2）前进华尔兹（折线行进）先左后右，两手臂依次上摆至 5 位手位；
（3–4）左右华尔兹，手臂依次头上摆动。
（5–7）碎步后退：双臂经体前下摆碎步后退，下蹲后持裙并直立。
队形简述：
散点队形。两组动作均在该队形中完成。

第三节　抖裙上提、侧摆　7(3/4)

——（1、2、3）——　　　　（4）

——（5、7）——　　　　——（6）——

动作描述：

（1–4）抖裙上提：屈膝半蹲，双臂体前抖裙 3 次后上提；第 4 个 3/4 拍手臂经体侧放下。

（5–7）侧摆：先右后左侧摆 3 次。

队形简述：

散点队形，两组动作均在该队形中完成。

第四节 菱形起+立转 8(3/4)

（一）　　（二）1　　——2——　　3

动作描述：

（一）菱形起 4 拍音效：左转 90°同时左臂侧摆成双臂侧上举，一拍为一次，递次完成共 4 次。

（二）立转 4(3/4)：左臂体前后摆，双臂斜侧举，左后转两周。

队形简述：

菱形起：1-中心区域起；2-第二层区域内起；3-第三层区域起；4-最外围区域人员起。

立转 720°：在散点中所有表演者同时完成。

第五节 侧摆+立转+华尔兹组合 20(3/4)

侧摆 4（3/4）　——（1、3）——　　——（2、4）——

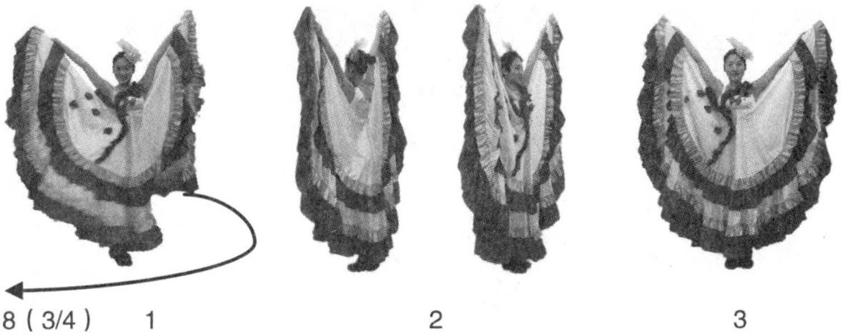

立转 8（3/4） 1　　2　　3

华尔兹组合2 16（1、5） （2、6） （3、7） （4、8）

——（9）—— ——（10）——
——（13）—— ——（14）——

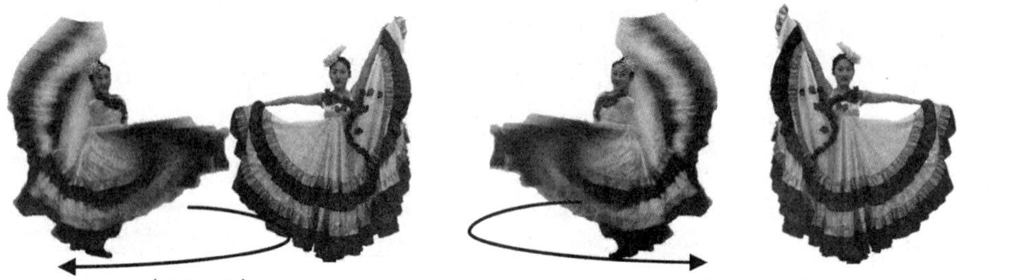

——（11–12）—— ——（15–16）——

动作描述：

4(3/4) 侧摆：开立，两臂依次从左到右、从右到左绕摆，共4次；最后一次下蹲。

8(3/4) 立转：依次向右立转360°，4人一组，共8次。

16(3/4) 华尔兹组合2：

（1–2）前后华尔兹，双臂体侧上下摆动；

（3–4）左右侧华尔兹，双臂左右摆动；

（5–8）重复（1–4）的动作；

（9–10）前后华尔兹，双臂体侧前后绕环；

（11–12）原地右转360°，左臂侧上举，右臂前下举；

（13–16）重复（9–12）的动作。

队形简述：散点队形，所有动作均在该队形中完成。

第六节　紫荆花表演　32(3/4)

(一) 4(3/4)

(二) 12(3/4)

动作描述：

(一) 散点变横排跑位：双臂斜后持裙跑动到位；

(二) 紫荆花花枝跑位：双臂斜后持裙跑动到位，最后两个 3/4 拍下蹲。

队形简述：

(一) 4(3/4)：所有双数的横排向前面单数的横排合并。

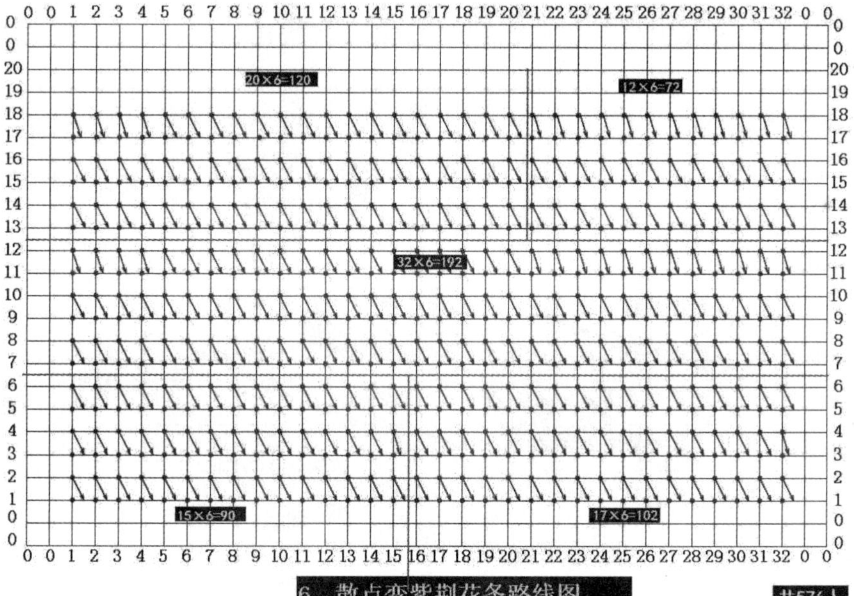

6、散点变紫荆花条路线图

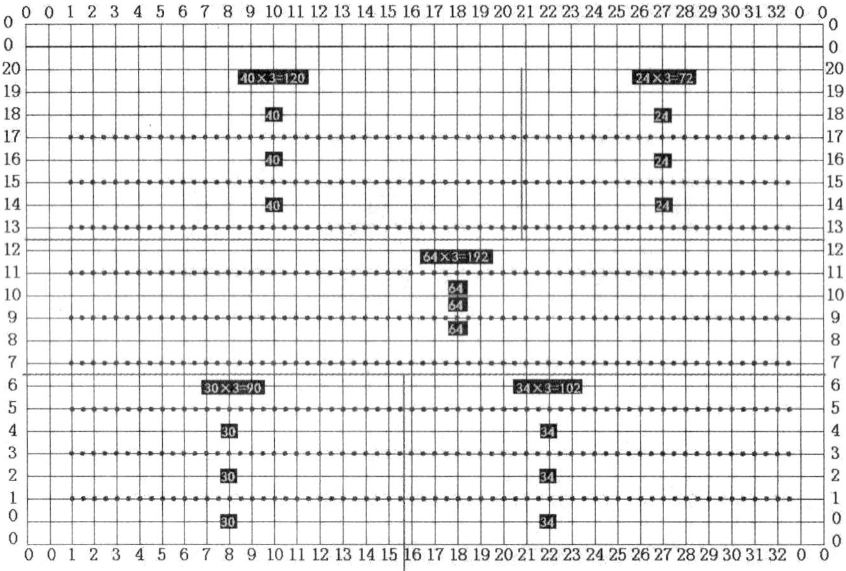

7、散点变紫荆花条过渡图-1

共576人

（二）10(3/4)：分组密集后向箭头指定方向持裙跑位。

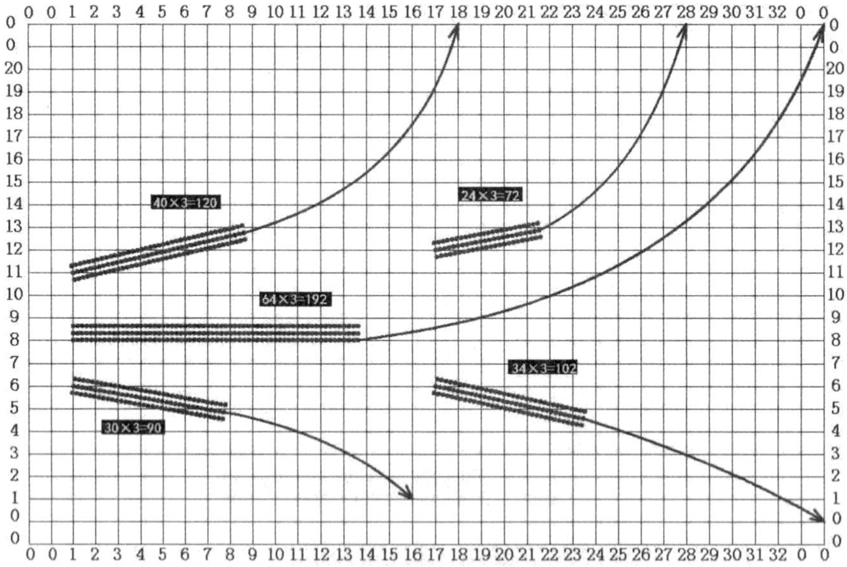

8、散点变紫荆花条过渡图-2

2(3/4)：形成花枝后，所有演员下蹲。

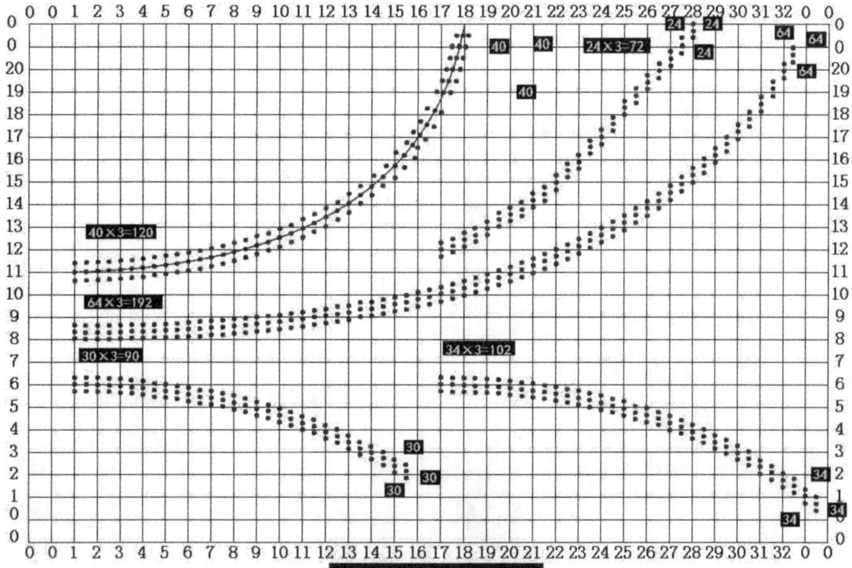

9、紫荆花条状队形

（二） A组 B组 （三） （1） ——（2）——

动作描述：

（二）枝干与花朵 16(3/4)

A 组：枝干 16(3/4)：身体前倾；身体后仰，2 个 3/4 一换；

B 组：16(3/4)：两手斜后持裙，用“牵线”式逆（顺）时针跑动，背向圆心。

（三）立转盖裙 2(3/4)：右转 360°，左脚上步，双臂经下向后再往前绕环一周下蹲。

队形简述：枝干保持原队形，B 组花朵依次完成动作。

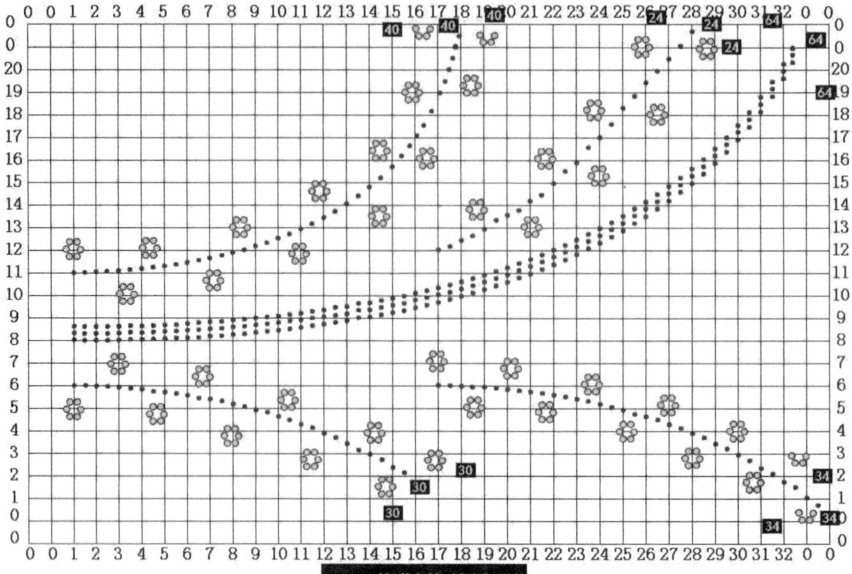

10、紫荆花状队形

第七节　跑位、华尔兹组合 1、抖裙上提　22(3/4)

(1-8)　(9-10)　(11-12)　(13)　(14)

(15)　(16-19)　(20-21)　(22)

动作描述：

(1-8) 跑位：双臂斜下举持裙跑动到散点；

(9-15) 华尔兹组合：前进（左右折线）华尔兹 2 次，左右华尔兹 2 次，后退下蹲；

(16-19）抖裙上提：屈膝双臂体前抖裙 3 次后上提并直立，共 4 次；
(20-21）直立上举，停顿 2 个 3/4 拍；
(22-）双臂经体侧放下，直立。
队形简述：
以上三组动作均在散点队形中完成。

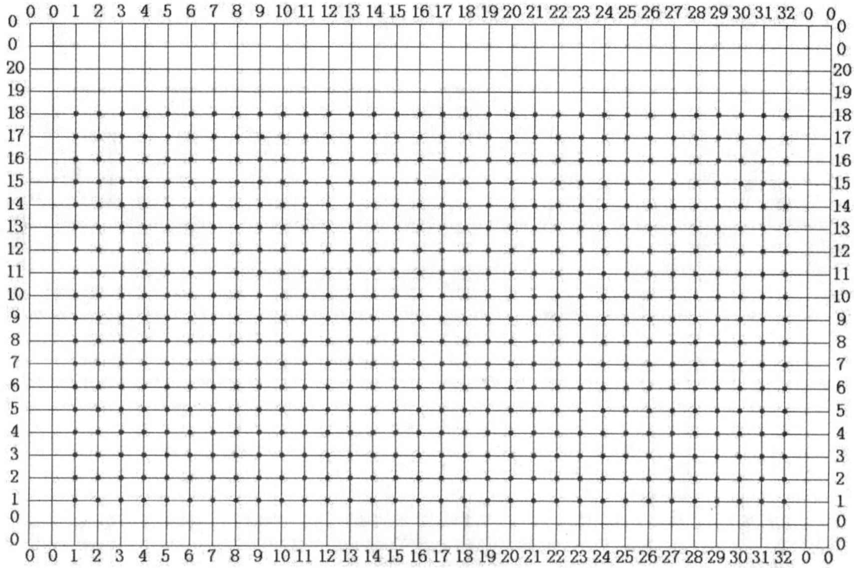

11、散点队形

共576人

第二段：音乐《热情》 **时长：4 分 33 秒（剪接后）**

第一节　块状起伏 4×8

（1）　（2）　（3）　（4）

动作描述：
(1）两臂斜上举，直立；
(2）两臂下垂，下蹲；

（3）两臂斜上举，右转 360°；

（4）转体或下蹲。

队形简述：

散点完成此节的配合动作，A 组（左前半场区域）、B 组（右前半场区域）、C 组（左后半场区域）、D 组（右后半场区域）。各为一组。（1）：AB 立，CD 蹲；（2）：AB 蹲，CD 立；（3）：BC 右转 360°，AD 蹲；（4）：BC 蹲，AD 右转 360°后直立。

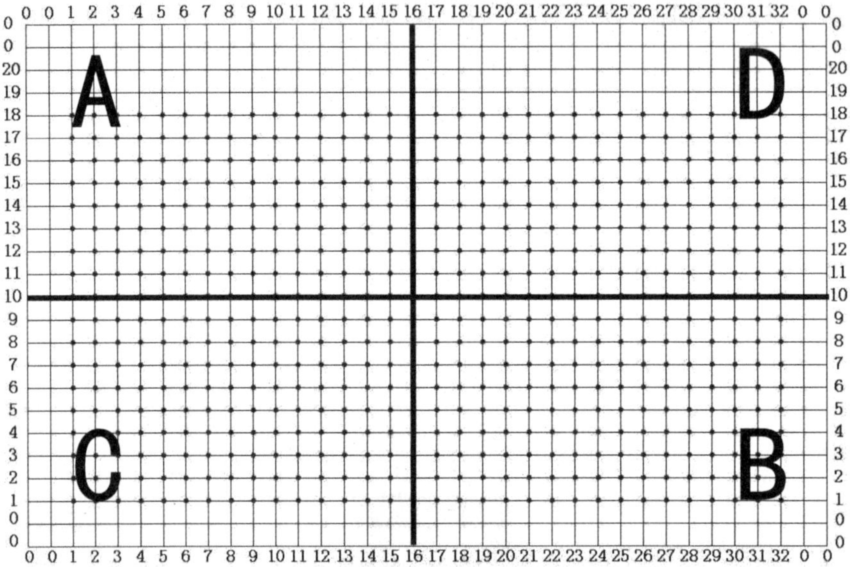

11、散点队形

共576人

第二节　密集换位跑+递次蹲立 11×8+4 音效

（一）　　（二）

音效1　　　　　　音效2　　　　　　音效3-4

动作描述：

（一）前后密集跑 4×8：双臂持裙前后密集跑动；

（二）左右换位跑 5×8+4：一手叉腰，一手侧上举裙，左右跑到散点位。

（三）递次蹲立（4 个音效）2×8

音效 1：双手持裙，依次轮转盖裙，右转 90°下蹲；

音效 2：双手持裙，依次轮转盖裙，左转 90°下蹲；

音效 3-4：两手斜上举持裙，站立。

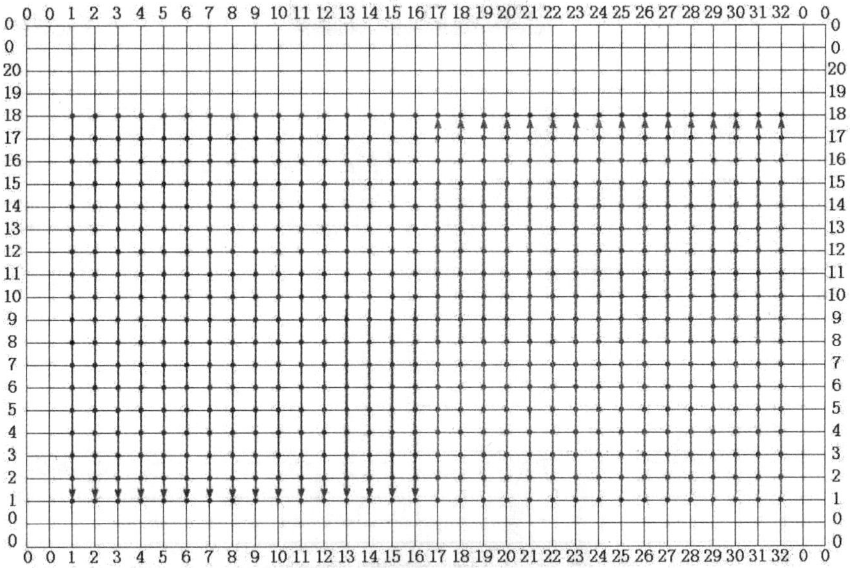

12、散点变错位密集方块路线

共640人

动作描述：

所有动作均在密集队形上完成。然后左右换位跑：上一组未跑人员分别向左向右跑回散点。

队形简述：

前后密集跑：左侧 11-20 排向前跑至 1-10 排人员身后下蹲；右侧与左侧人员动作相反，其他未跑人员下蹲。

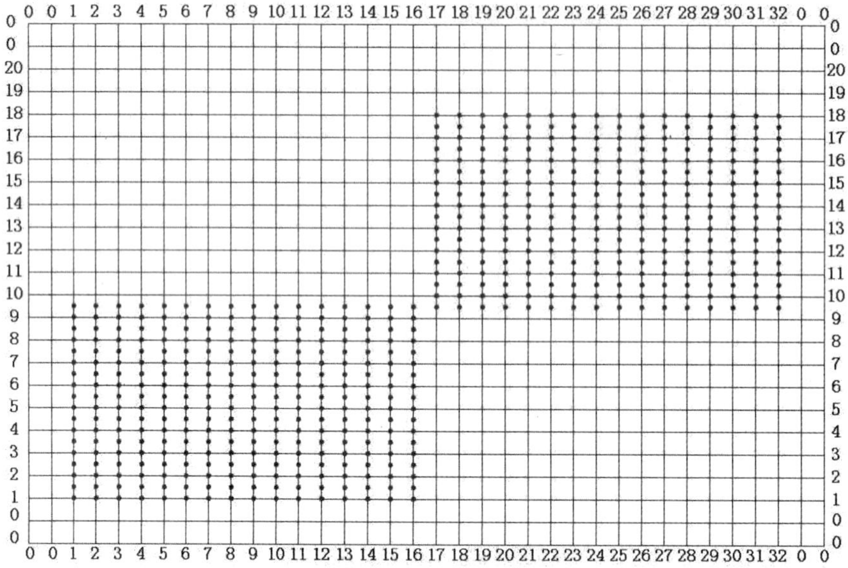

13、错位密集方块队形

共640人

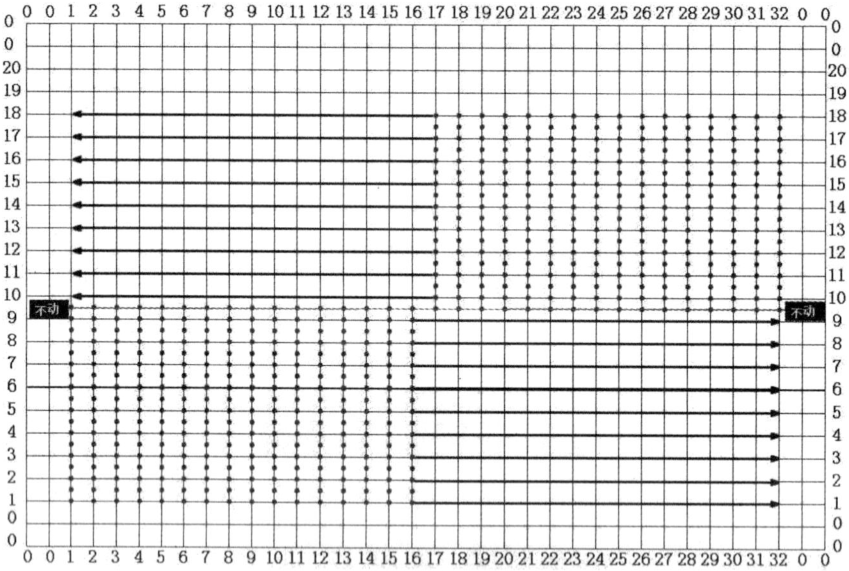

14、错位密集方块变散点路线

共640人

第三节　螺旋绕 4×8

——（1、3）——　　　　——（2、4）——

动作描述：

（1、3）双手持裙，由下往上先左后右在体前做“8”字绕环，一拍一动；

（2、4）双手持裙。由上至下在体侧做“8”字绕环，一拍一动。

队形简述：在散点队形中完成该组动作。

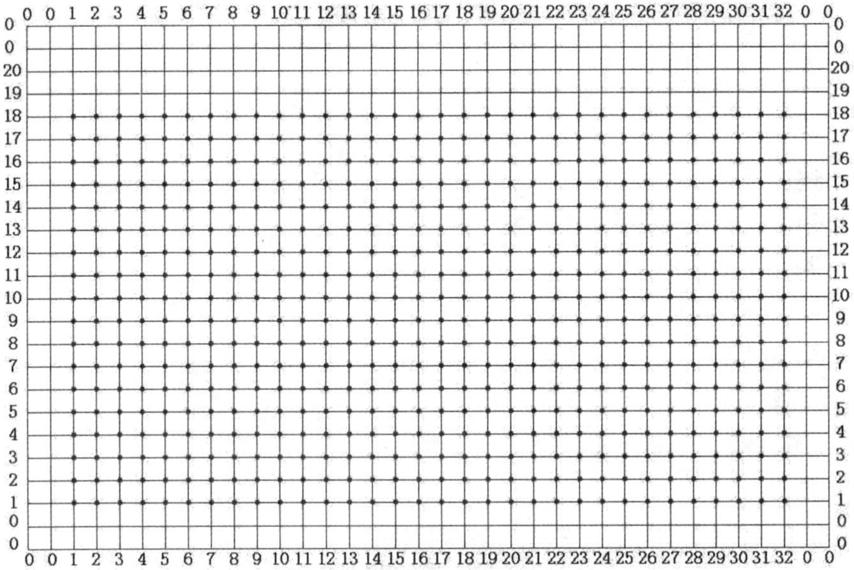

15、散点队形

共640人

第四节 变纵队+纵行换位+立转 9×8

（一） （二） ——（1、3）—— ——（2、4）——

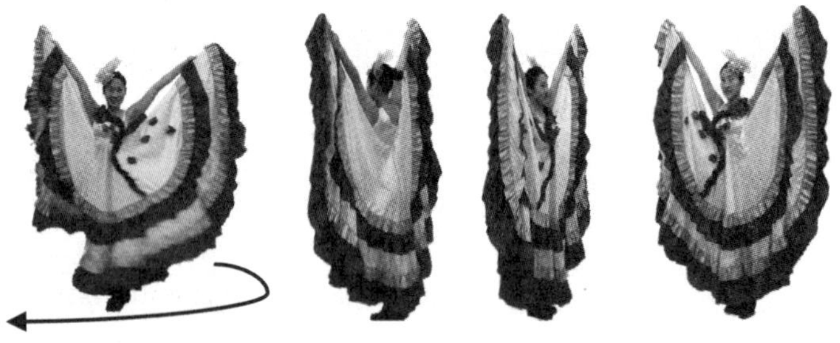

（三） 1–2 3–4 5–6 7–8

动作描述：

（一）变纵队 4×8：两手斜后持裙，跑到纵队位。

（二）纵行换位 4×8：

(1) 上（退）右脚，双臂前后摆含展胸，两拍一动；

(2) 双臂侧平举，交换位置跑动，7–8 拍时转 180°；

(3–4) 重复（1–2）的动作。

（三）立转 1×8：两臂上举持裙向右旋转 360°。

队形简述：

（一）散点变纵队，单行向左后并向双行。

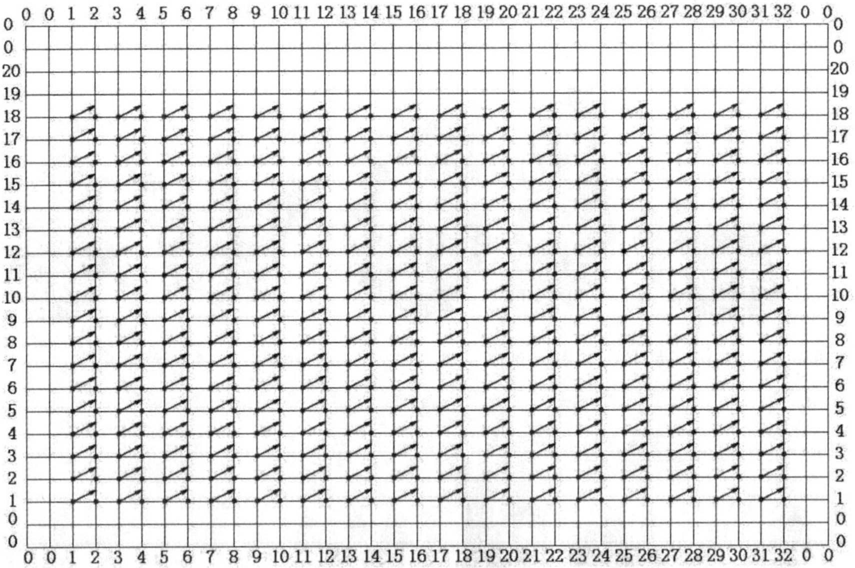

16、散点变纵队路线　共640人

（二）两组动作均在该纵行队形中完成。

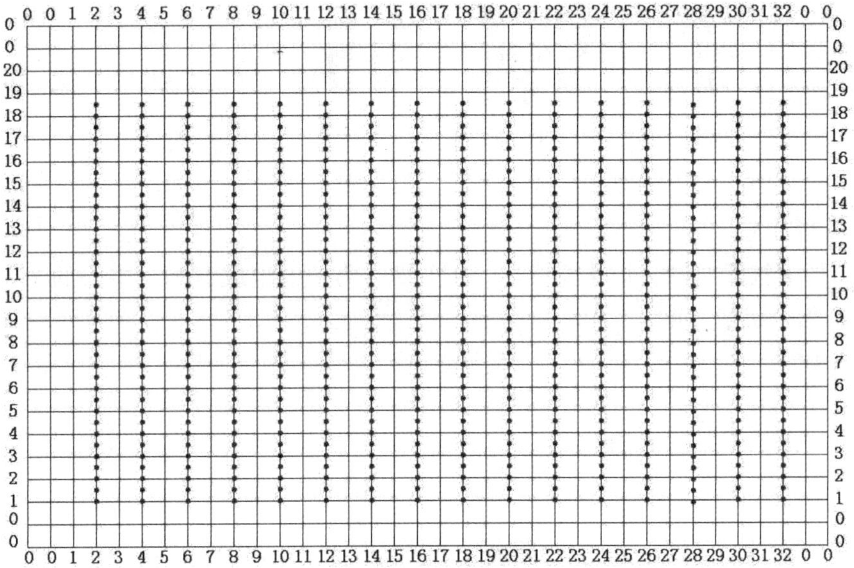

17、纵队队形　共640人

第五节　双圆 8×8

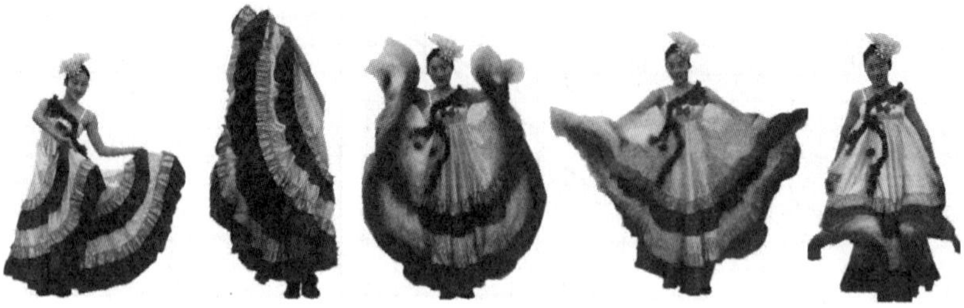

外圆　——（1、3）——　——（2、4）——

内圆　——（1、3）——　——（2、4）——

动作描述：

（一）变双圆 4×8：两手斜下持裙，跑动到双圆位置。

（二）螺旋绕（外圆立、内圆蹲）4×8

（1、3）双手持裙，体前做“8”字绕，由下往上，先左后右，一拍一换；

（2、4）双手持裙，体侧做“8”字绕，由上至下，一拍一换。

队形简述：

（一）采用就近原则，以 4 路纵队、9 个横排为一组组成双圆。中心的 8 人为内圆，其他人员自然合拢成外圆。

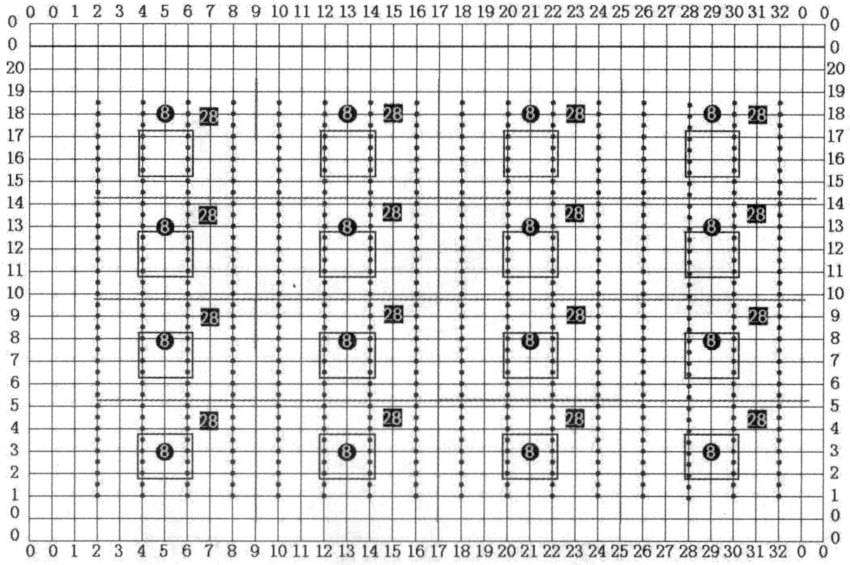

18、纵队队形变圆人员分配

（二）螺旋绕动作在如下队形中完成。

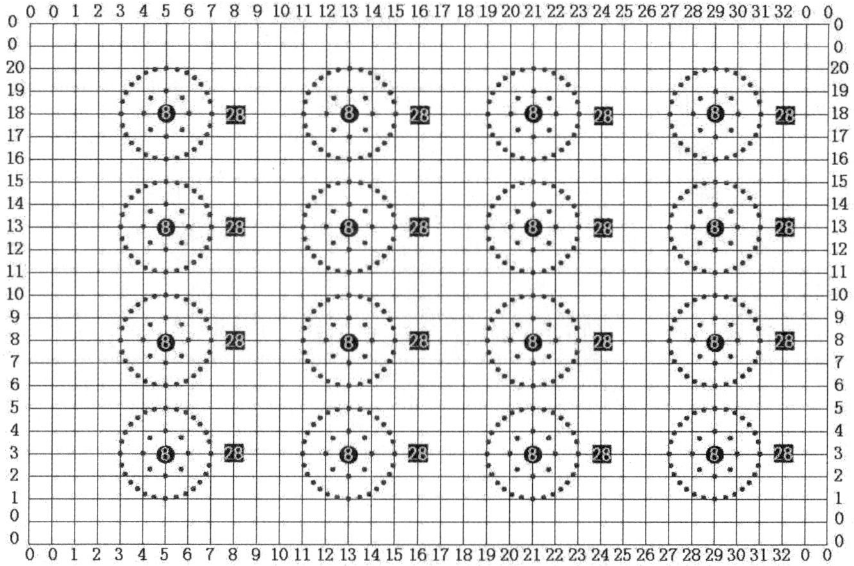

19、全场同心小圆队形

第六节　横排表演 9×8+4 拍音效

（一）　　（二）提示音：蹲

（三）　1–4　5　6　7–8

动作描述：

（一）双圆变三大横排 4×8：两手斜下持裙，跑动到各自点位；

（二）递次转 1.5×8+4 拍（蹲）：右手持裙左转 360°，4 拍一换，从后至前以排为单位依次做；从前向后撤右脚下蹲（以排为单位），右臂经后向前摆裙；

（三）螺旋绕 4×8：体侧“8”字绕环 4 拍；5–8 拍向前盖裙，然后下蹲。

队形简述：

（一）以横排为基准，外圆前后分配成第一、三排，内圆打开连接成第二排。

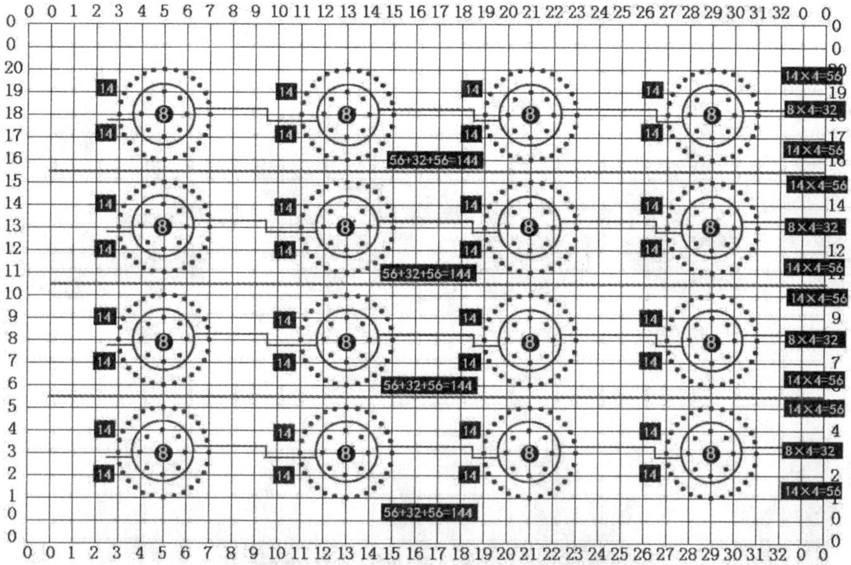

20、同心圆变三横队人员分布图

（二）两组动作均在如下队形中完成。

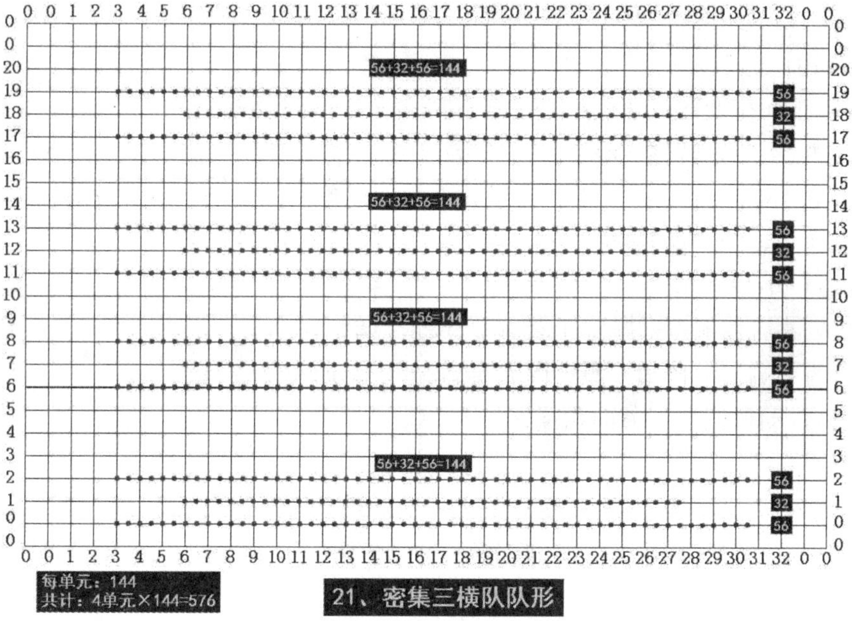

21、密集三横队队形

第七节　散点表演 13×8

（1–4）　（5–9）　1–4　5–6　7–8　（5）

（三）　（1、3）　（2、4）　1–4　5–8

动作描述：

（1-4）三横排变散点 4×8：两手斜下持裙，跑动到散点位；

（5-9）点地侧摆转体 5×8：1-4 左脚点地 2 次，双臂体侧“8”字绕环，先左后右；5-8 左转 180°，左手侧下举，右手斜上举；动作同前 2 个 8 拍，方向相反；第 5 个 8 拍右脚点地左转 360°，两手斜下持裙。

（10-13）小马跳 4×8

（10）先右后左侧点地跳，手臂顺势摆动，两拍一动；

（11）两手侧下举持裙，原地向右旋转 360°后胸前交叉；

（12-13）动作同上，方向相反。

队形简述：

三组 3 横排队形自然扩散为散点，以上三组动作均在散点队形上完成。

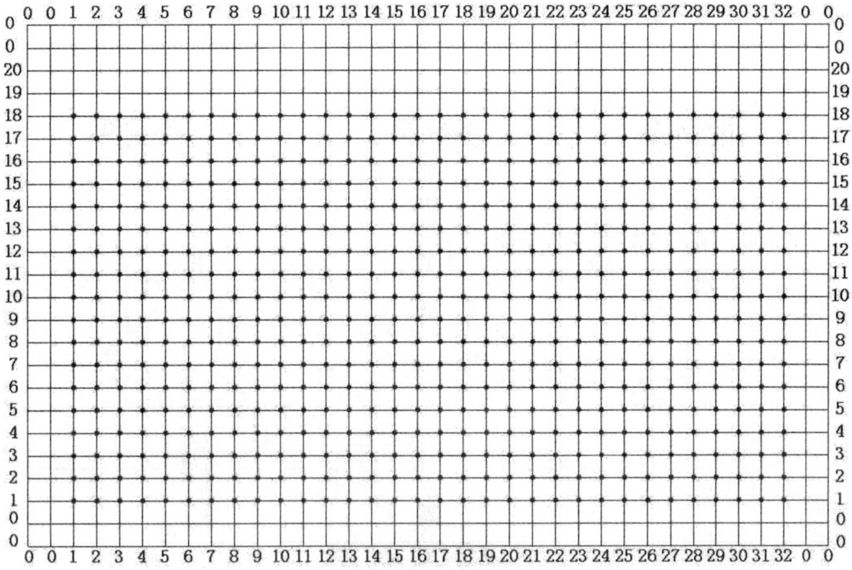

22、散点队形 共640人

第八节　礼花表演 5×8+4+21（特效音）

（一）　　（二）礼花（开）　　（收）

动作描述：

（一）变同心圆 5×8+4：双手持裙跑动形成 3 个同心圆，第 5 个八拍时转身下蹲；

（二）礼花（开或收）21 响（音效）：礼花（开）双臂斜上举持裙，跑动到位；礼花（收）两臂侧下举持裙，跑动到位。

队形简述：

（一）采用就近原则，中间的学生组成 1 个“8-24-40-56-72”200 人的大圆；左右两侧的学生分别形成 2 个由“8-24-40-56”128 人的小圆。前四排的学生组成“花边”。

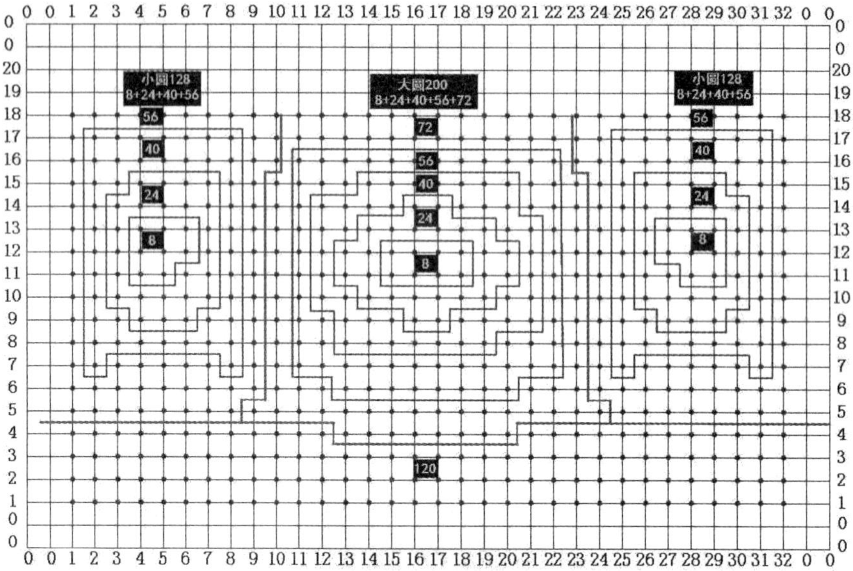

23、散点变礼花圆人员分布

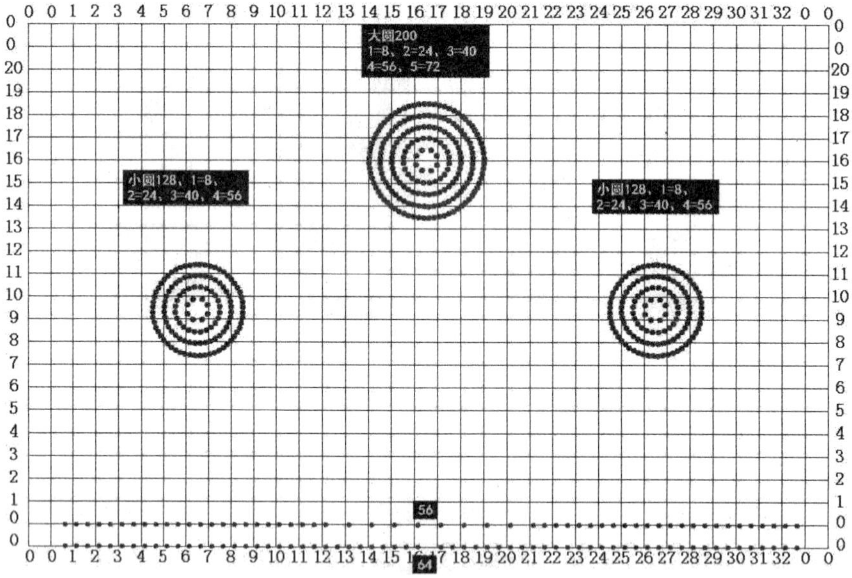

24、礼花圆队形

（二）礼花（音效）动作跑位方法：将圆划分为8个部分，由每一部分左侧外圆的学生带头以“牵线”的形式一层一层地跑出。

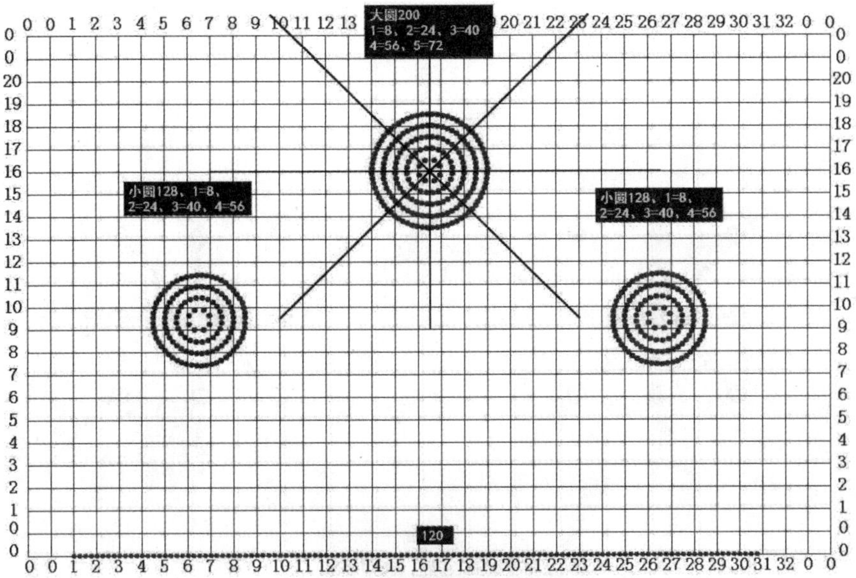

25、大礼花放射路线

（三）大小礼花与音乐的配合：

A：1-12：大礼花开和收（6 拍一换）；小礼花不动（下蹲）；

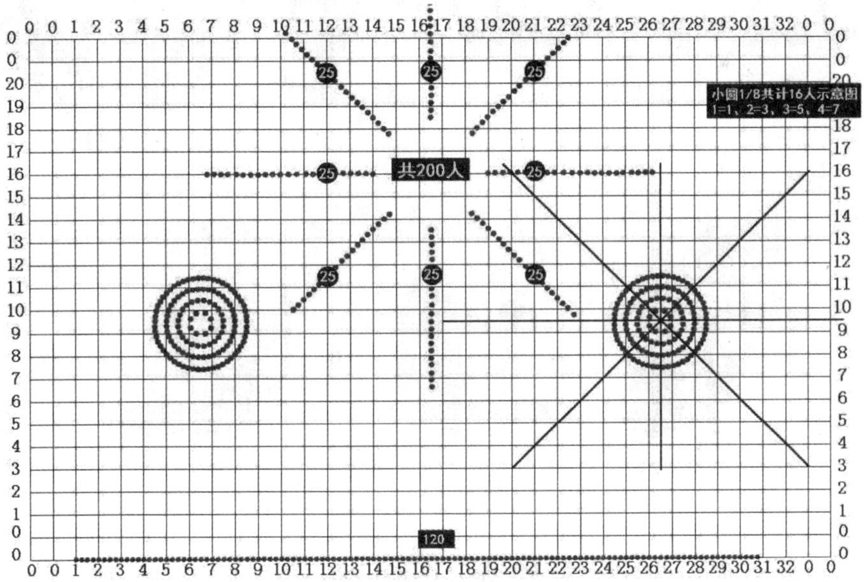

26、小礼花放射路线

共576人

B：13-17：小礼花开，大礼花收。18-21：小礼花收，大礼花下蹲。

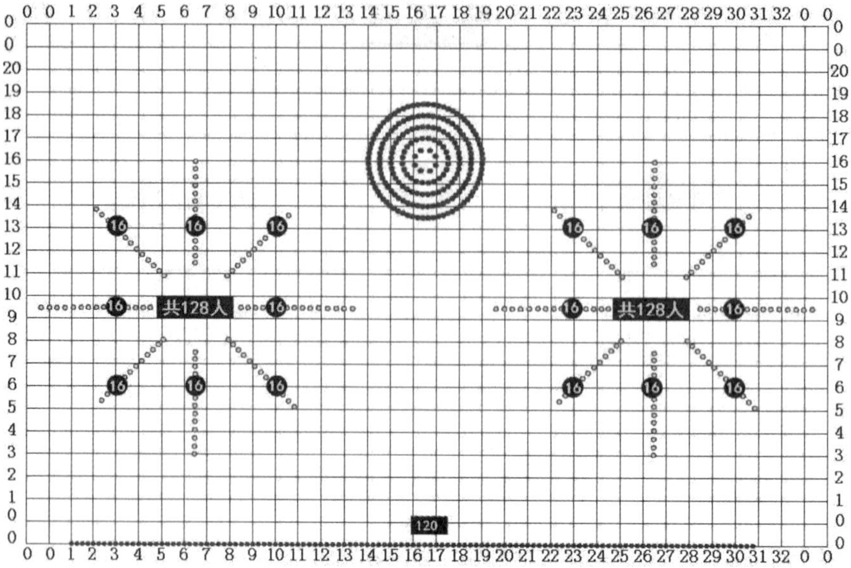

27、小礼花放射队形　　共576人

第九节　“百年标志”16×8

（一）　（二）　（三）　（1）——（2）——

结束动作　1–2　3–4

动作描述：

（一）变百年标志（跑位）8×8：双手持裙，跑动到位指定位置并下蹲；

（二）上下起伏 4×8：双手持裙，直立、下蹲，8 拍一换；

（三）螺旋绕 2×8：体前螺旋绕，由下至上直到站立。结束 4 拍：下蹲，右臂从后向前，再后摆斜上举，停顿 3 秒。

队形简述：

（一）由大圆组成标识的圆顶和三角顶，2 个小圆组成标识的两侧，花边人员组成 100 和条幅。

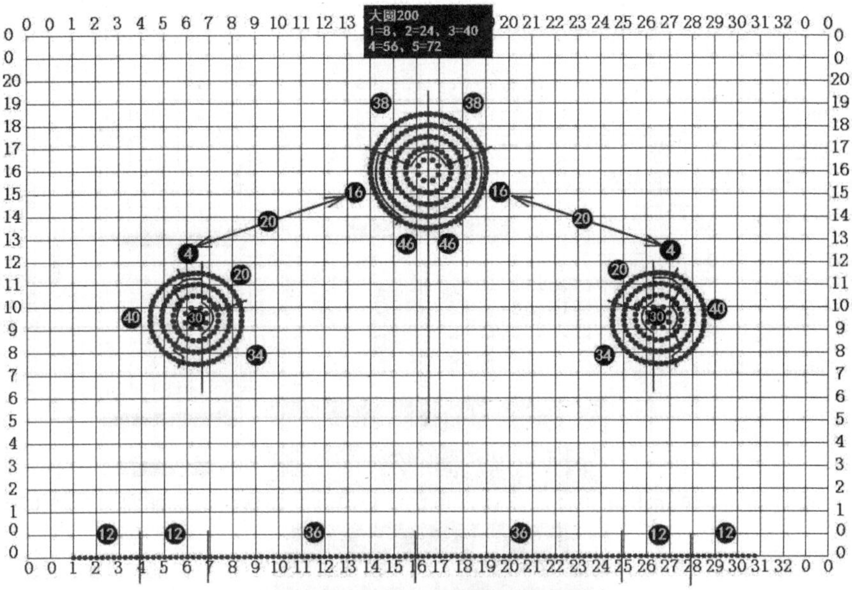

28、礼花变标志队形人员分配

（二）百年标识站位分布图：

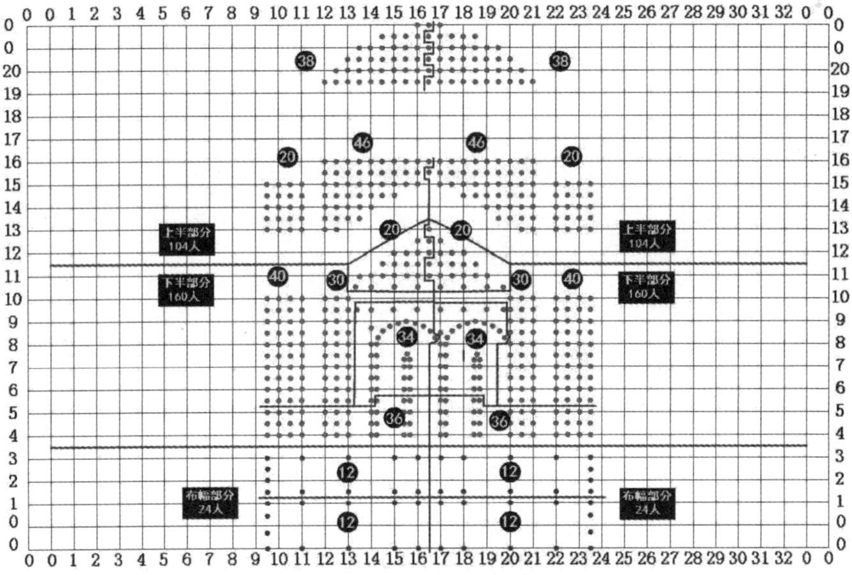

29、标志队形人员分区队形

（三）退场：持绿色条幅的同学从前面退场，其余同学按箭头反向退出场地。

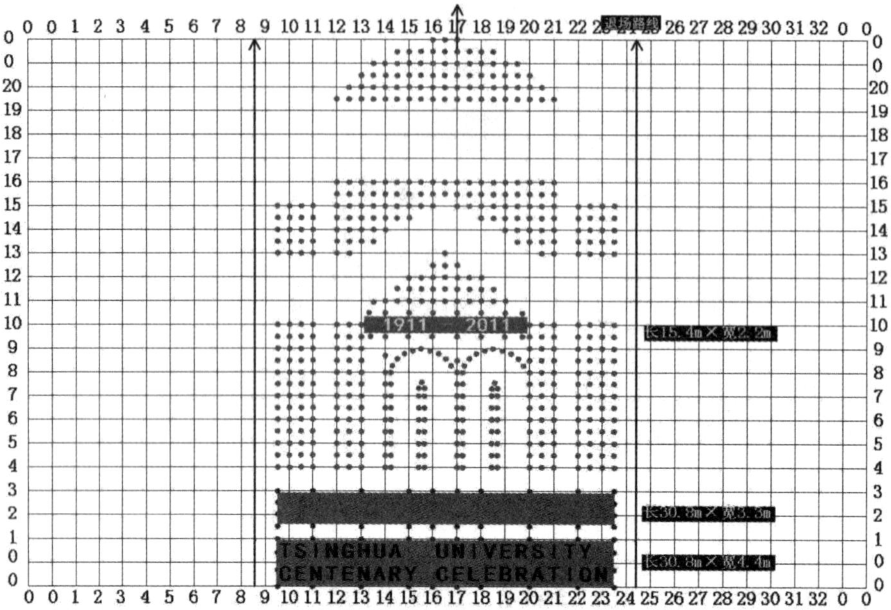

30、校庆标志退场路线

第三节 《校园风采》动作与队形描述

本场表演由三部分组成：第一部“武术”，利用刚劲有力的刀术和舒缓沉稳的太极扇在动作上形成对比，配合“接力”图形表达传承与发展的寓意；第二部分“花球啦啦操”，动作以跑动和跳跃为主，展示清华学子充满活力的青春风采；第三部“体育项目”展示，从全民健身和多样化体育运动的开展，表现清华的体育传统，演绎“争取为祖国健康工作50年”的不懈追求。

第一部分 《传承与发扬》——武术表演

音乐：混编曲　　　时长：5分26秒

一、刀术（学生）

第一节 入场19×8

（一）　（二）　（三）　（四）

动作描述：

（一）前奏4×8：右手持刀，直立。

（二）进场5×8：右手屈臂胸前持刀，跑步进场。

（三）6×8：右手斜上持刀，左手掌心向下按掌，椭圆穿梭跑动。

（四）4×8：右手持刀跑散点。

队形简述：

（一）候场与入场：教师、学生人数平均分配，以对角线的形式从场地四周迎面跑步进场。

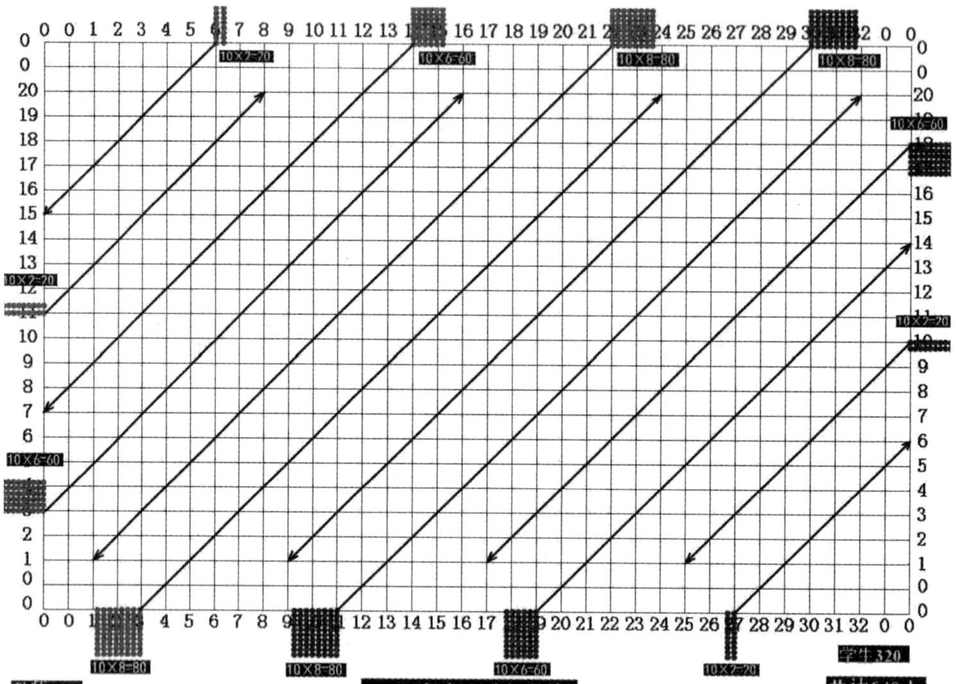

2、武术入场路线

（二）椭圆穿梭跑：迎面跑动连接成椭圆形，再循环跑动。

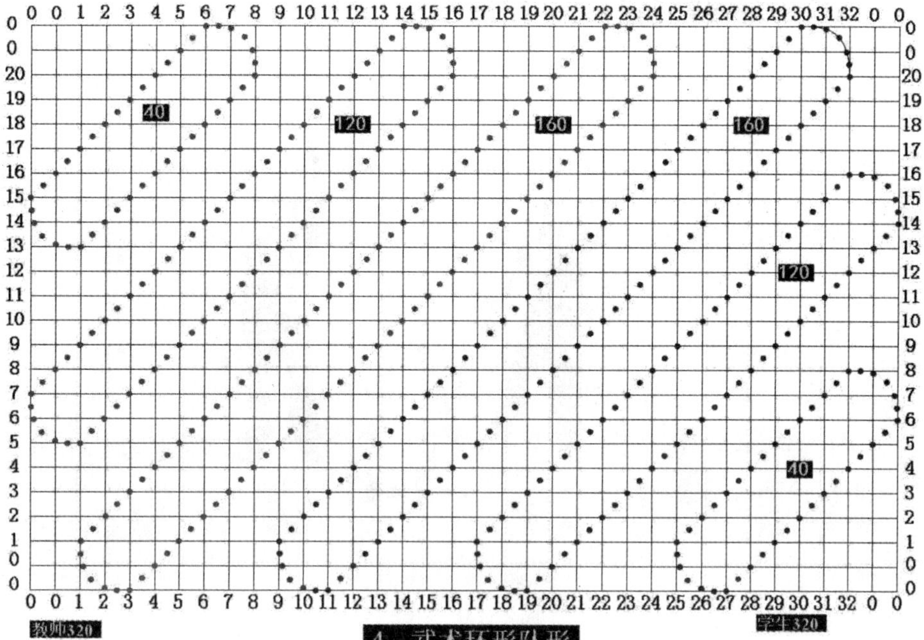

4、武术环形队形

（三）以中线为准，教师在场地左侧、学生在场地右侧进行表演。

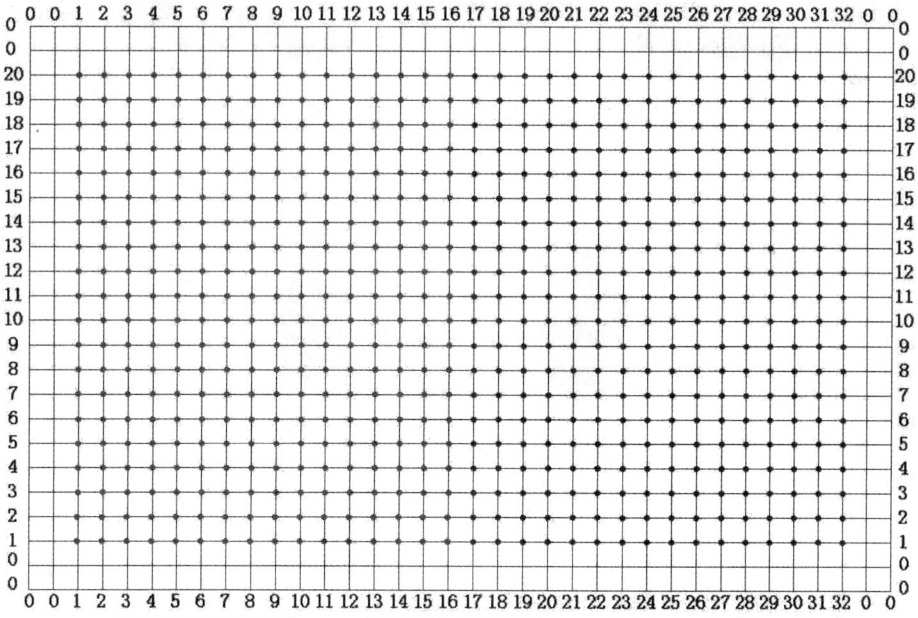

5、散点队形

第二节　接力图案 16×8

（一）跑位

（二）“接力”动作：跪立、坐、侧卧、仰卧、直立

（三）接力变“散点”动作

动作描述：

（一）3×8+4 跑位动作：散点变“接力”，斜上持刀跑步到指定位置，直立。

（二）9×8“接力”动作：

2×8：右膝跪立，右手胸前持刀，左手自然放于左膝上；

1×8：右转45°顺势坐下，右手放刀于体侧，左手撑地；

1×8：右侧卧，左腿伸直右腿屈膝，左手撑地，右手持刀横置于腹前。

4×8：仰卧，刀尖向上并抖刀，眼视刀尖；

1×8：直立，右手头上抖刀。

（三）3×8+4："接力"变散点，持刀跑至散点，两腿开立，斜下持刀。

队形描述：

（一）按就近原则分配，分别组成"头、躯干、四肢和接力棒"。

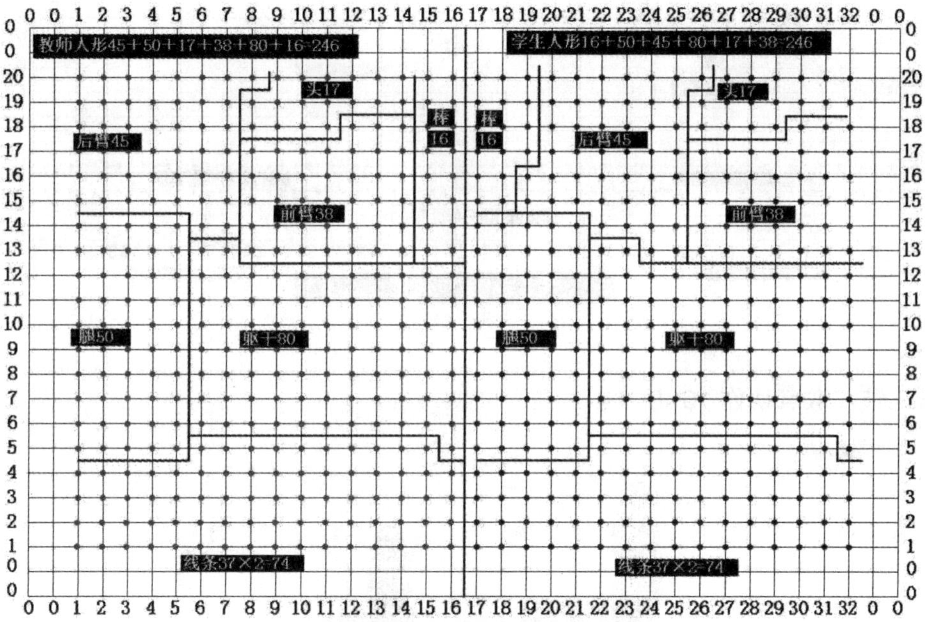

6、变"接力图"人员分布

共计640人

（二）左侧"交棒者"：教师、右侧"接棒者"：学生、场中"接力棒"：教师和学生。

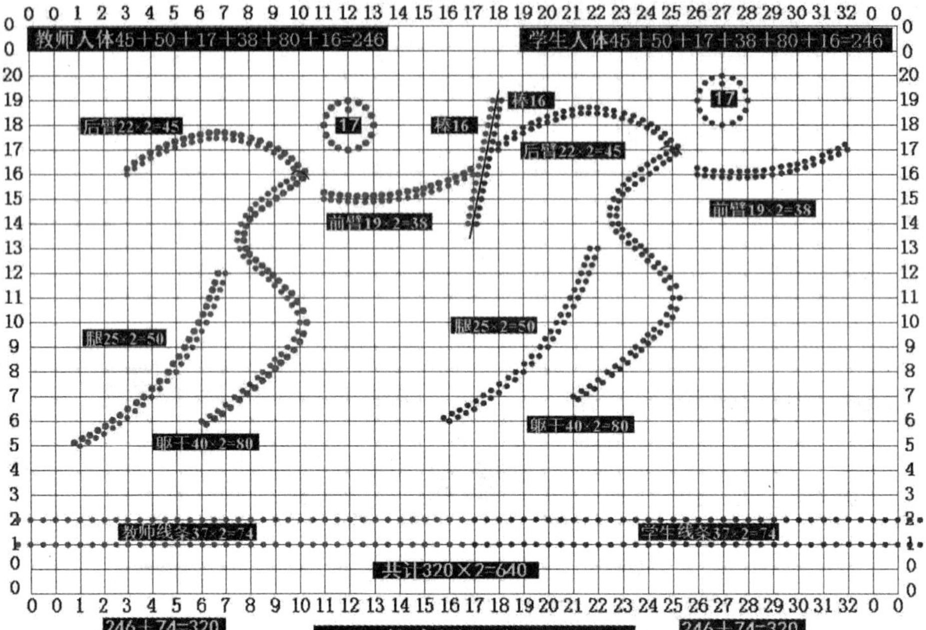

7、"接力图"队形

第三节　散点动作 16×8

（一）组合 1　8×8

（1）1–4　　5–8

（2）　1–4　　5–6　　7–8

动作描述：

（1）1-4：左脚并右脚，左手立掌于右手腕处，呈敬礼姿势；

5-8：跳落成右弓步，左手前推掌，右手后拉刀，刀尖向下。

（2）1-4：右脚并左脚左转 360°半蹲扫刀，收刀至右侧腰，刀刃朝下，左手立于右腕处；

5-8：右弓步前扎刀，左臂侧举掌心朝前；左转 180°前扎刀，左手立掌置于右大臂内侧。

（3） 1-4　　5-6　　7-8

（4）　1-4　　5-8

动作描述：

（3）1-4：左脚后撤并右脚，右手向上扎刀；

5-6：上右脚左转 90°，顺势向下劈刀；

7-8：右转 180°跳成马步下截，同时发“哈”声，左手立掌置于右手大臂内侧，刀尖指向右下 45°。

（4）1-4：向左前 45°扎刀，左手立掌置于右手大臂内侧；

5-8：右脚向左前伸出侧卧，左腿折叠脚尖着地，右臂经上向后画弧刀刃朝后，左手撑地。

（5）　1-4　　5-6　　7　　8

（6） 1–4 5 6 7–8

动作描述：

（5）1-4：右腿带动，双腿在脸前依次划360°弧，落至左腿跪立；

5-8：两腿开立，右侧斜下持刀；再向上扎刀，左掌下按于左髋处，目视刀尖。2拍一动。

（6）1-4：右跳转90°成右膝跪地，左臂屈肘掌心朝前，右手持刀掌心朝下；

5-6：刀从腰间扎出，左掌指立于右臂内侧；左掌前推，右手持刀收至腰间，刀刃朝下。

7-8：右脚后撤成左弓步，向前扎刀，左掌立于右手大臂内侧，目视前方。

（7） 1–4 5–8

（8） 1–4 5–6 7–8

动作描述：

（7）1-4：右脚向前成歇步，同时挑刀，双臂撑圆，刀尖朝上；

5-8：左腿屈膝上提，左掌前推，右手后拉；刀尖朝下。

（8）1-4：右脚并左脚左转360°转身扫刀；并步半蹲刀收至右侧腰间，左手立于右腕处；

5-8：跳成右弓步向前扎刀；然后再左弓步扎刀，左立掌置于右手大臂内侧，目视前方。

（二）组合 2　8×8

（1）　1–4　5–8　（2）1–2　3–4　5–6　7–8

动作描述：

（1）1-4：右转 180°，右手持刀在右腰侧腕花一次，刀尖斜向上，左手置于右腕处；

5-8：左转 90°成左虚步；右手持刀上举，左掌从腰间向侧推出，甩头看左掌。

（2）1-2：迈左脚成左弓步扎刀，左掌置于右手臂内侧；

3-4：右脚向左盖步，屈膝，右手外旋持刀回抽至耳侧，手心朝外，左手置于右腕处；

5-6：左脚前弓步扎刀，左掌置于右手臂内侧；

7-8：右转 90°成马步，右手持刀向右反劈，刀尖朝上，左手头顶上方亮掌；眼随手走。

（3）　1–2　3–4　5–6　7–8

（4）　1–4　5–6　7–8

动作描述：

（3）1-2：左转，右手持刀从腰间扎出，左立掌于右臂内侧；

3-4：右转 180°同时腕花一次，刀尖斜下，左手置于右腕处；

5-6：左转 180°右手持刀在头上“云手”一周，左手经下右上展开与肩平，目视刀尖；

7-8：右转 180°成左跪步，右手持刀回抽至右耳侧，刀刃朝上，左手置于右腕处；

（4）1-4：直立，右手持刀腕花四次（从左至右），左手置于右腕处；

5-6：上体稍前倾下蹲，收刀至右腰，左手置于右腕处；

7-8：并步跳，同时向前扎刀，左手变掌后平举，目视刀尖。

（5） 1-4 5 6 7-8

（6） 1-2 3-4 5-6 7-8

动作描述：

（5）1-4：平跳成右膝跪地，左臂屈肘掌心朝前，右手持刀后平举，掌心朝下；

5-6：升重心，刀经腰间向前扎出再收回腰间，左掌胸前屈再前推；

7-8：右脚后撤成左弓步，刀从腰间向前扎出，左掌指立于右手大臂内侧，目视前方。

（6）1-2：左弓步，右手持刀屈臂经头顶向后绕一周；

3-4：右脚并左脚半蹲，刀收至右腰间，左手摆至右腕处；

5-6：左腿屈膝上提，右手向侧扎刀，左手头上亮掌，目视刀尖，同时发“哈”声；

7-8：左转 45°右跪步，右臂屈肘回收至胸前向左前推刀，刀身斜朝上，左手置于右腕处。

（7） 1–2 3–4 5–6 7–8

（8） 1–2 3–4 5–6 7–8

动作描述：

（7）1–2：震右脚上步，重心前移，双手握刀经下向上举至头顶；

3–8：左右左上 3 步，双手持刀向左下–右下–左下劈刀；

（8）1–4：左脚后撤步，双手持刀向右后平带；双手握刀顺时针“涮腰”一周；

5–6：身体继续右转至正前方，屈肘将刀收至胸前；

7–8：左脚向前成跪步，左手滑至刀身，双手将刀向前推出。

队形简述：

以上所有动作均在散点队形中完成。

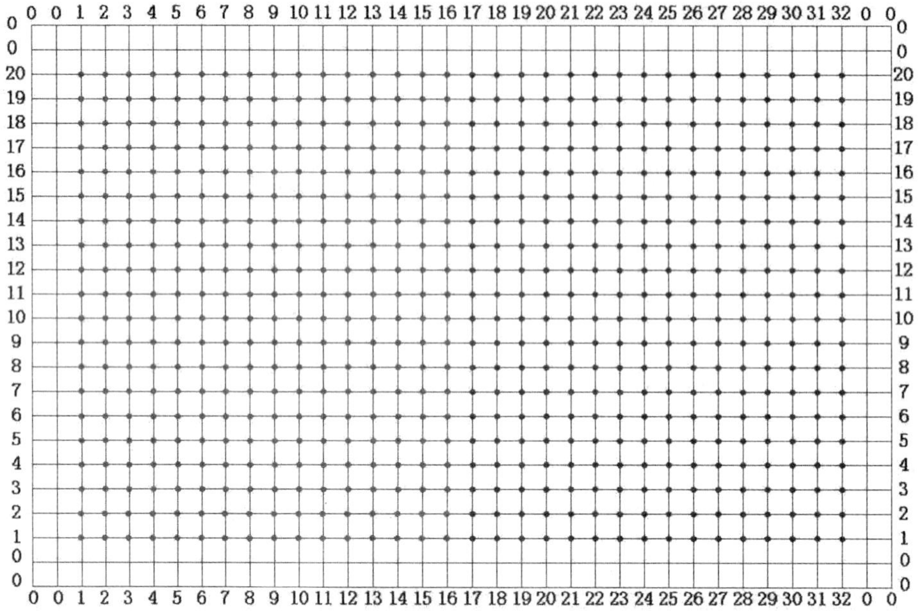

8、散点队形

第四节　陪衬动作 8×8

（一）　（二）　（三）　（四）　（五）

动作描述：

（一）2×8：开立，向右腕花一次前推刀，左手立掌置于右腕处。

（二）2×8：迈步右转 90°跪步，刀下落于左手臂上，刀刃朝里；

（三）2×8：后撤左脚开立，向上扎刀，刀刃朝前，左手下按掌。

（四）1×8：迈右脚左转 90°，右手交刀于左手。

（五）1×8：左手持刀，右臂侧平举掌心朝上，甩头看右手。

队形简述：所有动作在该队形中完成。

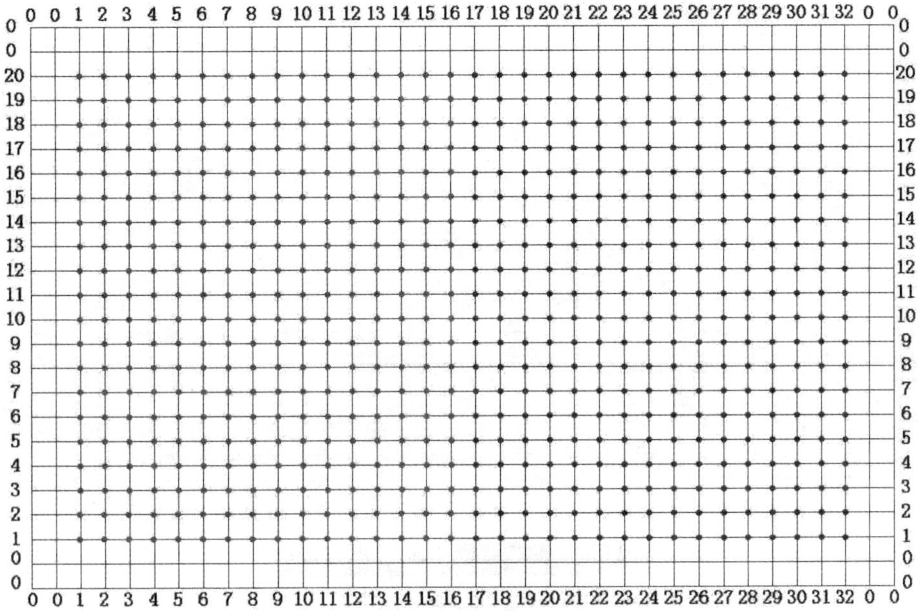

8、散点队形

第五节　穿插跑位 7×8+4

（一）　　（二）

动作描述：

（一）4×8：左臂屈肘掌心朝前，右臂斜下持刀，向左侧跑位。

（二）3×8+4：胸前屈臂持刀跑位，前后压缩队形至场地两侧。

队形简述：

（一）左右跑动：教师向右，学生向左跑动，最后形成隔行交叉站位形式。

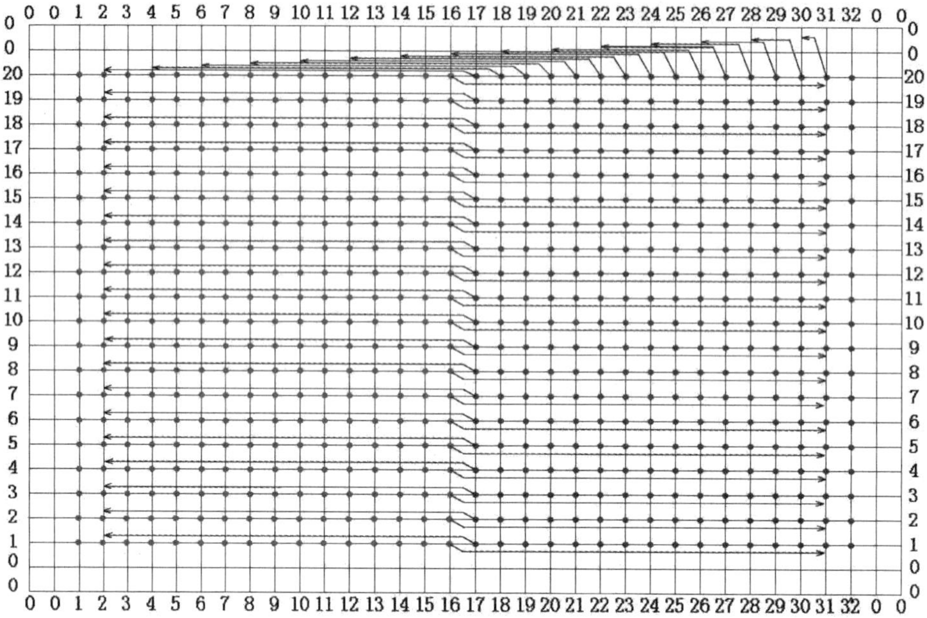

9、对半散点变隔行散点路线图

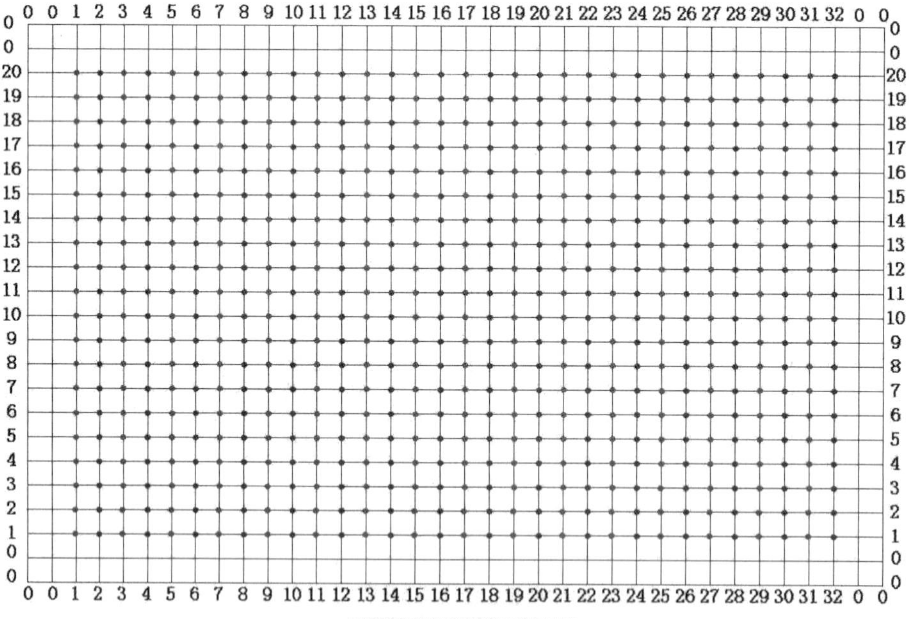

10、隔行散点队形

（二）前后跑动：学生向场地的前后半场退出，教师不动。

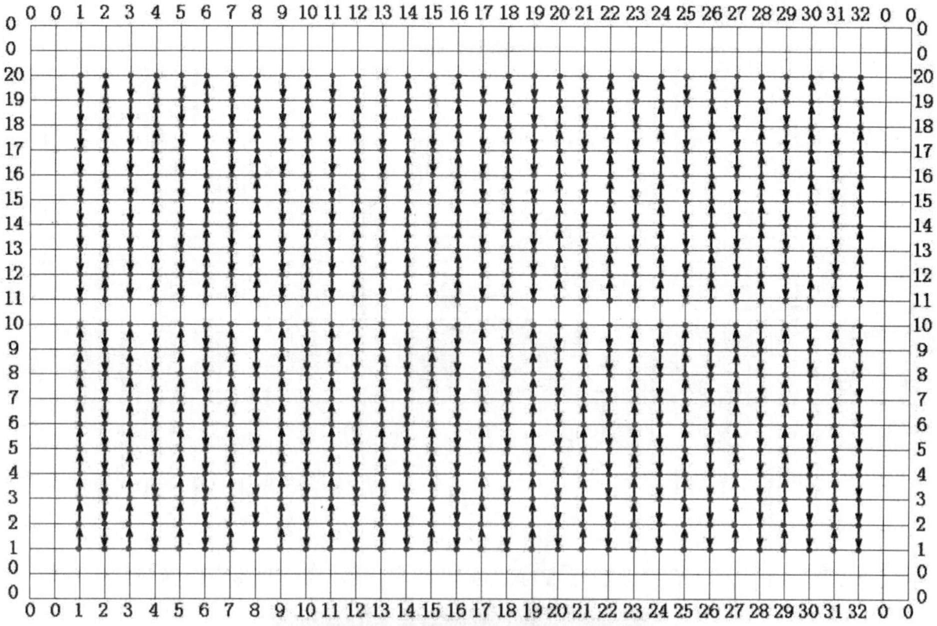

11、隔行散点变密集方块圆路线1

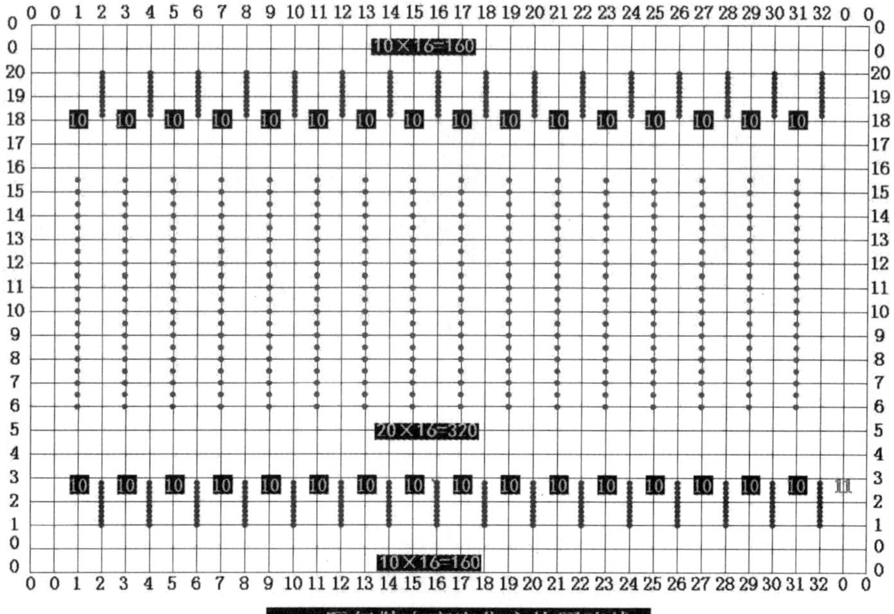

12、隔行散点变密集方块圆路线2

（三）场中集中：学生跑出场地，教师再向场地中心集中。

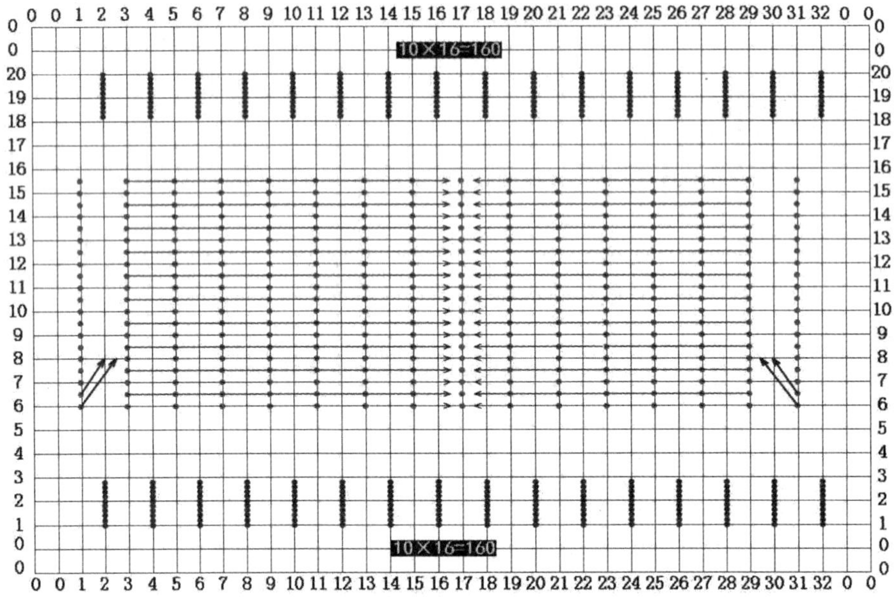

13、隔行散点变密集方块圆路线3

第六节　同心圆跑位 7×8+定势动作（4 拍）

（一）　（二） 1–2　3–4

动作描述：

（一）跑位 7×8：逆时针“同心圆”跑位，屈肘立刀于胸前。

（二）定势 4 拍：1–2 拍：提左膝，右侧扎刀；3–4 拍：左脚下落成跪立，胸前斜立刀，目视前方。

队形描述：

（一）双圆跑位：场地中段前后 6 路纵队的学生组成内圆，两侧的学生分别组成外圆，围绕教师做逆时针的跑动。

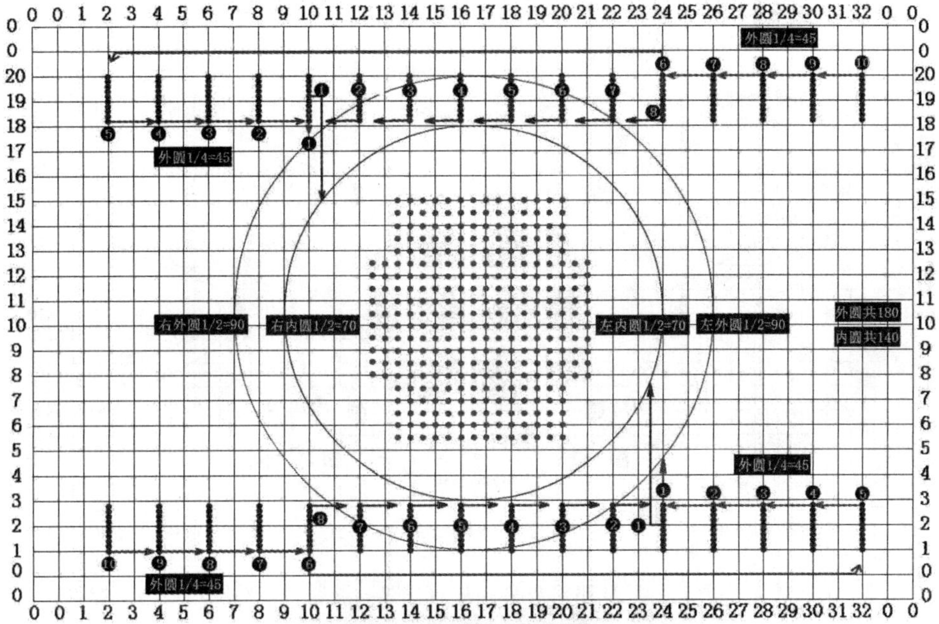

14、隔行散点变密集方块圆路线5

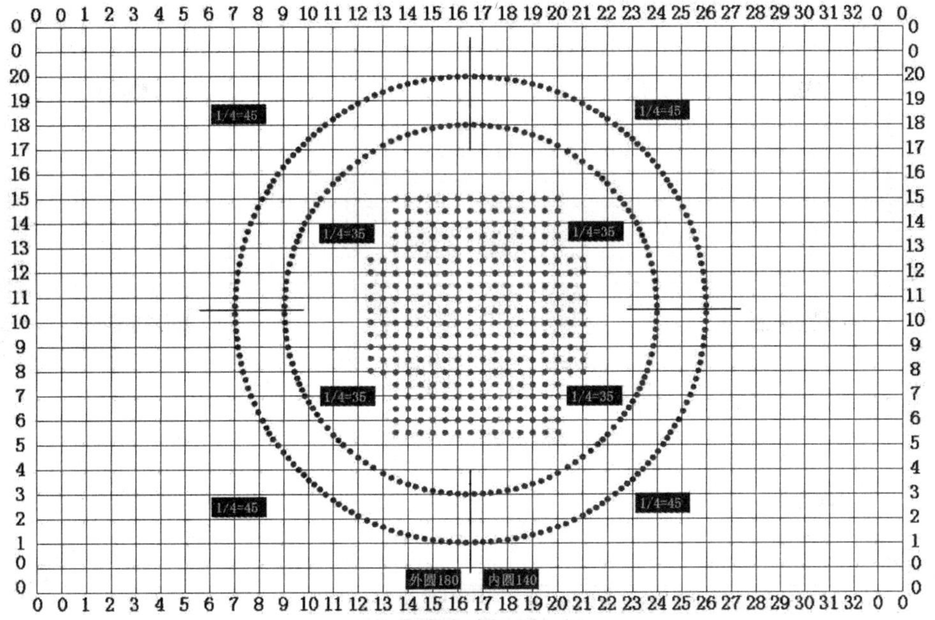

15、密集方块圆队形

（二）退场：教师从场地的前端退出表演区域，学生平均分成 4 部分位于跑向场地的四角做陪衬。

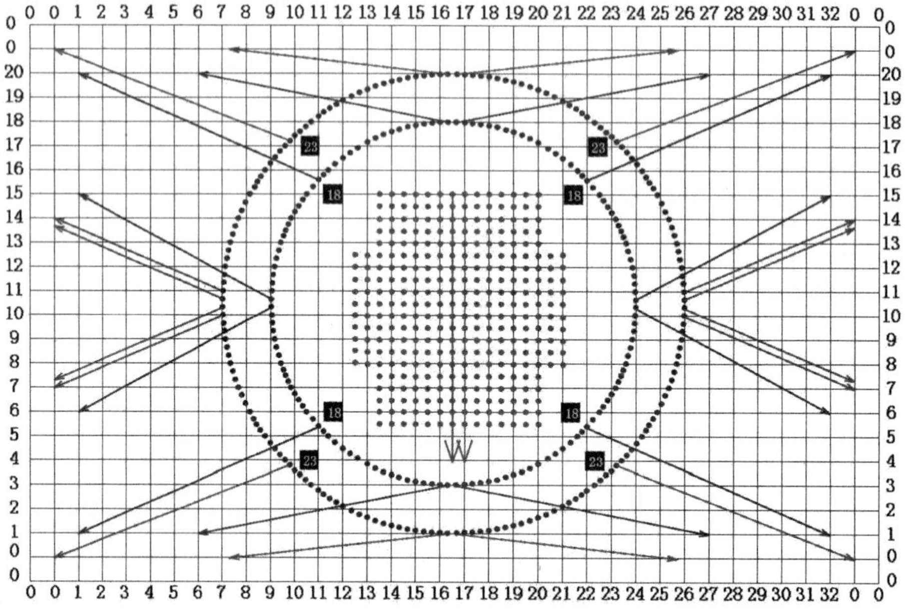

16、变四角陪衬队形路线

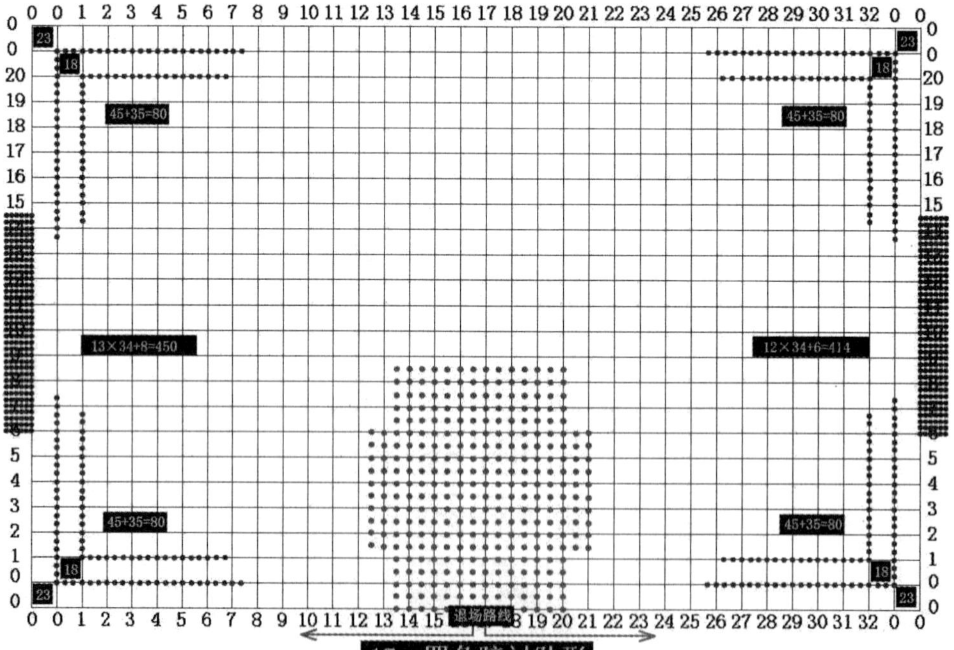

17、四角陪衬队形

二、太极扇（教工）

第一节　入场　19×8

（一）　（二）　（三）　（四）

动作描述：

（一）前奏 4×8：直立，右手持扇立于胸前，眼视正前方。

（二）进场 5×8：右手胸前持扇，左臂自然摆动，跑至椭圆成形位置。

（三）椭圆穿梭 6×8：右上开扇，左手按掌于左髋旁，椭圆跑位。

（四）散点 4×8：右手胸前持扇，跑至散点位置。

队形简述：队形与学生相同（略）。

第二节　接力图案　16×8

（一）　（二）跪　坐　侧卧

仰卧　站立　（三）散点跑位

动作描述：

（一）3×8+4：右手斜上持扇，左手按掌跑至接力图形，到位后并步直立，合扇上举。

（二）图案定位动作 9×8

跪 2×8：右手胸前持扇，右膝跪地，左手自然放于左膝上。

坐 1×8：右转 45°坐下，右手持扇放于大腿外侧。

卧 2×8：左腿屈膝，右腿伸直，左手撑地、右手持扇横置于腹前，侧卧；

卧 3×8：右转 90°仰卧，向上开扇，眼视扇尖。

立 1×8：直立，右手持扇上举。

（三）接力变散点 3×8+4：屈臂持扇跑回散点位置开立，斜下合扇。

队形简述：队形与学生跑位相同（略）。

第三节　散点动作　16×8

（1）1–2　3–4　5–8　（2）1–2　3–4　5–8

动作描述：

（1）斜飞势 1×8：

1–2：左上右下腹前抱球，右脚提起收于左脚内侧。

3–4：腹前抱球，右脚向右侧伸出，脚跟着地。

5–8：重心右移成弓步，两手拉开，右手举扇略高于头，左掌按掌于髋旁。

（2）白鹤亮翅 1×8：

1–2：重心左移，右手左摆至头前，左掌收至腰间掌心向上。

3–4：重心右移，右手向下、向右划弧至右胯旁，左掌经右臂内侧穿出向左划至头左侧。

5–8：左脚向前成左虚步；两掌分别向左下和右上划弧，左掌按于左胯旁，右手在头右前方抖腕侧立开扇。

(3) 1-2　　3-4　　5-8　　(4) 1-2　　3-4　　5-8

动作描述：

(3) 进步开扇 1×8

1-4：合扇，身体先左再右转，左脚侧上步，持扇向下划弧，左掌上绕经脸前落右臂内侧。

5-8：重心前移成左弓步，右手划弧至体前同时开扇，左手向左向上绕至头侧上，目视前方。

(4) 弓步下刺 1×8

1-2：左脚后退重心后移，右脚尖上翘；右手横收于胸前，左手下落至右手上方，手心朝下。

3-4：重心前移，左腿屈膝上提，右手持扇收于右腰，左手立于右手手腕处。

5-8：左脚下落成弓步，左掌向左、上划弧至上方，右手持扇向前下方刺出。

(5) 1-2　　3-4　　5-8　　(6) 1-2　　3-4　　5-6　　7-8

动作描述：

(5) 独立撩扇 1×8

1-2：左脚收至右脚内侧，右手持扇向上、后划弧至头右侧上方，左掌随之向右划弧至右腕旁。

3-4：左脚向前上步，脚尖外展，右手持扇继续向右下划弧，左掌随之向下划弧至腹前。

5-8：提膝成左独立步，右手向前上划弧撩起至肩高时抖腕开扇，左掌划弧至头侧上方。

(6) 翻身劈扇 1×8

1-2：右脚下落脚尖外撇，右手后抽，左掌下落前推，顺势合扇。

3-4：上体右转，左脚前迈成右盖步，两手经体侧划弧上举至头前两手相合按于左腹前，左掌盖压在右腕上。

5-6：右后翻转 180°，右腿屈膝上提，双臂展开成右手持扇上举，左臂斜下推掌。

7-8：右脚下落成右弓步，右手持扇下劈开扇，左掌头上亮掌。

（7）　1-4　5-6　7-8

（8）　1-2　3-4　5-8

动作描述：

（7）转身抡压 1×8

1-4：重心左移，上右脚身体左翻转，右手持扇向前划弧，左掌向上、后抡摆划弧，两臂伸直。

5-6：左脚向后撤步成右弓步，右手持扇抡摆划弧向前下方压扇。

7-8：手心向上持扇，左掌抡摆划弧举至后上方推掌，目视前下方。

（8）马步亮扇 1×8

1-2：重心后移成右虚步，左掌经胸前向前推出，右手持扇回收至腰间，两手交错时顺势合扇。

3-4：右脚后退一步成右弓步，右手持扇向右后沿体侧朝右前方反穿伸出，左手经左肋向身后反穿随之向左后伸直。

5-8：重心左移成马步，右手翻转横立开扇，手心朝内，与腰同高，左掌向上划弧至头上方，手心朝上，目视扇沿。

（二）组合 2：8×8

（1）　　（2）　　——（3）——　　——（4）——

动作描述：

（1）开步翻扇 2×8：开立，右手内旋翻转扇面，左手置于右手腕处。

（2）虚步开扇 2×8：左脚前点地成高虚步，右手合扇后迅速开扇；左掌置于左腰间，掌心朝上。

（3）并步开扇 2×8：右手合扇后向下、右、上摆扇至头上方开扇，左脚收回成并步；左手握拳置于左腰间。

（4）弓步开扇 2×8：左弓步；右手合扇向右下经腹前摆至与肩平同时开扇；左掌置于右手腕处。

（5–8）同（1–4）个 8 拍动作。

第四节　定位动作　8×8

（1）　1–4　5–8

（2）　1–2　3–4　5–6　7–8

动作描述：

（1）马步推扇 1-4：右脚收回脚尖点地，两手交错时合扇；右脚侧迈成马步，右手握扇前推，左掌翻转架掌。

弓步下刺 5-8：重心右移，左脚脚尖点地；两手收至腹前；左脚前迈成左弓步，右手持扇向斜下刺出，左掌抱于右拳下面；目视前方。

（2）虚步挑扇 1×8

1-4：重心后移；左转时右脚向前上步，左脚向右后方插出成右叉步；右手握扇向前上划弧，再后反手开扇撩出；左掌向左、上划弧至头上方亮掌。

5-6：右腿直立；右手持扇向前、上挑举至头上方；左掌收于胸前。

7-8：左脚上步前脚点地成高虚步；左掌向前侧立掌推出，目视前方。

（3）1–4　5–6　7–8　（4）1–2　3–4　5–6　7–8

动作描述：

（3）1-4：左歇步；右手持扇于胸前；左掌收至扇根内侧。

5-8：右脚向右上步，左脚向右脚并步直立，身体左转；右手持扇向前贯打，停于右肩前，拳心向下；左掌变拳收至左腰，拳心朝上。

（4）1-4：双臂在体前向内交叉划臂后抱球。

5-6：重心右移，左脚向右腿右后方插步成歇步；双臂打开后成右手上举开扇；左掌立掌于右胸前；甩头转视左前方。

（5）1–2　3–4　5–6　7–8

（6） 1–4 5–8

动作描述：

（5）1–4：右脚侧迈成马步，右手左摆合扇收至胸前，重心稍下降，两臂屈肘向后下方顶肘。

5–8：重心先右后左移成左弓步，两臂于腹前交叉，屈肘举至胸前时小臂迅速外翻分开，向左右翻砸，拳与肩同高，拳心斜朝上，目视左拳。

（6）1–4：右脚向前上步成右虚步，左掌向左划弧至左侧，掌心朝左，右手持扇向下、左拨扇至腹前、掌心朝左。

5–8：两手外旋合收于腹前，右腿屈膝上摆，左脚蹬地跳起，两掌同时翻裹上托后迅速内旋下按于体前，右手持扇向上、外划圆弧，两手对称分开。

（7） 1–4 5–8

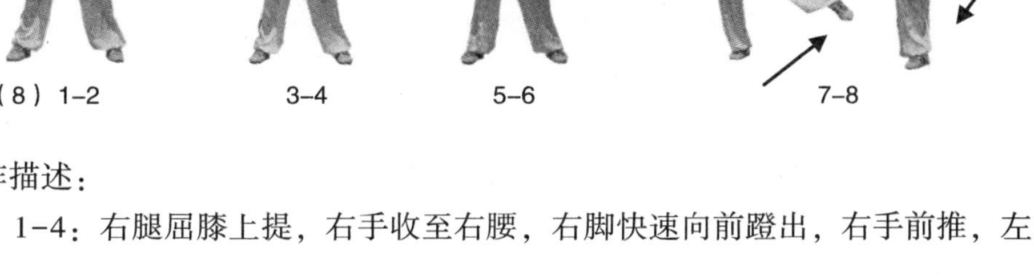

（8）1–2 3–4 5–6 7–8

动作描述：

（7）1–4：右腿屈膝上提，右手收至右腰，右脚快速向前蹬出，右手前推，左掌向上穿出托掌。

5-8：右脚前落，左脚扣脚上步，右腿后屈，右臂向右摆动，握扇举至头上方侧立开扇，左掌立掌经右胸前举至左侧，掌心斜向外，目视左掌。

（8）1-6：右落下开立；右手握扇外摆下落抱于胸前；左掌向下合于扇根内侧，两臂经下划弧举至头顶，扇云转一周，左手在头顶与右腕相合。

7-8：左腿侧摆后向右脚后方插步，两臂平举顺势合扇，最后成右臂上举开扇；左掌收至右胸前，指尖朝上，掌心朝右，头转视左前方。

第五节　穿插跑位　7×8+4

（一）　　（二）

动作描述：

（一）左右跑位 4×8：右臂内旋，斜上持扇，向场地的右侧跑位。

（二）前后跑位 3×8+4：收扇至胸前；跑至场地中央成密集方块队形。

第六节　方块密集动作　7×8+4（拍）

（1）　　（2）1–4　　5–8

动作描述：

（1）1×8：开立；两手从两侧向胸前合，左手立掌置于右手腕处。

（2）1-4：屈膝半蹲；两手手心朝下按至髋旁；左脚上步成左虚步，右手于右肩前斜开扇，扇沿朝左，左手附于右前臂内侧，手心斜朝上下。

5-8：右移成右弓步，右手向前棚扇送出，左掌向左下按于左髋旁，目视扇面。

（3）1-2　　3-4　　5-6　　7-8

（4）　1-2　　3-4　　5-6　　7-8

动作说明：

（3）1-4：右手前伸，双手下捋，重心后移左转成左弓步，两手经下后划弧，成左斜前举。

5-8：右转两手胸前屈肘；重心前移成右弓步，两掌向前挤出，两臂撑圆，扇骨保持竖立。

（4）1-4：重心后移左腿屈坐，右手向后平云至体侧，左转右臂内屈收，持扇向左云转，扇面转向左前方，左掌附于右腕内侧。

5-6：身体右转重心右移；右手持扇内旋向右划弧，左掌收于胸前。

7-8：左脚并右脚，右手摆向身后扇小骨面贴于背后；左掌向左前方推出，腕与肩平。

（5）　1-2　　3-4　　5-6　　7-8

（6） 1–2　　3–4　　5–8

动作描述：

（5）1-4：右手摆至右前方扇沿朝下，左掌经头前向右划弧落至右肩前；右手腕翻转合扇。

5-8：重心前移成左弓步，右臂屈肘向前戳出，左手搂至左髋旁，掌心向下，目视前方。

（6）1-8：右转重心下降成右仆步；左手变勾手至左侧，右手握扇顺右腿内侧向右穿出，旋臂抖腕开扇；目视扇沿。

（7）　1–4　　5–8　　（8）1–2　　3–4

动作描述：

（7）1-4：右移成右弓步；右手握扇向下右划弧至身体右侧，扇沿向上；左臂内旋经身后勾手变拳再向前摆至右肩前，拳心向下。

5-8：左转右手内旋上架至头顶；左拳经胸前向左前方打出，高与鼻平；目视左拳。

（8）收势（4 拍）

1-2：右脚回收半步成开立；双臂侧平举，掌心向下。

3-4：左脚并右脚；双臂由两侧向中间相合敬礼，右手在外，掌心朝里；左手置于右手腕处。

队形简述：

所有教师在双圆中形成密集的方块队形完成此节动作。

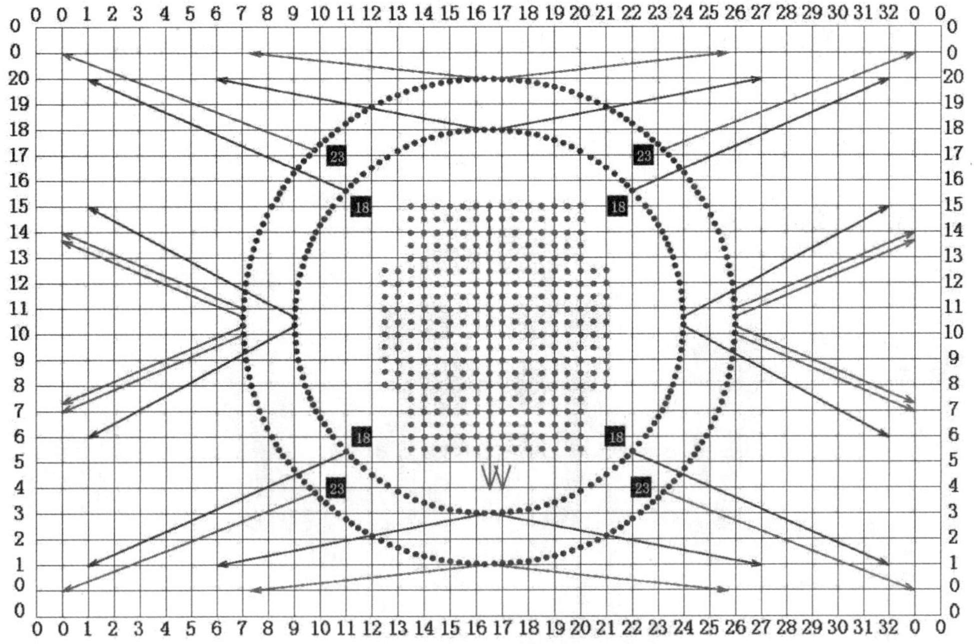

16、变四角陪衬队形路线

动作结束以后，教师从前场集中退场，学生分四块向四周密集。

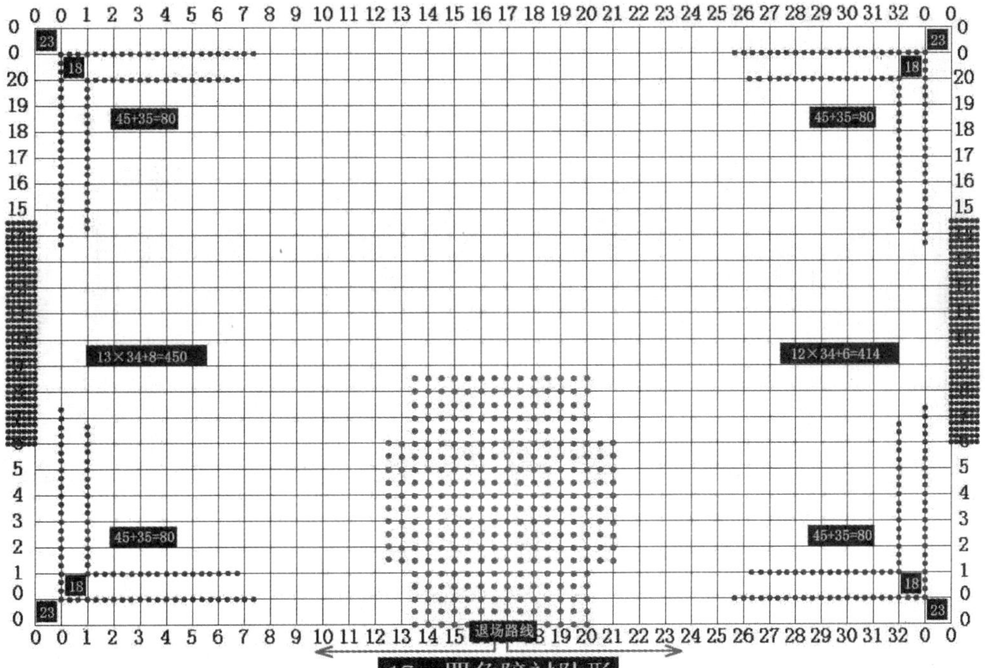

17、四角陪衬队形

第二部分　《青春风采》、《体育展示》——啦啦操

音乐：向前冲+琥珀　　　时长：6分04秒

第一节　入场　6×8

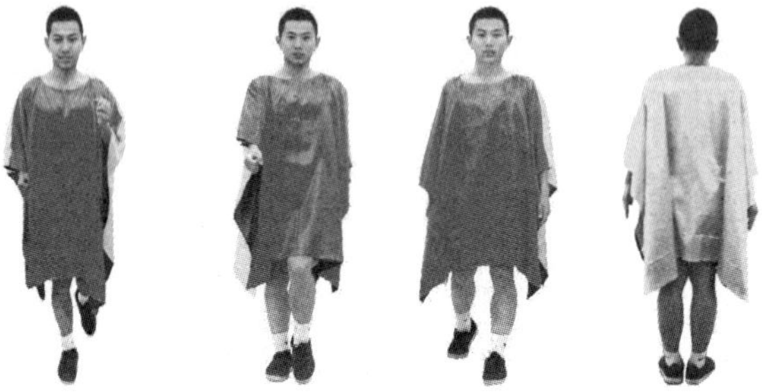

（一）　　　　（二）

动作描述：

（一）跑步进场4×8：两臂自然摆动跑步进场。

（二）踏步调整2×8：原地踏步，第2个8拍的最后4拍，部分同学右后转180°直立。

队形描述：

（一）所有表演者从场地的两侧跑步入场。

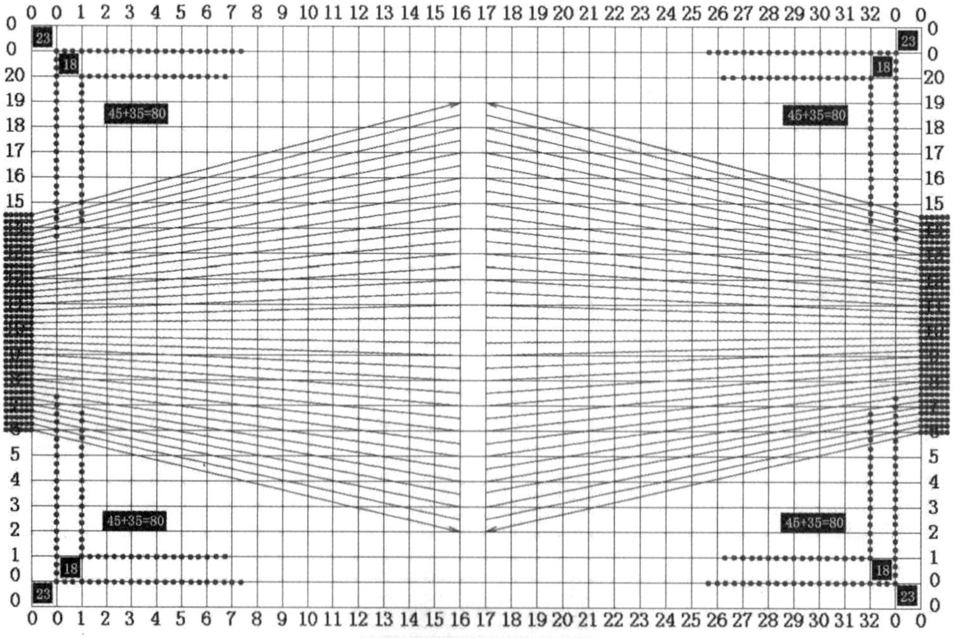

18、啦啦入场路线

（二）除正中间的一路纵队和最后一排的同学外，其他同学 6 路纵队为一组，分 4 组（从左向右分别为一、二、三、四组）。

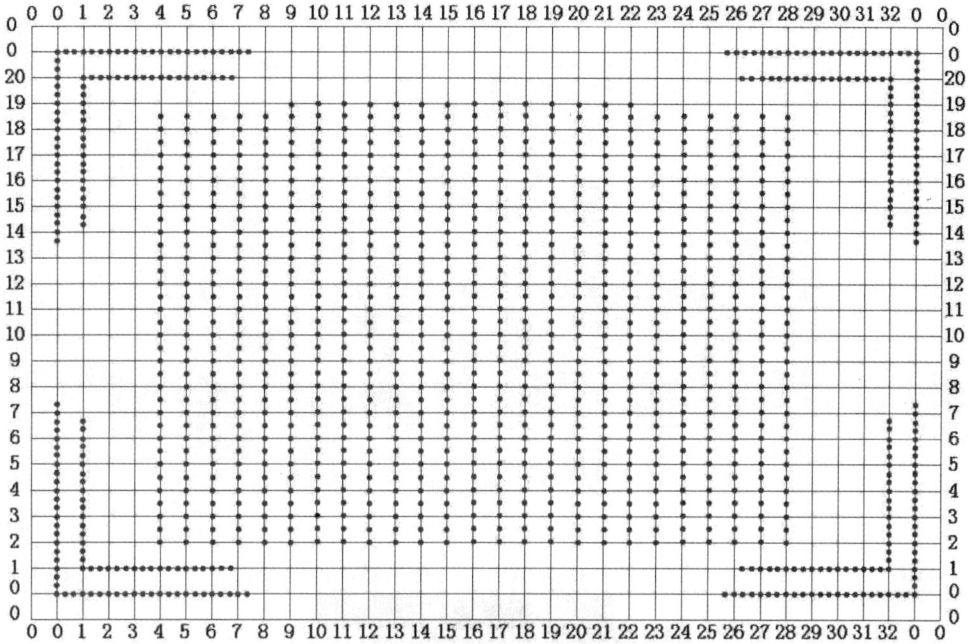

19、啦啦操方块队形

第二节　交叉跑　8×8

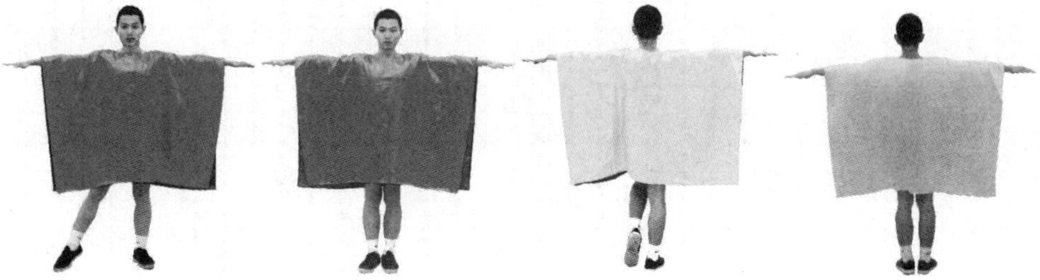

（一）　　　　（二）

动作描述：

（一）横向交叉跑 4×8：双臂侧平举，侧并步跳跃，进行横排穿叉跑，第 4 个 8 拍的后 4 拍，全体表演者同时原地踏步左转 180°。

（二）动作同上，第 8 个 8 拍的后 4 拍，全体人员转向主席台方向。

队形描述：

（一）第一、三组的学生后转 180°向左横交叉跑位，第二、四组的学生向由交叉跑动。

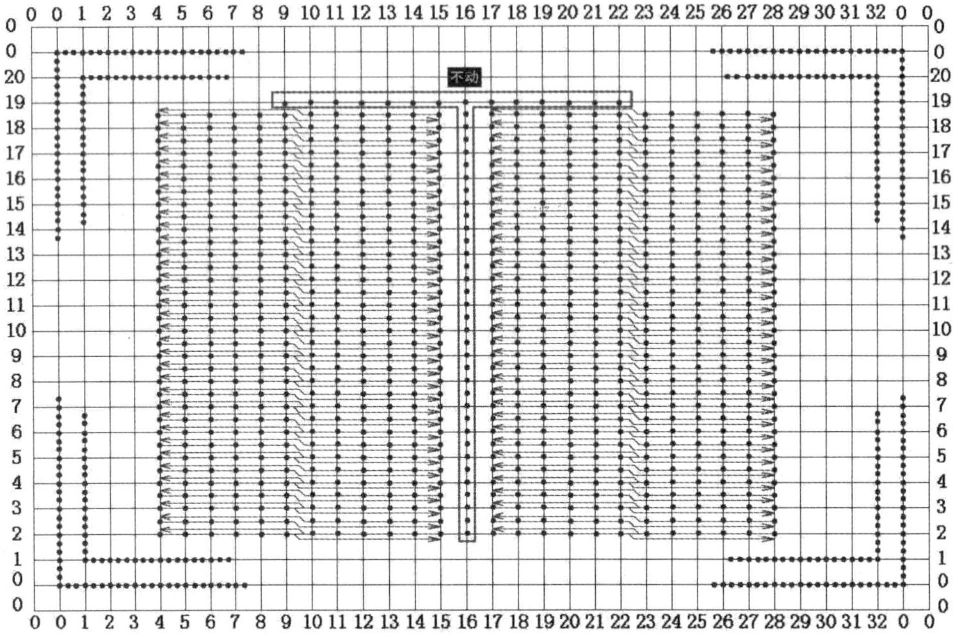

22、啦啦交换回位路线

（二）各组同学后转跑回原位。

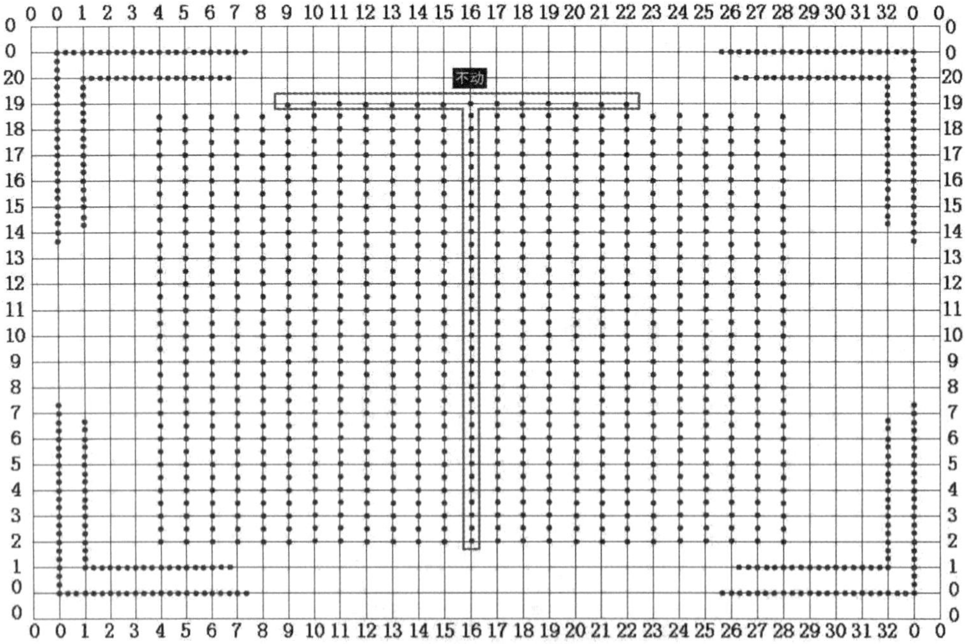

23、啦啦交换回位方块

第三节 散点操化 8×8

（1） 1 2 3 4

5 6 7 8

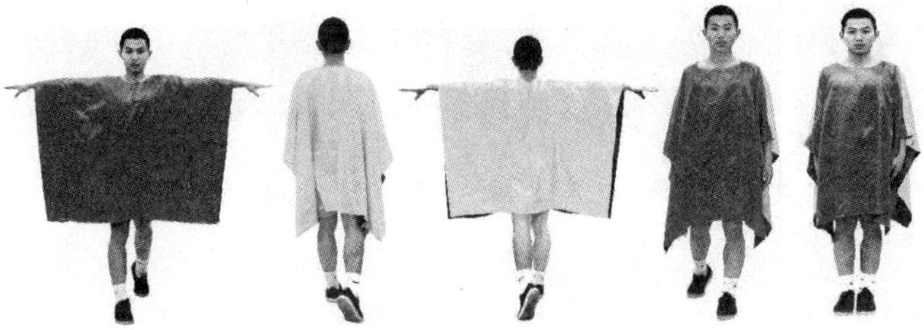

（2） 1–2 3–4 5–6 7 8

动作描述：

（1）1–4：向左迈步，左、右双顶胯，同时两臂配合髋部节奏做屈肘、侧上举各一次的摆动。

5–8：手臂屈肘相对，上下依次交错，胯部左、右摆动（4 拍）。

（2）1–4：右脚向前迈步双手侧平举；左后转 180°，双臂下垂。

5–8：动作同上，第 8 拍时右脚并左脚。

（3、4） 1–4　　5–6　　7–8

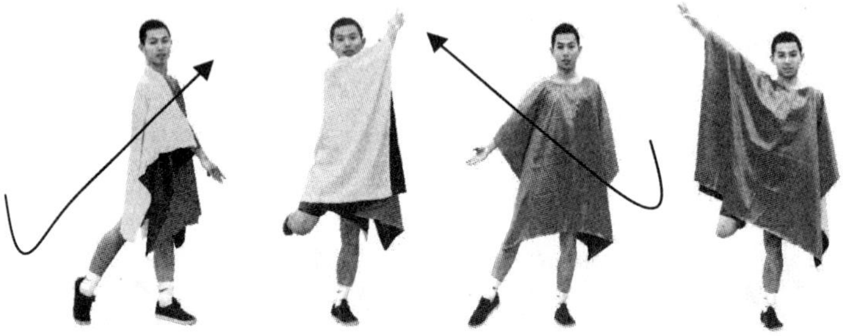
（5） 1、5　　2、6　　3、7　　4、8

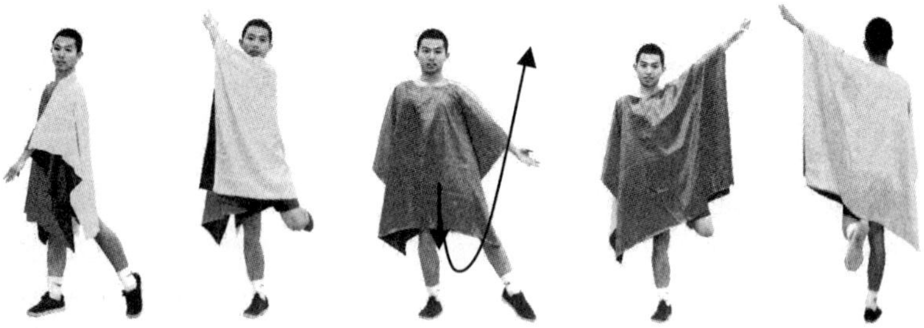
（6）1、5　　2、6　　3、7　　4　　8

动作描述：

（3–4）扩胸绕臂 2×8：

1–4：双臂胸前（屈肘–侧平举）扩胸 2 次，双膝随之弹动 4 次；

5–8：向左迈步，右左臂依次从后经上向内绕环一次，身体随之摆动。

（5–6）后踢腿跳 2×8：右脚后踢腿跳，右臂体前“8”字绕；左脚后踢腿跳，左臂体前“8”字绕，第 8 拍时右后转 180°。

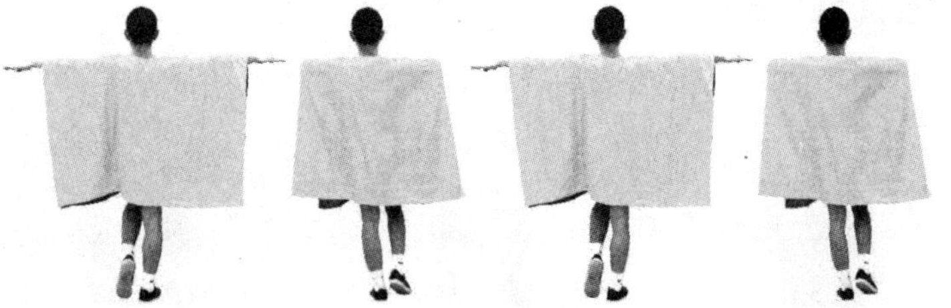

（7） 1–2 3–4 5–6 7–8

（8）1–2 3 4 5–6 7 8

动作描述：

（7）面向后方原地踏步，双臂侧平举、屈肘各 2 次，两拍一动。

（8）1–4：右脚向前，双臂向上 45°弹动 2 次，双臂胸前交叉屈肘右左转 180°；

5–8：动作同上，第 8 拍时右脚并左脚。

队形描述：

所有操化动作均在该队形中完成。

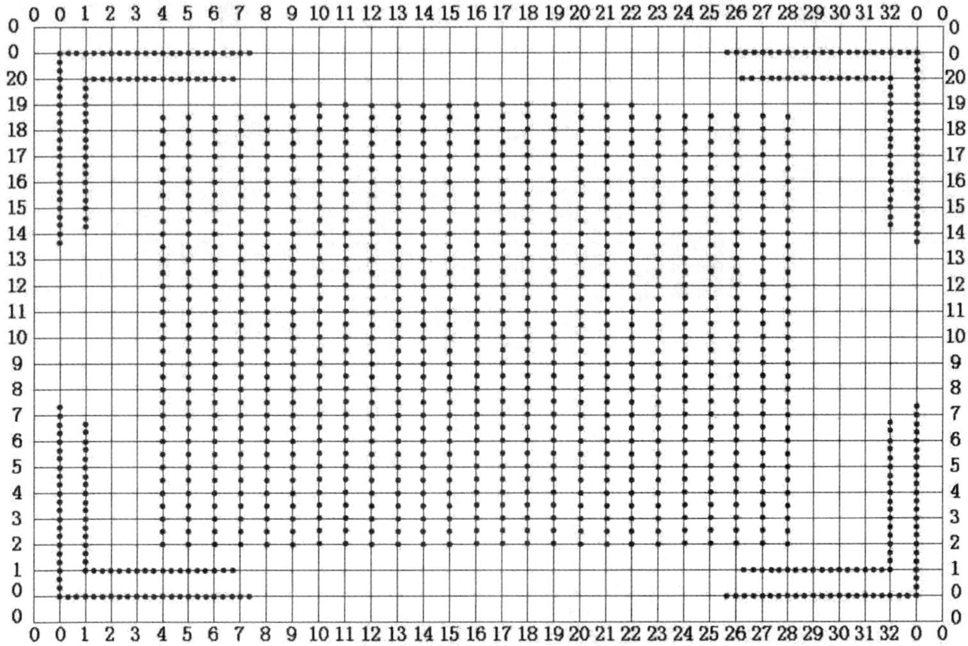

19、啦啦操方块队形

第四节 密集队形 4×8

（一）

（4）1–4

5–8

动作描述：

（1–4）跑步到矩形图案；第 4 个 8 拍时原地踏步调整，后 4 拍右转 180°下蹲。

队形描述：

啦啦操表演者向场地中间密集，武术学生分别组成运动项目的简图。

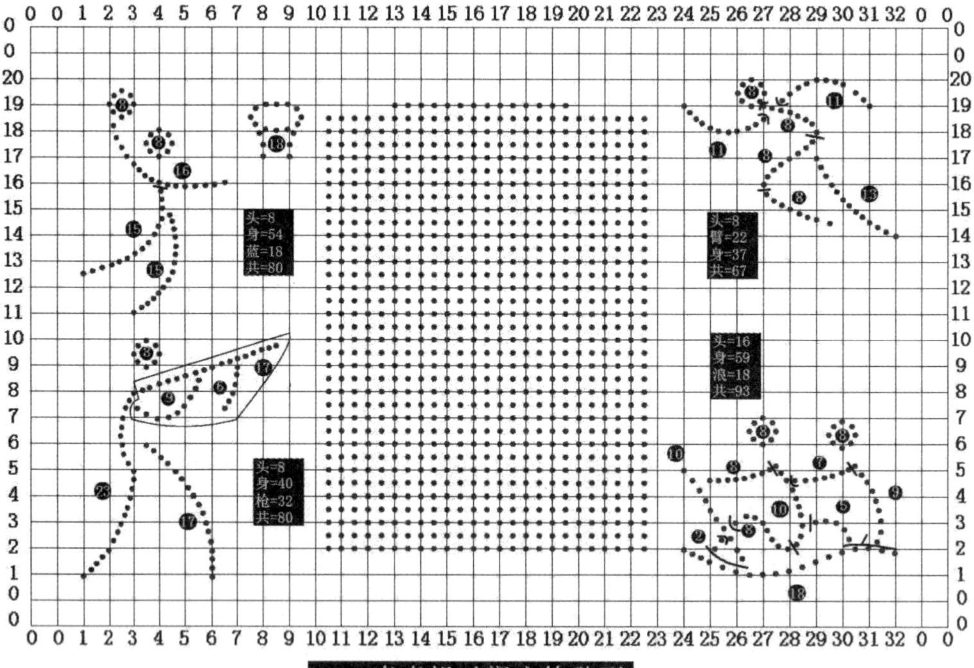

24、啦啦操动漫方块队形

第五节 “动漫”图形 8×8

（一）动漫动作 8×8

（二）背景动作 8×8

（一）（1、3、5、7）

（2、4、6、8）

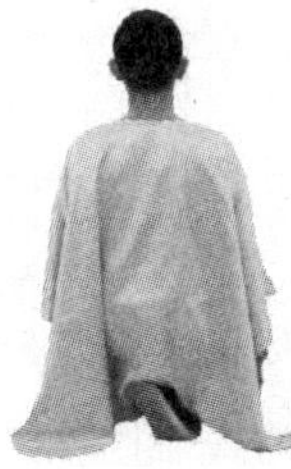

（二）（1–8）

动作描述：

（一）动漫动作（单数）：双手握上衣的两角，右转 180°同时上举双臂，保持上举姿势不动；（双数）双手握上衣的两角，左转 180°同时双臂下垂，保持该姿势不动。

（二）背景动作：保持下蹲姿势不动。

队形简述：

（一）利用服装色彩的变换，形成“啦啦操小人：双臂下举”的卡通图案。

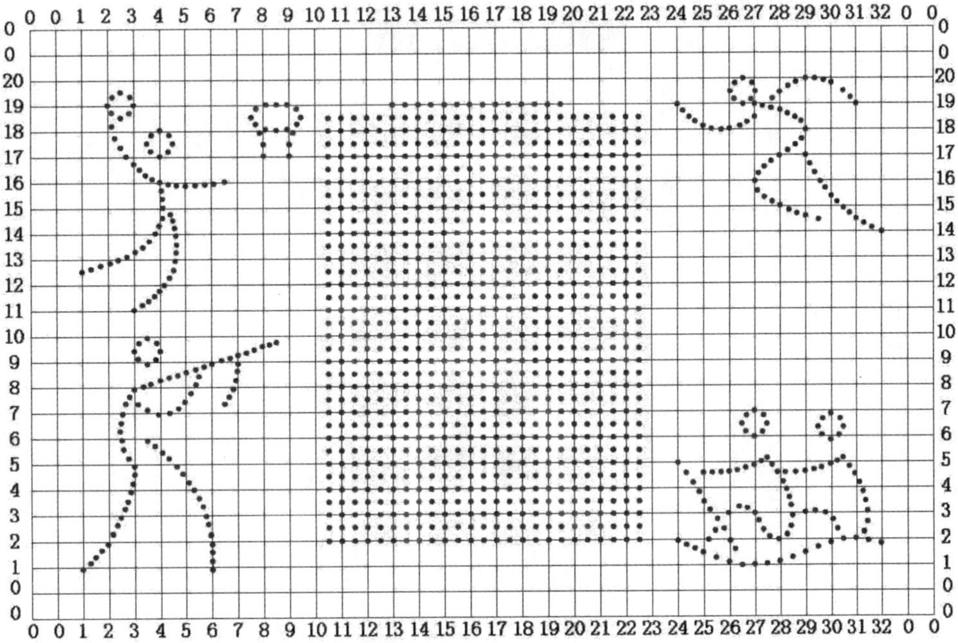

25、啦啦动漫队形1

（二）形成“啦啦操小人：双臂上举”的卡通图案。

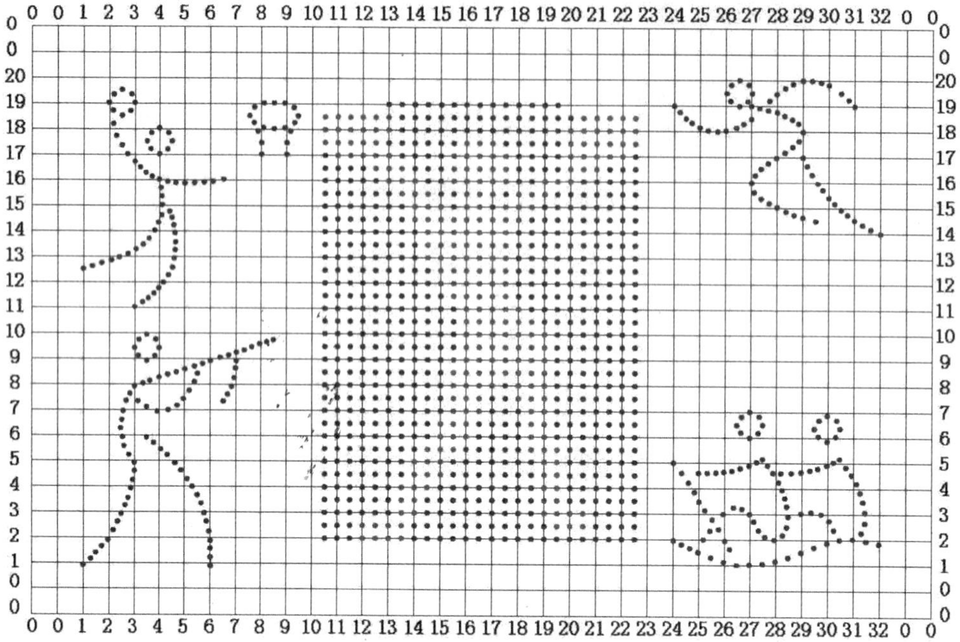

26、啦啦动漫队形2

第六节　跑“日晷”　8×8

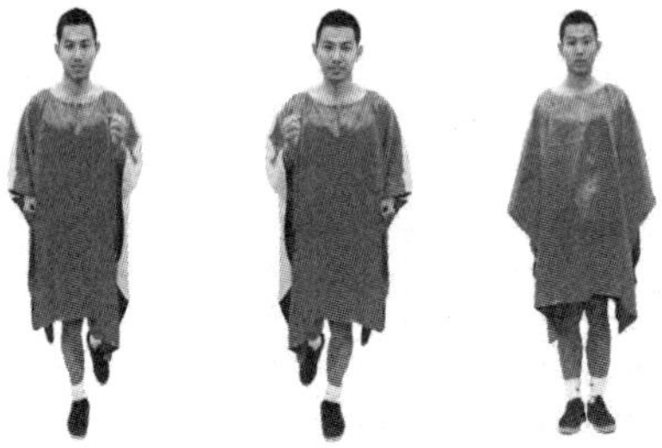

（1–7）　　（8）

动作描述：

(1–7) 跑步至“日晷”图案。

(8) 原地踏步调整。

队形描述：

采用就近分配的原则，啦啦操表演者组成“日晷”图案，四周的“运动项目图案”表演者从场地的各个角退场。

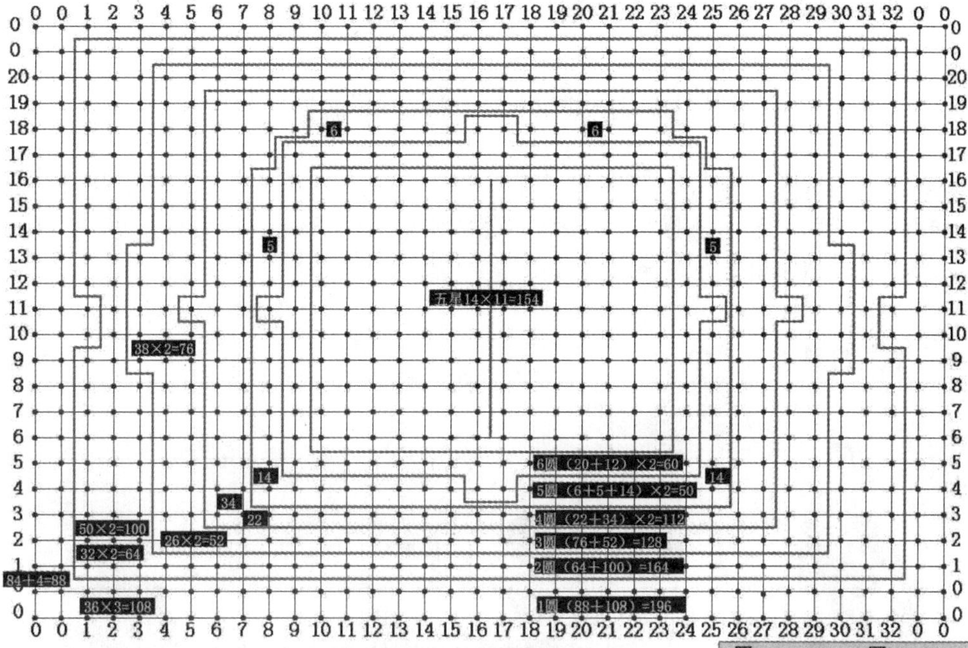

五星=154、 校徽共计864

34、散点变圆人员分配

1圆49×4=196、2圆41×4=164
3圆32×4=128、4圆28×4=112
5圆12.5×4=50、6圆15×4=60

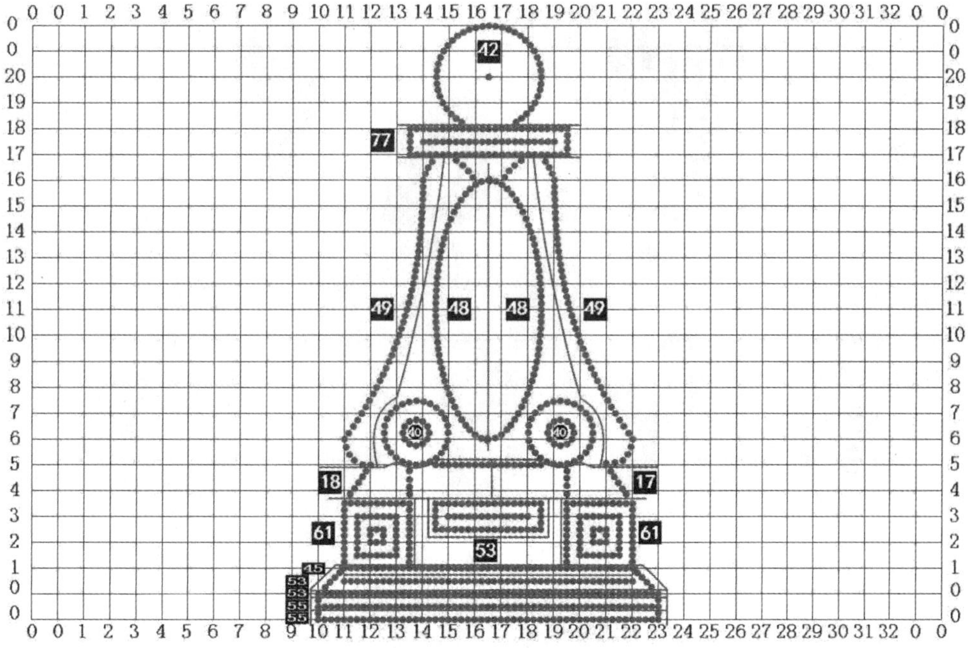

30、“日晷”人员分布

第三部分　《体育展示》——陪衬动作

此部分以围绕在“日晷”周围的“体育展示”为主，项目有：篮球、排球、足球、击剑、棒球、毽球、艺术体操、健美操、武术和轮滑。表演内容为自由展示。啦啦操的表演者组成“日晷和校徽”图案做如下定位表演。

第一节　日晷表演　12×6

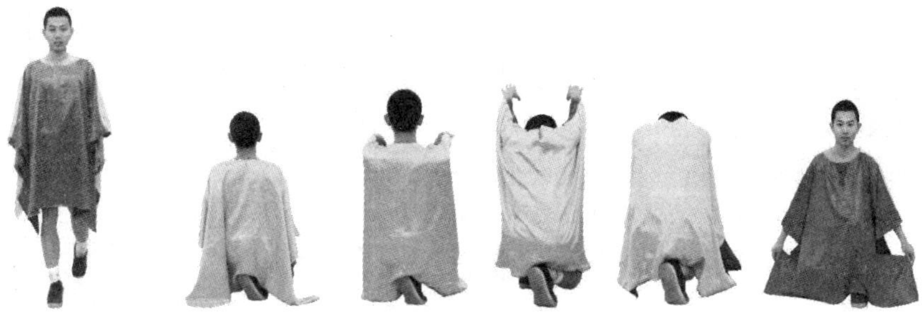

（一）1–4　　5–8　（二）A（1）　（2）　（3）　（4）

B　（1–3）　1–4　5–8

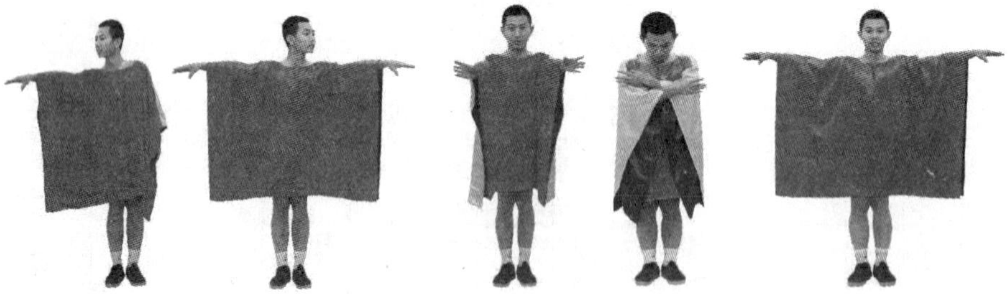

C　（1）　（2）　（3）1–4　5–8　（4）

动作描述：

（一）5个提示音：“日晷”上的五部分（底座、左圆弧、右圆弧、中心、圆顶）

随着音乐依次向后撤左脚转身 180°蹲下。

（二）“日晷”图案色彩变换 12×8

A：黄色（展示）4×8

（1）身体上身保持直立，双手缓慢抬起至水平。

（2）双手向前方水平伸出去，上体前倾，低头含胸。

（3）身体保持不动。

（4）双臂缓慢落下，右后转 180°，双手持两边衣角。

B：紫色（展示）4×8

（1-3）双手直臂举起紫色衣面，身体后仰，左脚在后呈蹲姿。

（4）1-4 拍双臂放于体测，5-8 拍左脚并右脚直立。

C：红色（展示）4×8

（1）1-4 拍右手向右侧前 45°，5-8 拍保持不动。

（2）1-4 拍左手向右侧前 45°，5-8 拍保持不动。

（3）双手经体前内收，屈肘交叉抱臂，低头含胸。

（4）双手经胸前打开。

队形简述：

啦啦操表演者在“日晷”图案中完成以上动作，其他体育项目的表演者从四周入场并进行相应的表演。

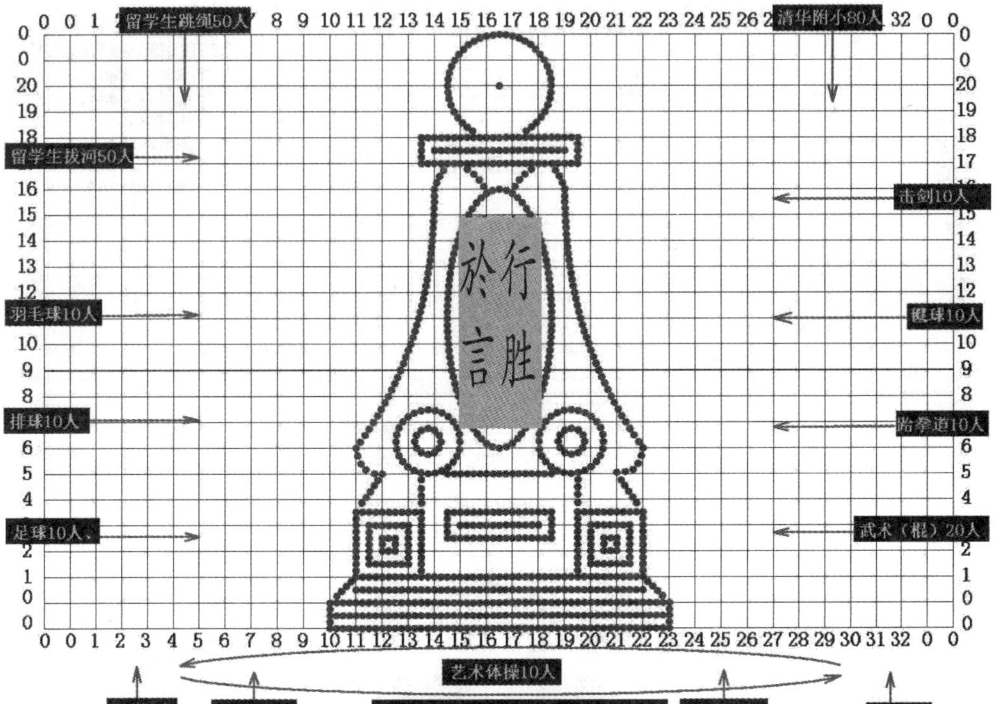

31、特色表演候场位置

第二节　跑队形　8×8

（一）

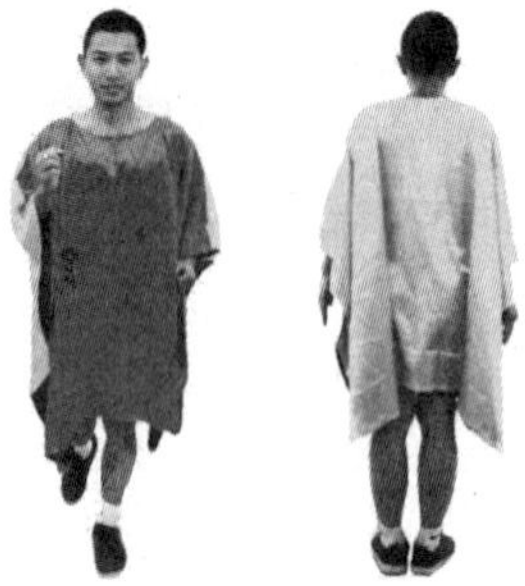

（二）

动作描述：

（一）跑散点 4×8：双臂上举或自然摆动，跑步到散点位置。

（二）跑“同心圆”4×8：双臂自然摆动跑步，到同心圆位置后面向圆心，直立。

队形简述：

（一）所有表演者回散点。

（二）采用就近原则进行同心圆的分配。

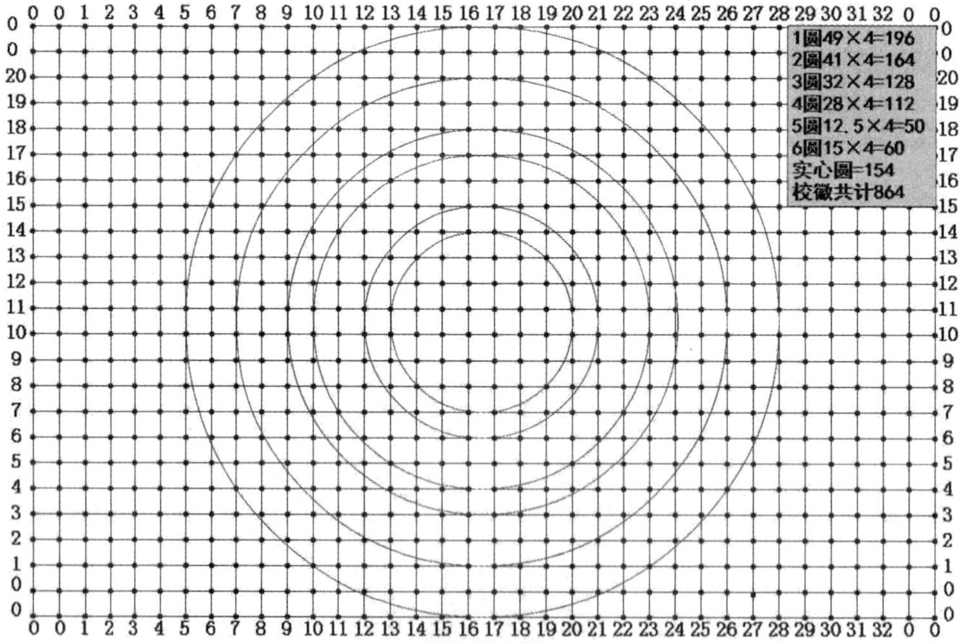

35、同心圆位置

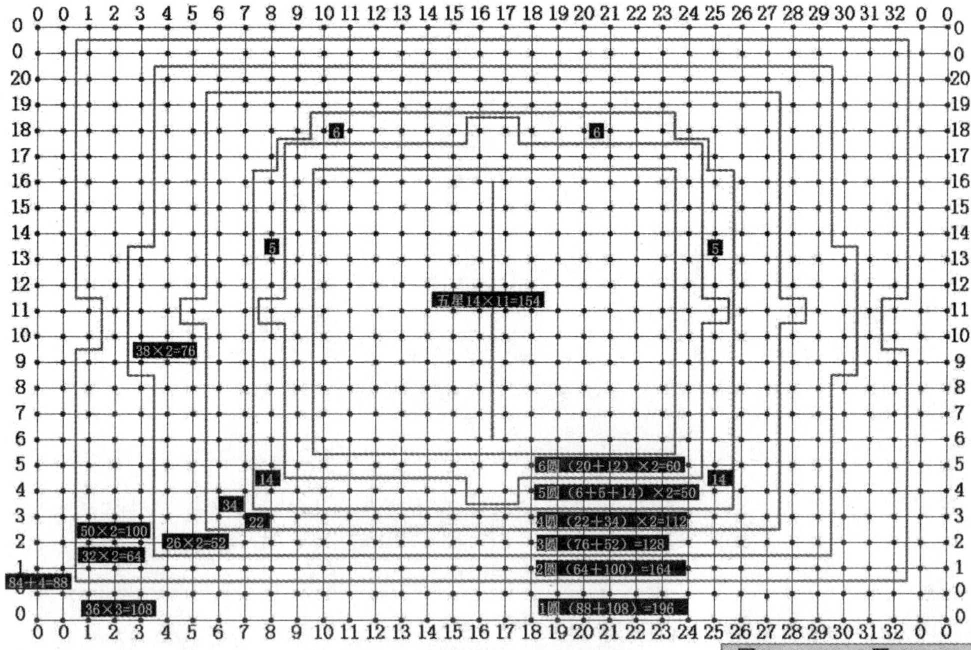

五星=154、　校徽共计864

34、散点变圆人员分配

1圆49×4=196、2圆41×4=164
3圆32×4=128、4圆28×4=112
5圆12.5×4=50、6圆15×4=60

第三节　校徽表演　8×8

（一）框架表演 4×8

（1）1　2　3–4　5–6　7–8

（2）　1–8　（3）　（4）1–4　5–8

动作描述：

（1）1-4：右臂从左向右划圆，身体随之右转 180°。

5-8：左臂从右向左划圆，左转 180°，第 8 拍时屈膝下蹲。

（2）双腿逐渐直立，双臂顺势从胸前向上穿出。

（3）保持开腿直立，双臂上举的姿态不动。

（4）1-4：身体右转 90°，双臂斜上举。

5-8：左脚并右脚，双臂经体测放下，2 拍一动。

队形简述：

此组动作只有圆形框架上（从圆心数）的第 1、4、6 层站位上的学生做。第 2、3、5 层站位上的学生分别跑至“界限和条幅”的指定位置。

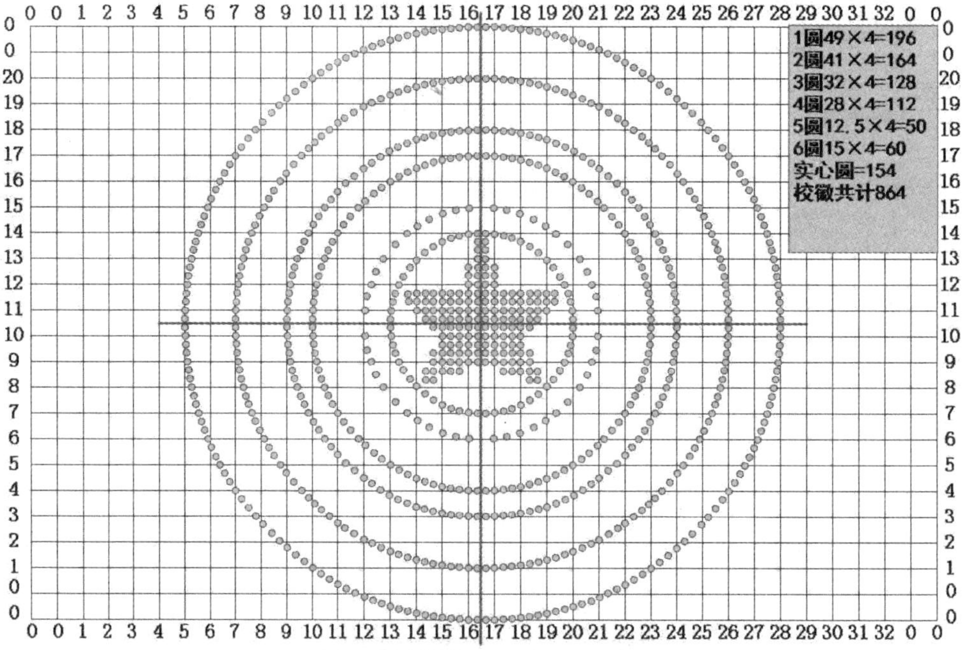

36、同心圆五星队形

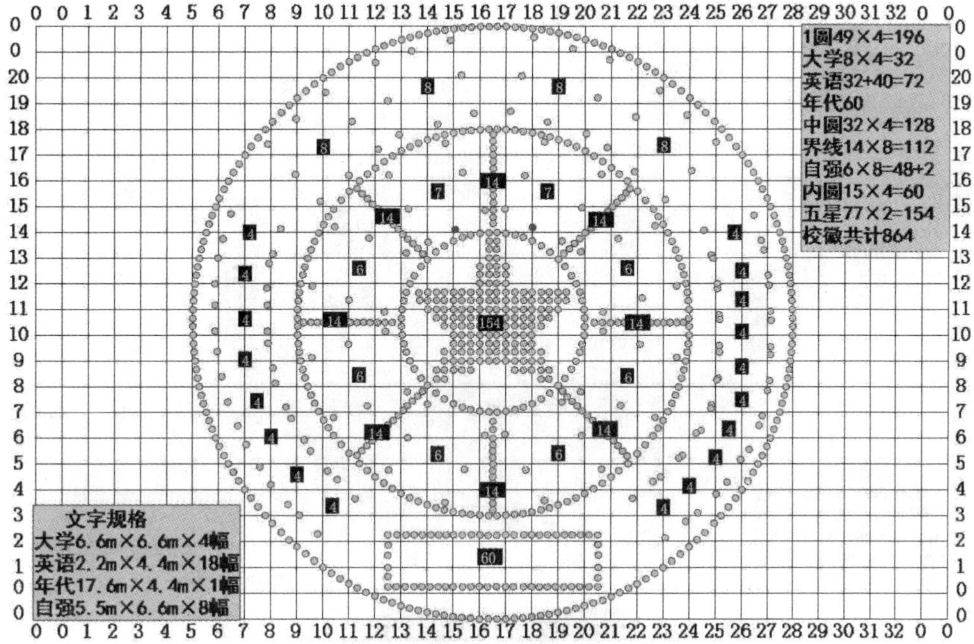

38、校徽图案人员分布

（二）条幅表演 4×8

动作描述：

（1-2）逐渐展开“自强不息、厚德载物”字幅，双臂相互搭肩下蹲；

（3-4）逐渐展开“1911、清华大学、TSINGHUA UNIVERSITY”字幅。

队形简述：

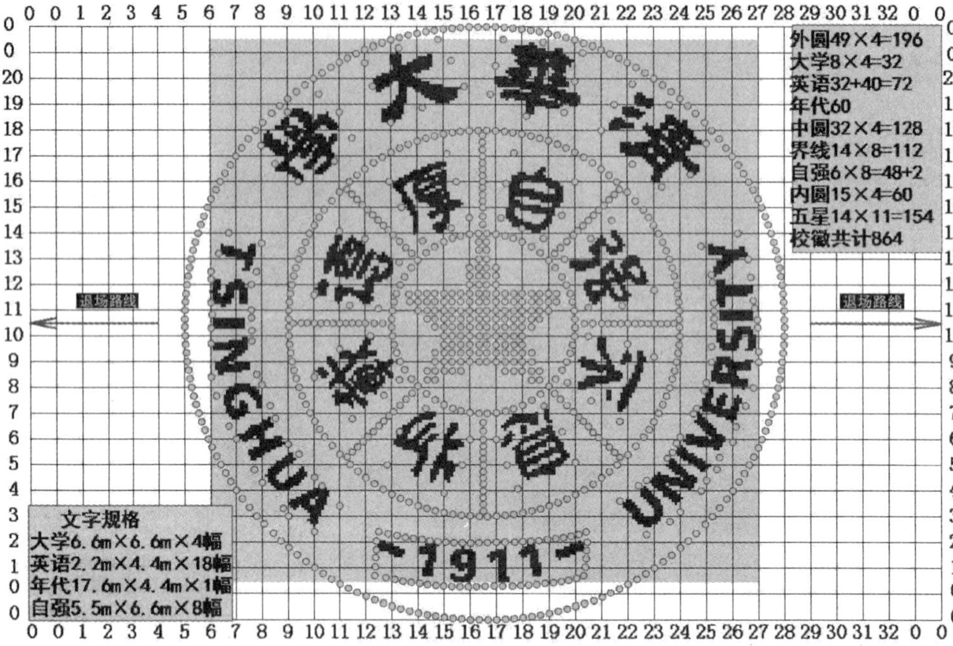

39、“校徽”图案

五、退场　4×8

动作描述：

所有人员分为四块，从场地的南北方向退出。

第四节 《展望未来》动作与队形描述

本场表演由三部分组成：第一部分，大旗表演。第二部分，小旗表演。第三部分，国旗表演。所有动作均采用刚劲有力的挥、摆、绕、卷龙和波浪等动作体现气势磅礴，豪情恢弘，烘托出教育振兴、巨龙腾飞的辉煌前景，表达清华大学的豪情壮志。

第一段 大旗操表演

音乐：走向复兴　　时长：3 分 12 秒

第一节 进场 8×8

预备　（1–4）　（5–6）　（7）　（8）

动作描述：

（1–6）胸前直臂持旗，从场地两侧底线跑至散点位置。

（7）以中线为准，左侧单数行、右侧双数行的学生分别左右转 90°踏步到错位站立队形。

（8）原地踏步转向主席台，调整队形。

队形简述：

（一）入场：依次以“第 9、8、7 排”，“第 6、5 排”，“第 4、3 排”和“第 2、1 排”的顺序跑步进场，每组间隔 4 拍。

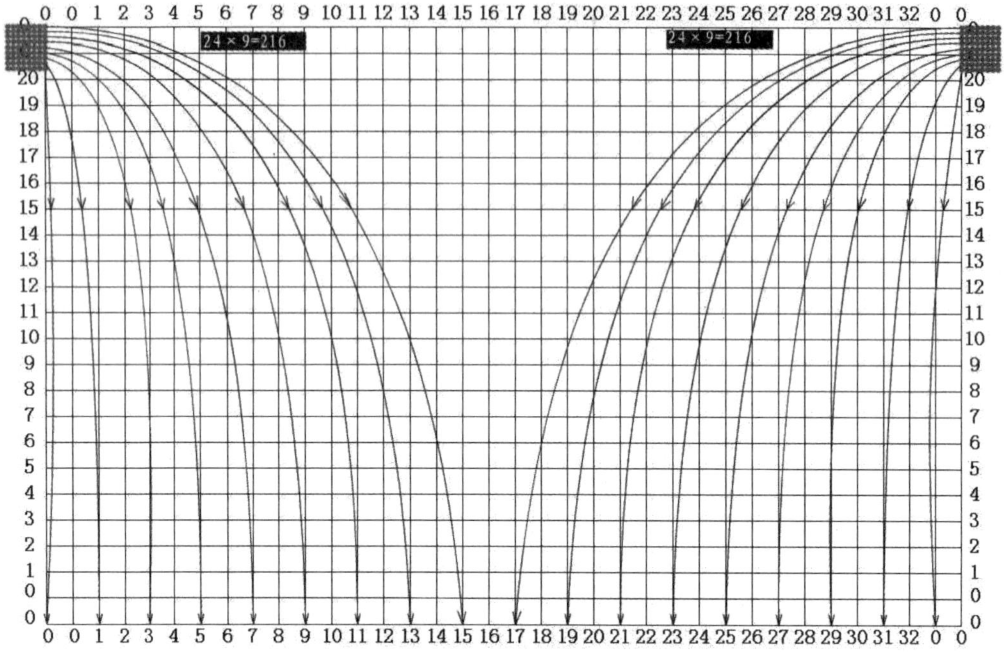

1、候场队形、入场路线

共计432人

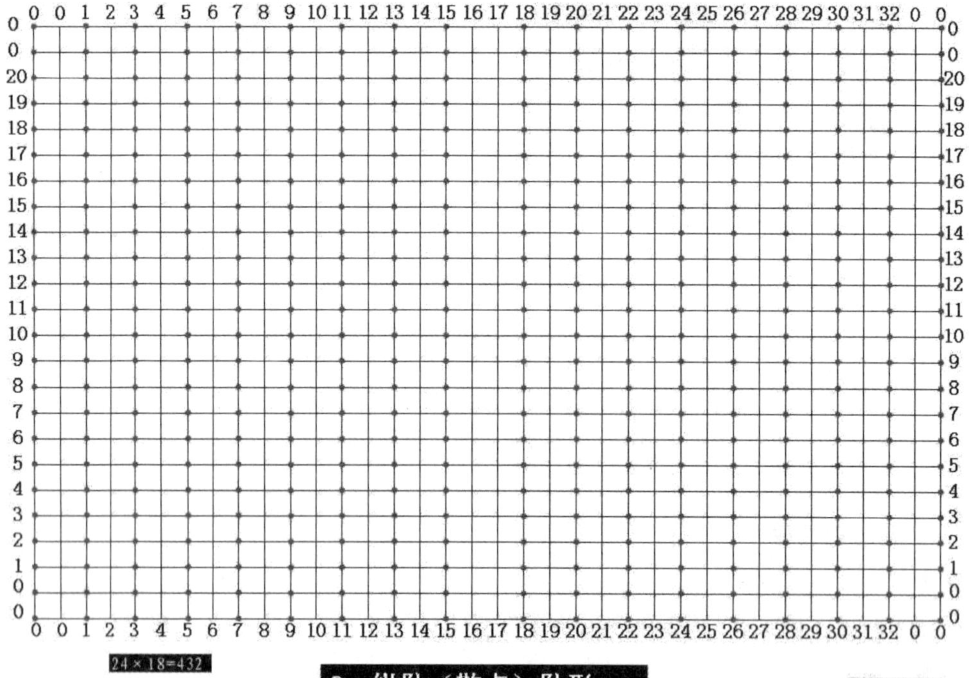

2、纵队（散点）队形

共计432人

（二）错位踏步

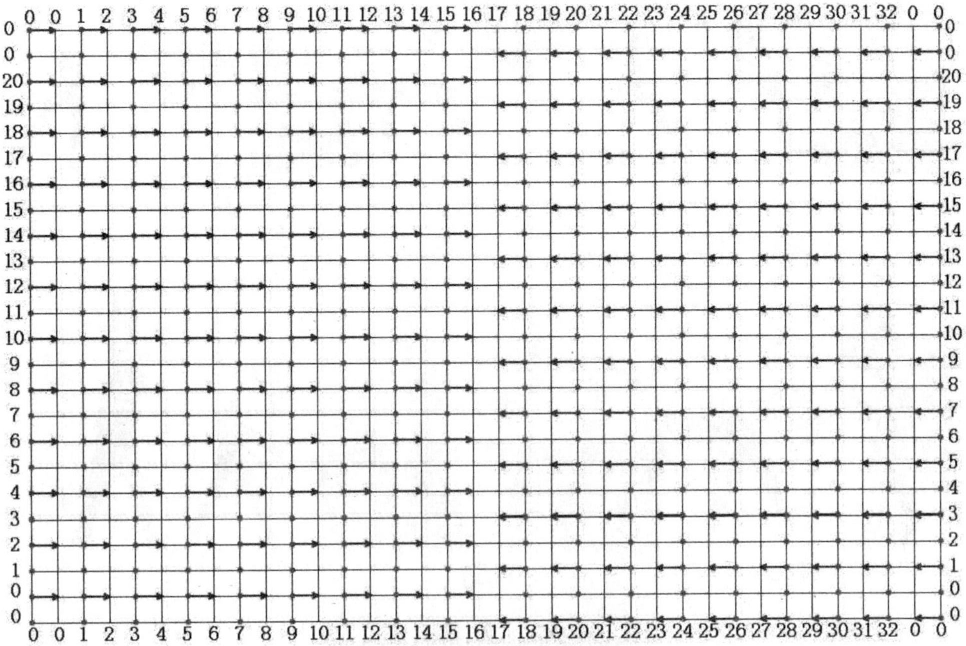

3、纵队变错位散点路线

共计432人

第二节　散点表演　12×8

（一）斜前摆、斜后摆、水平绕 4×8

（1）　1 5　2 6　3 7　4 8

（2） 1–4 5–8

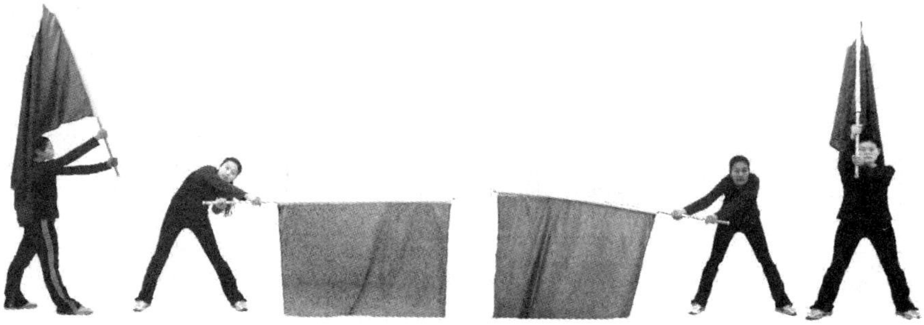

（3） 1–4 5–6 7–8

（4）1–4 5 6 7 8

动作描述：

（1）1–4 拍：从右向左斜上方摆旗，再从左向右斜上方摆旗，2 拍一动。5–8 拍：重复 1–4 拍的动作。

（2）1–4 拍：向左斜后摆旗一次，4 拍一动。5–8 拍：向右斜后摆旗一次。

（3）1–4 拍：左转 90°行进 3 步（右脚开始），第 4 拍时转向正前方。5–8 拍：以腰带动手臂，头上方“左—后—右”水平绕圆一周。

（4）动作同（3），方向相反。

（二）立圆、8 字绕、4×8

（1、3） 1 嗒 2 3 嗒 4

（2、4） 1–4 5–8

动作描述：

（1）1 嗒 2：左侧，由后向前划立圆一次，2 拍一动。3 嗒 4：右侧，由后向前划立圆一次。5–8：重复 1–4 拍的动作。

（2）开立，先左后右 8 字绕一次，4 拍一动。

（3–4）重复（1–2）的动作。

（三）转体侧摆、体前立圆 4×8

(1) 1–2 3–4 5–8

(2) 1–2 3–4 5–8

(3–4) 1—— 嗒 2—— 嗒

动作描述：

(1) 1–4 拍：左右各斜上方挥旗各一次，2 拍一动。5–8 拍：向左平转 360°，然后下蹲由下向左斜上 45°挥旗。

(2) 动作同（1），但方向相反。

(3–4) 双臂体前微屈持旗，做“立圆”绕环摆动，2 拍一周，共绕摆 4 圈。

队形简述：所有动作均错位散点队形中完成。

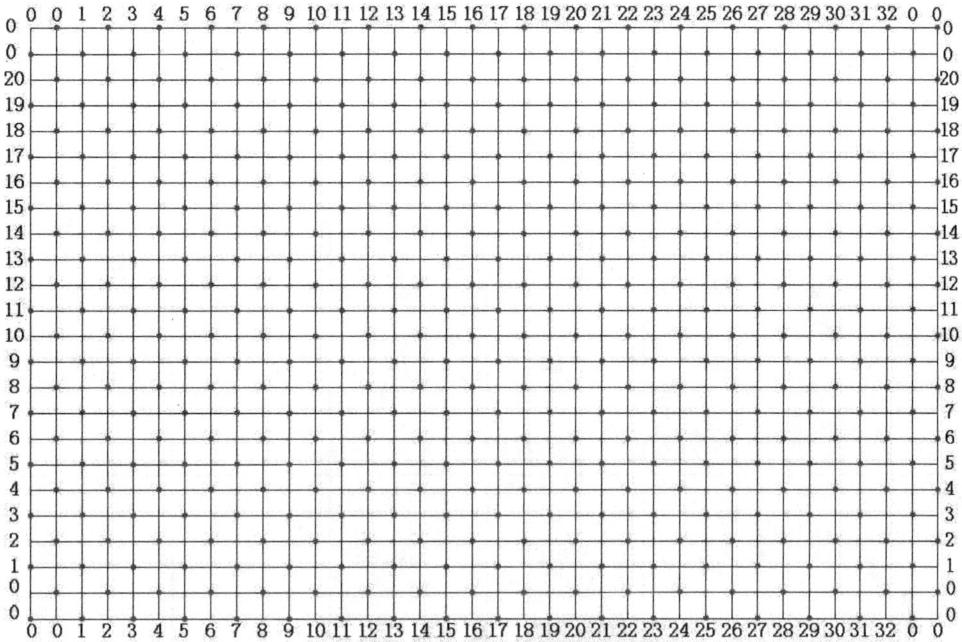

4、错位散点队形

共计432人

第三节　圆形表演　4×8

（一）　　（二）

动作描述：

（一）双手持旗，跑成指定位置的圆形图案，2×8。

（二）右斜上持旗，逆时针跑动（圆），2×8。

队形简述：

采用就近原则，24 人一组，全场组成 18 个小圆（以每个圆弧上 4 个顶点的学生为基准点，其他学生向里或向外穿插其中即可）

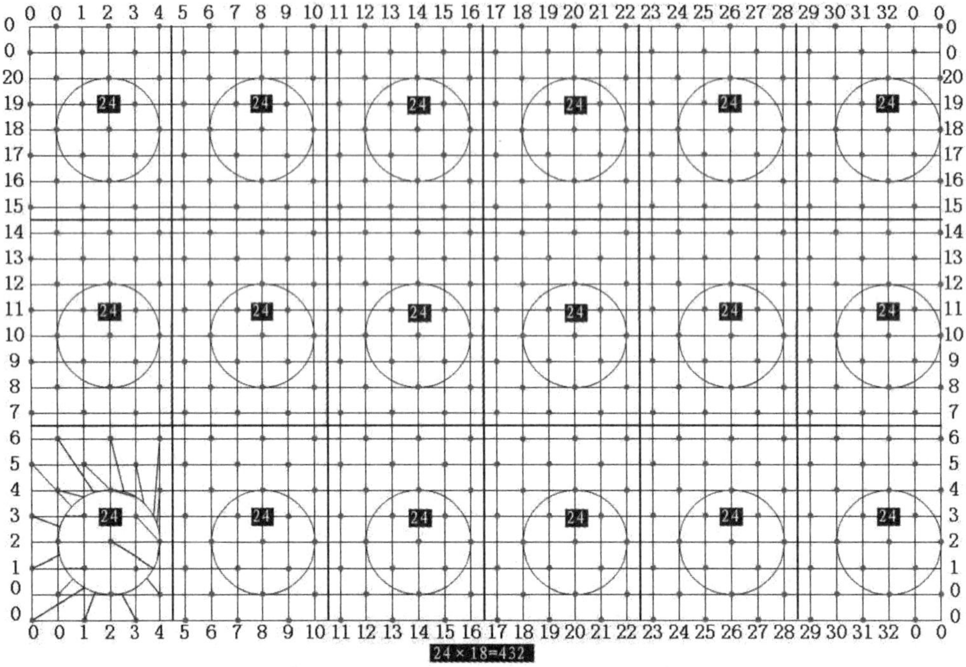

5、错位散点变小圆人员分配

共计432人

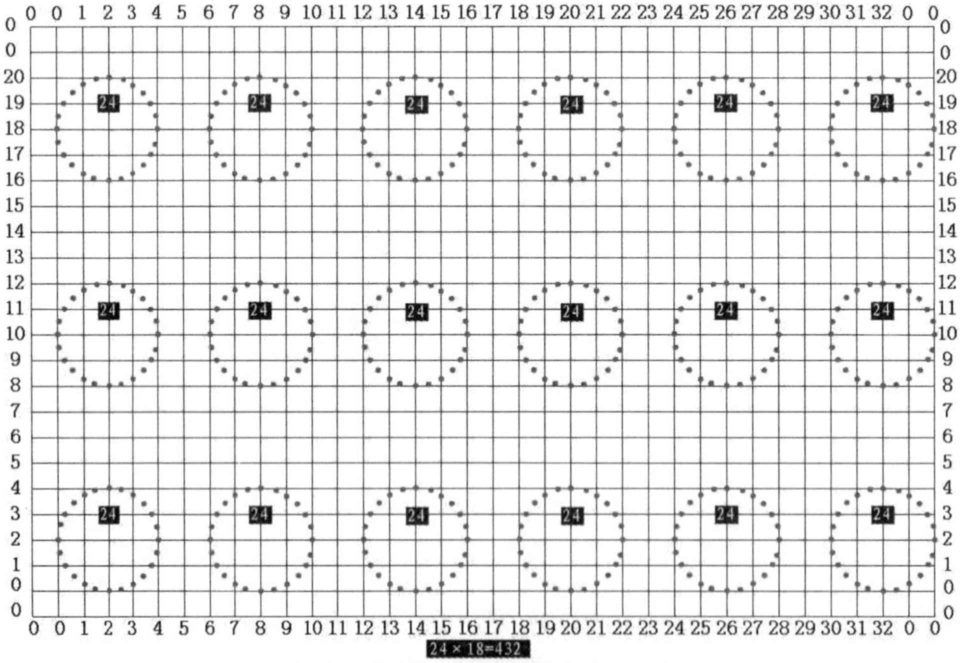

6、全场小圆队形

共计432人

第四节　纵队、卷龙、纵队表演　8×8

（一）变 6 路纵队 2×8

（二）“卷龙” 4×8

（三）6 路变 9 路纵队 2×8

（一、三）　　　　——（二）——

动作描述：

（一、三）双手体前持旗，跑步变纵队。

（二）8 人一组同时做左右摆的动作（弓步站立），2 拍一动。

队形简述：

（一）每个圆均向圆心集中并沿直径放向延长，连接成一直线。

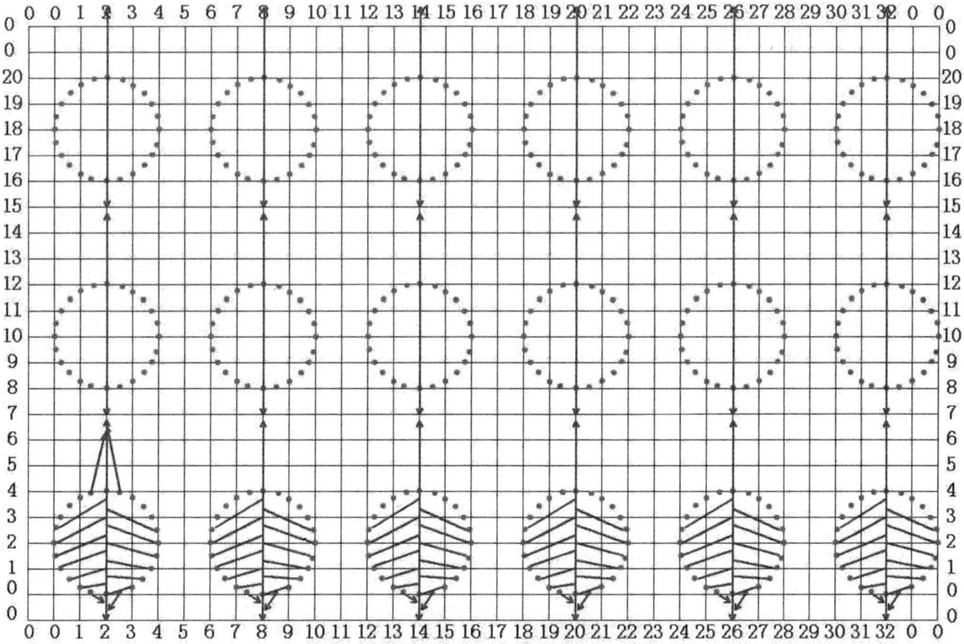

7、全场小圆变纵队人员分配

共计432人

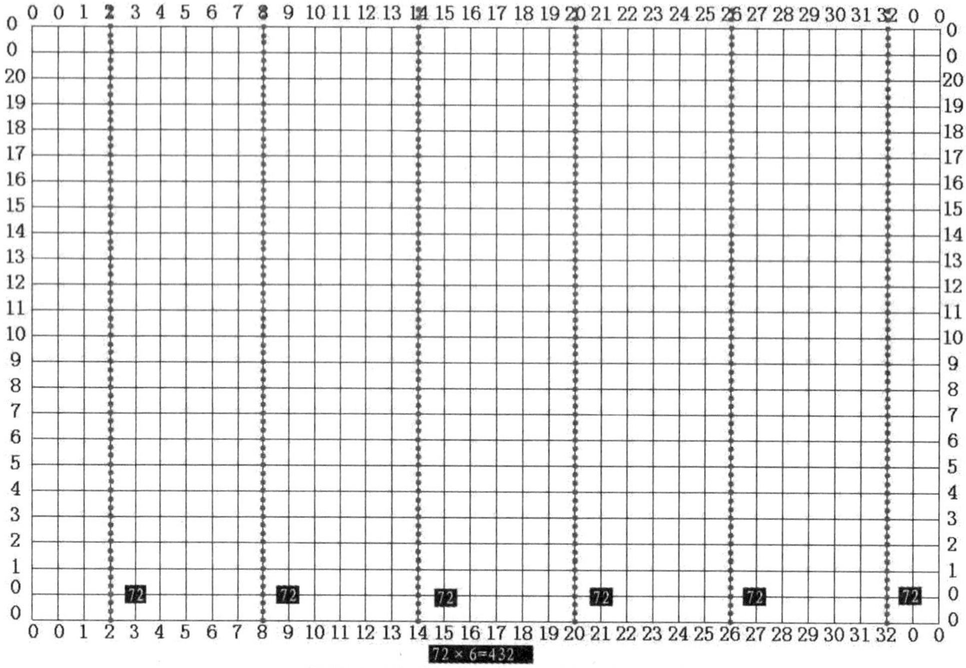

72×6=432

8、密集纵队队形

共计432人

（二）以纵行为准，每间隔 2 个点位，分别向左右踏步，变换成 9 路纵队。

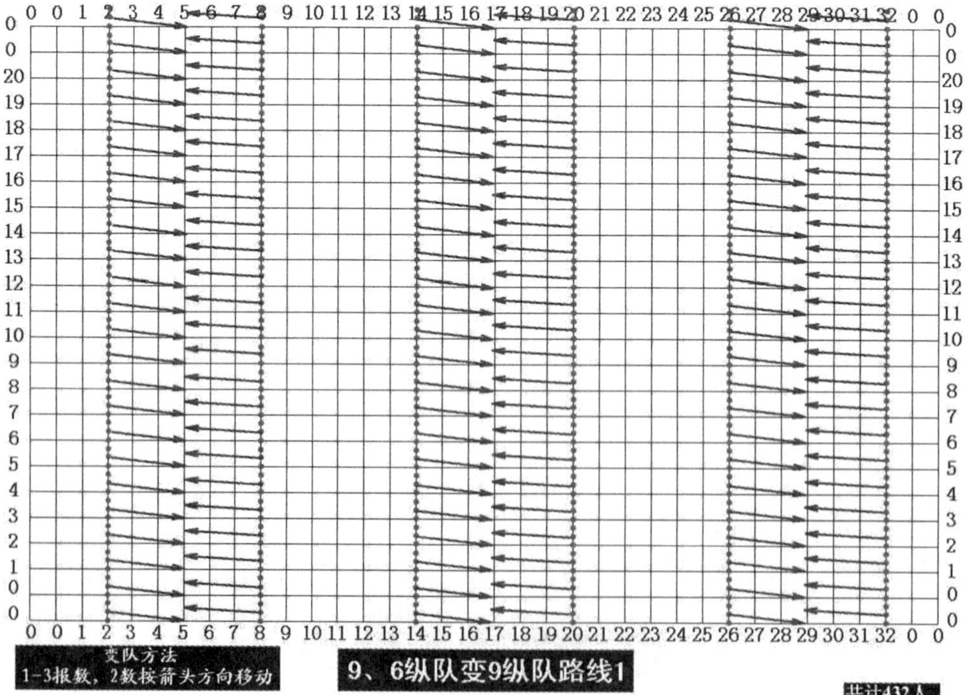

变队方法
1-3报数，2数按箭头方向移动

9、6纵队变9纵队路线1

共计432人

第五节 错位跑：8×8

（一）向外密集 4×8

（二）向内错位 4×8

（1–3）　　（4）1–4　　5–8

动作描述：

（一）（1–3）拍：分上下半场两部分，前半场向右，后半场向左侧场地跑动密集。

（4）1–4 拍：踏步右后转 180°，面向场地中线。

（二）全体学生跑回“错位站”的前后 9 路纵队，4×8 拍。

队形简述：

（一）左右错位：以场地中心线为基准，分上下半场，左右跑位。

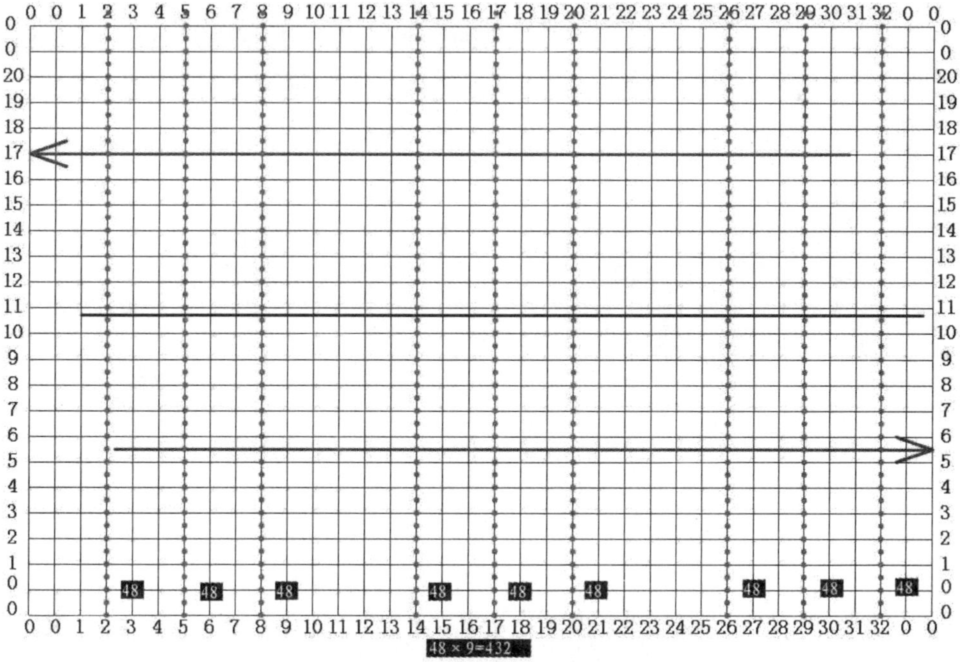

10、变错位方块路线图

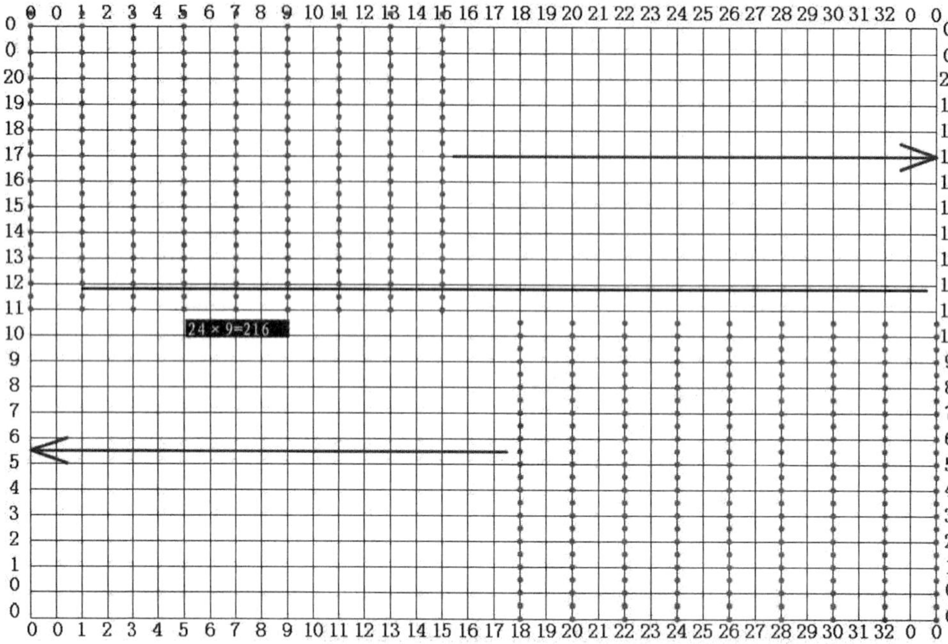

11、9纵队错位方块变散开路线

共计432人

（二）错位纵队：所有学生从左右密集的位置返回后的队形。

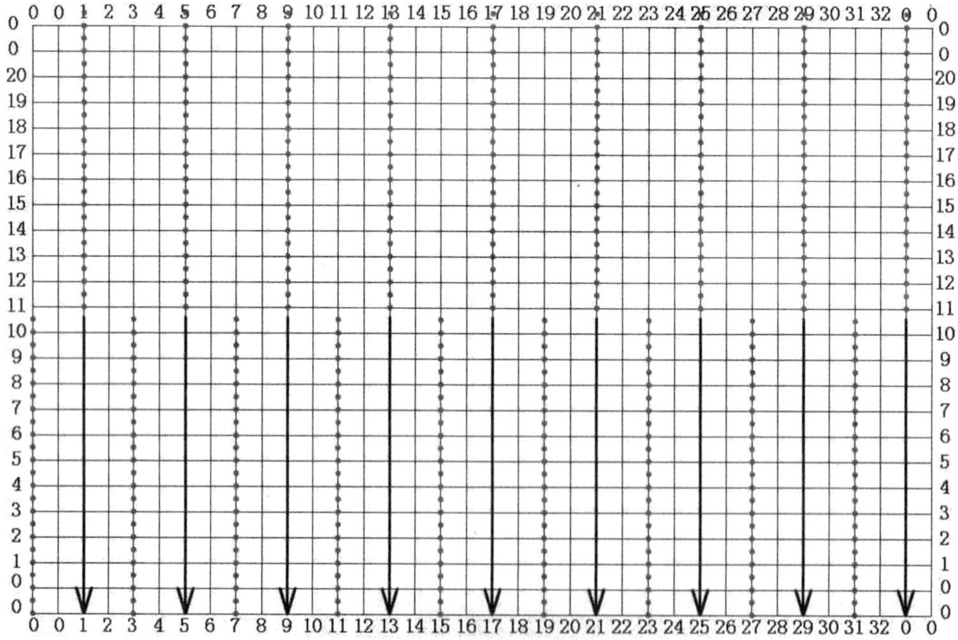

12、散开纵队变密集方块路线1

共计432人

第六节　退场　4×8

（1–2）　　　　（3–4）

动作描述：

（1–2）后半场跑到前场密集。

（3–4）左右两侧向场地两侧跑出，绕场地边缘跑至候场位即可。

队形简述：

（一）后半场学生跑至前半场密集。

（二）所有学生向中间密集，然后从两侧退场。

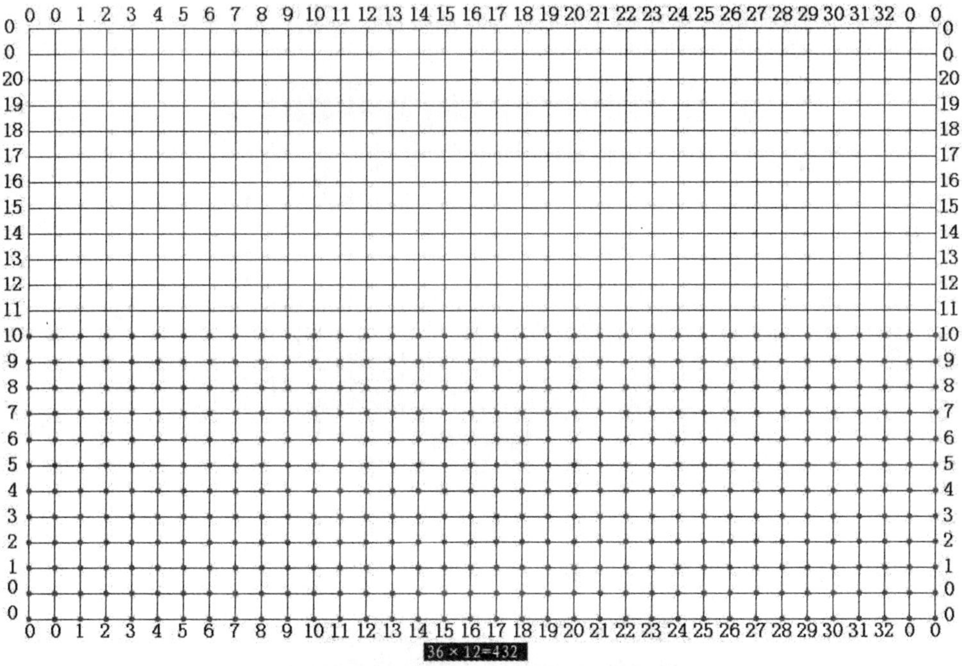

14、半场散点队形　　共计432人

第二段　小旗操表演

音乐：鼓点节奏（自编音乐）　　　　时长：3 分 45 秒

第一节　进场　10×8

（一）　　　　　　　　　　（二）

动作描述：

（一）右手持旗，跑步进场，7×8。

（二）踏步调整 2×8，最后 4 拍时旗挥至右斜下（准备）。

队形简述：大旗退场的同时，小旗进场。

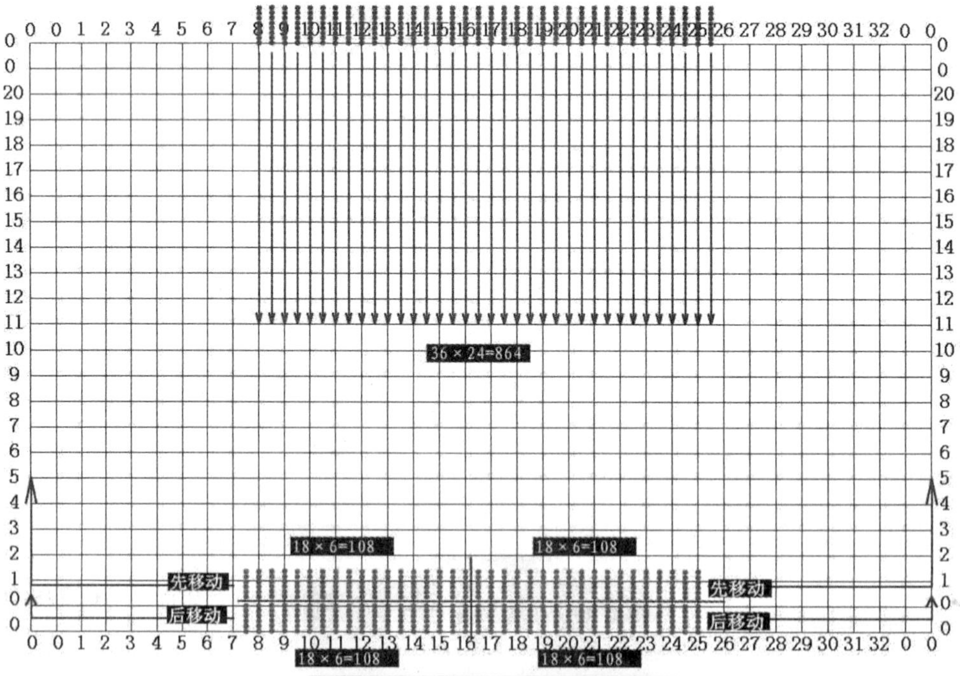

15、小旗入场路线1　　　　共计432人

第二节　散点表演　16×8

（一）组合 1　4×8

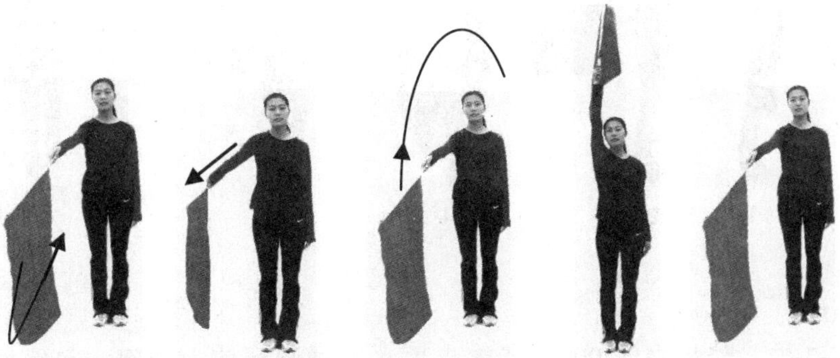

（1）1–2　3–4　5　6　7–8

（2）1–2　3–4　5　6　7–8

动作描述：

（1）1–4 拍：直立，右手持旗向右斜前挥旗；右后斜下挥旗；2 拍一动。5–8 拍：由前向后划圆两周。

（2）1–2 拍：直立，向右后斜下挥旗；向斜前挥旗；2 拍一动。5–8 拍：由后向前划圆两周。

（3）1　2　3–4　5–6　7–8

（4）1　2　3–4　5–6　7–8

动作描述：

（3）1–2 拍：踏步左转 90°，持旗头顶水平划圆至前上举旗；向斜后挥旗。5–8 拍：动作同 1–4，继续左转 90°。

（4）动作同（3），最后转向正前方。

（二）组合 2　4×8

（1）1　嗒　2　嗒　3–4

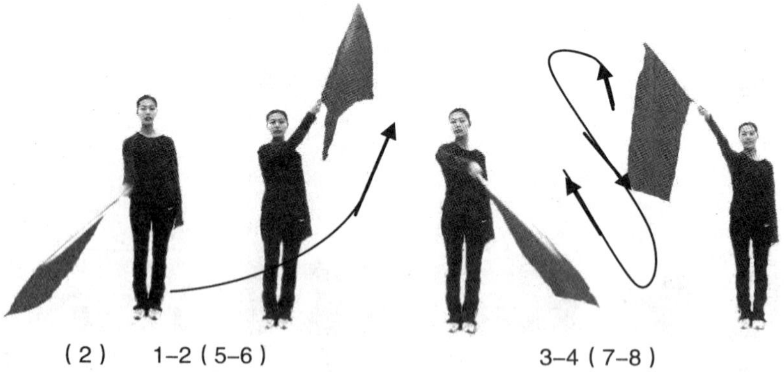

（2）　1–2（5–6）　3–4（7–8）

动作描述：

（1）1–4 拍：左侧 8 字绕，向右斜后挥旗；5–8 拍：重复 1–4 拍的动作。

（2）1–4 拍：体前 8 字绕一次，先左后右；5–8 拍：重复 1–4 拍的动作。

（3）1、5　　2、6　　3、7　　4、8

（4）1　嗒　2　3　嗒　4
　　 5　嗒　6　7　嗒　8

动作描述：

（3）体前斜下挥旗（先左后右），共 4 次，2 拍一动。

（4）头上水平绕、胸前水平绕，共 4 次，2 拍一动。

（三）组合 3　4×8

（1–2）　1　——嗒——　2

——3——　　　——嗒——　　　4

（3–4）—1—　　　——嗒——　　　——2——
（3、5、7　　　——嗒——　　　4、6、8）

动作描述：

（1–2）1 嗒 2：体前向左划大立圆一周；3 嗒 4：体后绕大立圆一周；5–8 拍：重复 1–4 拍的动作。

（3–4）体前划“大立圆”28 拍，2 拍一动，共 4 圈。

（四）组合 4　4×8

（1–2）1、3　　嗒　　2、4　　嗒
5　　6　　7　　8

（3） 1　2　3　4
5　6　7　8

（4） 1　嗒　2　3　嗒　4
5　嗒　6　7　嗒　8

动作描述：

（1-2）1-4 拍：“8”字绕，1 拍一动（快快快快）；5-8 拍：动作同上，两拍一动（慢慢）。

（3）斜下挥旗（先左后右）2 拍一换反方向。

（4）头上腹前水平绕（左后右前左），2 拍一换。

队形简述：

所有动作在密集的长方形中完成。

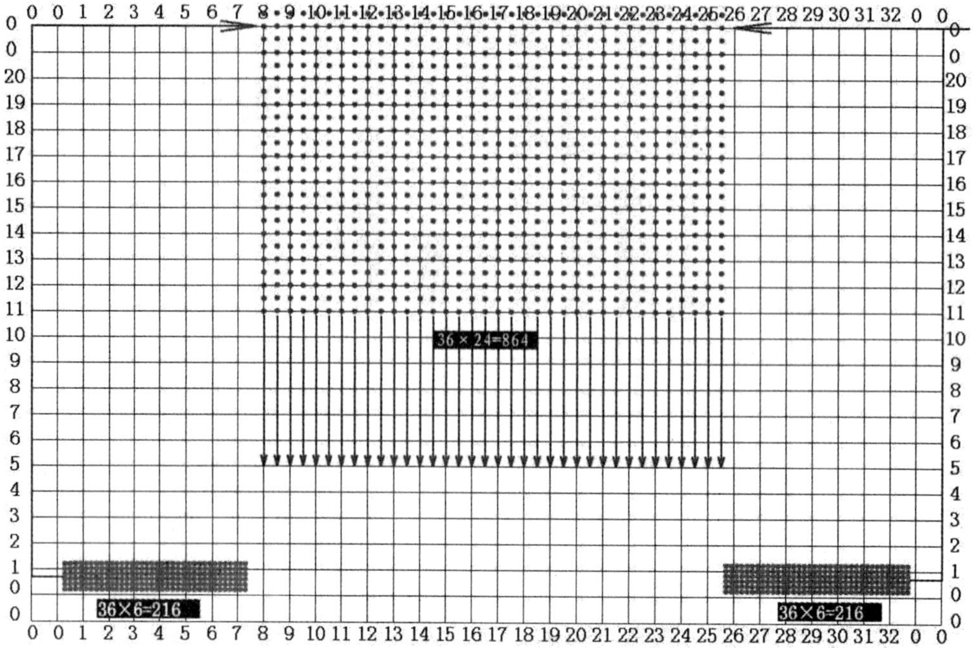

16、小旗入场路线2

共计1296人

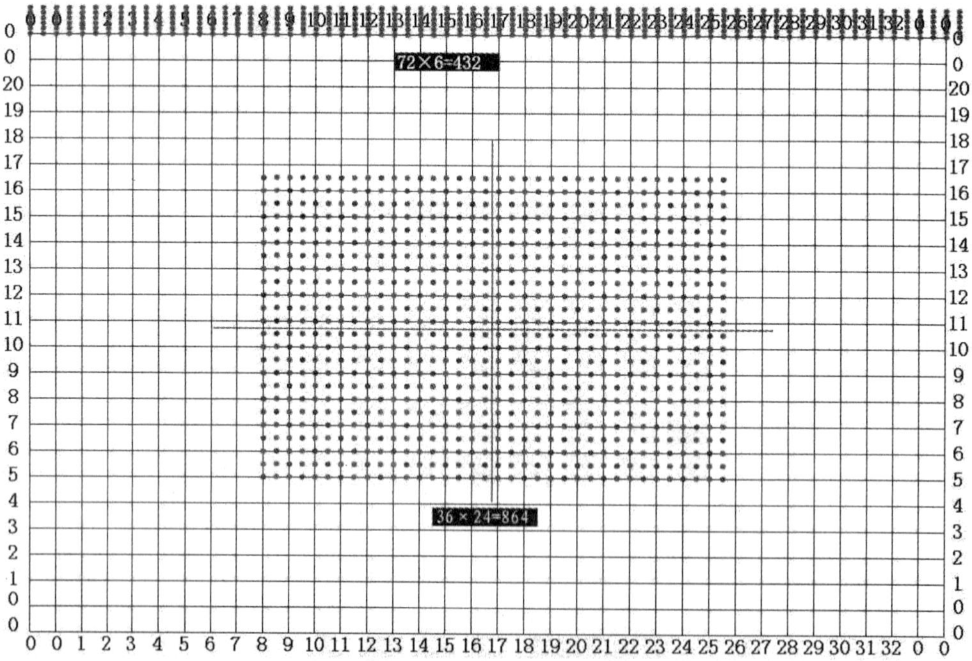

19、小旗动作效果队形2-1

共计1296人

第三节　波浪摆动　16×8

（一）密集跑动+上下起伏 4×8

（二）左波浪摆动 6×8

（三）右波浪摆动 6×8

（一） 2×8　（2×8）1　嗒　2　3　4

（二） 1　2　3　4

（三） 1　2　3　4

动作描述：

（一）2×8：所有人员持旗跑步向场地中心密集，间隔距离 10~20 厘米。

2×8：上下蹲起的摆旗动作，2 拍一动。

（二）6×8：左转 45°，右手持旗做向后绕环的波浪（起伏）动作。第 6 个 8 拍时右转 90°。

（三）6×8：重复做（二）的动作，第 6 个 8 拍时转向（1 点）主席台。

队形简述：

所有人员按照分配的区域依次做波浪的动作。

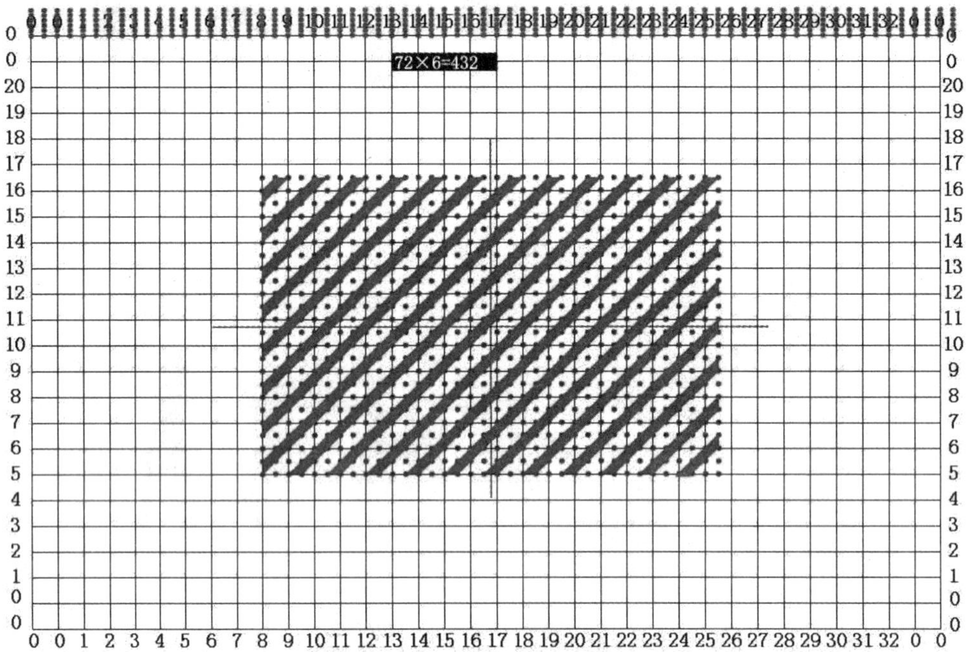

20、小旗动作效果队形3

共计1296人

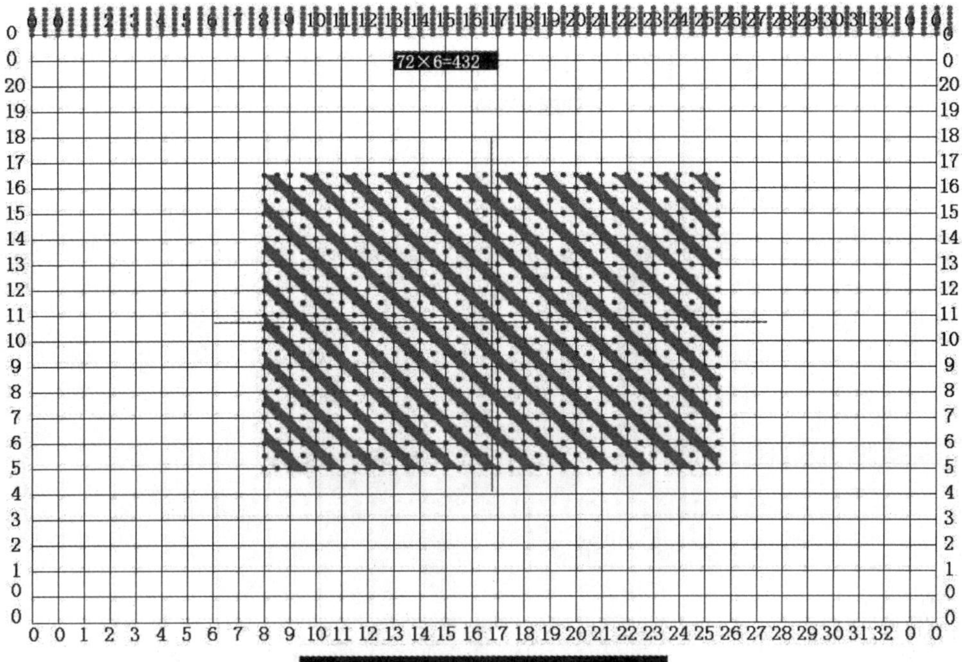

22、小旗动作效果队形4

共计1296人

第四节 “100”字、起伏 8×8

（一） （二）1–2 3–4

动作描述：

（一）1×8：全体下蹲，双手持旗。

（二）3×8：组“100”字的学生头上左右挥旗，2 拍一动，其他学生下蹲。

（三）（四）重复（一）（二）的动作。

队形简述：

“100”的学生站立挥旗，其他学生下蹲。

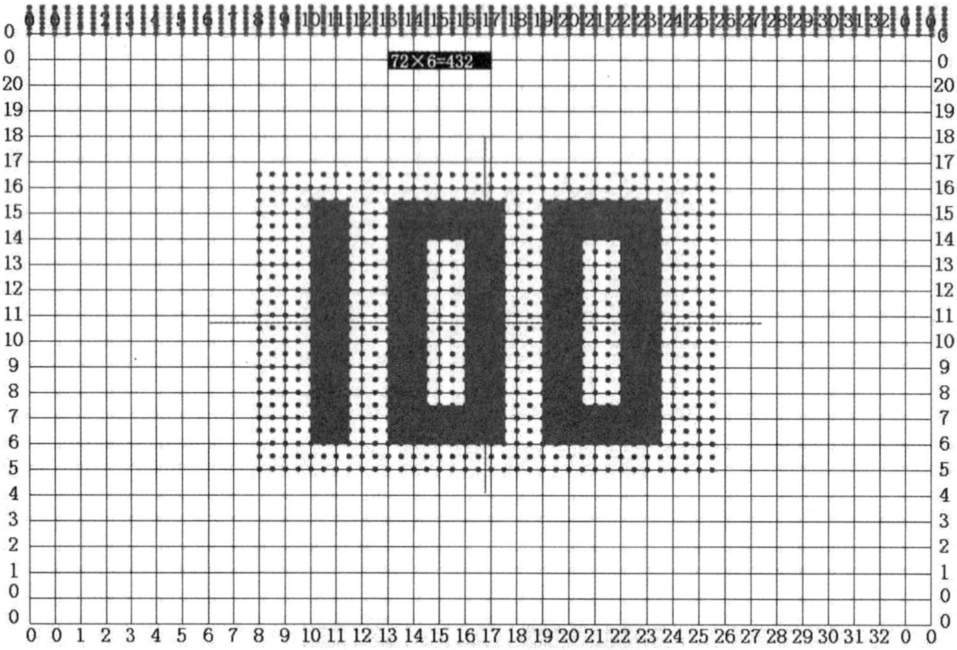

31、小旗动作效果队形6-1

第五节　结束　10×8

动作描述：

（一）6×8：全体持小旗的学生下蹲，持国旗的学生从场地中心入场。

（二）4×8：全体持小旗的学生下蹲，持国旗的学生将国旗向两侧展开。

队形简述：

持国旗的同学从 16~17 行之间入场。

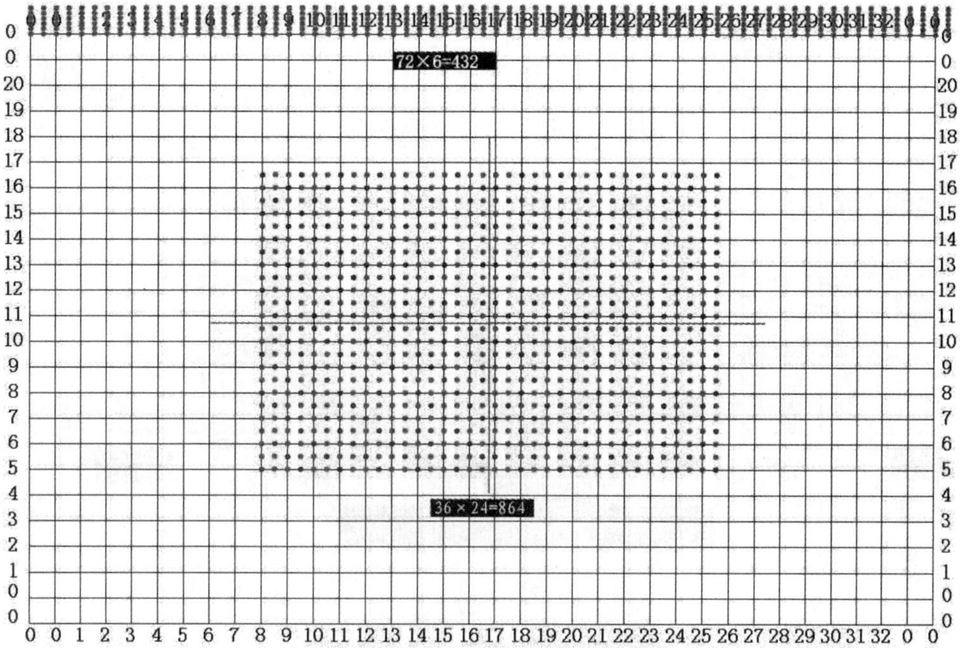

19、小旗动作效果队形2-1

共计1296人

第六节　尾声——歌唱祖国（“国旗”表演）

音乐：歌唱祖国　　　时长：3 分 08 秒

动作描述：

前奏 1×8：场上人员持巨幅国旗下蹲。

第一段 12×8：巨幅国旗做波浪起伏，4 拍一蹲一起。

第二段（1）6×8 所有啦啦操表演的学生双臂上举持花球跑步进场。

（2）6×8 所有武术表演的学生右手持刀上举跑步进场。

（3）6×8 所有教工和紫荆花表演者跑步进场。

第三段 12×8：全场合唱“歌唱祖国”直到音乐结束。

队形简述：

（一）从第二段开始，各场演员依次进场。

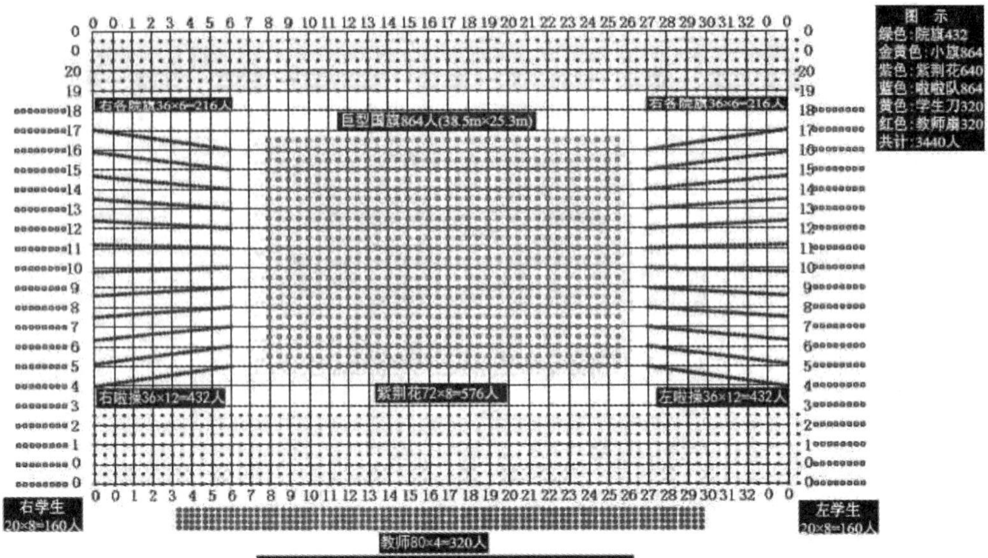

终场综合队形图

（二）所有演员挥动手中道具，直至音乐结束。

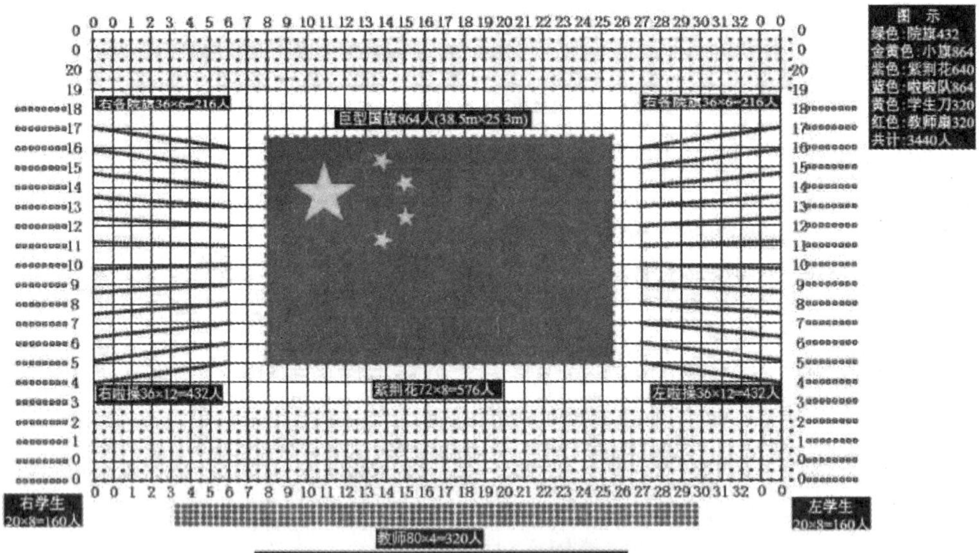

终场综合队形图

第七章　校园团体操创编实例

第一节　四川省农业大学团体操

《祝福百年》
四川农业大学成立100周年庆典校园庆典团体操

一、主题思想

根据四川农业大学成立100周年庆典筹委会工作总体方案和开幕式表演主题的精神，庆典活动开幕式大型体育文艺表演，将遵循团结、奋进、文明、育人的宗旨；体现川农大精神，体现川农大的特点，展示当代大学生风貌的指导思想。在风格上力求热情、喜悦、新颖、简朴。

二、表演场次

第一场　“相约金秋”约8分钟
第二场　“风雨百年”约8分钟
第三场　“希望的田野”约12分钟
尾　声　“高歌明天”约5分钟

三、表演总时间约33分钟

四、表演总人数约 3172 人

第一场　相约金秋

中心思想：金秋十月喜迎嘉宾
表演时间：约 8 分钟
表演人数：约女 768 人
表演风格：热情、旋转、优雅
色彩基调：玫红、金黄、银白
表现形式：团体操的队形变化和图案组合
服　　装：金色桂花长裙
道　　具：银色花瓣大扇

第一段：序（约 3 分钟）

表演紧接庆典大会学生退场的同时，场上突现由数百名表演队员手持金光闪烁的彩丝花球组成的两个巨大的“欢庆”字样图案在不停的抖动。队员们整齐一致、热烈的高呼“欢庆百年，相约金秋”。口号声数遍以后（庆典大会学生退场完毕时），全场肃静。主持人宣布“四川农业大学成立 100 周年庆典大型体育文艺表演现在开始”。音乐中传出欢庆的锣鼓声。“欢庆”字样图案快速闪电表演后，队员们迅速向主席台前方奔来，台上早已做好准备的礼仪小姐漫步走向嘉宾献上代表川农大的厚礼（吉祥物）。

表演开始：热情、优雅的音乐声萦绕着农大绿色的校园，768 名苗条少女身着金色桂花长裙服饰从远方（后场）款款涌入场中。她们舞动着长裙旋转、起伏、跳跃。她们用那婀娜多姿的身形展示着青春的风采，用那美妙的舞姿表达着迎接远方宾朋的深情厚意。姑娘们轻盈的步伐像涓涓的溪水沁入肺田，她们在飞舞，像仙女下凡，她们在漫步中逐渐形成四川农业大学百年校庆巨型“百”字图案。此时群情激昂、欢快的音乐声又起，彩球飞舞，年轻的生命在百年中涌动，岁月来到了今天，在川农大这块育人的土地上，千万颗激情的心灵相约金秋。

第二段：（约 5 分钟）

在优美的“桂花飘香”校歌中，美丽的姑娘们手持银色花瓣大扇再次起舞，优雅而奔放。一曲桂花舞表演，将川农大人的浓浓情意，拳拳之心相融在花舞中，满园飘香！紧接着演员们轻盈流动的步伐像潺潺流水向场中心聚集，一朵巨形的桂花图案在绿色的场地中央盛开，姑娘们的脸上个个充满着喜悦、桂花舞裙在手中飘动，充满热情的躯体在不停的扭动、摇摆、好似花香四溢。随后桂花渐渐形成浓缩的桂花枝在微风中摇摆，表现川农大人金秋十月恭迎嘉宾的喜悦心情。

第二场　风雨百年

中心思想：艰苦奋斗创业艰辛

表演时间：约 8 分钟

表演人数：男生 768 人、推大型道具人员若干，女播种人员若干

表演风格：厚重、激昂、悠扬

色彩基调：土黄、翠绿、橘红

表现形式：采用大型道具与场内表演相结合

服　　装：土黄色大地服（变色）、播种服、推道具服

道　　具：大型直辕犁、屈辕犁、种子筐、巨型背景板（人物像、田野图）、校名布幅、英文翻版、大圆筒（软道具）

第一段：

在沉稳、厚重的音乐声中，768 名学生小伙身着土黄色表演服饰，以稳重而坚定的步伐进入场中，覆盖全场并将前场桂花枝队形逐步推向场外。他们体魄健壮，气宇轩昂，舞蹈动作彪悍粗旷，时而吼声震天，时而扑伏倒地，时而像汹涌浪潮，奔腾澎湃，时而成擎天立拄，耸入云霄。全场小伙儿奋发的激情，震撼着来宾和观众，他们的表演充分展现了中华民族儿女千百年来在黄土地上劳作，耕耘，奋发和成长。表演渐入佳境，场地远方（后场）若干个大型直辕犁道具整齐地排列成“一”字形队形，在众多强健演员的扶犁下将整齐的场中队伍“犁铧”形成若干“田”字队形，进行土地和播种的农耕表演。随着历史进程的进步，场中的直辕犁道具演员退场，又一批演员推着曲辕犁，犁开小田，将全场的小田汇聚成一个全场 768 名演员组成的巨型“田”字形图案，以表现土地是根的中华魂精神。

第二段：

音乐声由沉稳、厚重转入恬静而悠扬，流畅而奔放。场中演员们破“田”字，表演形成流动的、旋转的各种队形变换，通过“花蕊”、“叶片”、“1906”、“教学楼（1956）”、“四川农业大学（1985）”、“英文（1999）”、“园（2006）”的分部表演形成一条川农大百年发展历程主线，并在表演中配以不同时期的代表人物事迹的解说词，同时推出若干幅巨型照片的背景板加以直观视觉冲击，最终全场组成校徽图案把表演推向高潮，表现四川农业大学风雨百年的发展历程和突出的社会贡献。最后 768 名演员集中，组成线条状向场地四周成放射图案奔跑，以青春活力的现代动感表演步伐和队形变化展现今日川农大生机勃勃、桃李满天下的风貌。

第三场　希望的田野

中心思想：希望的田野硕果累累

表演时间：约 12 分钟

表演人数：谷穗演员约 768 人（男 384 女 384）

扇舞演员：约 100 人科研人员若干、道具人员

表演风格：生机昂然、欢庆喜悦、积极向上

表现形式：采用软道具，结合现实与抽象表演

色彩基调：绿白、橘黄、大红、玫红、天蓝

服　　装：谷穗服、科研白大褂、扇舞服

道　　具：金黄谷穗、玫红花瓣扇、蓝底白字校训布幅、大红同心结绸布、充气卡通猪牛羊

第一段：

在充满青春活力的音乐声中，768 名男女演员身着灿烂的谷穗服，肩扛金光闪烁的谷穗道具，成一笼笼麦田队形，在巨幅田野图背景板的衬托下，款款流动入场。演员们动作夸张、以点带面，艺术化地再现一片片郁郁葱葱麦田的丰收景象。随后，身着白大褂的演员来到麦田里，他们辛勤地在麦田内往来穿梭，一会儿聚集在一起旋转、密集、合拢、散开；一会儿又迅速地分散到垄上和田间，各自独舞、跳跃、寓意着川农大科技工作者们在为我国农业的高科技发展辛勤工作的场景。演员们快速移动，图案随之形成量化指标图（玉米基因图案等）。在解说词的衬托下点题：川农大是农业高科技人才培养的摇篮。

第二段：

希望的田野上，正展示着科技兴农的一派欣欣向荣的景象，一群身着扇舞服，手持玫红大花瓣扇的年青人踏着《在希望的田野上》的音乐旋律，舞动着轻盈的身姿进入到表演场中。他们妖娆的舞姿，时尚的风貌，不断地变换着各种队形，以时尚的舞蹈表演，展示他（她）们建设社会主义新农村的风采；此刻，无数的充气卡通猪牛羊来到场中欢快愉悦地表演，他们憨态可鞠的形象让在场的观众目不暇接，神采飞扬。表演场上演员们迅速向中心聚集，一个硕大的“丰”字跃入场中，展示川农大以生物科技为龙头，带动各门学科深入改革，硕果累累的办学特色。

第三段：

全场通过队形变换组成和展示“川农百年、硕果累累的‘树’”、“校训字样”等，最后形成全场“同心结”图案，运用多样化的艺术表现形式，展示在社会主义新农村的今天，川农大师生同心同德、团结奋斗、努力拼搏的精神面貌。

尾声高歌明天

中心思想：教育振兴、高歌明天

表演时间：约 5 分钟

表演人数：约 768 人

旗　　手：男 192 人、女 192 人　啦啦队员：男 192 人、女 192 人

表演风格：热烈、欢快、恢弘、壮观

表现形式：团体操队形变换、激情啦啦操表演、巨型国旗波浪表演并结合总场各分场 3000 多名演员同时进入场中，在不同的服饰、不同的道具组合下形成庞大的综合队形，气势恢弘，豪情冲天。

色彩基调：五彩变化

服　　装：（旗手：）男生白色运动套服、女生白色网球服

（啦啦队员：）分体啦啦操服装

道　　具：各专业校旗、彩丝花球、巨幅国旗、红衣大炮（彩花）

第一段：

内容简介：校歌《桂花飘香》再次奏响，在校园的上空回荡。约 768 名身着运动服装的青年旗手从两侧多路纵队涌进场中，挥动川农大各学院或各专业校旗进行旗操表演，场内千面校旗飞舞旋转，场外看台上抛起巨大“人浪”，与场中辉映，场内外气氛进入高潮，场面恢宏壮观，震憾人心，烘托出教育振兴、希望田野的辉煌前景。

第二段：

内容简介：整齐的方队入场，在校旗的衬托下进行“彩虹”、“欢庆”等色彩变化表演；前两场的所有演员有序进场组成巨大陪衬图案，《歌唱祖国》音乐奏响，巨幅国旗从场中央向外缓缓展开，随着音乐节拍国旗飘动，校旗挥舞，场内演员与全场同声高唱《歌唱祖国》，随即 100 门红衣大炮齐鸣，礼花飞舞，整个场面沸腾壮观，场内气氛达到高潮，象征川农大 100 年光辉历程。表演在全场观众的欢呼声中结束。

第二节　成都体育学院团体操

《成体颂歌》

成都体育学院建院50周年暨建校62周年校园庆典团体操

一、指导思想

回首往昔，风雨兼程，展望未来，前程似锦。经历了半个世纪的建设与奋斗，今天，成都体育学院正朝着创建国际知名、国内一流的现代化高等体育学府的目标昂首迈进。大型团体操《成体颂歌》遵循积极向上、团结奋进宗旨与精、美、新的原则，由我院师生自编、自导、自演，集中展示50年来成都体育学院在党的领导下成长发展的历程，表现当代成体健儿与全体师生的精神面貌和校园风采，充分体现出成都体院的办学特色，表达母校对来自四面八方各届毕业生以及嘉宾的欢迎之情。

二、表演场次

序　“风雨五十年”
第一场　“青春风采”
第二场　“学子豪情”
第三场　“奔向明天”

三、表演时间约30分钟

四、表演人数约2976人

序
表演时间：7分钟
表演风格：欢快、热烈

表演人数：640 人

表演基调：红色

表演服装：黄色

内容简介：钟声轰鸣，鼓声奋进，在雄壮厚重的乐曲声中，640 名男女学生手持火红色的道具，从场地两侧成螺旋路线涌入场中，激情似火，欢腾如潮，象征着成都体育学院 50 年的发展历程；随着表演图案的不断变化，形成成都体育学院火炬形的校徽图案，以表现学院为中国体育的发展所作出的贡献，也展现体院人团结奋进的精神，红色的道具最终组成巨大的“50”字样庆贺体院 50 周年生日。

第一场　青春风采

表演时间：10 分钟

表演风格：欢快、热烈、活力

表演人数：1416 人

表演基调：绿色、蓝色、红色

表演服装：绿色长裙、黑色踢踏鞋

内容简介：这里是未来的起点，这里是拼搏的战场，肩负着祖国的重托，同学们在优美的校园环境中愉快的学习、训练和生活。展现大学生的青春活力和团结奋进、蓬勃向上的精神面貌。体现学院综合素质教育的成果，以及别具风格的校园文化。

第二场　学子豪情

表演时间：7 分钟

表演风格：青春、活力、壮观、恢弘

表演人数：860 人

表演基调：深蓝色、白色

表演服装：深蓝色迷彩装、白色青年装

内容简介：我们是民族的未来，我们是龙的传人。同学们整齐划一的步伐，显示大学生严谨的组织纪律性和坚忍不拔的意志品质，展现成体学子的精神面貌和壮志豪情。他们手中的刀、枪、棍、鞭虎虎生风，在展示体院武术项目特色的同时，寓意全院师生 50 年来为体育事业奋力拼搏、气冲云天的豪情壮志和体现中华民族传统体育精神。

第三场　奔向明天

表演时间：7 分钟

表演风格：欢快、热烈壮观

表演人数：600 人

表演基调：白色、蓝色、粉色

表演服装：粉色裙、蓝色上装、白色下装

内容简介：五十华诞，共聚一堂，载歌载舞，大炮齐鸣，象征体院常年光辉历程，象征全体师生携手奔向更加美好的明天。

第三节 北京工商大学团体操

《我的北京我的家》

内容简介：

首先上场的是千人广播操阵容，1004 名教职工和离退休老同志分为白、粉、绿、红、蓝五色方阵，精神抖擞、朝气蓬勃，他们和着铿锵的节拍，踏着整齐的步伐，伸展着矫健的身姿，用行动诠释着“快乐工作，幸福生活”的理念。

由特邀嘉宾国家体育总局击剑中心带来的小轮车表演和首都体育学院学生艺术团表演的体育舞蹈，用时尚而又炫酷的舞技，以及力与美的结合为开幕式带来了别样的激情。

学校艺术团为大家带来了赴首尔友谊节演出的节目：柔美娴静的民间舞《蝶舞花香》，阳刚大气的武术串烧《中国风》，以京剧音乐伴奏的现代舞《韵律北京》古今融合，让人回味无穷。

在“齐心协力向前跑”的节目中，来自材料与机械工程学院和食品学院的学生们身穿红、橙、黄、绿、蓝等颜色鲜艳的制服，踏着激情的南非世界杯歌曲《旗帜飘扬》，肩并着肩如同一道道排浪，将开幕式又一次推向了高潮。

奏乐声起，校管乐团演奏的《勇往直前进行曲》响彻全场，操场的中央，法学院的一百名学生身着黄色服装，挥舞着各学院院旗和 91 个学生社团的旗帜，在灯光的照耀下，形成了一幅百旗飘扬的壮观景象。

长久的等待，让梦想绽放的欢乐格外酣畅。备受工商师生瞩目的千人团体操在期盼中上演。来自商学院、计算机与信息工程学院、经济学院和艺术与传媒学院的 1008 名学生，在体艺部和学生处的指导组织下，身着统一的白色服装，高举着手中的红黄彩旗，欢呼着跑进了舞台。他们用手中的折扇和彩旗绘出了一幅又一幅壮美的画卷：“BTBU”、“2012”、“北京精神” 不断地展现在观众的视野中。伴随着歌曲《我的北京我的家》激扬的旋律，演员们时而用彩旗绘出百花齐放的世界，时而用折扇汇成波澜壮阔的海洋。

开幕式文体表演总时长为 70 分钟，共有 9 个精彩的节目进行演出。一幕幕惊艳亮相，展现了我校师生对体育运动的热爱，及工商师生对“北京精神”的践行。

绚丽的烟火照亮了整个夜空，映红了工商，映红了 5000 多张仰望的笑脸。这一刻，田径场上百旗飘扬；这一刻，欢呼声响彻整个夜空；这一刻，工商师生的激情与梦想尽情绽放。

《我的北京我的家》动作说明

歌词	节拍	动作
女：你的故事		四层黄色（城墙）2 拍一举。
去问问长城上的砖		四层黄色（城墙）2 拍一举。
你的笑容		三层红色（红墙）2 拍一举。
像故宫红墙一样的暖		三层红色（红墙）2 拍一举。
男：手腕上跳动着你的时间		蓝色数字 1、2，（1 拍 1 动）。
你的时间		蓝色数字 3、4，（1 拍 1 动）。
晨光里升起东方的鲜艳		全体蓝色上举抖动。
女：爱你就是爱国的表现		举起“北”。
你是活力创新的源泉		举起“京”。
创新的源泉		保持举“京”。
男：你包容不同		举起“精”。
肤色和语言		保持举“精”。
和：你承载传说厚德永远		举起“神”。
全：我爱你我的北京	18 拍	收起扇子。
我的家园	18 拍	“家园”时举起红色。
我爱你我的北京	18 拍	“我爱你”站立（手高举）“我的北京”时：前 10 排旗子落在胸前，红色朝。前 11-28 排左转翻旗子黄色对看台。
我的家园	18 拍	1-2 排向前跑。 3-10 排面向前方，先原地跑动，在向后，后退跑。 11-36 排向前跑，跑向标志点形成开花状。
合：祝福你我的北京	18 拍	同上，继续跑动散开。
我的家园	18 拍	“我的家园”同上，“园”时向左转体 180 度，同时落旗子。

续表

歌词	节拍	动作
我爱你我的北京		“我爱你”时做动作。 “我的北京”时做动作。
我的家园		“我的“时做动作。 “家园”时做动作。
我爱你我的北京我的家园	18 拍	翻花。从中间向两边（三列一组） 1-2 拍：16-18 列右手持旗向左翻转，19-21 列左手持旗。 3-4 拍：13-15 向右，22-24 向左。 5-6 拍：10-12 向右，25-27 向左。 7-8 拍：7-9 向右，28-30 向左。 2-2 拍：4-6 列向右，31-33 向左。 3-4 拍：1-3 向右，34-36 向左。 5-8 拍：1-18 向左，19-36 向右返回。
我爱你我的北京	18 拍	同前
我的家园	18 拍	同前，5-8 站立，黄色向外
祝福你我的北京	18 拍	1-4 拍：向左螺旋，黄色向上。 5-8 拍：向右螺旋，红色向上。
我的家园	18 拍	同上。
我爱你我的北京		“我爱你我的北京”时： 单数列做动作。 双数列做动作。
我的家园		“我的家园”时动作同上，但单数列和双数列换动作。

第四节　成都双流棠湖中学团体操

团体操表演创编文案

一、表演单位的形势与基本情况

1. 表演单位的形势

棠湖中学经过20年的快速发展，取得了辉煌的成就。短短的20年办校历程实现了成为“全国示范高中”的跨越，成为全国“百强”中学的典范。尤其是近几年全新的办学理念使得学校有了突飞猛进的发展，学校领导提出追求“卓越”的新目标，把学校的各方面建设推向新的高度。在学校师生的不懈努力中迎来20年校庆。学校领导期望通过一场高水平的团体操表演展示20年来取得的辉煌成就和奋斗历程。以此鼓舞全校师生的斗志、激发热情，为实现新的目标和学校高效可持续发展创造良好的范围，也为学校的校园文化建设增添亮点。

2. 表演单位的基本情况

棠湖中学的操场是300米跑道的田径场，容纳的最佳表演人数是每分场504人。学校的可用人数足够多，男女性别都能达到表演的要求，尤其是表演的时间是十月份，表演者选用刚进校的高一新生，利用军训的时间排练团体操。学校有一只优秀的舞蹈表演队，在策划中量体裁衣为该舞蹈队设计表演的内容。

二、表演单位的要求

这次团体操已是该校第三次表演，学校提出几个要求：1. 表演规模要比往届大，体现在人数比往届多，充分利用学校的田径场，安排尽量多的学生参加，让学生都能参与其中。2. 表演的内容比以往丰富，除了要表现学校取得的成就和办学成果外，还要展示学校的光辉历程。3. 表演的形式不同过去，这次庆典活动的领导讲话与团体操表演同时进行，让两者交融有机结合在一起。4. 表演的服装道具要体现时代感，要展示大气和豪华。5. 体现全校学生的精神面貌，让全体学生都在本次表演中受到教育和鼓舞。6. 调动全校教师积极参与到团体操的表演和训练中。7. 整个表演要大气，无论是人数或者是表演过程的每个场景都要气势辉煌。

三、团体操表演方案的创意分析

（一）总体构思

此次校庆团体操表演立足于表现棠湖中学20年来的辉煌历程及影响全国的办学理念，展示学校精神风貌和期冀更美好未来，从优秀到卓越的豪情壮志。整个表演用富有感染力的艺术手段梳理各个表演素材，让每个素材在时间的流序中自然呈现，做到不生硬，表演中绽放出各自的精彩。

序 《擂鼓共喜》

运用大鼓开场，表现一种气势和气魄，在隆隆的鼓声中一个巨大的校徽激情燃烧，催动表演场面的气势与辉煌，让棠中在观众的心中留下深刻的影响。然后表演过渡到一段欢庆的舞蹈中，用喜庆的场面来庆祝学校的生日，带给来宾一个愉悦的心情。接着用较大场面的小鼓通过有序和鼓点激昂的表演展示学校历程，用突变的队形展示由“省中”、“国重”、“百强”的演变。用小鼓的表演把这些如银珠般的骄人成就串联起来，用较短的时间在辉煌的音乐和强劲的鼓点中呈现成就，给观众极大的信息量和冲撞力度。最后在大鼓与效果全场的激情擂动中出现“课改先锋”四个大字，体现学校成就的最有力部分。

第一场 《芬芳校园》

此段描述的是学校良好的氛围和教与学之间的相互和谐，体现教师和学生在优美的校园环境中共同进步、共同发展。优美的校园用绿色和花朵来表现，为表演场面创造一种甜美的平台，在此景此情中出现学生和教师的身影，让观众在美的画面中慢慢品味悠悠师生情谊。场中巨大绿扇的表演形成绿色的一片，在悠悠的祥和中出现几个读书郎，朗朗的读书声把观众带入书香的气息。在优美校歌声中美丽的玉兰花和海棠花飘入场地翩翩起舞，两个棠中毕业的歌手尽展歌喉，体现棠中学子不忘母校之情。之后进入教师舞蹈集体表演，在绿叶和靓花的陪衬下展示教师的风采。

第二场 《靓彩多元》

多元办学是棠湖中学办学的一大宗旨，此部分主要是表现学校在素质教育方面的成就，让学生在成长中多元发展，为未来建立良好的基础。本场次以啦啦操表演为主，在合理的逻辑中安排素质教育的内容出现，用啦啦操表演的跳动场面给予各项素质表演的烘托。在表演中穿插了《爱是你我》的舞蹈，这不仅能丰富表演场面，也能表达学生与学校之间的情感多元，加强学生与学校之间的情感交流，使得表演更加人性化。最后在表演的高潮之处出现两位校长在不同时期提出的办学理念。

第三场 《前进之魂》

学校的进步与发展靠的是广大师生员工的共同努力，但离不开好的校长。此段表演主要以两位校长的奋斗历程为线索，表现棠中发展的动力和在校长带领下建立起来良好的团队精神，构建学校前进中“魂”之所在，找到未来发展的强有动力。开始是排山倒海的集体动作，展示棠中前进的步伐不可阻挡，万众一心迈向“卓越”新的目标。接下是一段怀旧和体现艰辛的集体舞蹈，用此体现创业不易和未来的路途还需要发扬艰苦创业的精神，另一层意思表达的是对老校长的敬意，学校的发展不能忘了前辈作出的巨大贡献。然后在壮阔波浪的表演场面中出现两个男人在巨浪中舞蹈，体现两个人携手同心推动事业的发展。在双人舞的演出中表演场面演变成巨大的“卓越”两个大字。之后队形变化的同时全体演员拿出藏在服装里的披风，瞬间整个表演场面突变成火红一片，展示一段气势昂扬的披风舞。

尾声　《棠中腾飞》

全体演员进入表演场地形成声势浩大的场面，在歌曲《棠中腾飞》的引导下利用各种道具和道具的颜色进行壮观的表演。看台上的全部同学起立一起演唱歌曲，全场表演在同学们的激情参与和触目的氛围营造效果中结束。

（二）表演素材提取

序　《擂鼓共喜》

采用的表演素材有大鼓、校徽、喜庆舞蹈、小鼓和代表学校历史足迹中阶段最可以特书的光辉成就“省重”、“国重”、“百强”和“课改先锋”。大鼓用来展示一种气势。校徽这一素材是校园庆典团体操表演中不可缺少的，此次表演采用制作成大道具加上冷焰火的效果，让校徽在表演中更加突出。喜庆舞蹈的安排符合中国人的庆祝习惯，这也可以发挥学校舞蹈队的功能和展示舞蹈队的风采。全场的小鼓表演是全新的形式，在棠中以往的团体操中没有出现。“省重”、“国重”、“百强”和“课改先锋”四个阶段性成就代表着棠中发展的四个辉煌的时间节点，具有强烈的代表意义，用快速变化的手法层层推进，把其推向高潮。

第一场　《芬芳校园》

采用的表演素材有良好的校园环境、读书郎、校歌和教师舞蹈队。校园环境是创造一种幽静来表现校园的纯洁和学生读书的氛围。读书郎在表演中是学生的形象代表，他们的出现同时配以朗朗的读书声点题校园的书香气息和浓浓的习书氛围。用全校师生都非常熟悉的校歌会让演员们带着情感来参与演出，有利于团体操表演生情。教师是学校的引领者，他们参与到表演中更能加强表演效果，有利于学生对教师的认识，加强教师与学生之间的交流，让学生从另一个角度来感受教师的风采。

第二场　《靓彩多元》

采用的表演素材有啦啦操表演、学校舞蹈队表演《爱是你我》、多元发展项目、“大众教育多元办学”、“仁德智譞恒健卓创”。啦啦操表演是从表演效果考虑和制造一种热烈的氛围，能体现学生的良好精神面貌，在整个表演设计中考虑用啦啦花来构成跳动的队形图案，有利于陪衬多元项目和舞蹈队的表演，这样在单薄的两个项目表演时整个表演场面就会显得丰满和大气。多元项目是学校的办学特色，各种成绩斐然的项目都要在表演中体现，在表演中加上解说词观众就能一目了然。最后两句话是两位校长提出的棠中办学的理念，用来作为本场表演的总结和归纳，也是表演的提升。

第三场 《前进之魂》

采用的素材有歌舞《愚公移山》、男子双人舞、“卓越”、披风舞《好男儿》和文字“三段三格”、“西部课改先锋”、“全国素质教育示范校”。歌舞《愚公移山》不仅是学校奋斗历程的再现，告诉棠中人无论今天如何都还要发扬艰苦奋斗的精神。还是对老校长的一种敬意。表现的就是两个男人的奋斗历程，这种表演形式提炼出整个棠中的前进动力。“卓越”是棠中发展新的目标，用了巨大的字体摆在表演场地中让来宾和全体教师都能看到，会加强观众的理解程度，更有利于学校追求“卓越”的信心和决心。利用红披风来表现奋斗的结果，也是体现现任校长的风采和精神的有力表演。在红披风的表演过程中出现“三段三格”、“西部课改先锋”、“全国素质教育示范校”的字样，是展示新校长的教学理念和学校在新形势下取得的骄人成就。

尾声 《棠中腾飞》

采用的表演素材有全体演员及学生观众、教师合唱队、腾飞的“棠湖中学”、凤凰。在团体操表演中绝大多数的情况下都要组织尾声表演，尾声是全部表演的高度总结，也是把前面铺垫表演推向更加高潮的最好手段。采用全体演员和看台上的学生一起参与到表演中更有利于表演的互动，让观众也成为一名演员，使表演场面情绪得到提升，更能让全部观众留下深刻的影响。教师合唱队的使用让表演有了统帅和主心骨，更显得学校中教师的重要作用。凤凰是辉煌飞翔的象征，在此使用不仅有利于表演场面的美感，更能表达“棠中腾飞”的主题。

（三）表演服装思考

1. 总体思考

棠湖中学已是第四次表演团体操，设计的表演服装要与往届的款式不能雷同，要让人有新鲜感；要本着大气的要求把服装做得华丽，能体现棠湖中学的气度与现代气质；要切合表演的主题，用服装的样式和色彩让表演主题更加鲜明；要出新出奇，用一些让人意想不到的服装效果来烘托表演场面。

2. 样式思考

序 《擂鼓共喜》

喜庆舞蹈的服装用特有的中国喜庆成分的服装样式，简练明了加上一些效果装扮，使得服装看上去就觉得喜洋洋的氛围。小鼓表演者全都是女孩，因此用裙子加上一些飘逸的装饰效果，加强女孩的美感，用柔性的服装样式来衬托小鼓的表演效果。

第一场 《芬芳校园》

第一个出现的是巨大绿扇，因为道具特别大，演员服装全部亮出来的机会很少，因此该服装的样式就做简单处理，不作特别的要求，也从减少经费的角度考虑，采用了长裤和T恤的样式。第二个是在校歌的歌词中出现玉兰和海棠，因此采用玉兰和海棠花的服装形象样式。为了突出花的效果把花朵做得特别大，用中长裙来衬托花朵的娇美。采用玉兰和海棠也是整个表演效果的需要，整个表演需要美的场景来调节观众的情绪。第三部分是教师，用庄重、充满气质的样式来展示，但也不能太规范化，因此采用飘逸的富贵的长裙样式。

第二场　《靓彩多元》

第一部分是啦啦操，啦啦操服装款式是分层状短裙和露腰的上身服装样式。第二部分是《爱是你我》舞蹈，表演的人数较少，采用具有现代感的条形斜摆中长裙样式，让服装富有学生的气息又有艺术的成分。第三部分是表现学校在素质教育多元化的元素，五个项目就采用各项目的特点的服装。重要的一部分是“大众教育多元办学”、“仁德智謀恒健卓创”十六个字，在表演场地中站不下十六个人，因此采用一个人表演两个字。用宽大的服装，双手展开就能看见衣服上的一个大字，正面一个字背面一个字。

第三场　《前进之魂》

表演《愚公移山》的演员还要表演后面的《好男儿》，而且还要陪衬双人舞的表演，因此采用长裤和立领长袖的服装样式，从样式上看就能让观众理解要表达的精神。更重要的是在衣服中藏有一条披风，表演到需要的时候突然出现披风，起到场面突变的效果。双人舞的服装样式是长裤和飘逸长袖舞台化衬衣，从服装的感觉上有些区别大面积的演员服装，但他们之间必须有内在联系。

尾声　《棠中腾飞》

在尾声表演中增加了教师合唱队和具有象征意义的凤凰服装。教师服装全部采用教师的工作服，这样有利于体现教师的精神和身份，起到压台的作用。凤凰服的样式采用大翅膀凤凰的形象。

3. 色彩思考

在本次的团体操表演中，序采用暖色调作为整个表演的开始，然后用冷色调进入第二场来调节观众的色彩感受，接着再用暖色调提高观众的热情，第三场用对比强烈的质感色和暖色冲击观众的情绪。

序　《擂鼓共喜》

喜庆舞蹈的服装颜色以大红色为主，铺以白黄的点缀色，色彩符合中国人的喜庆文化。小鼓表演服采用的是黄色，对比小鼓的红色，两者都非常醒目，表演中利用动作就可以产生净色和出现两种颜色的效果，有利于把小鼓表演的简单场面效果复杂化，加强表演的效果。

第一场　《芬芳校园》

大扇演员的服装用绿色的T恤和蓝色的长裤，绿色是为了让服装和道具的颜色连成一体，加强表演场面的绿色效果和绿色的厚度，蓝色的长裤是为了表演的场面有稳重感，对比出绿色的质感。玉兰花花朵和裙子也用白色，让花和裙子的颜色成为整体，在一片绿色中突出醒目，增强玉兰的圣洁形象。海棠花用红色，裙子用黄色，黄色会把红色衬托得更加艳丽。教师舞蹈队采用黄色为主的服装颜色，体现教师的风采。在表演场地中如果能安排一个高台给教师表演，会更加突出教师的风采和指导作用。

第二场　《靓彩多元》

啦啦操表演的裙子用红色为主配以白色层面搭配，上衣是红色，这样就能产生火辣辣和跳动的感觉，用红色的服装衬托紫红色的道具，能让表演场面既有层次又有融汇的地方，表演场面不会截然分断，产生生硬感。学生舞蹈队服装用绿色为主加以红色和黑色的搭配，绿色是希望，红色是决心，黑色能增强时代感，强化学生的时尚意识。表演十六个大字的演员服装用白色，在白色服装上绣上红色的大字。

第三场　《前进之魂》

大面积舞蹈演员的服装颜色采用亮银色，强调奋斗的力量和表演场面的厚重质感，能体现时代的品味，突出用引领的意识来发展事业的精神。在亮银色的场面中出现红色的道具，突变性更强烈，非常有利于表演的效果。

4. 表演道具思考

表演道具是团体操表演中至关重要的艺术装饰，对观众最具冲击力的就是道具的形状和颜色。道具对主题的表现非常直接。

序表演的是该校的辉煌历程，采用小鼓作为批量道具，既有灵活的表演形式又有强烈的力量效果。在序的表演中用了一个大道具（棠湖中学的校徽），高高立起的校徽在表演中加以特效，其意义不言而喻。

第一场表现校园环境用的是巨大的绿色大扇，大扇不仅能铺满表演场地使其达到厚重的效果，更能利用大扇的开合效果使得表演场面突变能力强。玉兰花和海棠花在表演中既是服装又是道具，把两个花朵做成巨大的形状既能醒目，又能让表演场面立体化，强化了表演场面的层次。

第二场采用紫色啦啦花球，大量的闪光紫色出现可以极大限度冲击表演场面，用紫色组成的队形和表演图案也非常醒目。花球的特点在于既能表现青春又能表现动感和热情，在本场表演中采用了较多的单个表演元素，他们的表演需要其他元素作为陪衬，表演场面才不会觉得单调。花球的动感陪衬能深化单个元素的表现效果和提高他们的表演内涵，使整个表演场面活跃起来。

第三场的表演道具用的是单边披风，因为需要把披风藏在服装当中就得减少道具的重量和面积，单边披风容易装入衣服尽量少露出痕迹。道具的部分与衣服连在一起，有利于演员对道具的把控和操作。

尾声部分采用一个可以升空的大道具，在网格上用 LED 拼成“棠湖中学”四个大字，这样的结构远看观众就会产生只有文字在腾飞的感觉。飞起来的大字可以直接表达表演的主题。

5. 表演人数的把控

团体操表演人数是表演规模的重要指标，表演人数要根据表演场地的大小、表演经费的多少和表演单位的可用人数来确定。

该中学的表演场地是300米跑道，经过周密计算该表演场地最多用504人进行一场表演。最终的表演人数达2060人，尾声的表演2060人能站满整个田径场，站位不密也不松。

序表演中小鼓的人数用240人，本应该还可以用多一些，但要考虑表演成本就得把人数压缩，通过了解借鼓只能借240面，购买全部用新的太贵。通过队形图案设计表演最复杂的“省重”队形，能非常清晰表达也要用240人，就这样确定240人表演的基调。

第一场，大绿扇用504人才能站满整个表演场地，有利于演绎绿色的表演效果。在绿扇组成的书本队形上安排10个读书郎就能起到丰满书本的视觉效果，用更多的人太杂，用1个人有些稀松和太突出。60朵玉兰花和52朵海棠花是通过队形设计排出来的人数，在希望的队形效果中考虑表演元素的人数，有时候团体操表演只有通过队形设计才能准确确定各表演部分的表演人数。教师安排28人，这样的人数在表演中起到画龙点睛的作用，教师的人数多了不容易组织，28人在这个表演场面中较为理想。

第二场，啦啦操的人数用504人，在条件许可的情况下啦啦操表演人数越多越好，非常有利于表演场面的热烈，更有利于组成各种文字和需要的复杂队形图案。舞蹈“爱是你我”的演员正好是校舞蹈队的人数，当然，如果校舞蹈队的人数少了就得加上演员，这种内涵的舞蹈人数太少表演效果不好。表演两代校长办学理念的演员用8人，因为要表演16个字，每个人表演两个字，用16个人队形中站不下。

第三场，群舞演员采用基础人数504人，表现大气和壮观的场面，“男人舞”表现两个校长，用的是2个专业的舞蹈演员。

四、表演音乐设计

序　《擂鼓共喜》

一开始是3分钟的红鼓表演，展现一种豪迈的气势，之后是采用富有喜庆风格的音乐，体现欢庆的心情，让表演场面充满着喜庆的色彩。接着是用强烈鼓点层层推向高潮的音乐，表演该校20年来每一步都是那样坚实，走向更加辉煌的伟大历程。

第一场　《芬芳校园》

用非常流畅的音乐，调动观众的情绪，让观众从非常激昂的音乐中进入优美的意境，产生一种落差感。音乐采用鸟鸣声开头，表演进入一种恬静的画面，体现校园的幽静和学习氛围的高雅。在雅致的音乐之后紧接校歌，校歌中有圣洁的玉兰和火红的海棠歌词元素。然后是一段富有时代感的音乐体现教师舞蹈，这段音乐不仅能表现教师的风采和时代精神，还能体现教师与学生的和谐共处，高度结合教与学的活动。

第二场　《靓彩多元》

第一段是采用节奏感强的带有街舞风格的啦啦操音乐，此音乐带有歌词，这样有利于提高演员把控音乐的能力和对音乐的记忆，从而提高表演的场面效果和表演的质量。第二段采用歌曲《爱是你我》，这段音乐用来体现学校和学生之间的关系，充分表现各自的情怀。最后一段音乐气势磅礴，在浩大的表演场面中充分展示学校素质教育取得的成果和办学理念。

第三场　《前进之魂》

第一段音乐采用的是非常有气势《王者归来》，体现强大的力量和傲视天下的气概。接着是歌曲《愚公移山》，表达事业的艰辛和不屈不挠的精神，今天的成就是建立在前人的艰辛铺垫之上，追忆过去励志未来。第二段是气势如浩海般的音乐，表现前任校长和现任校长的心胸和气度，他们共同把事业推向卓越。第三段采用歌曲《好男儿》，铿锵的旋律和豪迈的歌词推动表演场面，带动观众的心情一起走向表演的高潮。

尾声　《棠中腾飞》

采用的是创作歌曲，歌曲采用进行曲的形式，充分表现一种强大的挡不住的豪迈与决心。

五、表演队形设计

队形图案是团体操表现主题的独特方式，队形能规范表演者的站位又能直接说话，表达出团体操的意思。队形设计第一是根据表演的主题，第二是根据表演的道具，第三是根据表演的元素进行的。

1. 主体队形设计

序的表演队形就是“省重”、“国重”和“百强”，这几个队形是要让观众看得非常清楚，因此队形设计和动作表演就得从观众的角度出发，文字要大，并要处理好每个文字笔画上的人数和间距。

在第一场中只有一个校歌表演时的主题队形，这个队形直接看不出特别的意思，仅仅是用一种美的手法来展现校歌，在此队形上有绿色的大扇，白色的玉兰和红色的海棠，玉兰和海棠衬托在绿叶之上，无论是队形的站位还是表演场面的颜色都十分协调和美。

第二场有两个主体队形，一是用“多元办学”的文字图案来陪衬“爱是你我”表演；二是六瓣花队形用来表现该校在素质教育方面取得好成绩的六个项目，用六瓣花队形一是考虑花的美感，二是表达教育取得的结果。

第三场只用了一个主体队形“卓越”，用这个主体队形高度概括了该校努力的方向和追求的目标。

2. 效果队形设计

效果队形指的是在表演过程中的大效果铺垫队形。这种队形不能直接告诉观众表达的意思，要通过场面的动作表演才能体现效果。在设计效果队形时一定要考虑在此队形上，根据表演的对象、道具、颜色等等想好可能要表演什么动作和配合来展示队形的特点。在第一场中巨大绿扇表演的散点和纵队队形都可以看成效果队形，因为表演道具特别大，利用扇子的开合和各种依次动作都能达到强烈的对比效果，使得表演场面产生震撼。在第二场中，啦啦操的菱形队形可以说是一个很好的效果队形，通过灵活多变的表演手法就能把啦啦花道具动作特点和菱形的队形特点结合得十分突出，两者相互衬托，把表演推向高潮。第三场的效果队形主要是双人舞表演时的波浪队形，在此队形上通过波浪动作就能表达奋斗的意思，观众在此队形上可以看到滚滚波浪的壮观场面。

六、表演动作设计

表演动作主要根据道具、音乐和队形进行设计，不同的道具有不同的动作特点；不同的音乐也要根据音乐的节拍、速度、情绪和特效进行编排；团体操表演的最大特点是有各种队形变化，团体操表演的动作在不同的队形上有不同的编排规律。另外，编排动作时一定要紧扣表演的主题进行，用固有的动作来表现表演场面。表演场面的效果动作就是在表演中能起到烘托表演场面的集体配合动作或几个元素之间相互衬托的场面动作。

在《序》的表演中设计的场面效果就是让组成的文字队形能清晰展现在观众的面前，因文字队形笔划较复杂和巨大，因此全部到位后采用低姿的场面动作形式及各种依次动作和同时动作来展现文字的力量和厚重感。

第一场的场面效果有两个部分，一是利用绿色大扇打开后的巨大道具把表演场地瞬间覆盖和抖动来表现绿色遍地的场面效果，用依次开合动作让表演场面流动和富有节奏感。让绿扇低姿的表演衬托花朵在上面的立体表演，更能凸显花的表演效果和视觉的冲击。二是用花朵组成特定的队形，让花朵在好看的队形上进行舞蹈，表现花的漂亮和队形的优美，让两者有机结合产生表演场面的无穷美感。

第二场的场面效果设计主要是让花球的跳动和集中后的厚重产生冲击力，有圆上的抖动、方块队形上的集体动作和菱形队形上的依次动作，这些设计都能起到丰富表演场面的作用，在表演中能发挥设计的效能。在舞蹈的表演部分，花球根据音乐的旋律特点采用集体的配合、慢慢抖动到上举、慢慢抖动到下面、快速上下的抖动花球动作，给以音乐和舞蹈最佳的演绎和最佳配合，既能活跃整个表演场面又能配合舞蹈的表演，把人数较少的舞蹈队表演效果扩散到整个表演场面，使得舞蹈队的表演更加突出。从花球的陪衬中观众感到整个表演场面都在跳舞，而且看到舞蹈的情绪。相对团体操表演这点是其他表演形式无法替代的表演效果。

第三场主要是利用人数众多的特点进行场面效果动作设计。如集中在一起表现一种势不可挡的气势和气势庞大的波浪表演。

七、表演的组织与实施

（一）训练组织实施

1. 教练班子

团体操训练根据表演的场次和部分，设置一名任总教练，1 个教练组。每个教练组设置一名组长，三名成员。总教练负责总合成，训练、场地安排总调度，与管理班子进行总协调；教练组组长负责技术总训练，服装道具的发放。在训练组的构成中根据表演的内容确定一名教练主管队形、一名教练主管队形变化、一名教师主管动作教学，在分组之前根据各教练的优势搭配到各个教练组中。尽量发挥各教练的优势，让各个教练组的搭配都能发挥最佳能量。教练班子建成后第一个任务是培训教练组，由编导组来执行。编导组根据教练组成员的分工，每个教练主要掌握他的主管任务，但也要让其他成员明白，让主管的教练在训练中去组织实施。编导组要帮助教练组全体成员明白本场次的全部表演元素和各元素的进退场时机。第一个要清楚的是表演的队形，包括队形站位、队形变化的方法和人数的分配及变化队形的节拍，在训练队形时各成员之间的配合。第二个要清楚的是全部表演音乐的段落、节拍和音乐情绪。第三个要清楚的是全部表演动作，表演动作要落实到每个音乐节拍中去，清楚在每个音乐节拍每个演员在做什么，表演场面上各部分的动作是如何配合的，了解表演动作的特点和表达的情绪。

2. 管理班子

管理班子主要是负责团体操表演的管理工作，协调团体操训练和表演与学校教学管理之间的工作，负责表演需要的服装道具和氛围营造的配置，包括各种后勤工作，设置一名主管和成员若干。主管要与总教练高度配合，协调好方方面面让团体操表演的训练和表演有序、有效。

3. 表演组织实施

表演组织关系到整个表演是否流畅，整齐有序的组织是表演能否成功的一个关键指标，在表演中各部分的演员该什么时候出现在什么位置，表演后又该到什么地方去，各部分演员进退场的路线等等都要考虑好，通过几次的全部演练达到整个表演过程在少数人的指挥下能自动化的程度。

第一是设计好表演过程的三个位置。表演准备位（1 号位）、表演预备位（2 号位）、休息位（3 号位）。1 号位就是演员到表演场地的集中位置，这个位置一般都是放在表演场地的外围不能让场内观众看得到的地方，而且各部分的位置在进场表演过程中不能有交叉的状况。2 号位是演员进入表演场地准备开始表演的位置，在整个表演过程设计中一定要考虑好上一场表演的退场路线与下一场的准备位不能冲突。因此，要全盘考虑整个表演各部分的预备位置和退场路线。3 号位是各场次表演后退到什么地方休息的位置。这个位置要考虑再次进入表演场地参加尾声演出的最佳路线，往往 3 号位的设计是根据尾声队形的站位进行合理设计。有了明确的三个位置，演员就会知道在表演过程中自己的位置要求和行动的方向。

第二是设计好各部分到表演预备位的时机。2 号位去早了影响上一场的表演效果，去晚了就会跟不上音乐和显得不整齐以及场面慌乱。最好的效果是整齐有序走到 2 号位停留 30 秒左右就开始表演。这就需要行动信号的设置，一种办法是用容易掌控的音乐，听到这个音乐就行动，一种是利用表演场面上特殊的队形，看到此队形出现就行动。在棠湖中学此次的表演中因为是把领导讲话融入到表演中，因此表演时机不需要太严谨。下面是棠湖中学表演的 1 号位和 3 号位示意图。

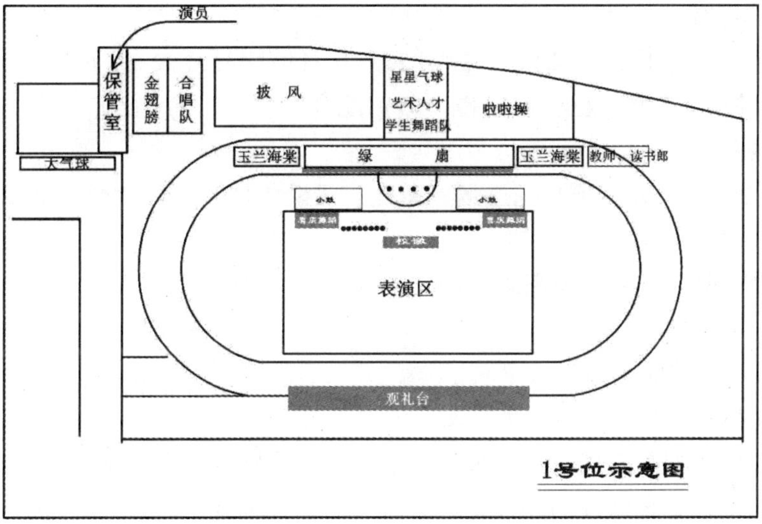

1号位示意图

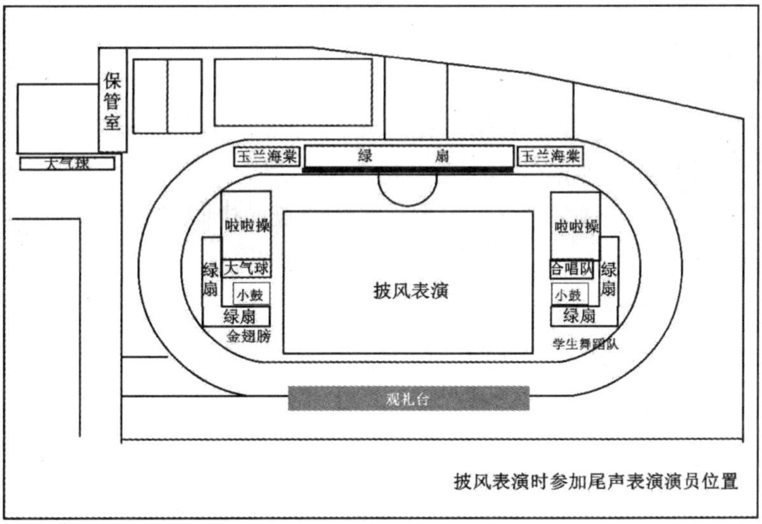

披风表演时参加尾声表演演员位置

八、各场次表演内容记写

序《擂鼓共喜》

采用的表演素材有大鼓、校徽、喜庆舞蹈、小鼓和代表学校历史足迹中阶段最可以特书的光辉成就“省重”、“国重”、“百强”和“课改先锋”。

（一）“喜庆舞蹈：手绢舞”表演

1. 音乐的记写

1 2（4）// 1 2 3（2）// ↓ 1 2 3 4（4）// ↓ 1 2 3（6）

1）进场　2）散点+双横排　3）配合　4）表演

2. 动作说明

1）进场 2×8+4：碎步下片花进场到散点，最后 4 拍转向主席台，上片花。

2）散点表演 3×8+2

（1）1 拍右脚小跳，左脚侧踢，双手右下侧摆至右手上举腕花，左手左侧平举腕花。

2 拍左脚右前交叉，双手右下举。

3-4 拍右转一圈，双手侧下举。

5-6 拍右脚左前交叉，左脚右后踏步，右手后背，左手胸前按手。

7-8 拍+2，两次左右扭。

（2）1 拍上左脚，右手腕花。

2 拍上左脚左手上腕花。

3 拍退左脚半蹲，右手肩侧腕花。

4 拍退右脚半蹲，左手肩侧腕花。

5-8 拍同 1-4 拍动作。

（3）变双横排：1-4 拍左脚开始四次跳踢步变双横排同时右手开始做四次胸前交替花。5-8 拍原地四次跳踢步，右手开始四次旁侧交替花。

3）配合表演：4×8+4

（1）1-2 拍单路右脚侧迈一步同时右手上举腕花，左手胸前腕花。

3-4 拍左脚右前交叉上步同时左手侧平举腕花，右手胸前腕花。

5-8 拍右转 90°走四步，4 次交替花和双路面相对。双路动作同单路动作方向相反。

+4 拍：1-2 拍左前踢步，右手上腕花。3-4 拍右前踢步，左手上腕花。

（2）1-2 拍左追步，右手上腕花，左手叉腰。

3-4 拍右追步右手又平举腕花，左手叉腰。左脚开始 4 次跳踢步，右手开始

交替花 4 次。（单双路绕圈做）

（3）同（2）动作，最后 4 拍回散点。

（4）1-2 拍左脚右前踢同时双手左下摆。

3-4 拍左转并腿，身体前倾，双手侧平举腕花。

5-8 拍由后往前一拍蹲一排（双手由内向上交叉到侧下举蹲）。

4）散点表演：3×8+6

（1）碎步到散点，上片花 4 次，下片花 4 次。

（2）1-2 拍左脚前踢步，双手左里合花。

3-4 拍右脚前踢步，双手右外腕花。

5-6 拍左右移重心，右左交替花 1 次。

7-8 拍上右脚射燕小跳，双手左顺风旗腕花。

（3）1-4 拍左脚开始走四步左转一圈，右手开始交替花。

5-6 拍左脚右前交叉右脚后踏步，右手腕花 1 次，左手侧平举。

7-8 拍重心移至左脚，左手腕花，右手侧平举。

+6 拍动作同 5-8，1 拍一动做六次。

（二）“小红鼓”表演

1. 音乐的记写

（嗒……）1-2-3--// 1 2 3 4 5 6 7 8 // 1 2（6）// 1 2 3（4）//
1）准备　2）进场　3）动作　4）散点表演

1 2（4）3 4 5 6 7 8 // 1 2 3 4 // 1 2 3 4 5 6 7 8 //
5）队形表演　6）变“省重”7）表演+散点

↓ 1 2 3 4 5 6 //（1 啊）（2 啊）3 4 // 1 2 3 4 5 6 7 8 //
8）变“国重”　9）表演　10）散点变十字

1 2 3 4 5 6 7 8 // 1 2 3 4 5 6 7- //
11）变“百强”　12）变“课改先锋”

2. “小红鼓”动作说明

1）准备：分成两半在场地的左右后三个方向准备。

2）进场 8×8：由场地的左右后三个方向斜线进场成散点队形，边走边敲鼓点。

3）动作 2×8+6

（1-2）每两拍蹲下，3 排依次传到后面。

+6 拍：慢慢站起，双手由侧下举经侧向上成侧上举。

4）散点表演 3×8

（1）第一、三、五排向后转敲打小鼓，第二、四、六排原地踏敲打小鼓。

（2）所有人都向后转，原地踏步敲打小鼓。

（3）第二、四、六拍向后转，原地踏步敲打小鼓；第一、三、五排不动，原地踏步敲打小鼓。

5）队形表演 8×8

（1）变横队：边打鼓边变横队，左脚开始踏步，左手开始打鼓进行变队形。

（2）横队表演：1-4 拍左右两路纵队相互交换位置。5-8 拍原来的两路纵队再交换位置回到原位。

（3）变弧形：边敲鼓边退到弧线队形上。

（4-5）弧形表演：原地踏步敲打小鼓。

（6）变纵队：边敲鼓边退到纵队队形上。

（7-8）纵队表演：

A：1-4 拍单数排左弓步、双数排右弓步敲打小鼓，5-8 拍原地敲大鼓。

B：1-4 拍单数排右弓步、双数排左弓步敲打小鼓，5-6 拍原地敲大鼓。

6）变“省重”4×8：边敲鼓边走到“省重”队形上。

7）表演+散点 8×8

（1-4）右脚为支撑向左转体 360°面向左侧打鼓。1 个八拍转 90°。

（5-8）变散点，边敲鼓边走到散点队形。

8）变“国重”：6×8

（1-2）原地踏步敲打小鼓两个八拍。

（3-6）变国重，边敲鼓边走到“国重”队形上。

9）“国重”表演 4×8

（1、3）1-4 拍全体人员向左做弓步，同时敲打小鼓。5-8 拍还原地敲打小鼓。

（2、4）1-4 拍全体人员向右做弓步，同时敲打小鼓。5-8 拍还原地敲打小鼓。

10）散点变十字 8×8

（1-3）回散点，边敲鼓边走到散点队形。

（4）变十字，边敲鼓边走到十字队形，到位面向向右转向要行进的方向。

（5-8）十字表演，十字转动一周，前进 4 拍踏步 4 次。

11）变百强 4×8：边敲鼓边走到“百强”队形。

12）百强表演 7×8

（1）1-4 拍全体人员蹲下。5-8 拍全体人员起来。

（2）1-4 拍“百”蹲下，“强”起来。5-8 拍交换。

（3）1-4 拍全体起立。5-8 拍全体蹲下。

（4）变快速敲鼓边慢慢起立。

（5-7）1-3 个 8 拍快速敲鼓，同时将四面打鼓翻面变成“课改先锋”字样。第 4 个 8 拍全体侧上举双手抖动手腕。

3. 序的队形图

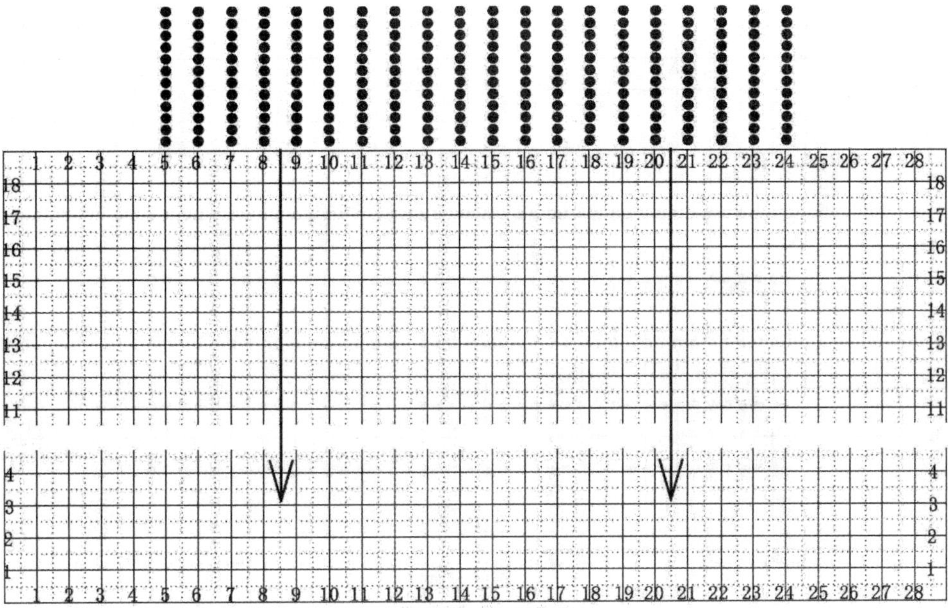

入场预备位及路线

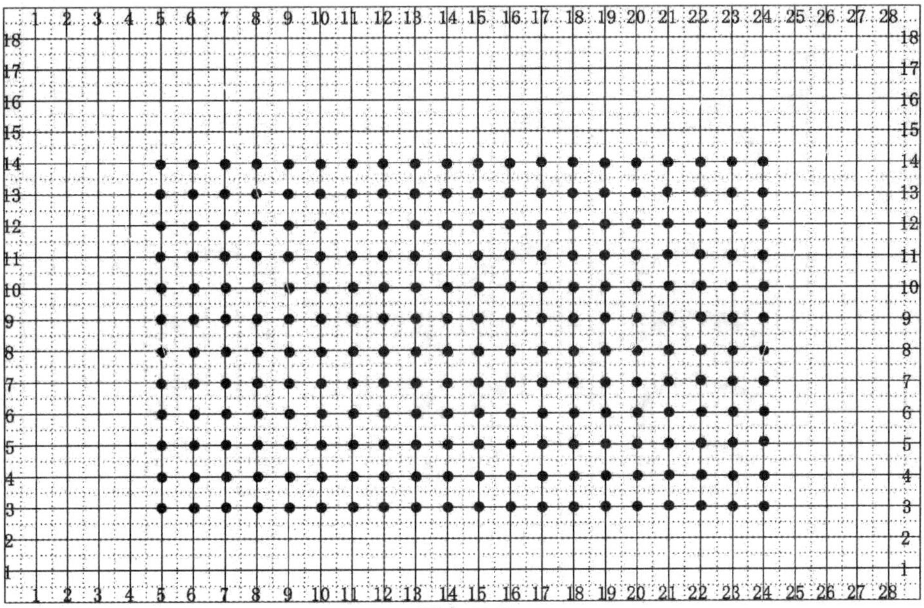

散点队形

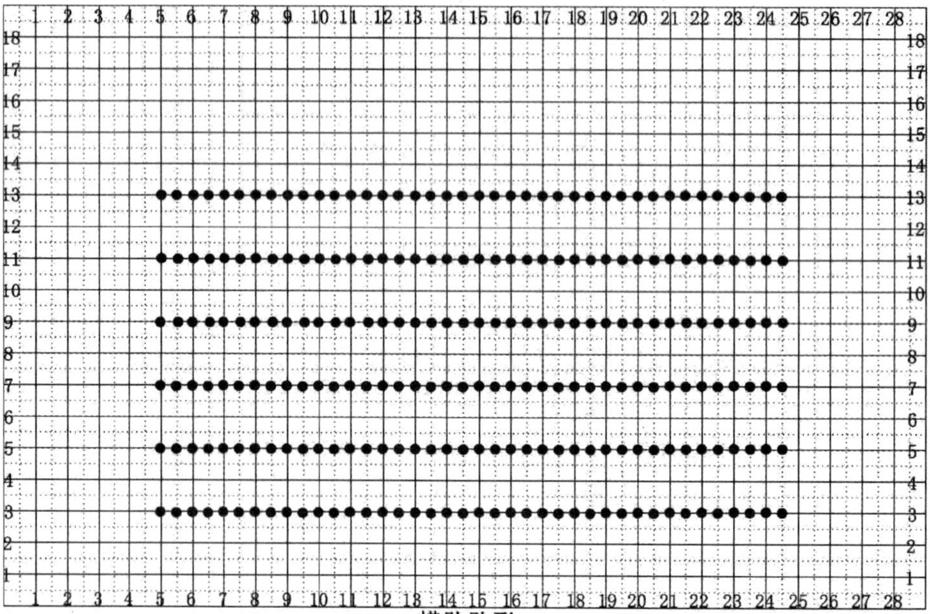

横队队形

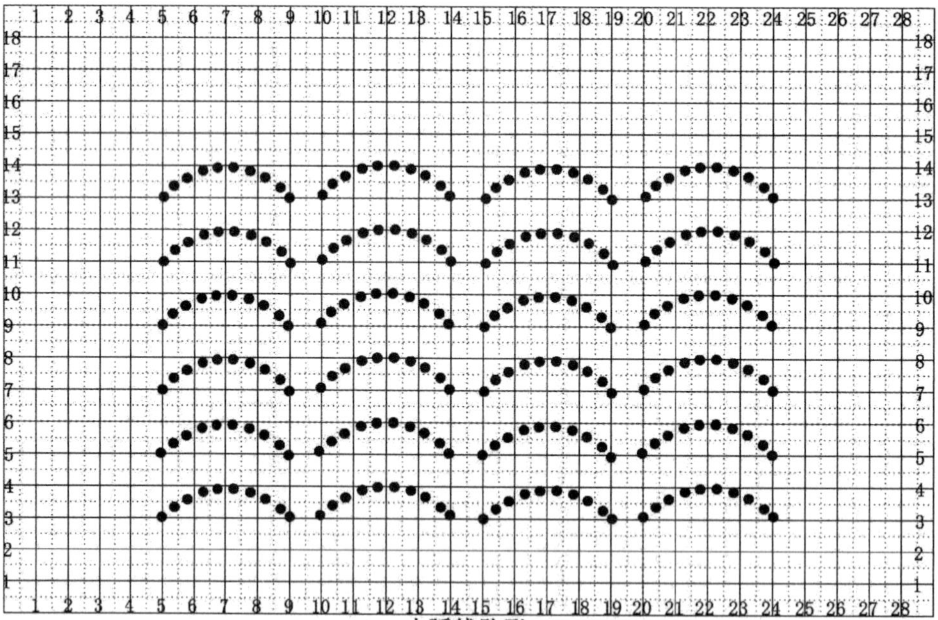

小弧线队形

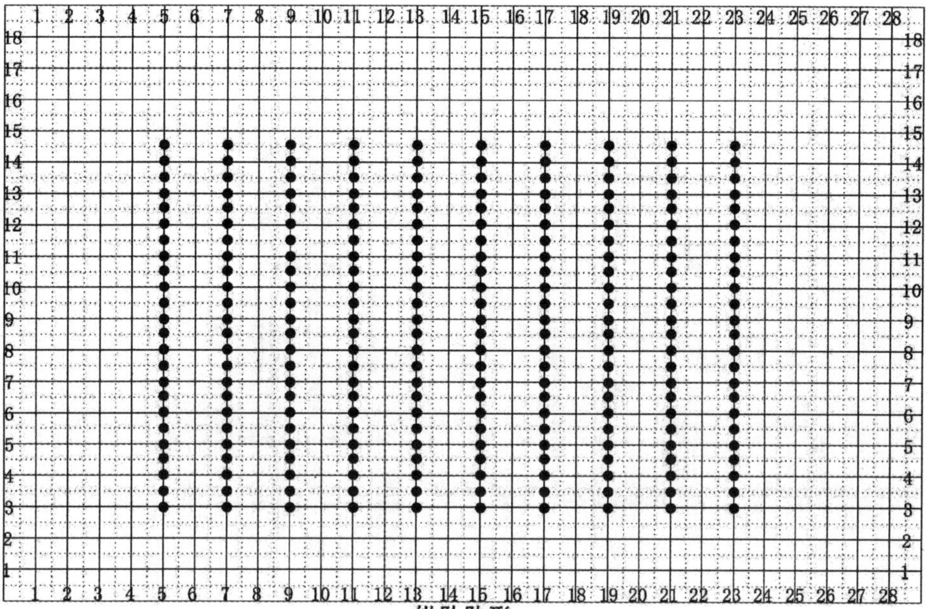

纵队队形

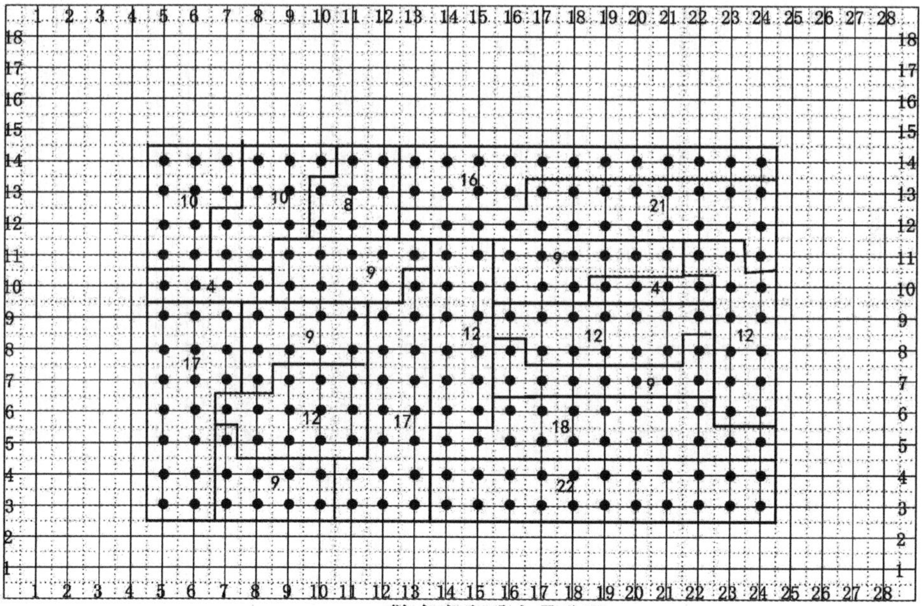

散点变省重人员分配

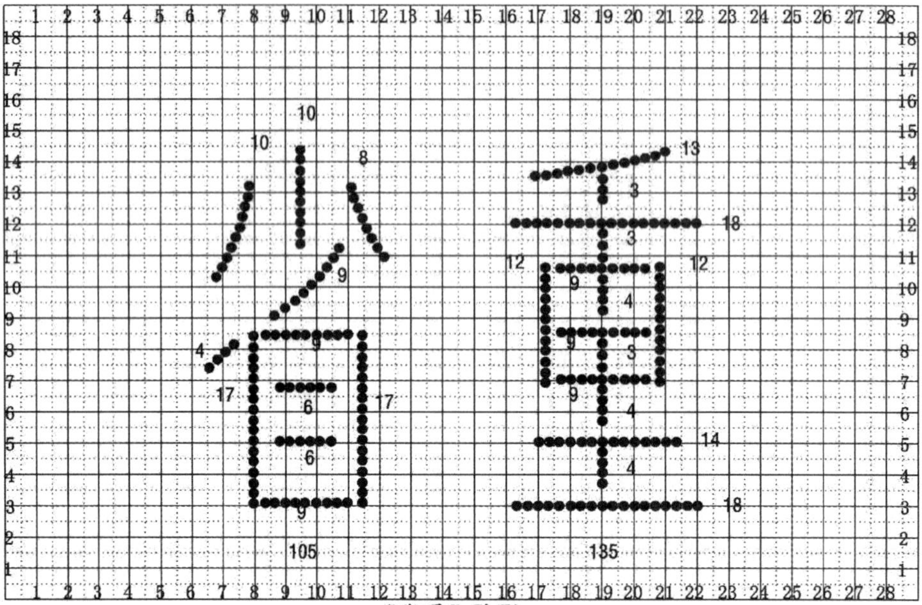

“省重”队形

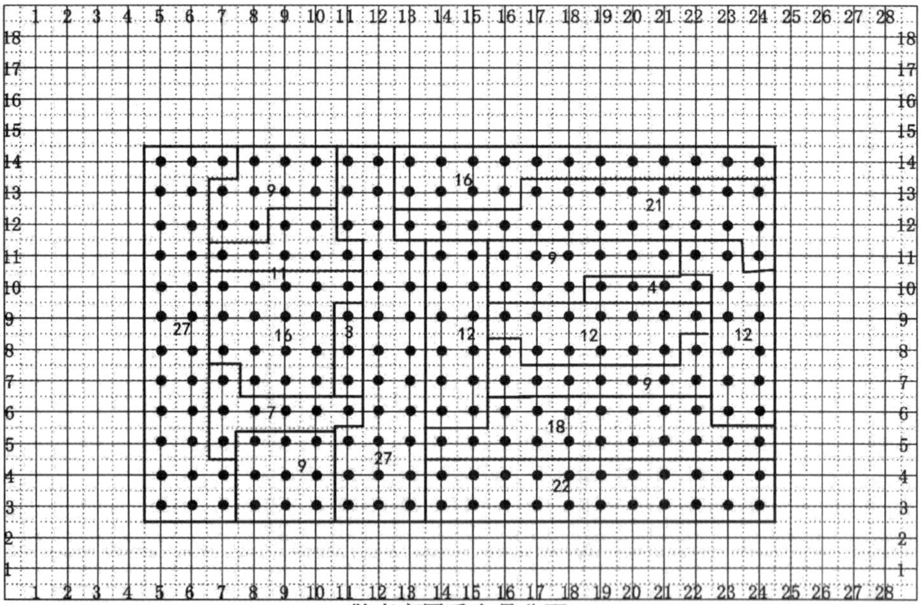

散点变国重人员分配

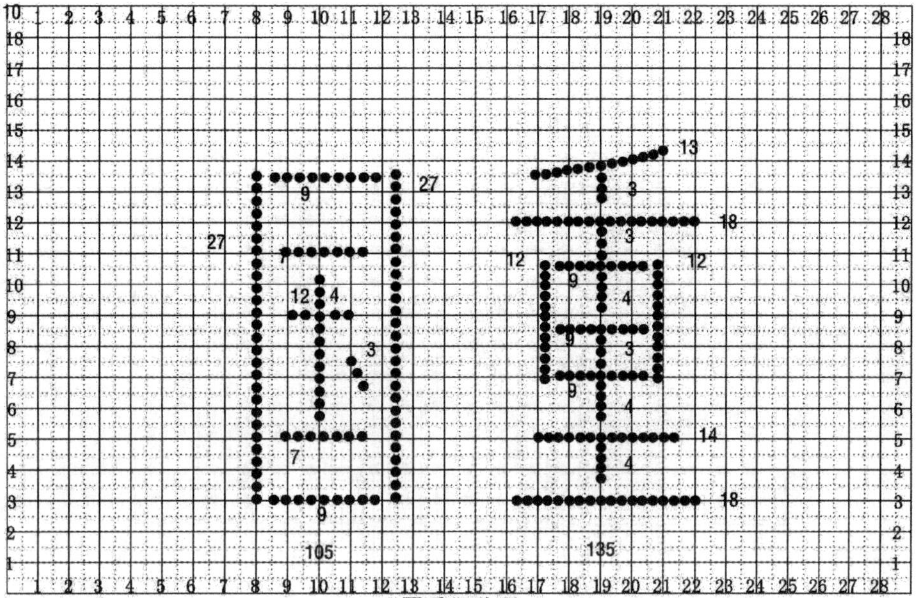

“国重”队形

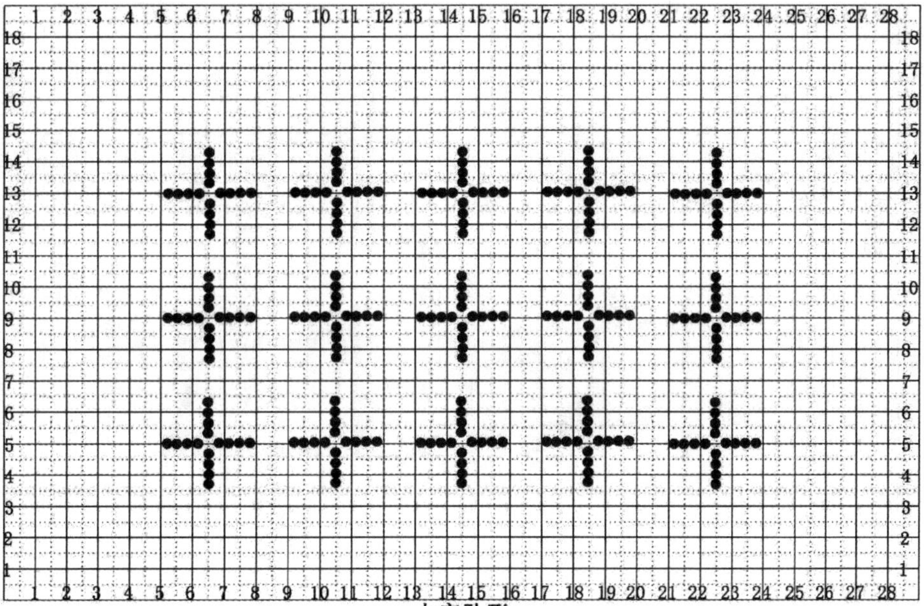

十字队形

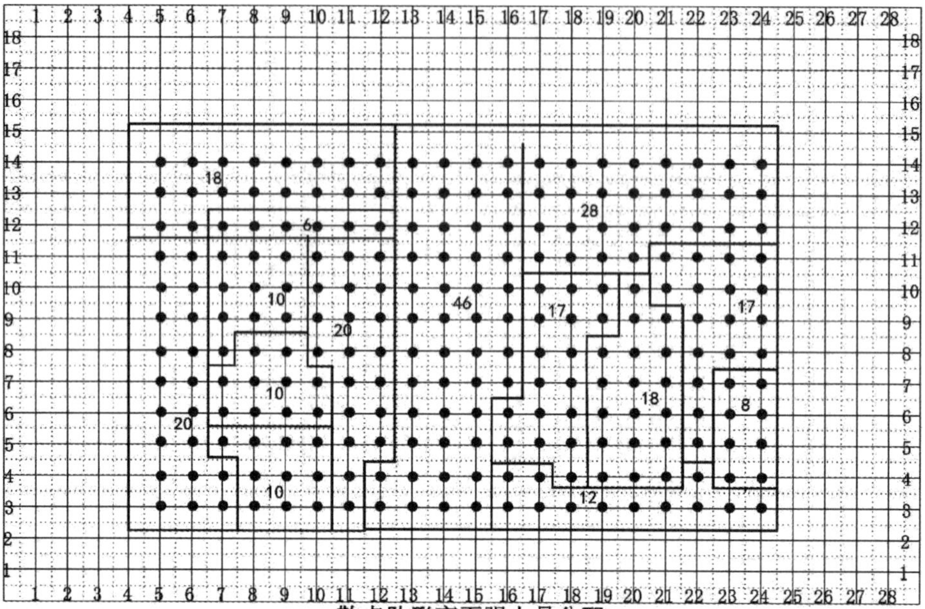

散点队形变百强人员分配

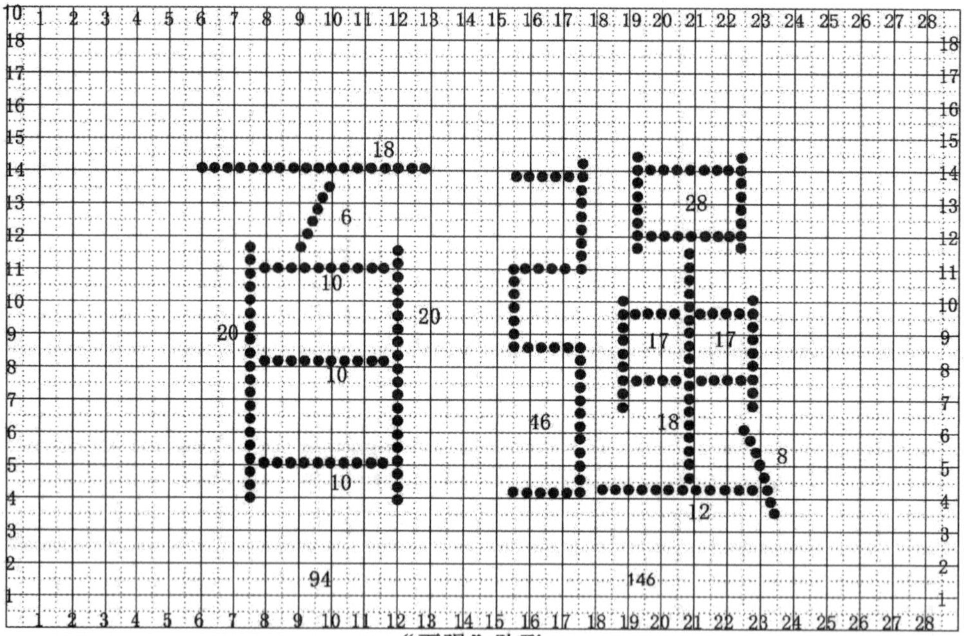

“百强”队形

第一场 《芬芳校园》

(一)“扇子”表演

1. 音乐记写

第一段：——1—— // ↑ 1 2 3 4 // ↓ 1 2 //
1）准备 2）进场 3）蹲下

第二段：(鸟鸣......) 1 2 3 4 5 6 7 8 9 10 11 12 13 14 15 16 //
散点表演

第三段：↑1 2 3 4 // ↑1 2 3 4 // ↓ 1 2 3 4 // 1 2 3 4 5 6 7 8 //
1）变队形 2）表演 3）进场 4）表演

第四段：↑1 2 3 4 // 1 2 3 4 ↓5 6 7 8 // ↑ 1 2 3 4 //
1）变队形 2）表演 3）变队形

2. 动作说明

第一段：序 23×8

1）准备 1×8：双手腹前持扇合拢于右肩上。

2）进场 5×8：快步走到散点，到位转向主席台。

3）蹲下开扇 1×8：退右脚蹲下开扇。

第二段：散点表演（鸟鸣：抖动）16×8

(1-4) 1-4 拍前压 45°，5-8 拍还原，共做 4 次。

(5-9) 向右关扇、打开、向左关扇、打开、向右关扇；1 个 8 拍一换。

(10-11) 依次由右向左开扇抖动。

(12) 慢慢合扇。

(13-14)：由中间向两边依次打开。

(15-16)：全部合拢、全部打开立扇抖动，1 个 8 拍一换。

第三段：书本表演 20×8

1）变书本队形 4×8

(1-2) 收扇走步到位（中间书本蹲下抖动）。

(3-4) 全体蹲下合扇、打开；1 个 8 拍一换。

2）表演 4×8

(1-2) 书本抖动其他不动、书本合扇其他不动。

(3-4) 书本开扇其他合拢、全体打开。

3）读书郎进场 4×8：大扇摇动，读书郎跑进。

4）朗诵表演 8×8

（1-2）读书郎慢慢打开书本；右手拿书左手后背转头读书。

（3-4）1-4 拍右脚向前迈步并右脚，5-6 拍左脚向前迈步并左脚；双手拿书，翻书看。

（5-6）双手拿书向右走一圈，边走边读。

（7-8）双手拿书，翻书看；左脚侧点，双手右侧拿书，看书。

第四段：队形表演 16×8

1）回散点变纵队 4×8：读书郎退场，收扇快跑到位；跑到纵队之后下蹲。

2）纵队表演 8×8

（1-3）从前依次向后开扇；第三个八拍时合扇。

（4-5）1-4 单路纵队开扇双路合扇，5-6 双路合扇单路开扇；第 5 个八拍同第 4 个八拍。

（6-8）全体合扇；全体开扇两次；全体摇扇。

3）散点表演 4×8：全体收扇快跑到位蹲下；快速两次开合扇；全体开扇快速摇扇。

（二）“花朵”表演

1. 音乐记写

第一段：（—） 1 2 3 4（4） // 1 2 3 4 （4） // 1 2 34 5 6 7 8 （4） //
1）红花进　　2）白花进　　3）表演 a

1 2 3 4 5 6 7 8//1 2 3 4 5 6 7 8//1 2 3 4 5 6 7 8//
4）表演 b　　5）表演 c　　6）表演 d

1 2 3 4 5 6 7 8 9 10 11 12 13 14 15 16 // 1 2 3 （2） //
7）表演 e　　8）变队形

第二段：1 2 3 4 // ↑ 1 2 3 4 // ↓ 1 2 // 1 2 3 4 5 //
1）教师进　2）菱形　3）队形　4）菱形

1 2 3 4 5 6 （4） // 1 2 3 4 5 琵琶 6 7 8 （4） //
5-6）圆、表演　　7-8）菱形表演

1 2 3 4 5 琵琶 6 // （ 0 —） | ……
9-10）变圆、表演　11）菱形表演

2. 动作说明（绿扇演员坐地上开扇一直抖动）。

第一段：学生表演

1）红花进场 4×8+4：左右侧演员手扶花朵背对主席台碎步跑进场。后面演员扶花朵小跑进场。

2）白花进场 4×8+4：白花碎步小跑流动进场；红花表演。

（1）1-4 直立双手上举；5-8 右脚侧点，右手胸前屈，左手左侧前举，掌心向上。

（2-3）双脚并立双手上举；碎步左转一圈。

（4）右脚侧点，右手胸前屈，左手左侧前举，掌心向上+4，直立双手放于体侧。

3）表演 a（红白花）8×8+4（1-2）1-4 直立双手上举，5-8 右脚侧点右手胸交叉。第 2 个八拍动作方向相反。

（3-4）碎步向前，双手上举；碎步后退双手放于体侧。（5-6）白花左转 180°煽动花朵；红花双手上举左转两圈。

（7-8）同第五至第六个八拍；白花与红花交换做。+4 抖动手指。

4）表演 b 8×8

（1-2）中间红花起背对主席台煽动花朵；两边红花起背对主席台煽动花朵。

（3-4）白花起背对主席台煽动花朵，红花蹲；换花做相同动作。

（5-6）白花起背对主席台煽动花朵，红花蹲；全体起背对主席台煽动花朵。

（7-8）转向主席台上举双手；左脚侧点双手胸前交叉。

5）表演 c 8×8

（1）1-4 直立双手上举，5-8 右脚侧点，右手胸前屈，左手左侧前举，掌心向上。

（2-3）双脚并立双手上举；碎步左转一圈。

（4）右脚侧点，右手胸前屈，左手左侧前举掌心向上，并腿双手放于体侧。

（5）1-4 并脚立双手上举，5-8 右脚侧点，右手胸前交叉。

（6）动作同（1）方向相反。

（7-8）碎步向前双手上举；碎步后退双手放于体侧，全体下蹲。

6）表演 d 8×8+4

（1-4）1-2 拍背对主席台煽花朵；3 拍时碎步转向主席台上举双手。第 4 拍碎步双手胸前交叉。

（5-8）同（1-4），+4 全体蹲下。

7）表演 e16×8（中间大菱形花朵做动作）

（1）1-4 拍左脚向前并右脚，双手上举，5-8 拍退右脚并左脚，双手放于体测。

（2）1 拍右脚向左前上步，左手侧平举，右手由下向上绕。2 拍时左脚侧点，双手成五位手。3-4 拍手型不变，右脚点地立。5-8 拍同 1-4 拍动作，方向相反。

（3-4）碎步向前双手上举；碎步后退双手放于体侧，最后两拍蹲下。

（5-8）同（1-4）动作。外面四菱形做动作（同前面 4 个八拍）。

（9-12）全体一起做动作同前。最后两拍不蹲。

（13-14）全体背对主席台煽动花朵。

（15-16）全体扶花左转两圈半面向主席台。

8）变教师队形 3×8+2：绿扇合扇跑到位，花朵扶花跑到位。

第二段：教师表演（绿扇蹲下开扇抖动。花朵背对左右煽动花朵两个八拍，转动两个八拍，反复做）

1）教师进场 4×8：双手上举小跑进场，最后四拍双手放于体侧。

2）菱形表演 4×8

（1）1–2 拍左脚向前并右脚，双手侧上举掌心向上。3–4 拍左脚侧点地右脚微屈，左手侧平举手心向下，右手肩上屈手心对面部。5–8 拍并左脚立，右手侧上举手心向外，左手肩侧平举立腕手心向外。

（2）1–2 拍半蹲左拧腰，双手胸前交叉，眼睛看左下方。3–4 拍双脚并立，右手侧上举手心向外，左手肩侧平举立腕手心向外。5–8 拍左脚左侧点地，右脚微屈，左手经下摆置右侧上举，右手由上向后绕至左后侧下举。

（3）1–4 拍左手经面前向下摆至左侧下举，右手右侧上举，眼睛看左手。5–6 拍身体左转半蹲，左手左侧平举，右手经上向左绕至左胸前上屈，手心向右。7–8 拍左脚立，右脚左前小踢腿，左手侧上举右手侧下举。

（4）左手侧上举，右手侧下举碎步右转一圈。

3）队形（前后交错）2×8

（1）单横排碎步向后退双手胸前交叉，双横排碎步向前，双手交叉上举。

（2）双横排碎步向后退双手胸前交叉，单横排碎步向前，双手交叉上举。

4）菱形表演 5×8

（1）1 拍右脚向左前上步，左手侧平举，右手由下向上绕。2 拍左脚侧点，双手成五位。3–4 拍手型不变，右脚点地立，5–8 拍同 1–4 拍动作，方向相反。

（2）1 拍右脚向左前迈步，左手向后绕至左后下举，右手右下向上绕至左前上举。2 拍左脚向左前上步，左手下举，右手上举。3 拍右脚向左前上步，左手在上五位手。4 拍并左脚立，左手不动。5–6 拍右脚开始向后跑两步，双手放于体侧。7–8 拍右脚上步，左脚后点，双手侧上举手心向上。

（3）1–2 拍左脚开始跑两步，双手放于体侧。3–4 拍右脚右侧迈步，左脚侧点，右手右侧上举，左手左侧平举。5–8 右脚左前交叉左转 180°，双手胸前交叉。

（4）动作同第一个八拍。

（5）1 拍右脚向左前迈步，左手向后绕至左后下举，右手右下向上绕至左前上举。2 拍左脚向左前上步，左手下举，右手上举。3–4 拍右脚向左前上步，左手在上五位手。5–8 拍右脚侧迈步，左脚右后踏步，双手向下摆至右手右下举，左手腹前下举。

5）变双路小圆 1×8：双手侧下举，碎步小跑到双路面相对，小圆面向圆心。

6）双路小圆表演 5×8

（1）两路：1–4 两路面相对，上左脚并右脚同时双手胸前交叉。5–8 左转 90°左脚迈出成左弓步，右脚侧点，左手侧上举，右手相拉。

小圆：1–4 面向圆心，左脚向圆心迈步并右脚立，双手上举。5–8 右转 90°右脚侧点，右手侧下举，左手侧上举。

（2）两路：1-4 两路面相对，上左脚并右脚同时双手胸前交叉。5-8 右转 90°右脚迈出成右弓步，左脚侧点，右手侧上举，左手相拉。

小圆：1-4 面向圆心，并右脚立，双手上举。5-8 左转 90°左脚侧点，左手侧下举，右手侧上举。

（3）两路：1-4 并脚两路面相对，双手相握。5-8 双手上举。

小圆：动作同第一个八拍。

（4）两路：左手相握，右手侧下举，碎步小跑逆时针转一圈。

小圆：左手侧上举，右手侧下举碎步小跑一圈。

（5）两路：1-4 面相对，上左脚并右脚双手上举。5-8 右边路右脚侧点左手侧上举，右手侧下举。左边路左脚侧点右手侧上举，左手侧下举。

小圆：继续转一圈。

7）变菱形队形 1×8+4：双手侧下举，碎步小跑到位

8）菱形表演 7×8+4

（1）1-3 拍右脚向前开始做右左右追步一次，双手胸前交叉。4 拍踏右脚同时左脚侧踢，右手侧上举左手侧平举。5-8 拍同 1-4 拍动作，方向相反。

（2）1 拍向左前上步半蹲，右手侧下举，左手上举。2 拍左脚踏步一次，右手左前平举，左手右后平举。3-4 拍右脚右侧点地，右手经上绕至右侧平举，左手经下向上绕至上举。5-8 拍同 1-4 拍。

（3）1-4 拍右脚左前交叉，左转一圈，双手做云手一次，5-8 拍并脚碎步，双手经胸前交叉至侧下举。

（4）1-4 右脚右迈一步同肩宽，左手左下举，右手经下向上摆至前侧上举。5-8 拍右手下拉至胸前上屈，手心向后。

（5）1-4 拍迈左脚并右脚小跳，双手由右侧经上摆至左下方。5-8 拍同 1-4 拍动作，方向相反。

（6）1 拍踏右脚，左脚前踢，双手摆至左下举。2 拍左脚上步右脚后点，双手经下向上摆至右手右侧平举，左手左上举。3 拍左脚开始左前走两步，双手下举。5-8 拍右脚左前交叉，左脚右后点地，双手一次轮臂绕至右手扶头，左手前上举。

（7）双手右肩交叉，碎步左转一圈。+4 右脚上步，左脚后点，双手侧上举，手心向上。

9）变圆 1×8：双手放于体后，小跑到位

10）圆表演 5×8+4

（1-2）1-4 拍开步双手相握上举，5-8 拍双手侧下举；碎步向圆心靠拢，双手上举。

（3-4）内圆双手上举牵手，外圆退回双手扶腰；内圆向左碎步转动，外圆向右碎步转动。

（5）继续转动。

11）变菱形表演 0……：双手放于体后小跑到位后双手侧上举；高潮部分转四圈，右脚上步左脚后点双手侧上举。

3. 第一场《芬芳校园》队形图片

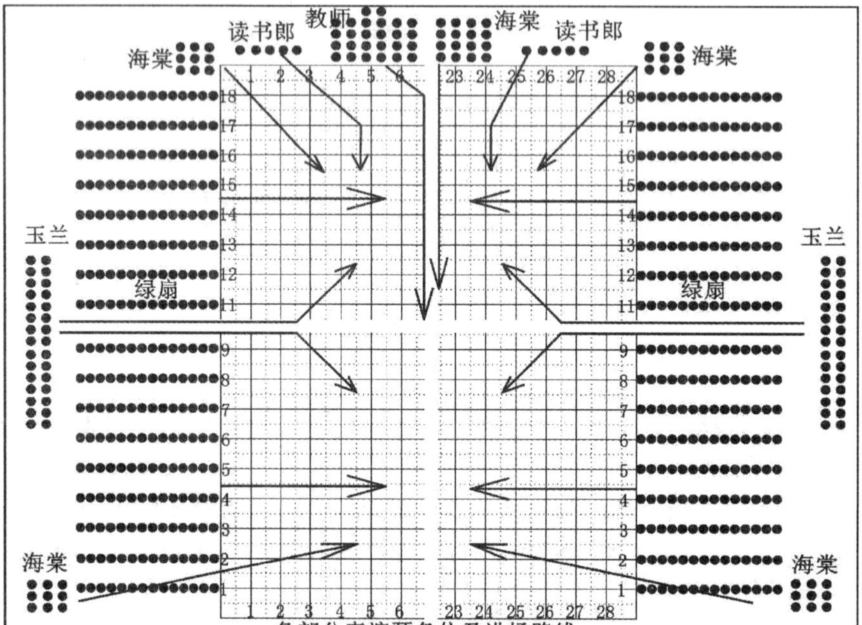

各部分表演预备位及进场路线

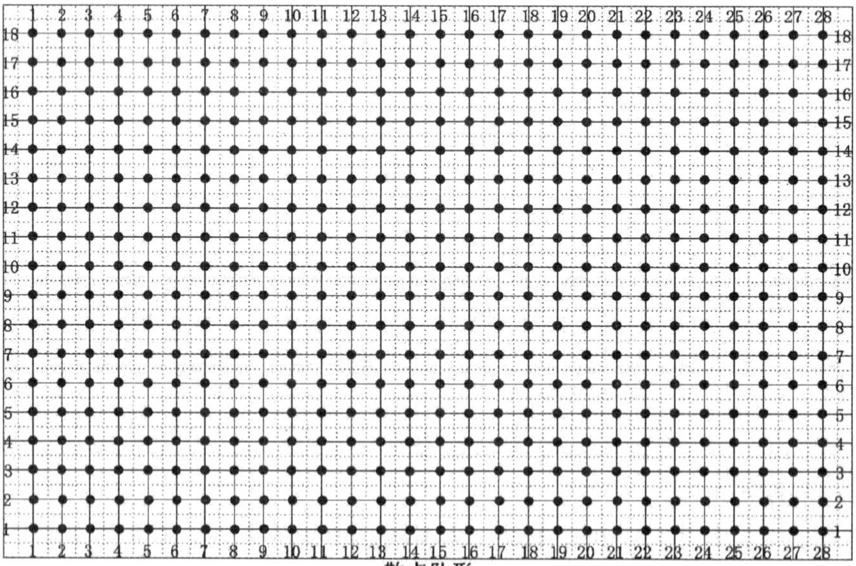

散点队形

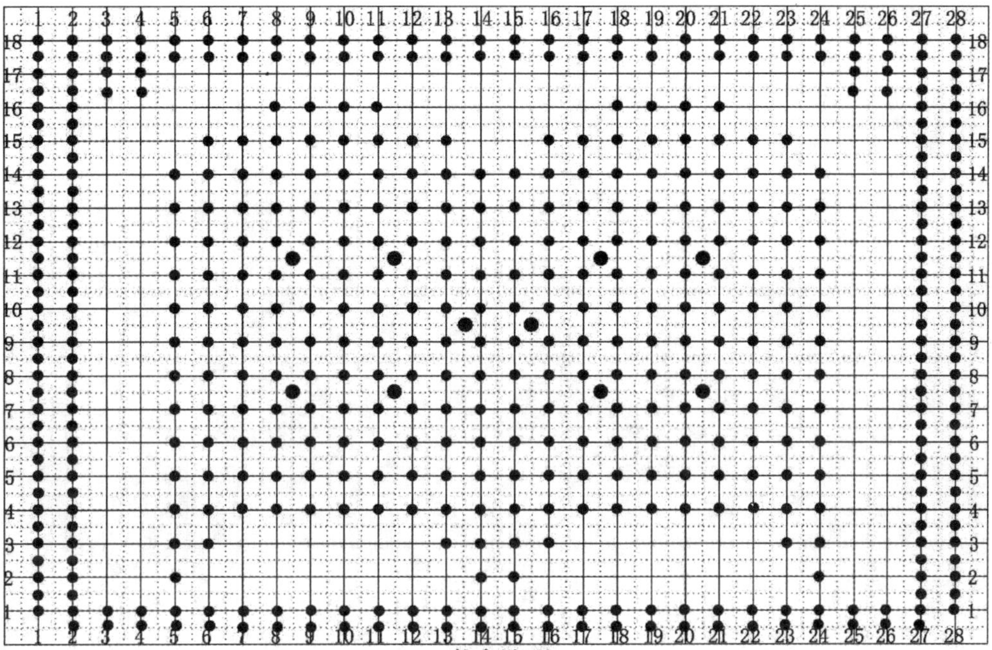

书本队形

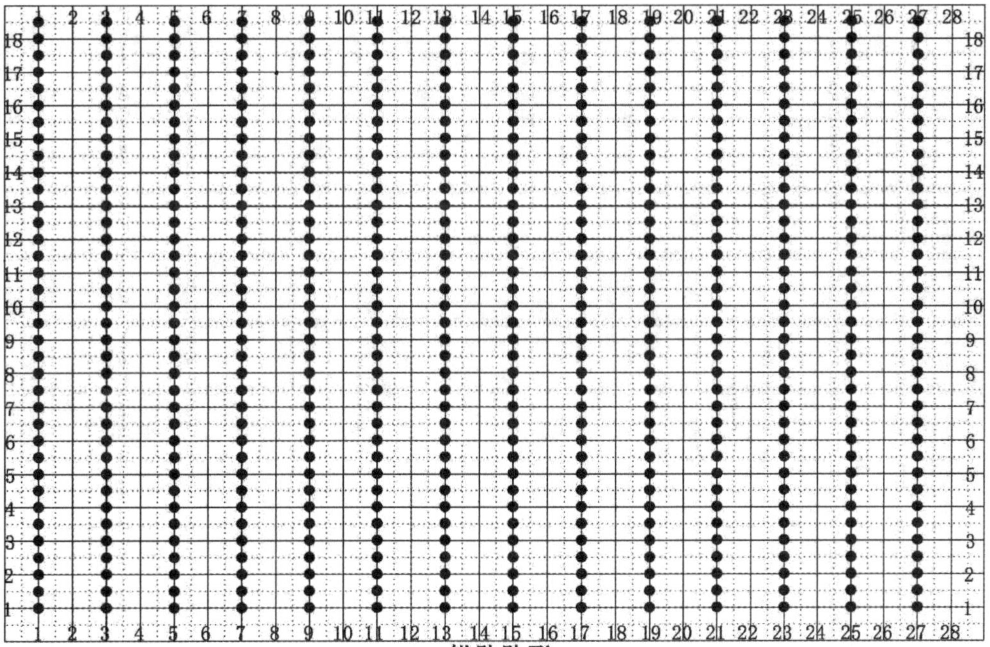

纵队队形

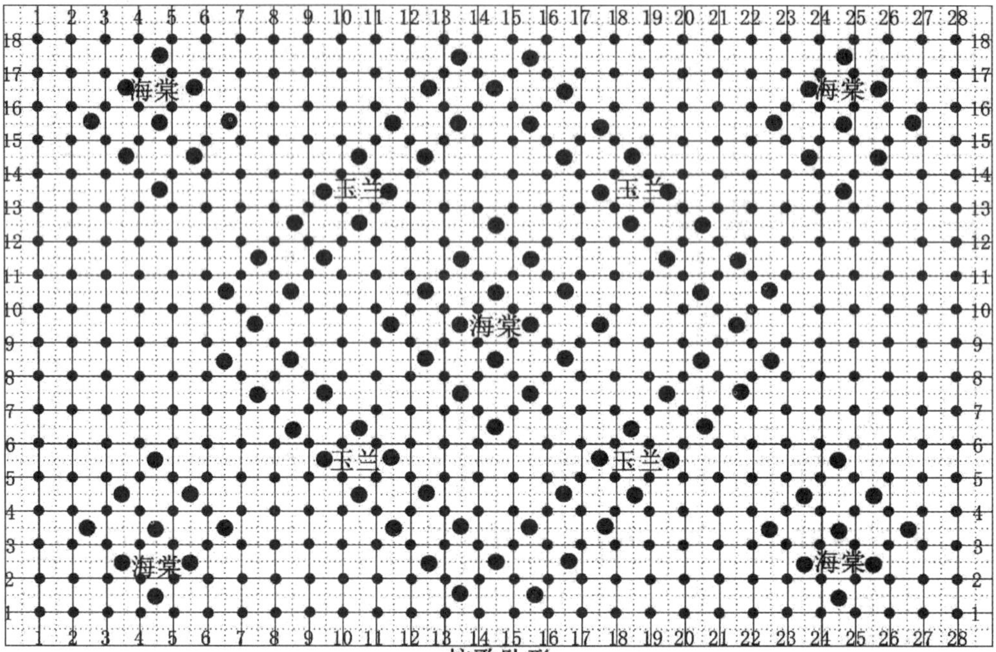

校歌队形

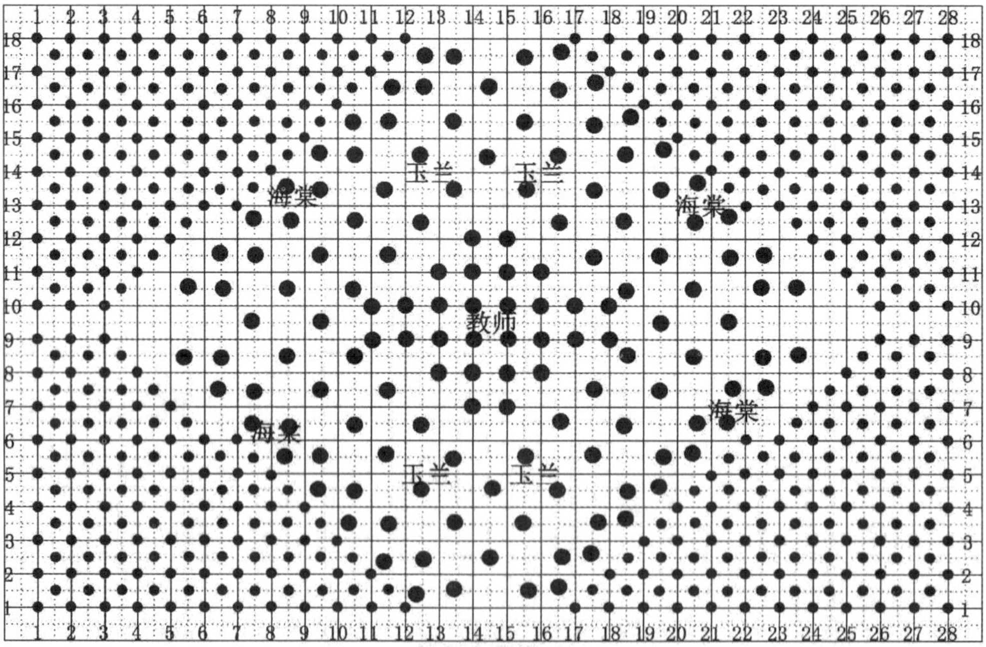

教师表演队形1

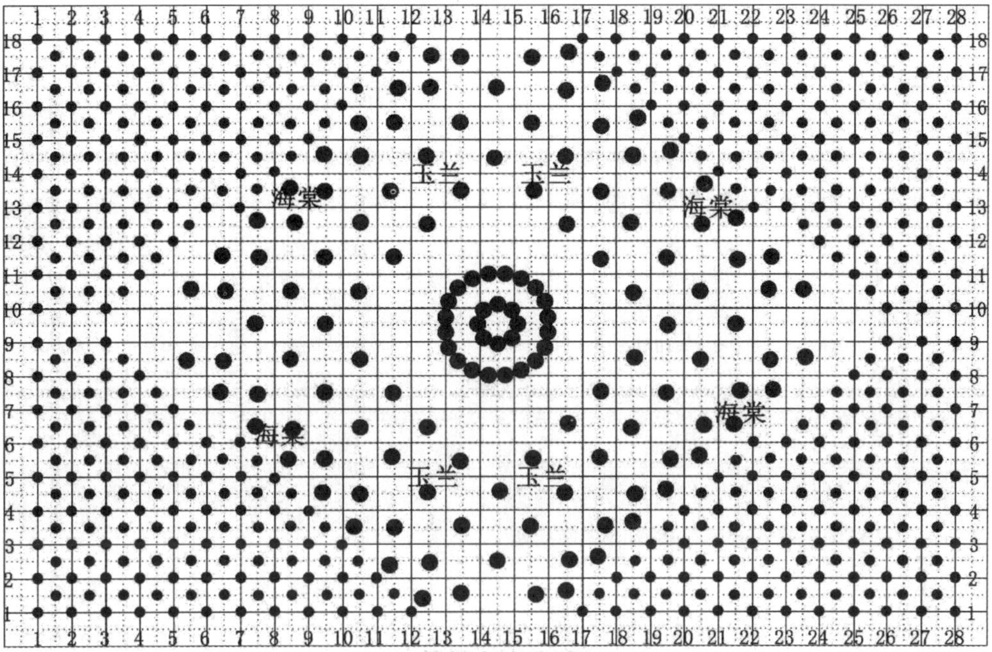

教师表演队形2

第二场 《靓彩多元》表演

1. 曲目《爱是你我》音乐与队形配合

(1) // 1 // 1 2 3 4 5 6 7 8 // 1 2 // 1 2 //
准备 进场 1）表演 2）起伏 3）变散点

唱 1 2 3 4 5 6 7 8 // 1 2 // 唱 1 2 3 4 // 音 1 2 //
4）表演 5）变小方块 6）表演 7）变纵队

唱 1 2 3 4 // 1 2 // 唱 1 2 3 4 // 音 1 2 //
8）表演 9）变小圆 10）表演 11）散点

唱 1 2 3 4 // 1 2 // 唱 1 2 3 4 5 6 7 8 // 音 1 2 // (4)
12）表演 13）变菱形 14）表演 15）变"多元办学"

2. 曲目《爱是你我》歌词与动作提示

演唱	歌词	啦啦花动作	舞蹈队表演
女	爱是你我　用心交织的生活	快速胸前抖动	前排进
	是你和我　在患难之中不变的承诺	快速胸前抖动	第二排进
	爱是你的手　把我的伤痛抚摸	快速胸前抖动	后两排进
	爱是用我的心　倾听你的忧伤欢乐	快速胸前抖动	集体动作
男	爱是你我	慢慢抖上	集体动作
	用心交织的生活	慢慢抖上下	集体动作
	爱是你和我	慢慢抖上	集体动作
	在患难之中不变的	慢慢抖下	集体动作
	承诺	慢慢抖下	变菱形
	爱是你的手　把我的伤痛抚摸 爱是用我的心　倾听你的忧伤欢乐	同上	菱形表演
	间奏（……）	抖动	变小圆
	这世界我来了	快上	小圆表演
	任凭风暴旋涡	快速抖动	小圆表演
女	真心的爱的承诺	胸前抖动	小圆表演
	让我看到了阳光闪烁	上举抖动	小圆表演
	爱拥抱着我	上举抖动	变双斜排
合	我们感觉到她的抚摸	起立胸前抖动	双斜排表演
	就算生活给我无尽的苦痛折磨	蹲下胸前抖动	变散点
	我还是觉得幸福更多	蹲下胸前抖动	变密集
	（音乐）（……）	全体不动	
	觉得幸福更多	起立上举抖动	造型

3. 曲目《爱是你我》动作说明

1）进场 8×8

（1）1-4 拍双手胸前抖动，后踢腿跑；5-8 拍靠主席台脚侧迈一步，顶髋两次，同时双手经胸前折叠，前侧上举两次。

（2-8）同第一个八拍。

2）起伏 2×8

（1）1-4 拍双手胸前左右摆动，身体同时左右摆动向下至半蹲；5-8 拍 双膝抖弹动，双手上下两次。抖动花球。

（2）同第一个八拍。

3）变散点 2×8：双手胸前抖动，后踢腿跑到位面向主席台。

4）散点 1 表演 8×8

（1）1 拍击掌，左脚侧迈一步；2 拍双手向下打开成 45°夹角，右脚向左侧下方点地；3–4 拍 同 1–2 拍动作，方向相反；5–8 拍左脚向左侧迈一步后，分别向左右顶髋 4 次。

（2）同（1）动作，方向相反。

（3）1 拍右脚前迈一步，双手折叠向右摆；2 同 1，方向相反；3–4 拍右脚向侧迈一步，向右侧顶髋两次，右手胸前折叠向右侧打开两次；5–6 拍双手胸前划小圈两次慢慢下蹲；7–8 拍站立，双手侧上举抖动。

（4）同（3）动作，方向向后，左脚开始。

（5）1 拍 左脚向左侧迈一步双手向左上方抖动一次；2 拍 双手向左下方抖动一次；3–4 同 1–2，动作；5–6 同 1–4 动作，方向相反。

（6）1–4 拍右手侧平举，左手自然下垂，向左转圈一次；5–8 拍双手在右侧头上方曲臂绕环，半蹲弹动。

（7–8）同（3–4）的动作。

5）变小方块 2×8：双手下垂，急跑到位；1–4 拍退右脚蹲下，双手握于胸前；5–8 拍 双手头上节奏抖动。

6）小方块表演 4×8

（1）1–4 拍慢慢站起，双手上举抖动 4 次；5–6 拍并腿跳两次，双手头上抖动一次，胸前抖动一次；7–8 拍同 5–6 拍动作。

（2）1–4 拍并腿跳加左右转髋 4 次，双手上举左右摆动 4 次；5–6 拍并腿跳两次，双手胸前抖。

动两次：7–8 拍跳成分腿立，右手上举，左手叉腰。

（3）1–4 拍全体蹲下，双手自然下垂；5–6 拍单数路单数排，双数路双数排先站立，双手侧上。

举，其他不动；7–8 拍单数路双数排，双数路单数排先站立，双手斜上举，单数路单数排，双数路双数排蹲下。

（4）1–4 拍全体起立，双手侧上举；5–6 拍并腿跳两次，双手胸前抖动两次；7–8 拍跳成分腿立，右手上举，左手叉腰。

7）变纵队 2×8：回散点，双手胸前抖动，后踢腿跑；双手自然下垂，稍弯腰小碎步到纵队。

8）纵队表演 4×8

（1）1–2 拍每组纵队搭手于同伴腰处，吸右腿放下，3–4 拍动作相反；5–8 拍斜下 45°踢腿两次，先右腿后左腿。

（2）（3 人为一组配合）1–2 拍中间人站立举花球，两边蹲下，双手自然下垂；3–

4 拍全体头上抖动花球；5-8 拍站立与蹲下的交换，动作相同（4 人为一组的，中间两人为一个单位）。

（3）纵队为整体配合，1-2 拍单数路站立举花球，双数路蹲下；3-4 拍全体头上抖动花球；5-8 拍全部蹲下，慢慢到头上抖动花球

（4）1-2 拍第五路纵队站起抖动花球；3-4 拍第四、六路纵队站起抖动花球；5-6 拍第三、七路纵队站起抖动花球；7-8 拍第一、二、八、九路纵队站起抖动花球。

9）变小圆 2×8：双手头上抖动，后踢腿跑，面向圆心。

10）小圆表演 4×8

（1-2）后退四步双手经前放下；前进双手上举；双手胸前拍手；双手侧上举。4 拍一变。

（3-4）前进四步双手经下向上交叉；上举抖动花球；后退四步胸前拍手；开合跳，双手经体侧至头上击掌；4 拍一变。

11）回散点 1×8：双手前后摆臂，后踢腿跑。

12）散点 2 表演 4×8：同散点表演的前 4 个八拍。

13）变四菱形 2×8：双手胸前抖动，后踢腿跑。

14）表演 8×8

（1-4）（4 个菱形中间一个人开始）1 拍右脚侧迈一步，同时双手向斜下打开；2 拍双手胸前靠拢，双脚并拢；3-4 拍双手置于体侧，双脚跳动三次；5-8 拍同 1-4 拍（依次向外做）。

（5-8）同（1-4）依次向内。

15-16）变“多元办学”2×8：下蹲，胸前和头上抖动花球各 2 个 8 拍。

3. 第二场《靓彩多元》队形图片

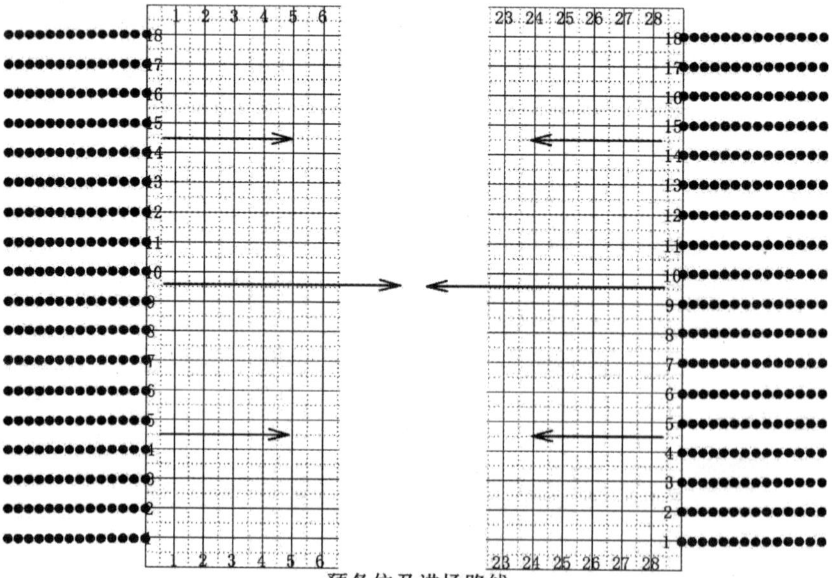

预备位及进场路线

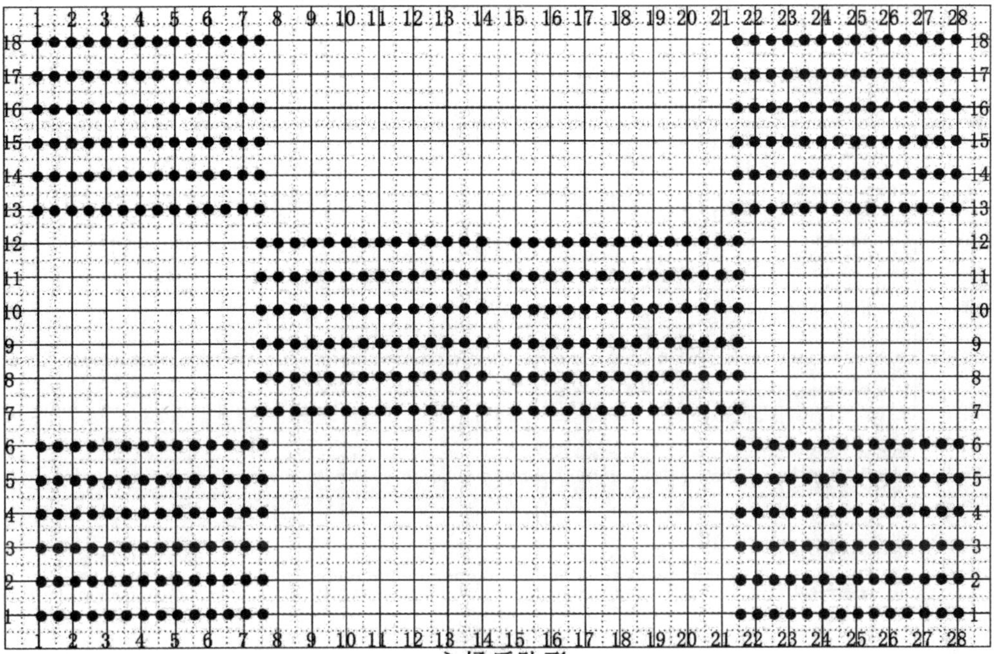
入场后队形

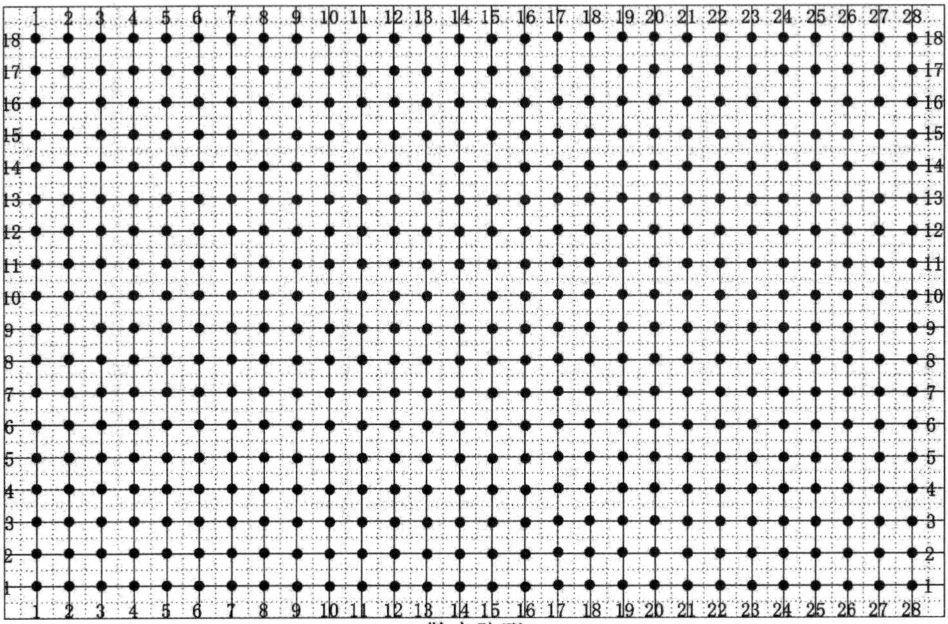
散点队形

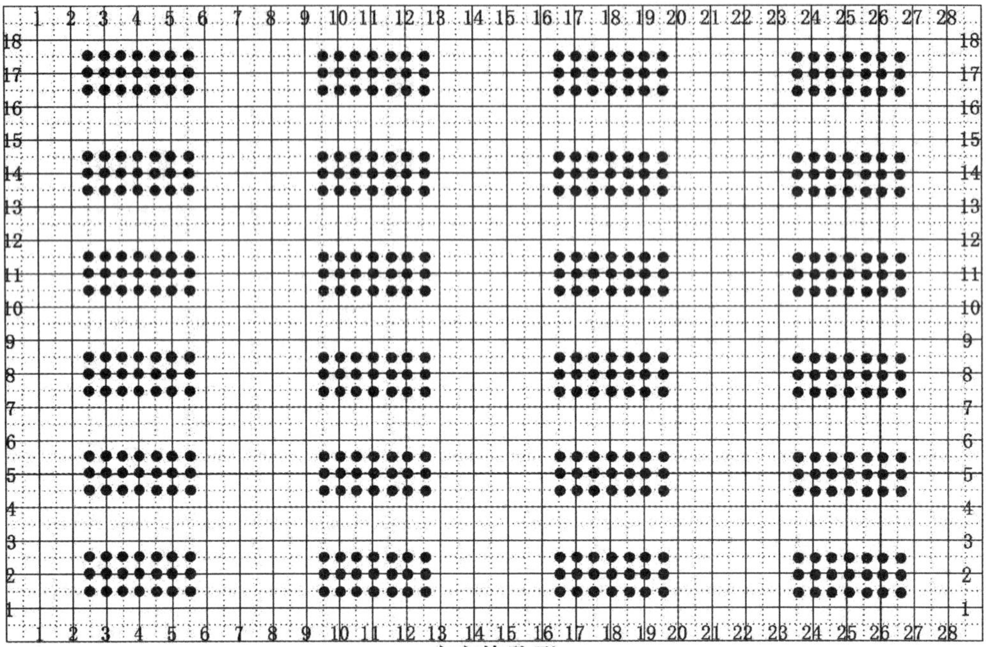

小方块队形

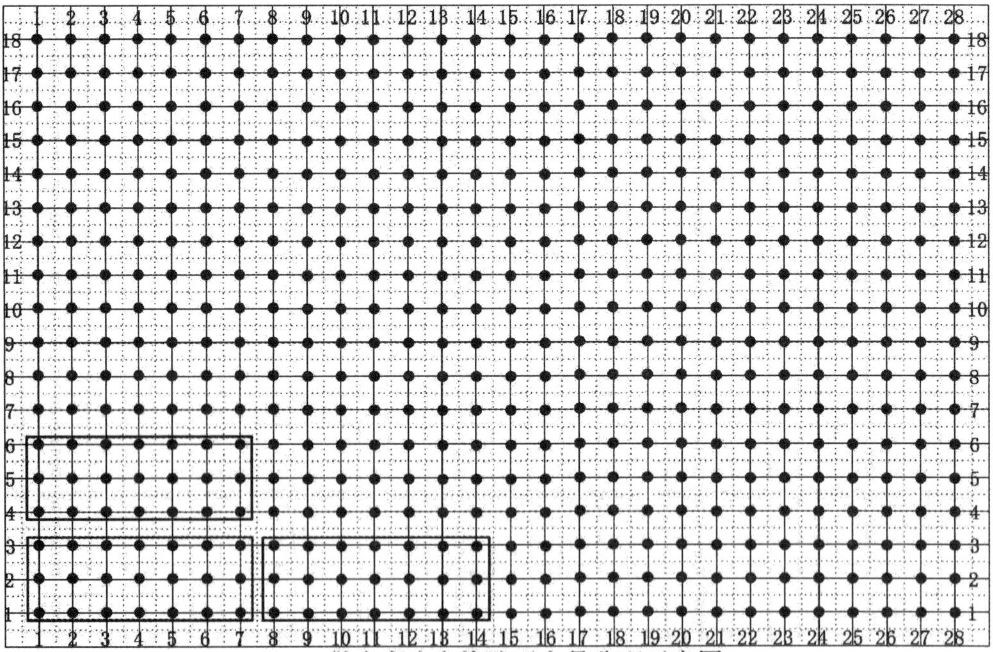

散点变小方块队形人员分配示意图

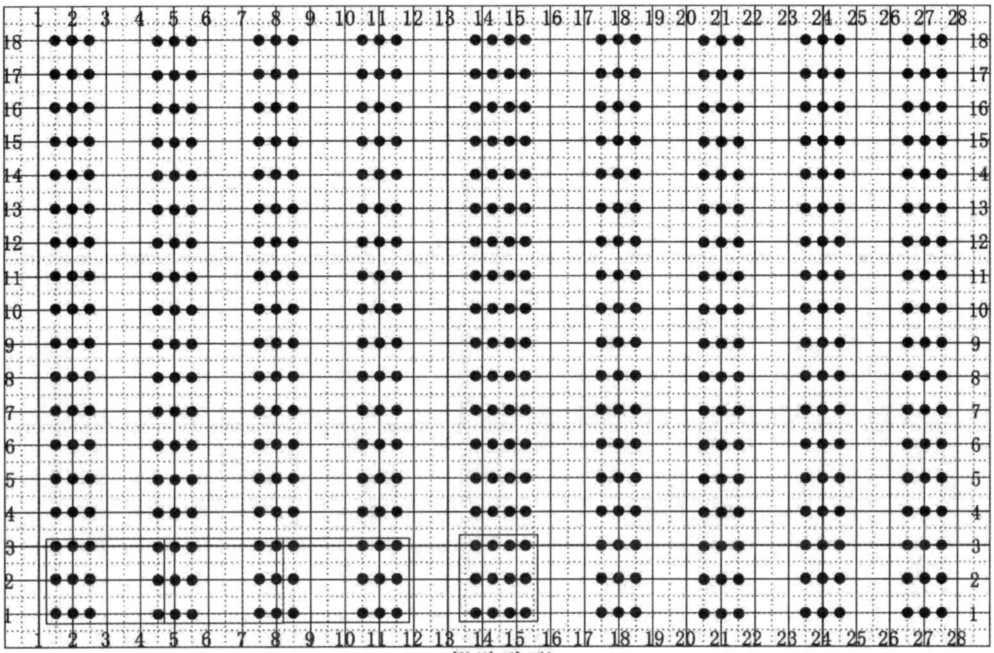
纵队队形

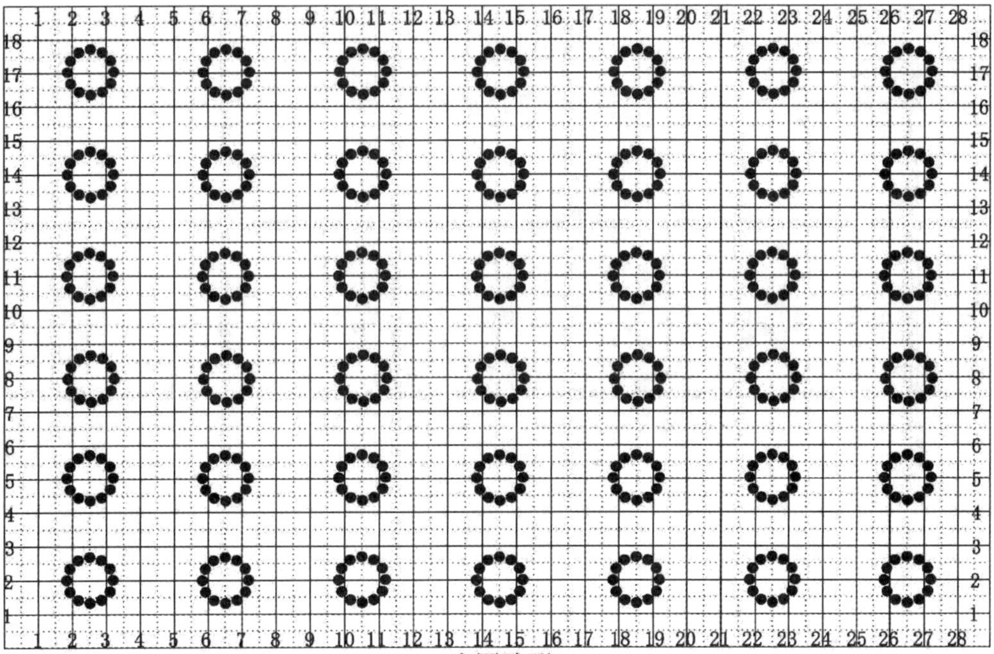
小圆队形

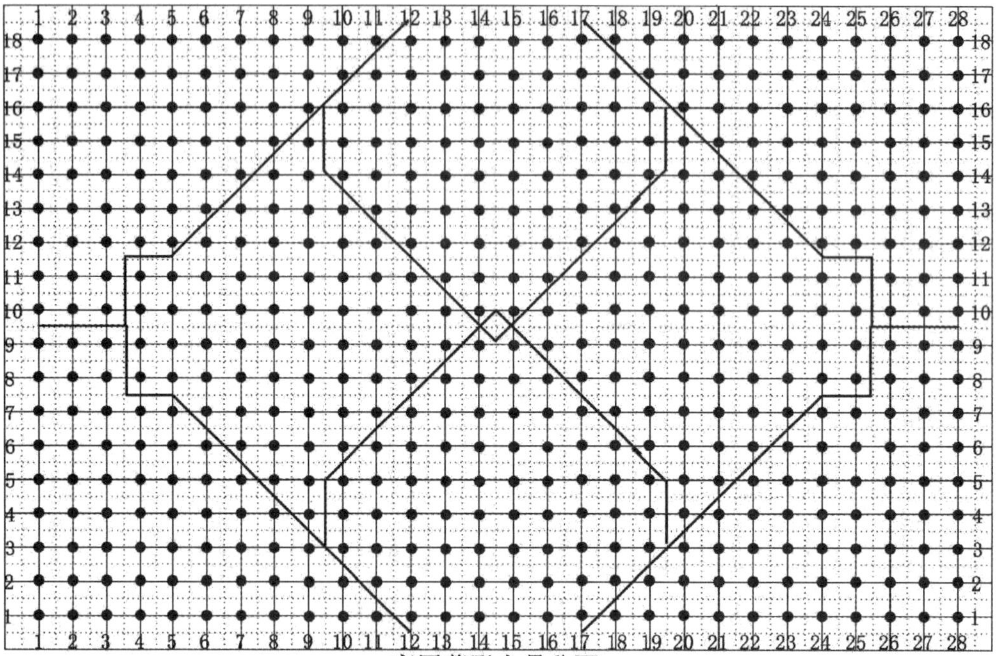

变四菱形人员分配

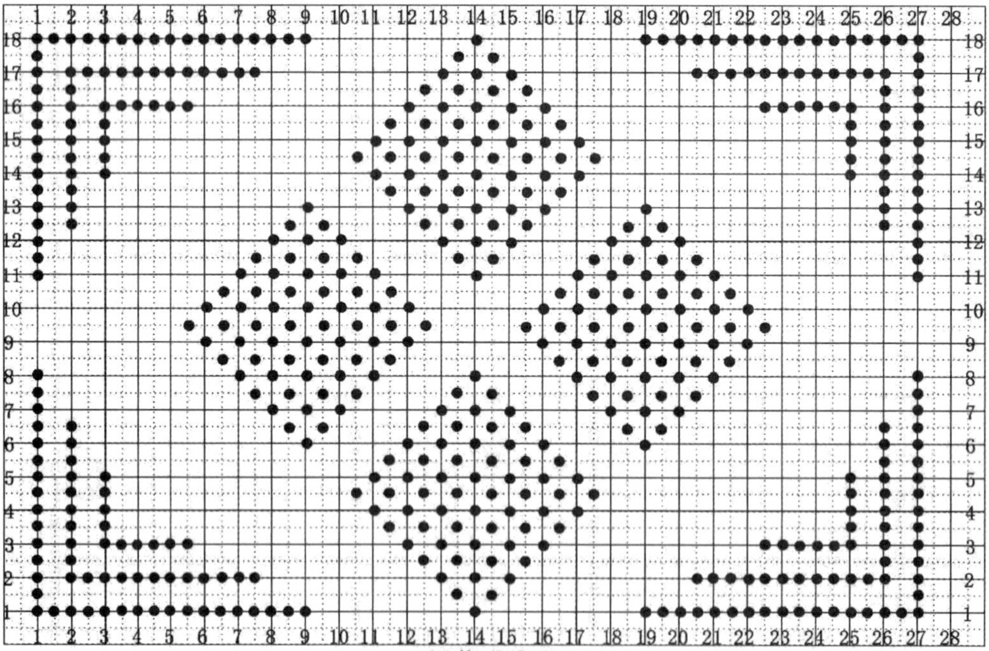

四菱形队形

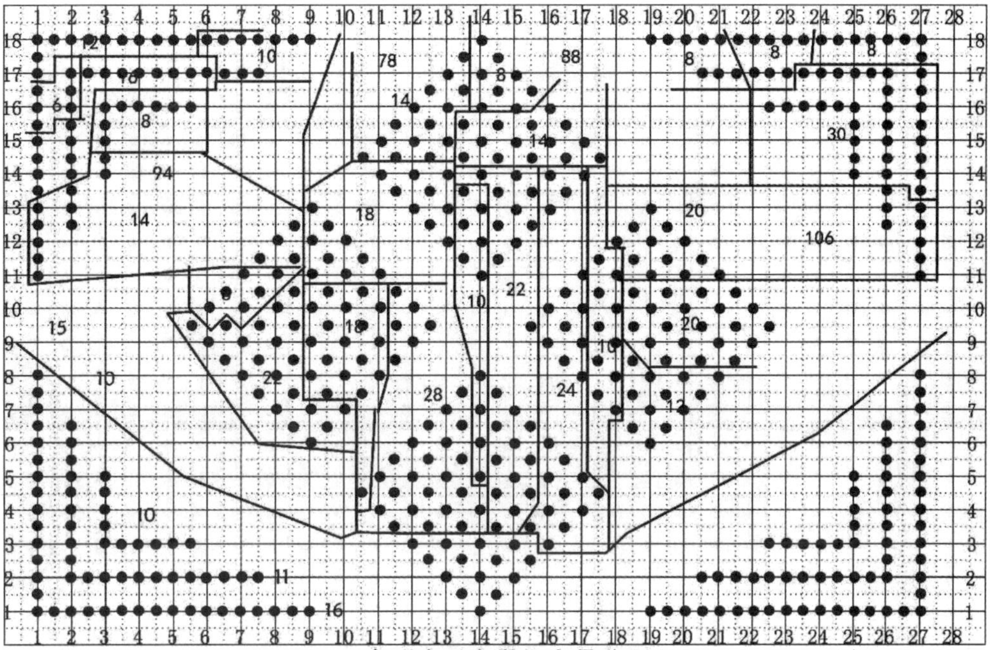

变“多元办学”人员分配

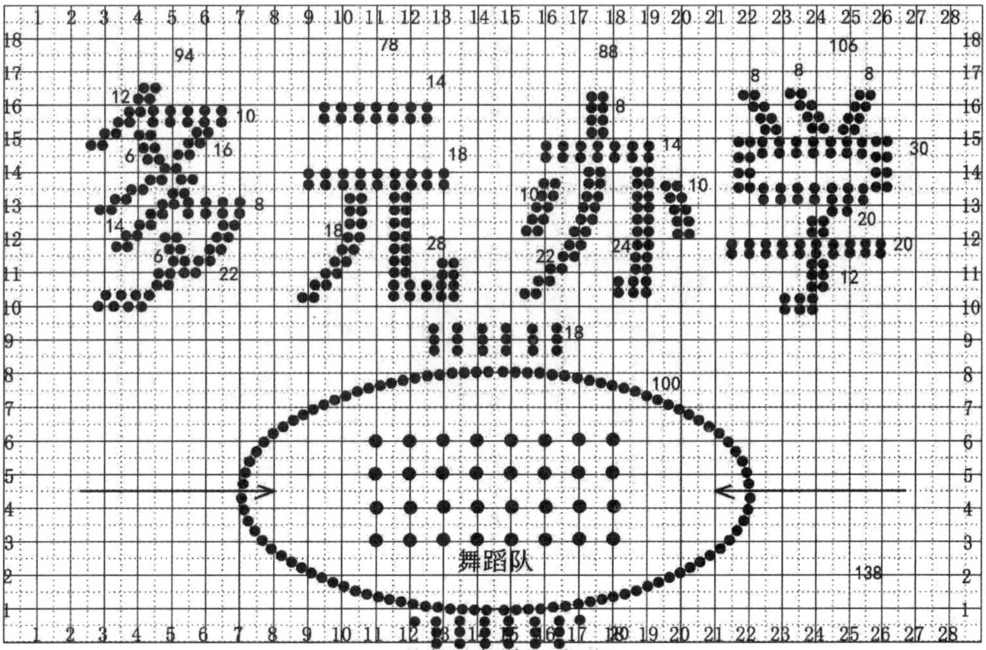

“多元办学”队形

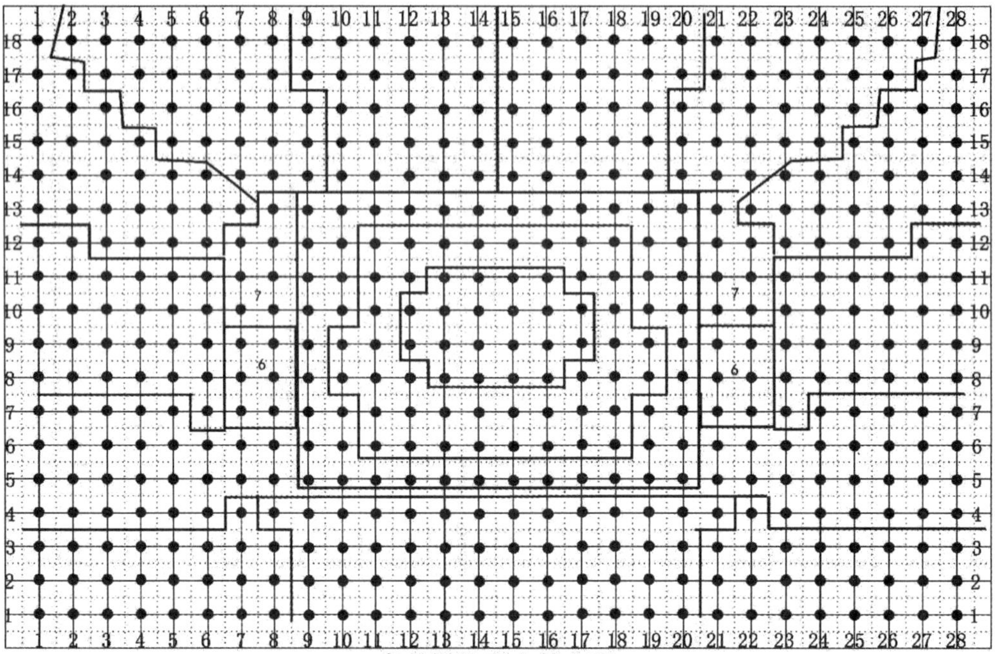

变花瓣队形人员分配

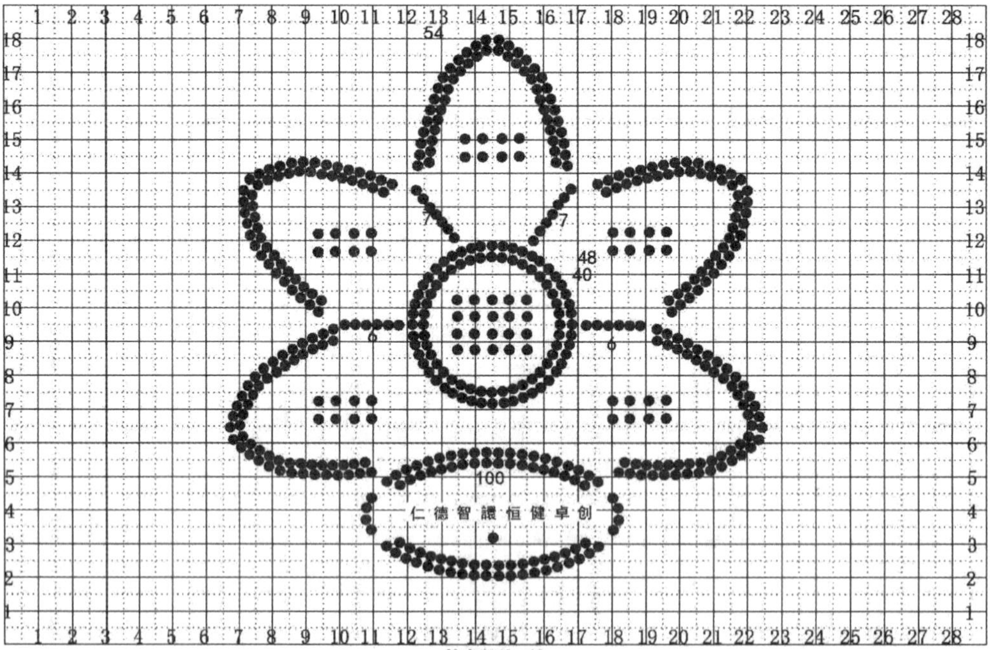

花瓣队形

第三场《前进之魂》表演

第一段《王者归来》

1. 音乐的记写

1 2 // 1 2 3 4 5 6 7 8 9 10 11 12 13 14 15 //(4) 1 2 // 1 (6)

1）准备　　2）—— 进场——　　3）动作4）变散点

2. 动作的说明

1）准备 2×8：左右相邻人侧上屈拉手。

2）进场 15×8：左脚踏步前进，左脚踏的力量大些，到位后地拉手单脚重踏步。

3）动作 2×8 拍：第一个 3 拍时拉手前摆至侧上举；第二个 3 拍时后摆至侧下举。

4）变散点 1×8+6：放手跑步到位立正。

第二段《愚公移山》

1. 音乐的记写

(4) 1 2 3 4 // 1 2 3 4 // 1 2 // 1 2 3 4 5 6 (4) //

1）散点　2）纵队　3）密集　4）表演

音 1 2 3 4 // 1 2 3 4 5 6 // 1 2 3 4 5 6 7 //

5）横队　6）波浪　7）变卓越

1 2 3 4 5 6 7 8 9 10 11 12 13 14 (……)

8）图案+双人舞表演

2. 动作的说明

1）散点表演 4+8×8

4 拍：1-2 拍双手侧上举，3-4 拍双手握拳腹前交叉，左脚退到右脚后面屈膝脚尖点地，上体前屈。

(1-2) 低头屈体，左脚开始依次踏步 4 次，双手腹前屈肘，两拍一动。

(3) 1-4 拍两腿跳成开立，两臂握拳侧上举。5-8 拍踏步 2 次，腹前屈肘。

(4) 1-4 拍两腿跳成开立，两臂握拳侧上举。5-8 拍左脚在前交叉下蹲，双臂腹前交叉握拳。

(5) 右脚在后，慢慢站起，双手慢慢打开侧举，掌心向上。

(6) 1-7 拍右脚向右侧一步上体左转 45°，左手背于腰后，右手经下抬起成右侧上举。8 拍左手不动，右手握拳胸前上屈，低头看拳。

(7) 1-4 拍向右转体 90°，重心移至右脚，左手抬至胸前平屈握拳，右手握拳后伸直成肩上扛扁担姿势。5-8 拍保持姿势前后移动两次。

(8) 1-4 拍转正双手握拳于腰间，左脚开始依次踏步 4 次。5-8 拍立正，双手打开慢慢到侧上举掌心向上，抬头。

2）变纵队表演 4×8

（1）跑步到纵队位，到位后单数面向左，双数面向右。

（2-3）由前向后依次直体倒下，+4 转向主席台成蹲。

（4）由前向后依次起立侧上举。

3）变密集 2×8：跑步到到密集队形面向主席台。

4）密集表演 6×8+4

（1）由后向前依次迅速站起同时双手斜向下 45°，1-4 拍后 6 排快速站起。5-8 拍第 9 至 13 排迅速站起。

（2）1-4 拍第 5 至 9 排迅速站起。5-8 拍第 1 至 4 排迅速站起。

（3）1 拍左转体 45°左脚 45 抬起弹动一次，双手斜上 45°屈臂一次。第 2 拍同 1 拍的动作，方向相反。3-4 拍同 1-2 拍。5-8 拍搭肩向斜前方晃动两次。

（4）1-2 拍原地踏步两次手臂后背于腰。3-4 拍继续踏步快速左右左。5-8 拍重心在左脚右脚虚点，左手侧上举，右手平举。

（5）重心移动到右脚，右手屈臂收于胸前，前后移动四次。

（6）1-2 拍双腿跳起分腿落，双手侧上举。3-4 拍膝盖跪地，双手收回到胸前握紧。5-8 拍跪地，由前向后依次打开双手。

5）变双人舞（横队）队形 4×8：跑步到位，双手侧平举。

6）波浪表演 6×8：一个八拍慢慢蹲下到最低，一个八拍慢慢起立到最高，从右边开始，后面的人依次比右边人慢一点。

7）变卓越 7×8：（双人舞自编）

（1-2）跑步到位。

（3）双膝跪坐，双手握拳额头交叉。

（4-7）双手贴地。

8）卓越表演 14×8

（1）双手胸前握拳重叠，左手在上，右手在下，慢慢抬起上体成跪立。

（2）双手保持重叠，慢慢放于腹前。

（3-4）同（1-2）动作。

（5-6）左手叉腰右手握拳成侧上屈；右手握拳，左手握拳成侧上屈。

（7-8）同（5-6）动作。

（9-10）慢慢到体前屈贴地面。

（11-12）全体由前向后慢慢抬起上体；由后向前，慢慢到体前屈贴地面。

（13）同（11）动作。

（14）双手慢慢经侧到侧上举，慢慢站起来。

第三段《好男儿》

1. 音乐的记写

1（4）（6） // 唱 1 2 3 4 5 6 7 8 9 // 1 2 3 4（6）//

1）散点　　2）披风表演　　3）纵队+三大条

1 2 3 4 // 1 2 // 1 2 3 4 (6) 5 6 // 1 2 // 1 2 3 4 成栋梁……

4）散点　5）变队形　6）表演　7）变队形　8）表演

2. 动作的说明

1）变散点出披风 1×8+4+6

（1）+4：跑步到散点；+6 拍时右手快速打开单边披风并侧举。

2）披风表演 9×8

（1）1-4 拍体前绕 8 字。5-6 拍右手经下至左上举，向左转 90°，重心移至左脚。7-8 拍不动。

（2）1-2 拍右手经下摆回到右侧上举转向主席台。3-4 拍踏步两次。5 拍双腿屈膝右手额前屈。6 拍双膝伸直右手打开侧平举。7-8 拍同 5-6 拍动作。

（3）1-2 拍同（1）的 5-6 拍动作。3-4 拍同（2）的 1-2 拍动作。5-6 拍右手经头上盖至前下，转体 90°下蹲。7-8 拍起立转向主席台右手打开侧平举。

（4）1-6 拍同（1）的 1-6 拍动作。7-8 拍起立转向主席台右手打开侧平举。

（5）1-4 拍踏步右手前后抖动（节奏）。5-8 拍退右脚蹲下右手额前屈。

（6）1-4 拍右边 7 路慢慢起立右手打开侧上举（其他不动）。5-8 拍接下 7 路起立，动作相同。

（7）1-4 拍接下 7 路起立。5-8 拍接下 7 路起立，动作相同。

（8）1 拍直臂前摆至左前方。2 拍摆回侧举。3-8 拍同 1-2 拍动作。

（9）1-4 拍全体慢慢蹲下侧举。5-8 拍全体慢慢起立侧上举。

变双纵队：4 拍（放下跑步到位）

3）纵队表演+大三条 4×8+6

（1）1-7 拍由前向后依次侧上举。8 拍时全体向左转体 90°，右手经下摆至前举。

（2）1-2 拍右边第一双纵队转向主席台打开侧上举。3-4 拍接下一路同样动作。5-8 拍重复 1-4 的动作。

（3）重复（2）的动作。

（4）1-4 拍全体向左转体 90°，右手经下摆至前举。5-6 拍原路返回打开，7-8 拍用力抖动。

变三大条 6 拍：双臂放下快跑到位。

4）表演及到散点 4×8：（表演 2 个八拍，后 2 个八拍动作到散点）

（1）1-4 拍体前绕 8 字。5-6 拍右手经下摆至左上举，左转体 90°。7-8 拍不动。

（2）1-2 拍右手经下摆回做右侧上举，转向主席台。3-4 拍踏步两次。5 拍双腿屈膝，右手额前屈。6 拍双膝伸直右手打开侧平举。7-8 拍同 5-6 拍动作。

（3-4）向右走的队伍，1 拍右脚向右侧跨步手不动。2 拍左脚跟上，右手屈臂收回直至走回散点。向左走的队伍，1 拍 180°手不动。第 2 拍时左脚跟上，右手屈臂收回直至走回散点。

5）变菱形 2×8

（1）1–2 拍双手平屈。3–4 拍侧上举。5–6 拍同 1–2 拍动作。7–8 拍侧下举。

（2）动作同（1），第 8 拍右手拿披风。

6）菱形表演：4×8+6+2×8（男生柔情表演）

（1）1–4 拍全体向左转体 90°，右手经下摆至前举。5–8 拍原路返回打开。

（2）打开披风侧上举，原地转动 360°。

（3）1–4 拍披风慢慢放下，慢慢蹲下。5–8 拍慢慢起，打开披风。

（4）打开披风侧上举，原地转动 360°，+6 拍 1–4 拍时慢慢蹲下。5–6 拍迅速站起双腿分开，右手侧上举。

（5）1–4 拍体前绕 8 字。5–6 拍右手经下摆至左上举，左转体 90°。7–8 拍不动。

（6）1–2 拍右手经下摆回做右侧上举转向主席台；3–4 右手不动踏步两次，5–双腿屈膝，6–双膝伸直右手打开侧平举，7–8 同 5–6。

菱形边上陪衬：（1）打开侧平举，下蹲，4 拍一动。（2）右手额头慢慢前举盖头，慢慢打开。（3–4）同（2）。+6 拍 1–4 拍起立，5–6 拍蹲下，披风放下。（5）1–2 拍侧上举，3–4 拍同 1–2 拍，5–8 拍同 1–4 拍动作。（6）同（1）动作。

7）变大横排 2×8：跑步到散点，跑步到大横排面向主席台。

8）大横排表演 4+8+成栋梁

（1）1–4 拍体前绕 8 字。5–6 拍右手经下摆至左上举，左转体 90°。7–8 拍不动。

（2）1–2 拍右手经下摆回做右侧上举转向主席台。3–4 拍踏步两次。5 拍双腿屈膝，右手额前屈，6 拍双膝伸直右手打开侧平举。7–8 拍同 5–6 拍动作。

（3）1–2 拍同（1）的 5–6 拍动作。3–4 拍同（2）1–2 拍动作。5–6 拍右手经头上盖至前下，转体 90 度下蹲。7–8 拍起立转向主席台右手打开侧平举。

（4）1–6 拍同（1）的 1–6 拍动作。7–8 拍起立转向主席台右手打开侧平举。

成“栋”字：由左向右依次右手经头上盖至前下，同时转体 90°上体下压，右腿屈膝。

成“梁”字：由右向左依次转向主席台，右手用力向右侧上举挥披风，双腿开立，左手叉腰。

3. 第三场《前进之魂》队形图片

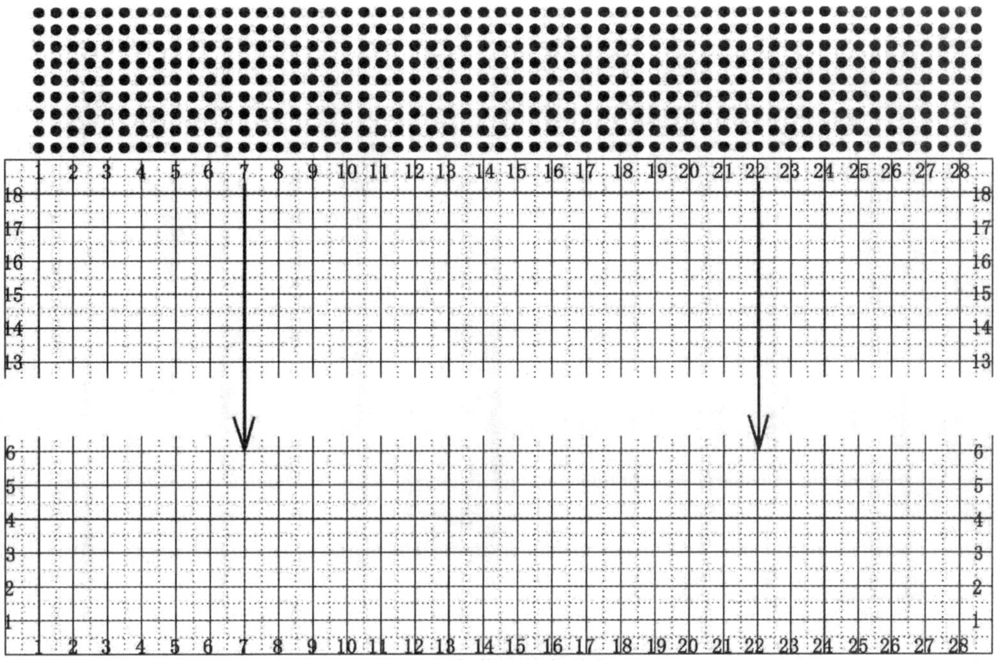

入场预备位及进场路线

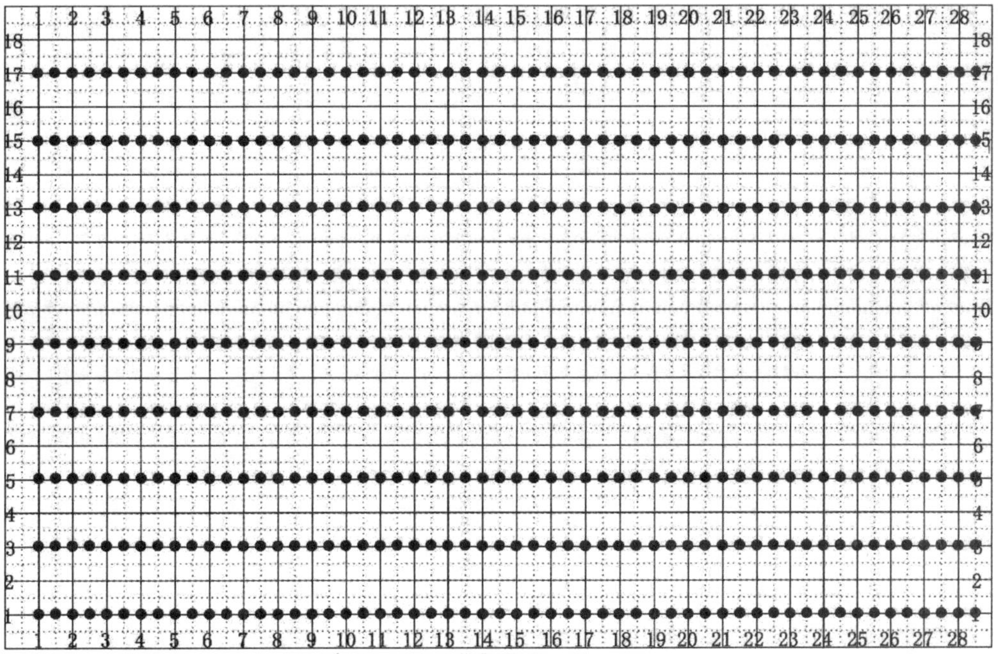

进场队形

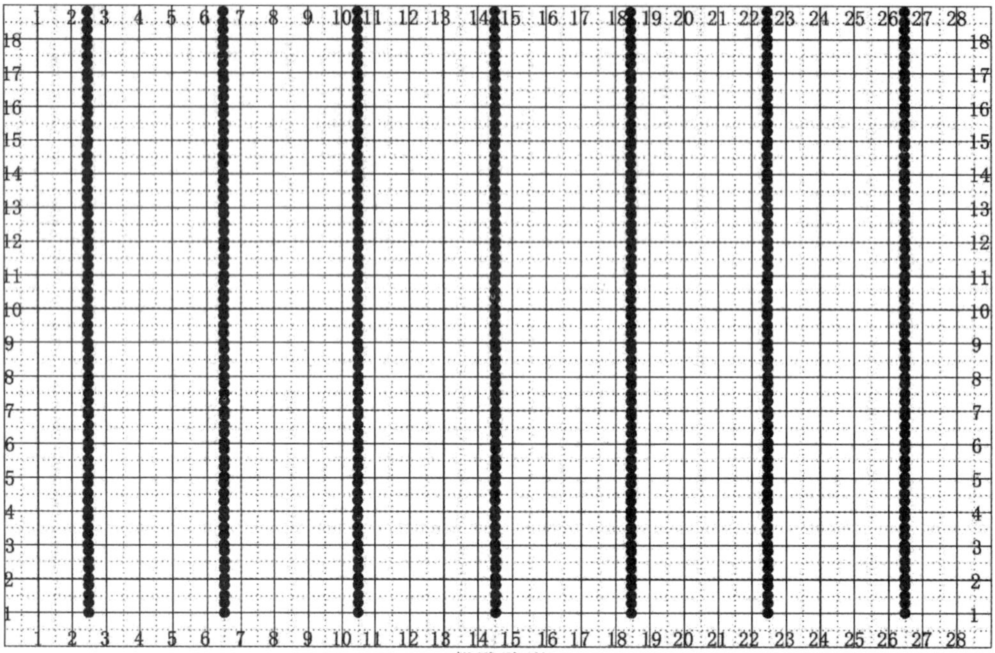
1 2 3 4 5 6 7 8 9 10 11 12 13 14 15 16 17 18 19 20 21 22 23 24 25 26 27 28
18 17 16 15 14 13 12 11 10 9 8 7 6 5 4 3 2 1
纵队队形

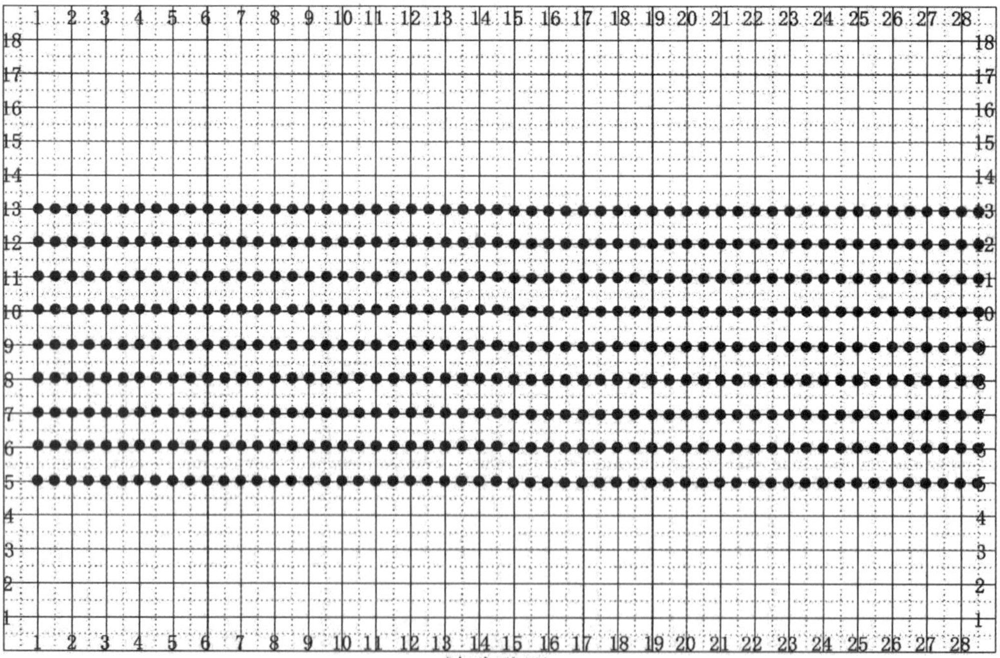
1 2 3 4 5 6 7 8 9 10 11 12 13 14 15 16 17 18 19 20 21 22 23 24 25 26 27 28
18 17 16 15 14 13 12 11 10 9 8 7 6 5 4 3 2 1
波浪队形

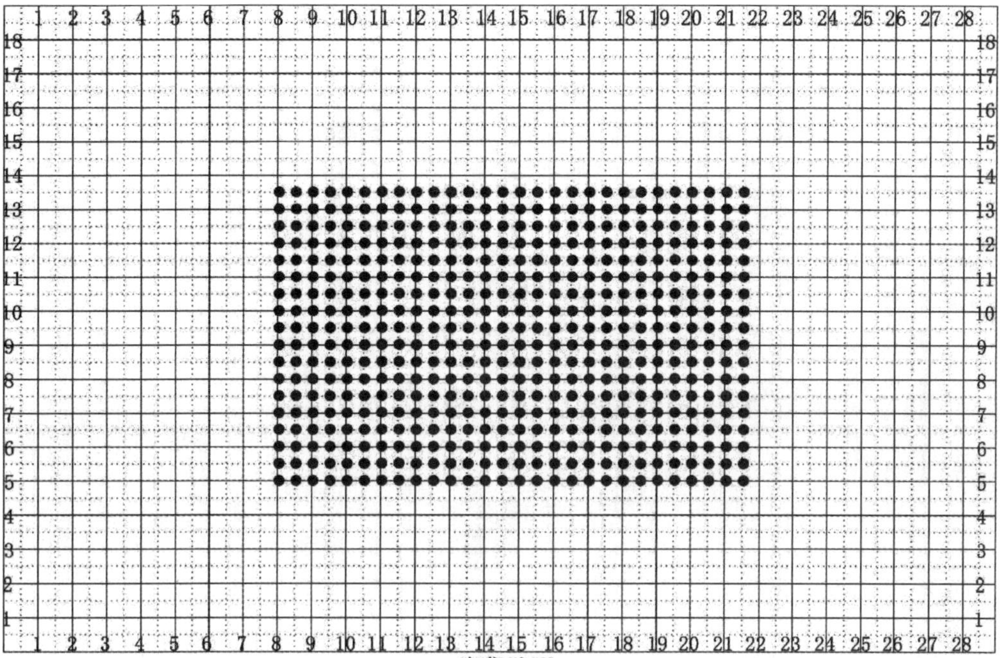

密集队形

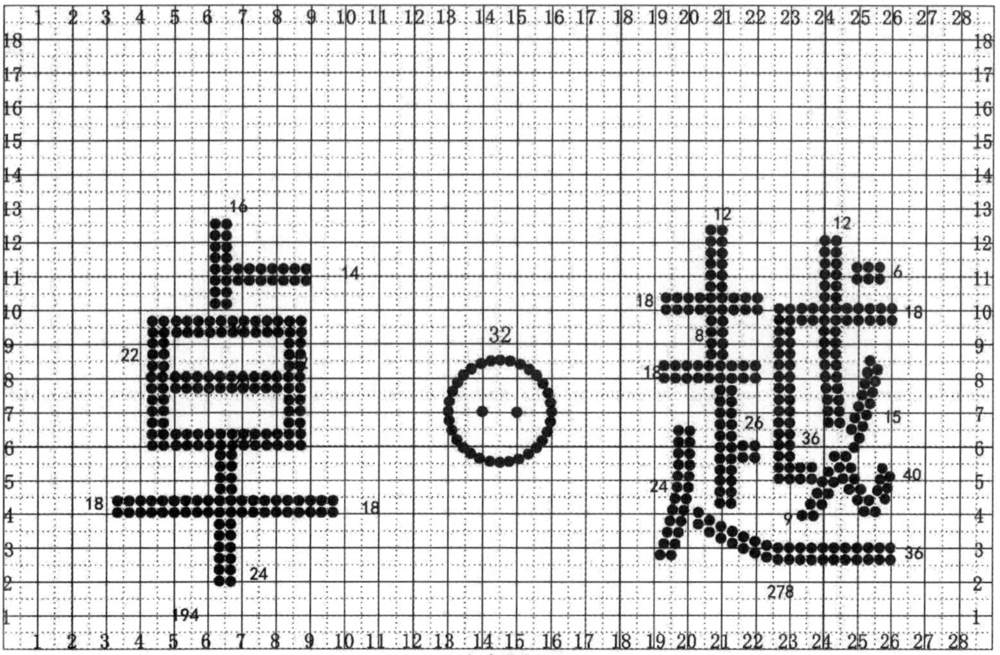

双人舞队形

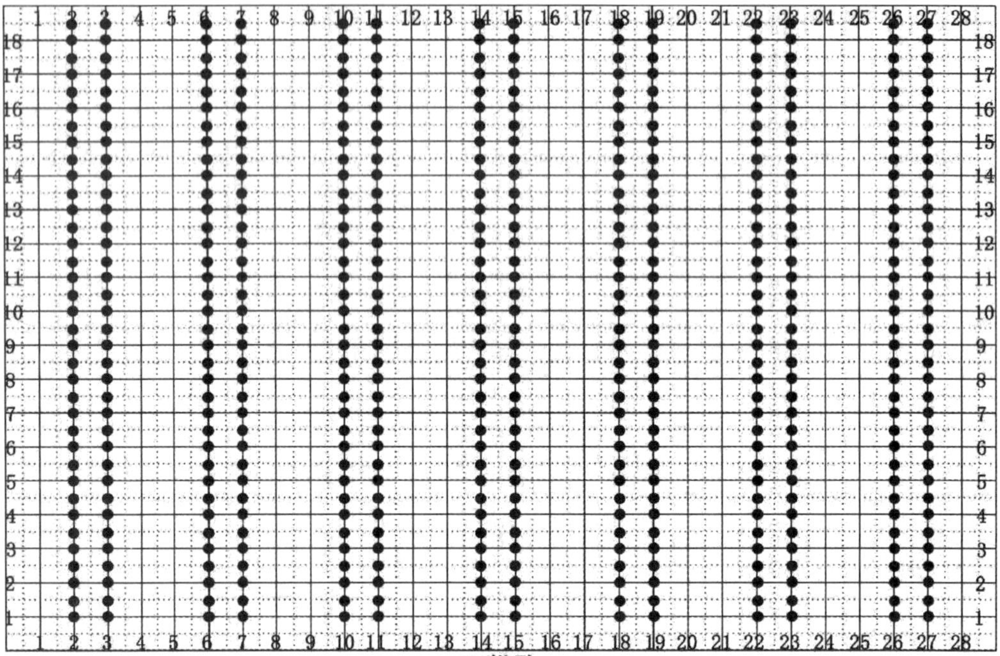

双纵队

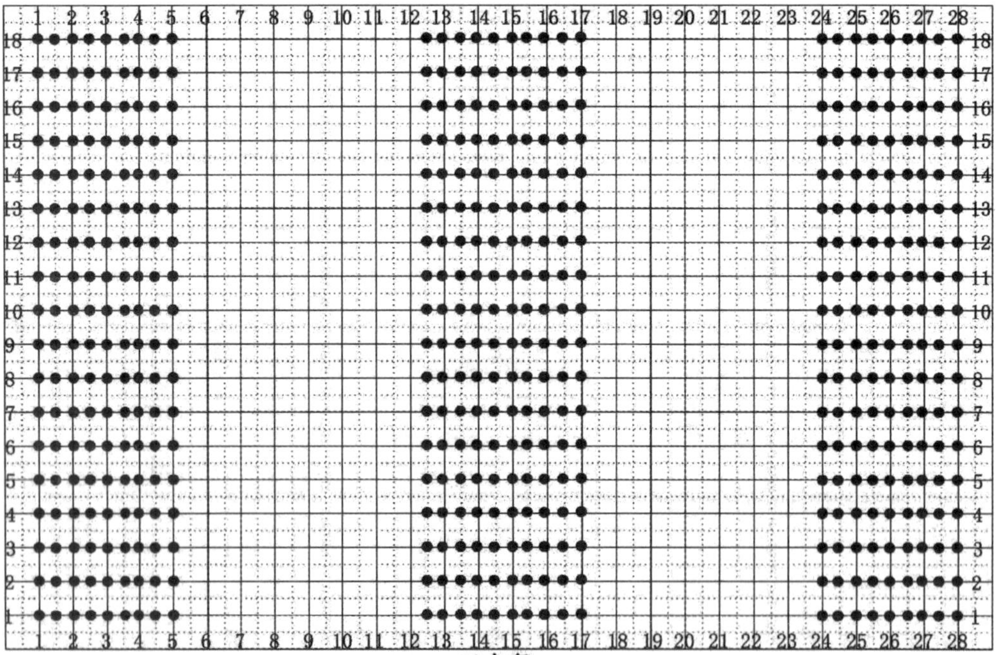

三大条

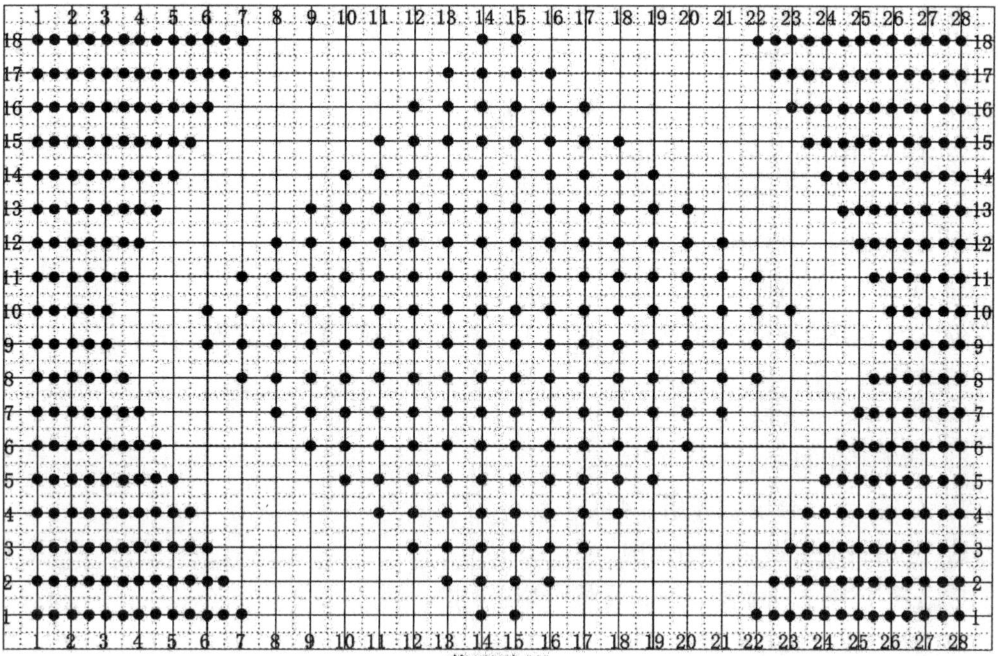

菱形队形

尾声《棠中20》表演

1. 音乐的记写

…… // 1 2 3 4 // 唱 1 2 3 4 // 1 2 3 4 // 啊 1 2 啊 1 2 //

前奏 1） 2） 3） 4）

1 2 3 ④ // 音 1 2 3 4 // 1 2 3 4

5） 6） 7）

2. 音乐的记写

（披风男生）

前奏：变尾声队形

1）侧上举抖动；慢慢放下。8 拍一换。

2）（唱 1–4）1–4 拍绕 8 字，5–8 拍侧上举。4 拍一换。

3）1–4 拍快侧上举，5–8 拍抖动。4 拍一换。

4）（啊 1–啊 2）慢慢侧上举，慢慢放下。8 拍一换。

5）（1–3④）1–4 拍快上，5–8 拍快下，+4 拍不动。

6）重复 5）的动作。

7）1–4 拍快上，5–8 拍快下；最后 1 个 8 拍头上快速舞动披风。

（啦啦操）

前奏：变尾声队形
1）上举抖动；慢慢放下。8 拍一换。
2）（唱 1-4）1-4 拍胸前抖动绕，5-8 拍上举抖动。4 拍一换。
3）1-4 拍快侧上举，5-8 拍抖动。
4）（啊 1-啊 2）慢慢侧上举，慢慢放下。
5）（1-3④）1-4 拍快上，5-8 拍快下，+4 不动。
6）重复 5）的动作。
7）1-4 拍快上，5-8 拍快下；最后 1 个 8 拍头上快速舞动披风。
（大绿扇子）
前奏：变尾声队形
1）蹲下开扇抖动。
2）（唱 1-4）合扇、开扇。4 拍一换。
3）开扇抖动，最后 2 拍合扇。
4）（啊 1-啊 2）慢慢开扇，慢慢合扇，8 拍一换。
5）（1-3④）快开快合。4 拍一换。
6）重复 5）的动作。
7）（1-4）1-4 拍快合，5-8 拍快开，最后 8 拍胸前快速抖动。
（玉兰、海棠花）
前奏：变尾声队形
1）侧上举；慢慢放下。8 拍一换。
2）（唱 1-4）1-4 拍快侧上举，5-8 拍抖动手指。第 4 个 8 拍时放下。
3）同 2）的动作。
4）（啊 1-啊 2）慢慢侧上举，慢慢放下。8 拍一换。
5）（1-3④）1-4 拍快上，5-8 拍快下，+4 不动。
6）重复 5）的动作。
7）（1-4）1-4 拍快上，5-8 拍快下，抖花。
（小鼓）
前奏：变尾声队形
1）跟节奏进场。
2）（唱 1-4）1-4 拍单鼓点四下，5-8 拍侧上举。
3）同 2）的动作。
4）（啊 1-啊 2）慢慢侧上举，慢慢放下。8 拍一换。
5）（1-3④）1-3 拍不动，第 4 拍击两下，5-8 拍同 1-4 拍的动作。
6）重复 5）的动作。
7）（1-4）：单击 8 下然后快速单击鼓。
（学生舞蹈队）

前奏：变尾声队形

1）侧上举；慢慢放下。8 拍一换。

2）（唱 1–4）1–4 拍快侧上举，5–8 拍抖动手指。

3）同 2）动作。

4）（啊 1–啊 2）慢慢侧上举，慢慢放下。8 拍一换。

5）（1–3④）1–4 拍快上，5–8 拍快下。+4 不动。

6）重复 5）的动作。

7）（1–4）1–4 拍快上，5–8 拍快下，上举抖动手指。

（金翅膀）

前奏：变尾声队形

1）侧上举；慢慢放下。8 拍一换。

2）（唱 1–4）1–4 拍快侧上举，5–8 抖动。

3）同 2）动作。

4）（啊 1–啊 2）：侧上举旋转，抖动。8 拍一换。

5）（1–3④）1–4 拍快上，5–8 拍快下。+4 不动。

6）重复 5）的动作。

7）（1–4）1–4 拍快上，5–8 拍快下，侧上举旋转。

（大道具）

前奏：变尾声

1）、2）（唱 1–4），3）、4）（啊 1–啊 2），5）（1–3④）：不动，6）（音 1–3④）：大道具升起。

7）：最后一拍时放烟火。

3. 尾声队形图片

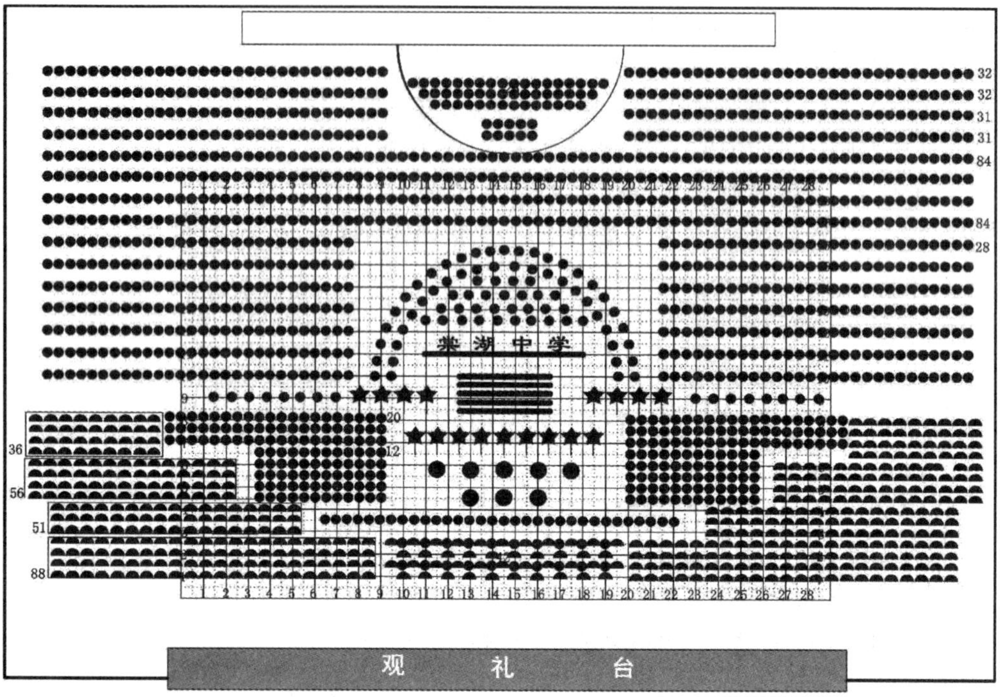
荣湖中学
观 礼 台

第五节　海淀区阳光体育展示大会团体操表演

一、总体策划方案

（一）表演设计指导思想

以大型团体操和大型体育展演为主要形式，展现阳光大会的独特魅力，讴歌北京的悠久历史、特色文化和当代海淀人奋发进取的精神风貌，大力弘扬“更高、更快、更强”的奥林匹克精神，着力打造“和谐海淀、活力海淀、健康海淀”，为动员和鼓舞全区人民努力实现“十二五”宏伟目标提供强大的精神动力。

（二）表演场次

垫场（学生 100 人）

第一单元：功夫少年　宏伟磅礴（学生 616 人）

第二单元：特色体育　阳光蓬勃（学生 360 人）

第三单元：舞动海淀　青春无限（学生 950 人）

第四单元：带着梦想起航（学生 300 人）

（三）表演总时间：50 分钟

（四）表演总人数：约 2326 人

（五）各场次概况

垫场（行进间管弦乐表演）

项目与道具	北京市第五十七中学管乐团演奏、各种管弦乐器
表演构思	为领导入场、各表演单位就位做准备
表演服装	军乐表演服装
表演人数	100
表演时间	5 分钟
表演形式	管弦乐表演

乐团简介：北京第五十七中学是北京市艺术传统学校之一，也是北京市海淀区一所历史悠久、教育教学成绩优良的中学。成立管乐团以来，多次在北京市行进管乐和室内管乐的比赛中获得一等奖。2009—2010 年连续在上海举行的全国管乐团展演活动中获得金奖。学校管乐团先后与美国、英国、新加坡、澳大利亚、芬兰等国的成人、

学生乐团同台演出，进行友好交流。乐团的整体素质、良好的风尚、精湛的演技皆得到中外专家的赞誉。

第一单元

项目与道具	扇子舞、绸子舞、武术套路
表演构思	柔美与悠远的旋律
表演服装	红色为主的现代舞表演服、蓝、白色武术服
表演人数	616 人
表演时间	10 分钟
表演形式	红扇舞、绸子舞、武术套路、队形变化、图案组合

中心思想：行云流水、刚柔并济

表现主题：柔美与悠远的旋律之中，我们让历史来讲述这底蕴深厚的灿烂文化。本场表演着重突出海淀的文化魅力，红扇舞是由小学生表演的集体舞蹈；太极、武术套路，长绸舞是由中学生进行表演的，他们变换着神奇的队形图案（长方、祥云、圆、扇形），恰如行云流水一般；武术运动员的套路表演，出神入化更显刚柔并济，舞动的长绸汇成了奔涌的长河，赞颂着我们灿烂的民族文化，源远流长，生生不息。

场景展示：“自古英雄出少年”。该场以大气武术主题音乐为主，融入现代舞蹈音乐元素，在武术和舞蹈之间，展示我国特色体育项目武术在海淀区的推广及普及。在悠远恬静优美的民族风格音乐的衬托下，300 名红扇小舞蹈演员（身着主色为红色的现代舞蹈服）由后向前整齐跑入，铺满整个场地，呈方阵的扇子舞表演，表演结束时红扇演员向四个角集中，200 名穿白色太极服的中学生，从四个角纵队跑入形成云图形，16 名武术选手从后场跑入中间进行套路表演；之后穿白色太极服的演员开始做表演与武术套路演员形成快与静、点与面的对比表演。最后长绸演员进入场地，形成长绸翻滚曼舞的场面，由祥云变圆，再由圆形变成扇形，在热烈气氛中第一单元结束。

第二单元

项目与道具	大型团体操（风筝）
表演构思	表现出北京人威武欢乐蓬勃的精神面貌，预示海淀人民展翅高飞的豪迈气概
表演服装	以白色和黑色为主色的小燕子服装
表演人数	小学生 360 人
表演时间	8 分钟
表演形式	团体操、队形变化、图案组合（燕子图案）

中心思想：威武蓬勃，展翅高飞

表现主题：以团体操演员进行队形变化的形式，突出蓬勃向上和展翅飞翔。集中表现海淀人时刻向更高，更远的方向拼搏努力，追求美好的愿望。

场景展示：团体操选手在场地后方排列整齐呈密集队形向场地中央移动，至中场后呈体操队形散开，铺满全场，表演者在场地中央做整齐划一的团体操动作（有简单的托举动作）形成不同空间的造型。20 只燕子风筝从南北两侧相对穿行，形成平面与立体空间的对比效果，当风筝掠过后，演员们形成大型“燕子”图案，第二单元结束。

第三单元

项目与道具	健美操、拉丁舞、体操、集体舞、街舞
表演构思	智慧的闪烁、奇异的跳动、光明的未来
表演服装	各种适合表演的专项服装
表演人数	950 人
表演时间	15 分钟
表演形式	健美操、啦啦操、图案组合

中心思想：携手共进、开创未来

表现主题：儿童是世界的未来和希望，活力四射的小小少年让我们看到了全民健身体系的普及与成效。以青春之我创建青春之人类。在友谊、和平、合作、发展的时代潮流中，让我们携起手来为建设共同繁荣和谐的世界，为开创人类更加美好的未来，共同努力一起加油！

场景展示

第一部分：热情与激情——健美操

200 个健美操运动员由后场跑入场地形成大方阵做加油操，之后组形大的人浪，人浪过后围成五个方块队形衬托竞技健美操运动员的六人、三人、混双、男单、女单套路的表演，竞技健美操表演结束后，场上所有演员向场地两侧退场，第一部分结束。

第二部分：风度少年、气质翩翩

200 名体操小演员进入场地行成大方阵表演基本体操，表演结束后从两侧退场，300 名校园集体舞小演员从后场进场形成散点队形做校园集体舞，演员们组合成奥运五环队形把拉丁舞演员分别围在五环内，拉丁舞演员表演 2 分钟后，场上所有演员向场地两侧退场，第二部分结束。

第三部分：帅气之首（绚酷少年）

200个街舞表演者呈密集方阵队形从后场进入场地中央进行3分钟的街舞表演，队形变成圆形的同时8名蹦床运动员随即在中间进行演出，在结束时做造型。

互动：本场所有参演人员进场，与场内街舞、体操队员形成大的方阵铺满全场做整齐划一的徒手体操，这时所有看台观众要起立参与互动，看台由自愿者负责调节气氛，带动观众！本单元结束。

第四单元

项目与道具	舞蹈、歌舞、一面大五星红旗、数面小五星红旗
表演构思	带着梦想起航，表现向往、追求
表演服装	海军服
表演人数	100
表演时间	12分钟
表演形式	情景表演

中心思想：思念、快乐、起航

表现主题：七一小学是一所拥有70%海军子女的小学，孩子们的父母长期守卫在祖国的边防。聚少离多，使得孩子们对父母是既崇拜又期盼！

场景展示

第一幕　思念

《海风吹》音乐弱起，追光跟着舞蹈演员出，舞蹈大意：爸爸，我又梦见您了！梦见您从舰艇上回来给我带了好多好多的礼物，有漂亮的贝壳，有七彩的海星，有嘹亮的海螺号，我好高兴好高兴！爸爸，我想你了！长大了，我也要像您一样，做一名忠诚的蓝海卫士。守卫祖国海疆，维护世界和平！此时独舞演员下场，《感恩的心》音乐起，32个舞蹈演员上场。

第二幕　快乐

第一段：围绕主角的孩子一段舞蹈，体现在集体中的生活。

第二段：快板，以红领巾为道具展开一段较欢快的舞蹈，体现在学校的大家庭中快乐成长。

第三段：恢复第一段旋律，进入高潮，突出集体对她的关爱。

《感恩的心》音乐结束，舞蹈演员下场，灯光暗，追光给《红旗飘飘》歌手，学生两侧候场准备。

第三幕　起航

1. 前奏：歌手随前奏上场，追光。

2. 慢板：歌手随音乐演唱，追光，其他背景暗光。

3. 间奏：歌手到场地一侧，学生手持小国旗随间奏从两侧依次上场至场地后中间部分，成大三角队形。

4. 歌曲主题部分：歌手站在学生旁边演唱，学生挥舞手中国旗随音乐做动作。

5. 小提琴间奏：歌手下场，学生围圆圈跳集体舞或原地队形动作（具体待定）。

6. 歌曲重复部分：

（1）第一遍“五星红旗”，学生集合到场地中心，组成密集图形，挥动国旗齐唱歌曲，歌手站在学生中间和学生在一起演唱。

（2）第二遍“五星红旗”，歌手位置不变，学生成散开的队形铺满全场，挥舞国旗跑动位置，做国旗流动队形。或者加入大国旗（具体待定）。

道具：数面小五星红旗、一面大五星红旗。

二、工作计划

团体操各阶段总体计划

时间	工作内容
第一阶段 3 月 15 日	团体操参与学校领队会议：传达会议精神，安排训练计划培训时间，确定表演人数等事宜
第二阶段① 3 月 16–30 日	音乐制作、动作编排，修改
第二阶段② 4 月 1–15 日	教师培训 1. 参加培训的老师要掌握好动作，统一、准确、合乐 2. 掌握口令指挥进行本场次表演的练习方法
第三阶段 4 月 21–31 日	训练方式：分场次教学（以校为单位） 1. 校内进行选拔 2. 进行团体操动作的教学、掌握队形变化 3. 进行配乐练习
第四阶段 5 月 8–30 日	训练方式：分场合练 1. 了解掌握全场内容，配合进行表演练习 2. 熟练掌握队形跑位，运用道具 3. 成立表演指挥系统
第五阶段 6 月 4–25 日	1. 团体操彩排 2. 团体操预演 3. 团体操正式表演